I

Die Literatur der Republik

Inhalt

Vorbemerkung

Bei der Anführung von Belegstellen sind Namen und Werktitel lateinischer Autoren gekürzt wie im *Thesaurus Linguae Latinae*. CIL = Corpus Inscriptionum Latinarum; RE = Pauly-Wissowas Realencyklopädie der klassischen Altertumswissenschaft; RAC = Reallexikon für Antike und Christentum; cos. = Konsul.

Jahreszahlen ohne Zusatz, die nicht durch den Zusammenhang als „vor Christus" oder „nach Christus" bestimmt werden, sind in Band 1 als „vor Christus", in Band 2 als „nach Christus" zu lesen.

Einführung

1. Zur Abgrenzung und Bestimmung des Gegenstandes

Die Begriffe „Römische Literatur" und „Lateinische Literatur" überschneiden sich. Latein hat man noch lange gesprochen und geschrieben, als das römische Reich des Westens zerfallen war. In den Staaten, die sich auf seinem Boden bildeten, blieb Latein die Literatursprache; seit der Karolingerzeit (in Irland schon früher) war es die universale, verbindende Sprache neben den Sprachen der Nationalliteraturen. Offizielle Sprache der römisch-katholischen Kirche ist es bis auf den heutigen Tag. Mit der Geschichte der römischen Literatur hat das nur wenig zu tun: als Fortleben literarischer Formen und Motive, Techniken und Stilelemente, vor allem aber als Tradition jener Literatur selbst.

Nicht alle Römer haben Latein geschrieben. Die ältesten Annalisten schreiben Griechisch, und unter den Antoninen kommt das vereinzelt wieder vor; selbst Cicero hat sich gelegentlich im Griechischen versucht, und Claudian, der freilich aus Alexandria kam, hat eine Gigantomachie in Griechisch gedichtet. In älterer Zeit haben sich Italiker wie Plautus und Ennius oder ein Afrikaner wie Terenz in der römischen Literatur einen Namen gemacht, später der eine oder der andere Grieche oder Orientale, dem Latein nicht Muttersprache war; aber seit der klassischen Periode der römischen Literatur waren die Länder, die an ihr aktiv mitwirkten, durchaus romanisiert: Italien seit dem Bundesgenossenkrieg (91–88 v. Chr.), Spanien seit dem Beginn unserer Zeitrechnung, Afrika seit dem zweiten, Gallien seit dem Ende des dritten Jahrhunderts. Das literarische Schaffen der Männer, die aus jenen Ländern stammen, macht den wesentlichen Bestand der römischen Literatur aus; gebürtige Stadtrömer sind in ihr außer den Rednern nur wenig vertreten, es sind die Italiker und später die Provinzialen, die verkünden, was römisch ist. Das gilt von Ennius im zweiten vorchristlichen wie von Rutilius Namatianus im fünften nachchristlichen Jahrhundert.

Der Gegenstand fordert auch eine inhaltliche Begrenzung. Alles auszuschließen, was nicht „schöne Literatur" ist, geht kaum für die Moderne an, für die Antike noch weniger. Das rein technische Schrifttum freilich kann hier nur einen bescheidenen Raum haben, soweit es nämlich zum Verständnis der Literaturwerke und ihrer kulturellen Umwelt beiträgt. Drei Wissensgebiete zählen jedoch im Altertum wesentlich zur Bildung und daher auch zur „Literatur": Geschichte, Philosophie und Rhetorik. In einer Welt, die das Essay und die frei erfundene literarische Erzählung (Roman, Novelle) erst spät und nur in ihren Anfängen kannte, waren Geschichtsschreibung, philosophischer Dialog und rhetorische Theorie (die z. T. den Platz unserer Literaturkritik einnahm) neben der kunstvollen Rede die Hauptformen literarischer Prosa.

Ein Grenzfall ist die lateinische Literatur der alten Kirche. Sie kann hier weder erschöpfend und um ihrer selbst willen behandelt werden noch darf sie ganz fehlen. Die römische Literatur war am Ausgang des Altertums christlich geworden; als lateinische christliche Literatur hat sie das alte Erbe, Gehalt wie Form, an das Mittelalter weitergegeben. Unter dem Gesichtspunkt der Übernahme und Umbildung geitigen Erbes

und literarischer Traditionen – wobei es manche fruchtbare
Neuschöpfung gab – gehört auch das christlich-lateinische
Schrifttum in die Geschichte der römischen Literatur.

Unser Gegenstand ist also die Literatur der Römer im engeren Sinne; das lateinische Schrifttum der späteren Antike wird
nur soweit einbezogen als sich darin charakteristisch Römisches
in bewußter Formung ausspricht.

2. Die Eigenart der römischen Literatur

Unter den Völkern des alten Italien haben allein die Römer
eine Literatur geschaffen. Geformte und gebundene Rede gab
es natürlich überall, und gelegentlich hat man sie auch aufgezeichnet. Aber daraus ist anderswo keine Literatur geworden.
Gedichtet und geschrieben haben die Italiker in der Sprache
Roms – der Stadt, die Herrin Italiens war, noch ehe sie eine
eigene Literatur hatte.

Aber darum ist die römische Literatur doch nicht eine
italische Literatur. Eine solche hätte ganz anders ausgesehen.
Nach allem, was wir von dem antiken Italiker wissen, war
er in seinem Temperament nicht sehr verschieden vom heutigen
Italiener. Auch der Römer wird sich von seinen Nachbarn
nicht allzusehr unterschieden haben, um so weniger als die
Bevölkerung Roms aus den verschiedensten Völkerschaften
Italiens zusammengewachsen war.

Dennoch ist die Literatur dieses Volkes von Anfang bis
Ende unverkennbar römisch, hat einen nur ihr eigenen Geist
und Charakter. Daran ändert die Tatsache nichts, daß gerade
von den älteren lateinischen Autoren viele nicht in ihrer
Muttersprache schreiben. Freilich gibt es da Grade der Aneignung und Angleichung. Das Latein des Plautus ließe sich
etwa dem Französisch eines Bretonen vergleichen, das Latein
des Terenz dem Französisch eines gebildeten Russen im
18. Jahrhundert – er schreibt nicht die Sprache eines Volkes,
sondern einer Gesellschaft.

Merkwürdig bleibt, daß die Römer ihrer Sprache nicht den eigenen Namen gaben; der *populus Romanus,* und später das Römische Reich, hat Latein gesprochen. Aber die antike Literatur in lateinischer Sprache ist römisch.

Die römische Literatur hat unter den Weltliteraturen eine eigenartige Stellung. Wer sie nur literarisch-ästhetisch beurteilt, wird sie nicht zu den größten zählen. Sie hat keinen Namen vom Rang des Homer oder Sophokles, Thukydides oder Platon, Shakespeare, Cervantes, Goethe, Dostojewski, kein Werk von der Erhabenheit des Buches Genesis oder von der Unmittelbarkeit des Kalewala. Dagegen ist die römische Literatur selbst in ihren geringeren Vertretern universal wie keine andere; auch hat keine andere so weit und nachhaltig gewirkt. Ohne die römische Literatur gäbe es keine romanischen Literaturen, keine englische Prosa; selbst in der deutschen Literatur stehen die Größten trotz aller Griechenliebe tief in der Schuld der Lateinschule. Die Wirkung des Griechentums vollzog sich in sporadischen Begegnungen, die Wirkung des Römertums zieht durch die Jahrhunderte als ein gewaltiger Strom. Das Erlebnis der Griechen wirkte als mächtiges (manchmal, wie im Falle Byrons oder Hölderlins, übermächtiges) Stimulans; das römische Erbe war einer Generation nach der anderen tägliches Brot. Wie ist das möglich?

Die römische Literatur ist umfassend, sie nimmt in wachsendem Maße alle Begabung der Mittelmeerwelt in sich auf: Griechen, Etrusker, Gallier, Afrikaner. Vor allem aber absorbiert sie die eine große Literatur, die sie vorfand – die griechische. Dem europäischen Mittelalter ist griechische Mythologie, griechisches Denken, griechische Wissenschaft fast ausschließlich auf dem Umweg über die Römer vermittelt worden. – Die römische Literatur ist einheitlicher als die griechische. Im Griechischen unterscheiden sich die Literaturformen weitgehend durch die Sprache: Epos, Lyrik, Drama, Wissenschaft bewahren im wesentlichen den Dialekt, in dem sich jede Gattung zuerst entwickelt hat; die römische Literatur hat

e i n e Sprache für alle Gattungen, differenziert sie aber von
Anfang an stilistisch. – Die römische Literatur ist ferner
ökumenisch. Seit ihrer ersten Blütezeit ist sie die Literatur
eines Weltreiches – eines Weltreiches im Entstehen, auf der
Höhe der Macht, in fortschreitendem Zerfall. Aber bevor sie
an ihr Ende kommt, wird die „römische" Literatur zur „lateinischen", zur Literatur eines geistigen Reiches, das die Zersetzung des Imperiums überdauert.

Historisch betrachtet, liegt die Bedeutung der römischen
Literatur vor allem darin, daß sie exemplarisch wurde. Sie
ist das erste Beispiel einer abgeleiteten, klassizistischen Literatur. Nach einem Wort des griechischen Philosophen Poseidonios
haben die Römer ihren Mangel an Schöpferkraft durch die
Kunst der Nachahmung wettgemacht. Sie nehmen ihre ästhetischen Maßstäbe von einer fremden Literatur, deren Größe
sie erreichen, womöglich übertreffen wollen; doch die Aneignung des Fremden wird zum Ausdruck der eigenen Art. Dieser
Vorgang hat sich in vielen Nationalliteraturen Europas wiederholt.

Man hat die „Originalität" der römischen Literatur oft
bezweifelt. Zutreffender wäre es vielleicht, nach ihrer Sponta-
neität zu fragen, denn Originalität ist erst im späten acht-
zehnten Jahrhundert ein Kriterium künstlerischen Wertes geworden. Bei den Griechen vollzieht sich fast vor unseren Augen
die Geburt einer eigenständigen Literatur in allen uns vertrauten Formen aus ihren kultisch oder sozial bedingten Anlässen. Das ist ein einzigartiges Phänomen, wenigstens innerhalb der Alten Welt. Wir sehen, wie in der griechischen
Literatur eine Gattung nach der anderen zu ihrer geschichtlich begrenzten Vollkommenheit heranreift und dann abstirbt.
Anders die Römer: Sie übernehmen die griechischen Formen –
fast alle zur gleichen Zeit – als „kanonisch", aber sie geben
ihnen einen neuen Inhalt. Das hat sich in der europäischen
Literatur immer wieder ereignet. Die attische Tragödie war
mit Euripides erschöpft; das europäische Drama, von Ennius

und Pacuvius über die Mysterienspiele und Moralitäten des Mittelalters bis zu Ibsen und Sartre, wird jedesmal aus einem neuen Geist wiedergeboren. Das griechische Heldenepos beginnt und endet für uns mit Homer (was nach ihm kommt, ist Niedergang oder künstliche Wiederbelebung); das römische Epos, dessen erster Meister sich als Reinkarnation des Homer einführt, hat fast ebensoviele „Wiedergeburten" wie Dichter: Ennius, Vergil, Lucanus, Iuvencus und so durch das Mittelalter bis zu Dante, dann weiter zu den Epen der frühen Neuzeit bei Italienern, Portugiesen, Engländern und als letztem Ausläufer zum Prosa-Epos der Moderne, dem groß angelegten Roman.

Man muß unterscheiden zwischen den Formkonventionen einer Gattung und dem, was sich in ihr ausspricht. Die Römer übernahmen die griechischen Formen, weil die Griechen auf der Höhe ihrer Kultur sie so vollkommen entwickelt hatten, daß es hoffnungslos erscheinen mußte, besseres an ihre Stelle zu setzen. Aber die Römer haben zu diesen Formen ein anderes Verhältnis als die Griechen. Der griechische Dichter bewegt sich mit individueller Freiheit in den Konventionen der Gattung, die er zu pflegen gewählt hat; seine Persönlichkeit hebt sich dadurch nur um so stärker ab, etwa Sophokles von Euripides. Der römische Dichter assimiliert die Form – jede Form – der eigenen, daß heißt, der römischen, Art; er versucht sich meistens in mehr als einer Gattung und erlaubt sich gern einen gewissen Ausgleich, eine Mischung, der Konventionen und Stile; er handhabt die Formen elastischer, „offener". Er schafft keine neuen Grundformen, aber übernommene Formen gehen bei ihm neue Verbindungen ein; in diesem Sinn ist auch die römische Literatur formschöpferisch. *Satura tota nostra est,* sagt Quintilian (10, 1, 93), und das dürfte im wesentlichen auch auf die Elegie zutreffen. Die Griechen haben keinen Dichter von der Art des Plautus, Catullus, Horaz, keinen Prudentius und – außer der späten Johannes-Paraphrase des Nonnos – kein christliches Epos. Die nach-alexandrinische

Zeit hat keinen griechischen Dichter von Rang aufzuweisen;
Claudian, der es hätte werden können, ging nach dem Westen
und dichtete lateinisch.

Viele Völker des Altertums sind mit der griechischen Kultur
in Berührung gekommen: Phryger, Armenier, Thraker, Ägyp-
ter, Etrusker, Osker, Kelten; die meisten waren auf etwa der
gleichen, manche auf einer höheren Stufe der Zivilisation als
die Römer zur Zeit der entscheidenden Begegnung, sie kannten
den Gebrauch der Schrift und hatten die Rudimente einer
Literatur. Einzig die Römer fühlten den Drang, der griechischen Kultur eine an ihrem Beispiel geformte nationale Kultur
entgegenzustellen. Der praktische, nüchterne Römer, ohne
geistige Interessen, ohne Sinn für das Schöne, ist eine Abstrak-
tion von nur sehr bedingter geschichtlicher Geltung.

Gewiß, der Römer hat die musische Seite seiner Natur oft
zu unterdrücken gesucht. In der ältesten Zeit war das ein
eisernes Gebot der Notwendigkeit, später eine durch Herkommen geheiligte Konvention der guten Gesellschaft. Selbst
Cicero, der Literat und Kunstkenner, fühlt sich nicht nur
verpflichtet, in der Öffentlichkeit (wie der moderne Engländer)
den Dilettanten zu spielen; der Geist der Gesellschaft, in die
er geboren war, hat so viel Macht über ihn, daß er gegen
seine Natur die Laufbahn des Staatsmannes einschlägt und
seiner literarischen Neigung nur in Zeiten unfreiwilliger Muße
nachgibt.

Die Literatur der Römer wächst zwischen zwei Extremen
heran: den volkstümlichen Ansätzen zu einer Literatur, die
Rom mit den Stämmen Italiens teilte, und den Meisterwerken
der Griechen. Das italische Element hat sich nur wenig entfalten können. Die römische *grauitas* hat es zwar nicht ganz
unterdrückt, aber auch nie recht aufkommen lassen. Es wirkt
als Unterströmung: in der *Fescennina licentia* (Hor. epist. 2,
1, 145), in der oskischen Posse (Atellane), die nicht einmal
von dem Verbot theatralischer Aufführungen im Jahre 115 v.
Chr. betroffen wurde, und ganz allgemein im Übermut der

„lateinischen" Komödie vom Typus der plautinischen, die sich von der Komödie des Aristophanes nicht weniger als von der des Menander unterscheidet. Der griechischen Kultur dagegen hat sich das siegreiche Rom fast ohne Widerstand ergeben – willig, doch weder unbedingt noch wahllos; und was der Römer übernahm, hat er umgeformt im Geiste jener *humanitas,* die wir am vollkommensten im Kreise des jüngeren Scipio und im literarischen Werk Ciceros ausgeprägt sehen.

3. Die Erhaltung der römischen Literatur

Dem modernen Betrachter zeigt sich die römische Literatur als ein Trümmerfeld, aus dem nur hier und dort ein Denkmal unversehrt oder leicht beschädigt herausragt. Von den fast achthundert lateinischen Autoren des Altertums, die dem Namen nach bekannt sind, spricht kaum mehr ein Fünftel zu uns aus wenigstens einem erhaltenen Werk; von etwa der Hälfte haben wir Fragmente, die zu einer literarischen Würdigung ausreichen; der Rest sind bloße Namen. Unter dem Verlorenen sind so bedeutende Werke wie Catos Origines, Ciceros Hortensius, die Elegien des Cornelius Gallus, der Thyestes des Varius. Ganze Schulen und Gattungen sind für uns fast völlig verloren: vom Drama in römischem Kostüm (*fabula praetexta* und *fabula togata),* vom Mimus, von der Atellane, von der Annalistik unter Sulla, von der „neuen" Dichtung in der Umwelt Catulls können wir uns nur notdürftig ein beiläufiges Bild machen. Selbst die Rekonstruktion der Annalen des Ennius, der Satiren des Lucilius, der Historien des Sallust, von denen zahlreiche Fragmente vorliegen, ist im einzelnen problematisch.

Die meisten Verluste fallen in das späte Altertum. Was den Sieg des Christentums und die Stürme der Völkerwanderung überlebte, ist nie mehr ganz vergessen worden.[1]

---

[1] In den „dunklen" Jahrhunderten von 600 bis 800 und noch in der Karolingerzeit sind für die Bewahrung der klassischen Literatur die Iren bedeutsam gewesen. Der Missionar und Klostergründer Columbanus († 615), über den wir freilich erst seit seiner Ankunft im Frankenreich genauer unterrichtet sind, zeigt eine Belesenheit in den lateinischen Autoren wie sie damals nur noch Venantius Fortunatus hatte. In welchem Umfang die Iren daheim die klassische lateinische Literatur pflegten, ist schwer feststellbar; man hat früher ihren Anteil an der Vermittlung antiker Bildung oft überschätzt, neuestens pflegt man ihn eher zu unterschätzen. Vielleicht haben irische Gelehrte den Horaztext vor dem Untergang gerettet.

In den Schulen des Karolingerreiches hat man die lateinischen
Klassiker mit neuem Eifer studiert und sie zum stilistischen und
ästhetischen Vorbild genommen; Männer wie der Abt Lupus von
Ferrières im 9. Jahrhundert bemühten sich ernstlich um die Beschaf-
fung korrekter Texte. Der karolingische Klassizismus hat lange
fortgewirkt; erst an den Universitäten des Hochmittelalters beginnen
die Artes gegenüber den „Fakultäten" (Theologie, Jurisprudenz,
Medizin) an Bedeutung zurückzutreten. Die Renaissance hat den
Bestand an Texten nicht bereichert, sie hat nur vieles, das im
späteren Mittelalter wenig beachtet oder vergessen war, ans Licht
gezogen, das Vorhandene planmäßig gesammelt und durch zahlreiche Abschriften für seine Erhaltung gesorgt. Auch die Philologie
der Neuzeit hat nur wenig hinzugefügt. Daß wir die Palimpseste
(s. unten) wieder lesen können, ist eine neue Leistung, keine neue
Entdeckung; die lateinischen Papyri sind gering an Zahl und
haben uns keinen verlorenen Text von Bedeutung wiedergegeben.

Der Verlust eines so großen Teiles der römischen Literatur
hat verschiedene Ursachen. Die allgemeinste Ursache war der Niedergang der Bildung am Ende des Altertums und die Zerstörung
und Zersplitterung vieler Bibliotheken in den fast ununterbrochenen
Kämpfen und Invasionen. Geplünderte Handschriften kamen leicht
zu Schaden; die unvollständigen Exemplare wurden oft als Maku-
latur verkauft und fanden ihren Weg in Klöster, wo Mangel an
Schreibstoff war; dort hat man die alte Schrift notdürftig getilgt
und andere Texte, deren man bedurfte, darüber geschrieben (*codices
rescripti,* Palimpseste).

Die christliche Kirche war an sich kein Feind der antiken
Literatur; sie hat sogar − man denke an Hieronymus († 420)
oder Cassiodorus († 580) − vieles davon in ihr Bildungsprogramm
aufgenommen. Man hat früh den Wert der heidnischen Literatur
für das wörtliche und historische Verständnis der Heiligen Schrift
erkannt und darum den alten Autoren, wenn auch nicht ohne
Vorbehalt, einen Platz in der christlichen Schule gegeben. Offene
Feindschaft gegen die Klassiker wie bei Gregor dem Großen (nach
einer freilich erst durch Johannes von Salisbury im 12. Jahrhundert
vermittelten Tradition soll er sogar die Palatinische Bibliothek
haben verbrennen lassen) ist eine seltene Ausnahme. Die philosophischen Schriften Ciceros, der religiös gefärbte Stoizismus Senecas,
die Dichtung Vergils (dessen Vierte Ekloge bald messianisch gedeutet wurde) ließen sich als Vorläufer christlichen Denkens verstehen; aber auch wo Ursache zum Anstoß sein mochte, hat man
nicht immer vernichtet, sonst wäre nicht das epikureische Lehrgedicht des Lukrez, Ovids Liebeskunst oder − wenngleich nur

trümmerhaft – der satirische Roman des Petronius auf uns gekommen. Auf die Auswahl dessen, was man der Erhaltung wert fand, hat die christliche Denkart wohl bestimmenden Einfluß gehabt; er muß umso wirksamer gewesen sein als mit der staatlichen Anerkennung des Christentums und der Blütezeit der lateinischen Patristik im 4. Jahrhundert ein für die Geschichte des antiken Buchwesens entscheidendes Ereignis, der Übergang von der Papyrusrolle zum Pergamentkodex (dem unmittelbaren Vorläufer unseres Buches) zusammenfällt. Bei der Umschrift in die neue, handlichere Buchform wurde der Ballast über Bord geworfen. Anderseits nahm man in den Kreisen der gebildeten Nobilität eben diese Umschrift zum Anlaß einer sorgfältigen Revision der heidnischen und christlichen Klassiker; davon zeugen die teils originalen, teils aus Vorlagen kopierten Rezensionsvermerke *(subscriptiones)* in Handschriften des Terenz, Horaz, Juvenal, Livius, Fronto, Prudentius.

Neben der Christianisierung des römischen Reiches gab es manchen anderen Grund für eine Auswahl aus der Masse der Literatur und damit eine potentielle Gefahr für das Fortleben des Ausgeschiedenen. Schon in vorchristlichen Zeiten waren solche Kräfte am Werk. Das Bessere ist stets der Feind des Guten; in der Antike, der das Nachschaffen *(imitatio)* Prinzip, wenn nicht geradezu Forderung war, hat oft ein Meisterwerk seiner Gattung die unvollkommeneren Vorgänger so sehr in den Schatten gestellt, daß sie allmählich vergessen wurden. Die Aeneis des Vergil und die Satiren des Horaz sollten im Sinne ihrer Dichter das Werk des Ennius und Lucilius ersetzen; die augusteischen Dichter wissen, was sie ihren Vorgängern verdanken, aber sie wissen auch, daß die großen Dichter der Republik dem Kunstgeschmack der eigenen Zeit nicht mehr genügen; Horaz, dessen Dichter mehr Freiheit läßt, spricht das auch aus (sat. 1, 4). Ennius und Lucilius haben immer weniger Leser gefunden, sie sind am Ausgang des Altertums nicht mehr in Codices umgeschrieben worden, und ohne die archaistische Mode in der Literatur und Gelehrsamkeit der hadrianischen Zeit wären wir auch noch um viele Fragmente ärmer. Die Tendenz, das weniger Vollkommene fallen zu lassen, ist am stärksten in der Schule. Ein guter Lehrer will seinen Schülern nur das Beste zum Vorbild geben; vielleicht wird er vor dem weniger Vollkommenen ausdrücklich warnen wie Quintilian zur Zeit der Flavier vor dem damals modischen Stil des Seneca – der Ciceronianismus Quintilians hat fast bis heute nachgewirkt. Wenn auch die Schulen des Westens keine so streng kanonische Auswahl gekannt haben dürften wie die Schulen von

Byzanz, eine Auswahl haben sie zweifellos getroffen, und mit dem
Verfall der allgemeinen Bildung, dem Wandel der sozialen Struktur
und der wachsenden Not der Zeit ist der Kreis der Schullektüre
immer enger geworden. Quintilian (inst. 10, 1) gibt Charakteristiken von etwa fünfzig lateinischen Dichtern und Schriftstellern;
der Grammatiker Arusianus Messius im vierten Jahrhundert nimmt
seine Beispiele nur aus vier Autoren: Vergil, Terenz, Sallust und
Cicero. Gewiß hat es bis zum Ausgang des Altertums Männer
gegeben, die mit der römischen Literatur in weitem Umfang vertraut waren, z. B. Sidonius Apollinaris im fünften Jahrhundert
oder Boethius an der Schwelle des sechsten; doch das sind nur
die Gipfel einer versinkenden Welt. Der eine oder andere Text
mag uns durch Zufall erhalten sein, wie Ciceros Schrift vom Staat
oder die Auszüge aus Petronius, die nur in e i n e m Exemplar
an das Mittelalter kamen. Hie und da mag ein besonderer
Grund vorliegen: Unser Catull-Text geht z. B. auf eine einzige
(seither verschollene) Handschrift zurück, die sich noch im 10. Jahrhundert in der Heimatstadt des Dichters, Verona, befand.

Eine große Masse nichtchristlichen lateinischen Schrifttums verdankt ihre Erhaltung dem Bedarf des täglichen Lebens. Das
meiste davon ist „Nutzliteratur", oft in unkünstlerischer oder
unliterarischer Sprache: technische Werke wie die Architektur des
Vitruvius (Zeit des Augustus), die Bücher des Vegetius (4. Jh.)
über Militärwesen und Veterinärmedizin, Schriften über Landwirtschaft und das spätantike Corpus der Feldmesser. Der Not des
Menschen dient auch die Medizin; hier stehen die Römer ganz
unter dem Einfluß der Griechen, von der Medizin des Celsus
(1. Jahrhundert n. Chr.) bis zu den späten, oft stark vulgärlateinischen Übersetzungen griechischer Werke.

Eine Ursache des Unterganges vor allem umfangreicher Werke
ist die seit dem 3. Jahrhundert n. Chr. beliebte Praxis des Epi-
tomierens, ein Vorläufer unserer gekürzten Ausgaben und *book
digests*. Nicht jeder Leser hatte Geduld und Muße, die 142 Bücher
der Römischen Geschichte des Livius zu studieren; man hat schon
früh Auszüge gemacht und sie buchhändlerisch vertrieben. Aber
im 3. und 4. Jahrhundert schrumpfen diese Auszüge zu dürftigen
Kompendien zusammen. Das Schicksal des Livianischen Werkes
ist bekannt: von seinen 142 Büchern besitzen wir nur mehr 35.
Ein Beispiel für fortschreitendes Exzerpieren ist das Werk *De
uerborum significatu* des gelehrten Antiquars M. Verrius Flaccus,
der zur Zeit des Augustus lebte. Dieses wertvolle enzyklopädische
Lexikon ist nur in dem Auszug des Sex. Pompeius Festus (Ende
des 2. Jahrhunderts) auf uns gekommen, und auch den haben

wir nur unvollständig; wo er fehlt, müssen wir uns mit einem
Auszug aus dem Auszug begnügen, den Paulus Diaconus im
8. Jahrhundert machte.

4. Quellen der römischen Literaturgeschichte

Die wichtigste Quelle der römischen Literaturgeschichte sind
die erhaltenen Werke. Ihr Studium ist die erste, durch nichts
zu ersetzende Aufgabe des Literarhistorikers. Wir wollen ein
Literaturwerk aber nicht nur sprachlich verstehen, ästhetisch
würdigen und seinen geistigen Gehalt als solchen erfassen,
sondern es auch geschichtlich begreifen, als Schöpfung seines
Autors, als bedingtes und bedingendes Element einer geistigen,
politischen, sozialen Situation, als Glied in der Entwicklung
einer literarischen Form, als Ausdruck einer künstlerischen
Tendenz.

Hier ist unsere erste Schwierigkeit. Ein antiker Autor gibt
sich in seinem Werk kaum je so unmittelbar wie ein moderner,
und die antike Biographie geht bei ihrer Vorliebe für anekdotische Clichés nur selten auf jene persönlichen Züge ein,
die uns das Schaffen eines Autors verständlich machen. Ausnahmen, z. B. die Viten des Terenz, Vergil und Horaz aus
dem nur in späteren Auszügen erhaltenen Werk *De poetis*
des Sueton, lassen ahnen, was uns sonst entgangen sein mag.
Da erfahren wir etwa Einzelheiten über die Arbeitsweise des
Vergil oder tun einen Blick in die Korrespondenz des Augustus
mit Horaz und Maecenas.

Auch an aufschlußreichen Selbstzeugnissen fehlt es nicht
ganz. Was für ein Bild hätten wir von der Persönlichkeit
Ciceros ohne die Briefe an Atticus! Horaz tritt uns in den
Satiren und Episteln und auch in manchen Oden als Mensch
und Dichter fast mit der Unmittelbarkeit eines Zeitgenossen
entgegen; wir kennen sogar seinen persönlichen Lebensstil.
Die poetische Selbstbiographie des Ovid (trist. 4, 1) ist mit

jener Feinheit psychologischer Beobachtung geschrieben, die
diesen modernsten unter den Augusteern auch sonst auszeichnet. Schon im 2. Jahrhundert v. Chr. setzt sich Terenz in den
Prologen seiner Komödien mit der zeitgenössischen Kritik
auseinander. Die meisten Selbstzeugnisse römischer Autoren,
vor allem der älteren Zeit, betreffen jedoch nur Daten des
„äußeren" Lebens, der Abfassung ihrer Werke oder persönlich
entscheidende Ereignisse wie die Verleihung des Bürgerrechtes
an Ennius oder Vergils Verlust des väterlichen Gutes. Erst
am Ende der Antike begegnet uns eine modern anmutende
Selbstanalyse, in den Bekenntnissen des heiligen Augustinus;
das Christentum hat eine neue Dimension des Innenlebens
erschlossen. Natürlich ist nicht jede Ich-Aussage ein Selbstzeugnis; so mußten die heute (wenigstens in der Wissenschaft)
aufgegebenen Versuche, aus den Gedichten des Catull, Tibull
und Properz deren „Liebesromane" zu rekonstruieren, schon
am Wesen der antiken Dichtung scheitern.

Neben das Selbstzeugnis tritt die gegenseitige Bezeugung.
Schon die Alten haben im *Miles gloriosus* des Plautus eine
Anspielung auf den Streit des Dichters Naevius mit den Metellern und seine Bestrafung entdeckt. Properz kündigt bereits
um das Jahr 26 v. Chr. das Werden der Aeneis an (2, 34, 61 ff.),
die erst nach Vergils Tod im Jahre 19 herausgegeben wurde.
Livius hat uns in einem kostbaren Fragment des verlorenen
120. Buches einen anschaulichen Bericht vom Ende Ciceros
überliefert; die Briefe des jüngeren Plinius enthalten interessante Nachrichten über seinen Freund Tacitus; der ältere
Seneca (am Anfang der Kaiserzeit) hält Erinnerungen an Ovids
rhetorische Studien fest, die das Selbstportrait des Dichters
um charakteristische Züge bereichern.

Schließlich lernen wir manches aus der Vergleichung literarischer Werke, vor allem solcher, die innerhalb derselben
Gattung im Verhältnis von Vorgänger und Nachfolger stehen.
Ein solcher Vergleich setzt allerdings die einfühlende, eben
darum auch subjektive Interpretation voraus.

Mit diesem Material und mit wesentlich gleichen Methoden hat schon die Philologie der Antike gearbeitet. Nur war sie in einer besseren Lage als wir, denn damals lagen die meisten Texte noch vollständig vor. Aussagen und Urteile antiker Grammatiker und Rhetoren sind oft die einzige Quelle unserer Kenntnis verlorener Werke. Immerhin können wir die Arbeitsweise dieser Gelehrten an den erhaltenen Originalen prüfen und abschätzen und so ihr Zeugnis richtiger bewerten, wo wir nur Fragmente oder selbst diese nicht haben.

Eine wissenschaftliche Philologie hat sich in Rom seit der Mitte des 2. Jahrhunderts v. Chr. unter dem Einfluß und nach dem Vorbild der pergamenischen und alexandrinischen entwickelt. Ihr erster bedeutender Vertreter ist L. Aelius Stilo zur Zeit Sullas. Zu den wichtigsten Aufgaben der römischen Philologen gehörte die Bestandaufnahme der archaischen Literatur und die Feststellung ihrer Chronologie. Daten waren zum Teil aus amtlichen Aufzeichnungen ersichtlich: Nicht nur Prozessionslieder wie das des Livius Andronicus, auch Dramen, die wie in Griechenland zum Programm religiöser Feste gehörten, wurden von Staats wegen bestellt oder zur Aufführung erworben. Aus amtlichen Quellen stammen z. B. die „Didaskalien", die nach alexandrinischem Muster Datum und andere Einzelheiten der Aufführung eines dramatischen Werkes festhalten; solche Didaskalien haben wir noch zu den Komödien des Terenz und zu zwei Komödien des Plautus. Zur Zeit der Gracchen behandelte der Tragiker L. Accius in einem Lehrgedicht *Didascalica* die dokumentarische Geschichte der griechischen und römischen Literatur, vor allem des Dramas. Zur selben Zeit haben Philologen begonnen, sich um Plautus zu bemühen, der besonders populär war; schon damals war der Text der Stücke, die nur in Bühnenexemplaren umliefen, arg verwildert, auch ging manches fremde Gut unter seinem Namen. Der Text wurde damals, so gut es ging, fixiert; aber erst Varro, ein Zeitgenosse Ciceros, schied auf Grund eingehender Studien aus der Masse der „Plautinischen" Komö-

dien einundzwanzig aus, die er für unzweifelhaft echt erklärte;
sie sind mit Ausnahme der letzten fast unversehrt als Sammel-
ausgabe auf uns gekommen. Varro hat auch in seine *Imagines*
– Bildnisse berühmter Römer mit begleitendem Text – die
älteren Dichter und Schriftsteller aufgenommen und Cornelius
Nepos, ein Mann derselben Generation, hat in seinem nur
teilweise erhaltenen Werk *De uiris illustribus* auch Biographien
römischer Redner und Historiker gegeben.

In unserem Sinn ist das freilich nicht Literaturgeschichte,
aber die gab es im Altertum überhaupt nicht. Lebensbeschrei-
bungen von Autoren fallen in das Genos Biographie, Listen
der Werke, Echtheitsfragen und Sprachstudien sind Sache des
Grammatikers, die ästhetische Kritik betreibt vor allem der
Rhetor, und das Wesen der Literaturgattungen und ihre (oft
recht aprioristisch rekonstruierten) Ursprünge behandelt die
Poetik, die ein Teil der Philosophie ist. Eine Synthese dieser
Gesichtspunkte oder gar der Versuch, in deren Licht die
nationale Literatur geschichtlich zu studieren, lag der Antike
fern. Natürlich sind die Grenzen nicht absolut. Schon das
Gedicht *De poetis* des Volcacius Sedigitus (um die Wende
vom 2. zum 1. Jahrhundert) verbindet biographische Darstellung mit ästhetischen Urteilen (das längste Fragment ist ein
Kanon der Palliatendichter); Ciceros Brutus, unsere wichtigste
Quelle für die ältere römische Beredsamkeit, enthält neben
rhetorischen Charakteristiken auch manches persönliche Detail;
der ältere Seneca hat allerlei Anekdoten aus der Rhetorenschule überliefert; die Biographien des Suetonius haben auch
gelegentlich Raum für Echtheitsfragen und Literaturkritik. Nur
Quintilians Übersicht über das römische Schrifttum ist ausschließlich rhetorisch – er handelt ja von der Ausbildung
des Redners.

Leider hat die römische Literaturforschung das Schicksal
ihres Gegenstandes geteilt. Nur weniges ist erhalten: Ciceros
Brutus, die Biographien des Cato und Atticus von Cornelius
Nepos, die Sammlung rhetorischer Musterstücke des älteren

Seneca, Quintilian, und aus den *Virorum illustrium libri* des Sueton (unvollständig) der Abschnitt *De grammaticis et rheto-ribus*. Das vollständige Werk war noch im 4. Jahrhundert bekannt; Donat entnahm ihm die Biographien, die er seinem Terenzkommentar und seinem verlorenen Vergilkommentar voranschickte. Donat hat wohl auch seinen Schüler Hierony-mus mit Sueton vertraut gemacht; Hieronymus hat nicht nur zahlreiche Auszüge aus Sueton in seine lateinische Bearbeitung der Weltchronik des Eusebios aufgenommen, er hat auch selbst in Nachahmung Suetons unter dem Titel *De uiris illustribus* einen Abriß der christlichen Literaturgeschichte verfaßt, der von Gennadius von Marseille (Ende des 5. Jahrhunderts) und Isidor von Sevilla († 636)weitergeführt wurde.

Sueton beschließt den Abschnitt über die Grammatiker mit der Würdigung eines Mannes, dessen Tätigkeit, von der Mit-welt wenig beachtet, für die Sicherung der älteren Klassiker-texte und ihr sprachliches Verständnis von großer Bedeutung wurde – des M. Valerius Probus. Er stammte aus Berytos (Beirut) und scheint bis gegen Ende des 1. Jahrhunderts n. Chr. gelebt zu haben. Zu einer Zeit, da in der Hauptstadt die ältere Literatur aus der Mode gekommen war und kaum mehr in den Schulen gelehrt wurde, sammelte Probus in der Provinz, wo man stets konservativer blieb, alte Texte, reinigte sie von Fehlern, versah sie nach Alexandrinerart mit kritischen Zeichen und notierte Eigenheiten des Sprachgebrauches. Er veröffent-lichte nur wenig, über Spezialfragen und von geringem Umfang. Niemals hatte er mehr als zwei bis drei Schüler zur gleichen Zeit; in zwangloser Unterhaltung führte er diese in seine Interessen und seine Arbeitsweise ein. Sie haben dann im Sinn des Lehrers gewirkt und sicher viel zu dem literarischen Archaismus des 2. Jahrhunderts beigetragen. Der Antiquar Aulus Gellius (geb. um 130) hat noch Schüler des Probus persönlich gekannt; ihm verdanken wir auch Nachrichten, die über Sueton hinausgehen. Probus scheint selbst keinen regelrechten Kommentar geschrieben zu haben; doch Spuren

seiner textkritischen Arbeit finden sich in den Vergilkommen-
taren und im Terenzkommentar des Donat.

Kommentare waren vor allem in der Schule nötig; für
manche Autoren gehen sie in ziemlich frühe Zeit zurück.
Ob die Erklärungen schon im Altertum (wie in den Handschriften des Mittelalters) an den Rand des Textes geschrieben
wurden, ist ungewiß; im allgemeinen wurden sie wahrscheinlich als selbstständige Werke veröffentlicht, vor allem dann,
wenn es sich weniger um sprachliche und sachliche Einzel-
erklärung handelte als um allgemeinere, z. B. geschichtliche,
Voraussetzungen für das Verständnis des Textes. Solcher Art
ist der Kommentar zu mehreren Reden Ciceros, den Asconius
Pedianus im 1. Jahrhundert n. Chr. mit gründlicher Kenntnis
der Zeitgeschichte schrieb. Auch Acro, dessen verlorener Horaz-
kommentar wahrscheinlich ins zweite Jahrhundert fällt, war
offenbar noch in der Lage, die Umwelt des Dichters aus guten
Quellen zu studieren und vor allem die Personen festzustellen,
auf die Horaz anspielt. Einzig in seiner Art ist das *Commen-
tum Terenti* des Aelius Donatus, der feinsinnige Sprachbe-
trachtung mit ästhetischer und dramaturgischer Analyse verbindet und darüber hinaus literarhistorisch wichtige Angaben
macht, die zeigen, wie Terenz seine griechischen Vorbilder benutzt hat. Die anderen Kommentare der Spätantike sind literarhistorisch weniger interessant: Entweder sind sie zu schulmäßig, wie der Vergilkommentar des Ti. Claudius Donatus,
oder schweifen, wie Servius, zu sehr in Gebiete ab, die das
literarische Verständnis des Textes nicht fördern.

Biographen, Grammatiker, Antiquare und daneben noch
die Philosophen sind auch unsere wichtigsten Fundgruben
für Fragmente verlorener Werke. Der Quellenwert solcher
Autoren ist recht verschieden. Cicero zitiert oft und viel aus
der älteren Dichtung, vor allem seinen Lieblingsdichter Ennius;
seine Zitate sind meistens Zeugnisse für philosophische Thesen
oder rhetorische Beispiele. Das hat für uns den Vorteil, daß
wir oft längere Stücke kennen lernen. Der Zusammenhang,

I. Die römische Literatur bis zum Tode des jüngeren Scipio

1. Die vorliterarische Zeit

Die Voraussetzungen für das Entstehen einer Literatur können in Rom nicht wesentlich anders gewesen sein als im übrigen Italien. Die älteste römische Gemeinde wird dieselben kollektiven Bedürfnisse gehabt haben wie ihre näheren und ferneren Nachbarn. Doch hat sie schon früh in stärkerem Maße unter mannigfachen, sich kreuzenden und durchdringenden Einflüssen gestanden. Rom hatte nicht nur reichen Zuzug von den umliegenden Stämmen – der Romulus der Legende erklärt seine Stadt zum Asyl – und absorbierte mit der Ausbreitung seiner Herrschaft immer neue italische Elemente; es steht von Anfang an im Schatten zweier überlegener Zivilisationen, der etruskischen und der griechischen.

Art und Grad dieser Einflüsse ist schwer zu bestimmen. Etruskisch sind zahlreiche Lehnwörter, meist Kulturwörter, die die Lebensformen eines gehobenen Standes spiegeln. Noch deutlicher sprechen für das etruskische Element in Rom die zahlreichen Geschlechtsnamen; auch die römische Legende bezeugt die etruskische Herkunft der Tarquinier. Selbst der Name „Rom" scheint etruskisch zu sein; vielleicht waren es Etrusker, die aus der Siedlung am Tiber eine Stadt machten. Etruskischer Einfluß zeigt sich allenthalben im religiösen und staatlichen Zeremoniell: in den Liktoren, die den König und später die höchsten Beamten und Priester begleiten, im Triumph (einschließlich des Erdrosselns der im Festzug mitgeführten Könige und Führer der besiegten Feinde), im Ahnenkult der vornehmen Geschlechter mit ihren Ahnenbildern *(imagines),* die beim feierlichen Begräbnis als Masken getragen wurden, in der Eingeweideschau (Haruspizin) und anderem Ritual, das der Römer summarisch *disciplina Tusca* nannte *(libri haruspicini, fulgurales, rituales).* Religiösen Ursprungs sind auch die blutigen Gladiatorenspiele, die zuerst beim Begräbnis des Etruskers (?) D. Iunius Pera, 264 v. Chr., in Rom gegeben wurden; die etruskische Religion kannte das Menschenopfer, und wenn Rom in historischer Zeit gelegentlich aus besonderem Anlaß Menschen opferte, dann folgte man so gut wie sicher etruskischer Praxis. Seit die Herrschaft der Etrusker gebrochen war, hat Rom ihre Bedeutung für die eigene Vergangenheit nicht recht wahrhaben wollen; aber wer etruskisches Blut in den Adern hatte, wie Maecenas, war doch darauf stolz. Auf das Wesen des Römers hat die Art der Etrusker, die selbst auf der Höhe ihrer Macht nur eine dünne Oberschicht bildeten, kaum starken Einfluß gehabt. In der römischen Literatur finden sich neben dem Dilettanten Maecenas nur zwei Etrusker, der Satiriker Persius zur Zeit Neros und der späte Elegiker Maximianus.

Viel tiefer ging der Einfluß der Griechen, obgleich er zunächst nicht so greifbar ist. Rom war griechischem Einfluß schon lange offen bevor es als politischer Faktor in die Welt des Hellenismus trat. Indirekt war Griechisches sowohl durch die Etrusker, deren Kultur im Schatten der griechischen stand, wie durch die Süditaliker, vor allem die Osker, vermittelt worden, die enge Beziehungen zu den Städten Großgriechenlands hatten, aber auch unter etruskische Herrschaft gekommen waren. Etruskich ist z. B. die römische Form mancher griechischen Götter- und Heroennamen (Pollux, Aprilis „Monat der Aphrodite"?); auch das Wort *persona* (ursprünglich „Maske") ist doch wohl griechisches *prósopon* auf dem Umweg über etruskisches *fersu*. Wenn anderseits im Lateinischen der Held der Odyssee mit einer westgriechischen Namensform Ulixes heißt, wenn die hellenische Nation den Namen eines kleinen böotischen Stammes *(Graeci)* trägt, dann wird italische Vermittlung der Grund sein. Direkte Berührung mit der griechischen Kultur wird in dem Bericht vom Ursprung des Zwölftafelgesetzes (Liv. 3, 31) angenommen und von der vergleichenden Rechtsgeschichte bestätigt; griechische Kultlieder dürften schon die älteste lateinische Sakralpoesie mitgeformt haben; der „saturnische" Vers der altrömischen Dichtung hat trotz seines italischen Namens griechische Parallelen, vielleicht Vorbilder (E. Fraenkel, Eranos 49, 1951, 170 f.).

Wesen und Ursprung des Saturniers sind umstritten. Der Vers ist italisch, nicht ausschließlich römisch. Er läßt sich weder als rein quantitierend noch als rein akzentuierend erweisen. Die ältesten Beispiele (Arvallied, Livius Andronicus. Naevius, die Scipio-Elogien u. a.) zeigen große Mannigfaltigkeit der Form und Freiheit der Behandlung. Die Versbetonung scheint dem Satzakzent zu folgen; doch ist das Wesen des ältesten lateinischen Akzents ebenso problematisch wie das des Saturniers, und die lateinische Prosodie kennen wir erst in der Form wie sie Ennius festgelegt hat.

Der Saturnier ist eine Langzeile, verwandt den Langzeilen anderer indogermanischer Sprachen. Von ihren Hälften (zu je zwei Dipodien) – hat die erste oft steigenden, die zweite fallenden Rhythmus; die Senkungen sind frei und können unterdrückt werden. Als Beispiel diene der Anfangsvers der *Odusia* des Livius Andronicus:

> uirum mihi, / Camena, // insece / uersutum
> „den Mann mir, Camene, / sing', den vielgewandten".

Griechische Verse, die dem Saturnier analog sind, könnten die Römer in Süditalien kennen gelernt haben. Ob der Saturnier solchen Versen nachgebildet ist oder unter ihren Einfluß kam, bleibt ungewiß.

Die sprachlichen Gebilde, aus denen Literatur entsteht, sind überall zunächst an bestimmte Anlässe gebunden oder dienen bestimmten Bedürfnissen des Lebens. Von „Literatur" kann erst die Rede sein, wenn das mündlich Überlieferte aufgezeichnet wird; aber auch die mündlich fortgepflanzte Dichtung, Erzählungskunst und Lehrweisheit hat eine lange Vorgeschichte.

Jede Sprachgemeinschaft kennt neben der ungebundenen Rede des täglichen Verkehrs die gebundene, formelhafte Rede – als „Antwort" auf typische Situationen, als Formulierung typischer, wenigstens potentiell kollektiver Erfahrung. Es ist eine Form gehobener Sprache, in der sich oft Vers und rhythmische Prosa noch nicht deutlich scheiden. In dem Maße als die archaischen Lebensformen gebundener sind als die komplexen und differenzierten späterer Gesellschaftsstufen, nimmt auch das Formelhafte in der Sprache einen größeren Raum ein. Das war vor allem bei dem konservativen Römer so, der jene archaische Förmlichkeit in Religion und Recht, im öffentlichen und im privaten Leben viel länger aufrechterhielt als die Griechen. Diese Förmlichkeit *(grauitas)* blieb noch lange verpflichtende Sitte nachdem sie aufgehört hatte, Ritual zu sein.

Die formelhafte Rede nennt der Römer *carmen*. Das Wort umfaßte in älterer Zeit nicht nur (nach der Definition des Servius, zu Aen. 3, 287) „was in Verse gefaßt ist" *(quidquid pedibus continetur),* sondern überhaupt alles, was in formel-

hafter Rede *(conceptis uerbis)* geäußert wurde: Gebet und
Zauber, Rechtssatzung und Sprichwort, öffentliche Verbalakte
der Beamten und Priester, und natürlich auch das Lied, aus
dem erst später, unter griechischem Einfluß, das „Gedicht"
wurde.

Ein altrömisches Gebet, das der Hausvater beim alljährlichen
Flurumgang *(ambarualia)* seines Grundbesitzes im Frühling sprach,
hat uns Cato aufbewahrt (agr. 141). Da finden sich rhythmische
Satzglieder, Asyndeton, „wachsende" Dreiergruppen mit *-que* an
letzter Stelle, Alliteration und Reim, schließlich wiederkehrende
Zeilen und Formeln, die das Ganze gliedern und ihm Aufbau
geben. Auch von Kultliedern haben wir noch einige Kunde. Die
Salier („Springer") – so hieß eine Priesterschaft des Mars – hielten
im März und Oktober, am Beginn und Ende des Bauernjahres,
Umzüge mit feierlichem Tanz und Liedern (Liv. 1, 20, 4); aus
anderer Quelle wissen wir noch, daß es mehrere Arten solcher
Salierlieder gab. Unmittelbar kennen wir das Lied der Fratres
Arvales („Flurbrüder"), Priestern der Flurgöttin Dea Dia, deren
Fest im Mai begangen wurde. Den Text des Liedes enthält ein
Protokoll dieser Priesterschaft aus dem Jahre 218 n. Chr.; sein
archaischer Wortlaut war damals schon unverständlich und hat
sich erst der modernen Sprachwissenschaft wieder erschlossen. Der
Vers des Liedes ist der Saturnier. Am Ende steht ein fünfmaliges
triumpe; aber *io triump(h)e* ist auch der Jubelruf beim Triumphzug des siegreichen Feldherrn – ursprünglich gleichfalls ein Sakralakt, und auch beim Triumph wurden Lieder gesungen. Das waren
freilich Spottverse der Soldaten auf ihren Feldherrn (zwei solche
Verse, auf Caesar, sind bei Sueton zu lesen); sie mögen einst
apotropäischen Sinn gehabt haben.

In die religiöse Sphäre gehören auch die *indigitamenta* der
Pontifices, „Beschwörungen" göttlicher Wesen, z. B. *adesto, Tiberine,
cum tuis undis* (Saturnier, Serv. Aen. 8, 72). Ein Schritt weiter
und wir sind in der Welt des Zaubers, wovon uns späte Autoren
einige Proben geben. Ein „magischer" Akt von hohem Alter ist
die Todesweihe *(deuotio)*: der römische Feldherr weiht im Augenblick höchster Gefahr sich und die Feinde den Göttern der Unterwelt; dann sucht er in der Schlacht den Tod, um so den Feind
in seinen Untergang mit hineinzureißen. Die Worte der Todesweihe des P. Decius Mus (in der Schlacht am Vesuv, 340) bei
Livius (8, 9, 6–8) geben in jüngerer Sprache eine alte Devotions-
formel wieder.

Kriegslieder, Arbeitslieder, Wiegenlieder haben die Römer gewiß besessen; spätere Autoren nehmen ihr Bestehen an, aber erhalten hat sich fast nichts davon. Auch von den anzüglichen *uersus Fescennini*, die man bei der Hochzeitsfeier improvisierte, wissen wir nur indirekt (z. B. durch Festus-Paulus, p. 85). Aus Livius, der sie nach unbekannter Quelle mit den Anfängen des römischen Dramas in Verbindung bringt (7, 2, 7), lernen wir, daß man sich diese Spottverse gegenseitig zurief; das sagt auch Horaz (epist. 2, 1, 139 ff), aber dessen *Fescennina licentia* hat ein ländliches Erntefest zum Anlaß. Die dialogische Form der Fescenninen mag alt sein; ihren Platz in der Geschichte des Dramas verdanken sie offenbar einer gelehrten Theorie nach griechischem Vorbild. Der Name *Fescennini* (von der faliskischen Stadt Fescennium in Etrurien) deutet auf etwas, das von auswärts entlehnt wurde; aber der Brauch als solcher wird doch wohl heimisch sein.

Ähnlich steht es mit dem improvisierten Drama, der italischen Posse. Die war gewiß in Rom so gut daheim wie irgendwo, und doch heißt sie *ludus Oscus, fabula Atellana*. Dann muß die besondere Form, die man in Rom pflegte, von der oskischen Stadt Atella gekommen sein.

Neben die Atellane, die von römischen Bürgern gespielt wurde, trat das Theater der Berufsschauspieler *(histriones)*. Livius (7, 2), offenbar älterer Tradition folgend, führt dessen Ursprung darauf zurück, daß im Jahre 364 zur Abwendung einer Seuche etruskische Tänzer nach Rom berufen wurden und rituelle Tänze aufführten; ihre Darbietung fand Gefallen, und man behielt die *ludi* auch ohne den Anlaß bei. Diese „Vorgeschichte" des römischen Dramas, die auch Fescenninen und *satura* (S. 33) einbezieht, macht den Eindruck einer künstlichen Rekonstruktion. Die späteren *ludi scaenici* stehen jedenfalls ganz in der Tradition des griechischen Theaters. Daß man auch in Etrurien Bearbeitungen griechischer Stücke aufgeführt habe, ist denkbar, doch fehlt darüber jede Nachricht. Das Wort *histrio* ist freilich etruskisch.

Lebenserfahrung gibt der Vater an den Sohn weiter, so die „Bauernregel" (Paulus-Festus S. 82, 21 f. L.) *hiberno puluere uerno luto grandia farra, Camille, metes* (etwa: „Winterstaub und Frühlingsregen bringen, Camillus, dir Erntesegen"). Sie wird zur Lebensregel in den Sprüchen *(praecepta)* eines zeitlich nicht festlegbaren, vielleicht legendären Sehers *(uates)* Marcius; bekannt ist sein Rat: *postremus dicas, primus taceas* (Isid. orig. 6, 8, 12).

Die Lebensregel der Bürgerschaft ist das Recht. Alte Rechtstexte sind überall formelhaft und waren es besonders in Rom. Noch Cicero hat in der Schule das Zwölftafelgesetz – theoretisch die Quelle aller römischen Rechtsprechung – *ut carmen necessarium* auswendig gelernt (leg. 2, 59). Der Text dieses Gesetzes war, wie sein Name sagt, auf zwölf Bronzetafeln geschrieben worden, als das alte Gewohnheitsrecht, dessen Verwaltung lange ein Privileg der Patrizier gewesen war, auf Drängen der Plebs veröffentlicht wurde. Die Aufzeichnung soll der Dezemvir Appius Claudius (451/450) veranlaßt haben; aber der Text, den Spätere zitieren, ist vermutlich um 300 von dem Zensor gleichen Namens redigiert worden.

Altererbt ist das Lob der Toten. Das hat seinen Platz zunächst in der Totenklage *(naenia)* und in der Leichenrede *(laudatio funebris* – eine Wurzel der römischen Prosa; eine Vorstellung davon gibt die inschriftlich erhaltene *laudatio Turiae*, CIL 6, 1527, aus dem letzten Dezennium v. Chr.) Das dauernde Andenken der Verstorbenen bewahren die *tituli* unter den Ahnenbildern und die Grabschriften *(elogia);* wir besitzen noch die Grabschriften auf mehrere Scipionen, beginnend mit L. Cornelius Scipio Barbatus, cos. 298, und Epigramme auf berühmte Dichter wie Naevius und Ennius – letzteres, nach Ciceros Zeugnis, vom Dichter selbst verfaßt. Das Lob der Ahnen wurde auch beim Gastmahl gesungen; aber schon für Cato († 149), auf den sich Cicero (Brut. 75; Tusc. 4, 2, 3) beruft, dürfte das nur mehr ferne Kunde gewesen sein; man wird bei diesen *carmina* – anscheinend ein Rundgesang –

eher an Kurzgedichte wie die attischen Skolien auf die Tyran-
nenmörder denken als an Balladen.

Wie die Geschlechter das Andenken der Vorfahren bewahr-
ten, so hat man auch festgehalten, was die Bürgerschaft als
Ganzes betraf. Der oberste Priester *(pontifex maximus)* verzeichnete von Jahr zu Jahr öffentlich auf einer weißen Tafel
bemerkenswerte Ereignisse. Wenn Cato (bei Gellius 2, 28, 6)
nicht übertreibt, so enthielten diese *Annales* kaum etwas, das
wir Geschichte nennen würden, wohl aber Nachrichten über
Teuerungen, Sonnen- und Mondesfinsternisse und andere Prodigien – Dinge, die jene Priesterschaft angehen mochten. Diese
Annalen wurden, als es längst schon eine private Geschichtsschreibung gab, bis in die Spätzeit der Republik weitergeführt.
Zur Zeit der Gracchen gab sie der Pontifex Maximus P. Mucius
Scaevola in 80 Büchern als *Annales maximi* heraus. Der Titel
Annales ist von der Geschichtsschreibung übernommen worden.

Wertvolle Aufzeichnungen enthielten die Amtsbücher *(commentarii, libri)* der Magistrate und Priesterkollegien und die
Senatsakten; die waren aber nicht für die Öffentlichkeit bestimmt. Erst Caesar hat aus politischen Gründen die Veröffentlichung der Senatsakten verfügt; er selbst hat in seinen
Commentarii den amtlichen Bericht zum literarischen Kunstwerk gemacht.

Aufzeichnungen solcher Art mochten Keime litetarischer Ent-
wicklung enthalten, sind aber noch nicht Literatur. Was ihnen
vor allem dazu fehlt, ist das Publikum; das gilt von Familien-
archiven ebenso wie von den Amtsbüchern der Priester und
Magistrate. Der Schritt zur „Literatur" war vollzogen, als ein
Einzelner mit seinem „Werk" vor die Öffentlichkeit trat. Diesen
Schritt tat APPIUS CLAUDIUS CAECUS. Der große Staatsmann
(Zensor 312, Erbauer der Via Appia, Sprecher gegen den
Frieden mit Pyrrhus 280) war auch darin ein Neuerer, daß
er den Wert des geschriebenen Wortes im öffentlichen Leben
erfaßte. Als Jurist hat er durch seinen Klienten, den Ädilen

Cn. Flavius, die *Fasti* (den „Gerichtskalender") und die Formen der Rechtshandlungen *(legis actiones)* veröffentlichen lassen *(Ius Flauianum);* er selbst hat als erster über eine Rechtsfrage geschrieben, *De usurpationibus* (wahrscheinlich im Sinne der Unterbrechung eines „ersessenen" Rechtes, *usucapio,* zu verstehen, vgl. Paulus, Dig. 41, 3, 2). Vielleicht hat er auch seine berühmte Rede gegen den Pyrrhusfrieden, die noch dem Cicero bekannt war, selbst herausgegeben; jedenfalls beweisen Ciceros Worte (Brut. 61 f.) nicht, daß die Rede erst später aus dem Familienarchiv veröffentlicht wurde. Die Nachklänge dieser Rede bei Ennius und bei späteren (griechischen) Autoren lassen wirksam verwendetes Pathos erkennen.

Appius ging noch einen Schritt weiter. Während in Roms Vorzeit (vgl. Cato bei Gellius 11, 2) die Dichtkunst nicht in Ehren stand und wer sich ihr widmete als Müßiggänger galt, fand es Appius nicht unter seiner Würde, ein Gedicht zu verfassen (Cic. Tusc. 4, 4). Es waren Sentenzen praktischer Lebensweisheit (Fest. p. 317), also dem Inhalt nach gut römische Tradition. Sein Preis der Freundschaft (zitiert bei Prisc. 8, 18) hat eine gedankliche Parallele in dem Fragment eines griechischen Zeitgenossen, des Komikers Philemon. Das beweist noch nicht Abhängigkeit; Cicero fühlte sich eher an pythagoreische Spruchsammlungen erinnert. Berührung mit der Philosophie hat auch ein anderes Zitat, das wir in verschiedenem, doch nicht im originalen Wortlaut kennen: „Jeder ist seines Glückes Schmied" (vielleicht: *escit suás quisque | fáber fórtúnas).* Beziehung zur griechischen Welt liegt jedenfalls vor.

Appius Claudius steht an der Schwelle der römischen Literatur; es ist bezeichnend, daß er offiziell die Schreibung *r* für intervokalisches *s* in Familiennamen einführte (*Valerii* für *Valesii* usw.) und damit auch unter einen Lautwandel des vorliterarischen Lateins den Schlußstrich setzte.

Zum Studium empfohlen: F. Bücheler, Umbrica, 1883. – G. Pasquali, Preistoria della poesia romana, 1936. – E. Norden, Aus altrömischen Priesterbüchern, 1939. – F. Altheim, Italien und Rom, 1941.

2. Die ältesten Dichter

Appius Claudius war seiner Zeit voraus. Erst ein Menschen-
alter nach seinem Tod hören wir wieder von einem Dichter
in Rom, und der ist Grieche.

L. LIVIUS ANDRONICUS war, wenn man der antiken Über-
lieferung glauben darf, als Kriegsgefangener nach Rom gekommen; sein Herr, ein Livier, vielleicht der Vater des
M. Livius Salinator, cos. 219, 207, betraute ihn mit der Erziehung seiner Söhne; als Freigelassener gründete er eine
Schule für die Söhne der Vornehmen. Neben den griechischen
Texten, die er nach dem Brauch der Grammatiker erklärte,
„las" er auch (*praelegebat,* Suet. gramm. 1) eigenes lateinisches
Schrifttum. Man denkt da wohl mit Recht an seine *Odusia,*
Homers Odyssee in Saturniern, die erste umfangreiche Dich-
tung in lateinischer Sprache. Das Werk erhielt sich lange als
Schulbuch, noch Horaz hat es bei Orbilius lernen müssen
(epist. 2, 1, 69 ff.); später, als der Saturnier nicht mehr literatur-
fähig war, wurde es in Hexameter umgegossen und auch in
Bücher geteilt. Wenngleich nur wenig originell (mehr Übersetzung als Nachdichtung, unter Verzicht auf manche Feinheit
des Originals) und nicht frei von Übersetzungsfehlern, war die
Odusia des Livius doch für die römische Literatur von größter
Bedeutung, denn mit ihr war nach griechischem Vorbild eine
lateinische Dichtersprache geschaffen worden.

Livius war auch der einzige, an den sich die Ädilen des
Jahres 240 wenden konnten, als man beschlossen hatte, an
den *Ludi Romani* (im September) zum ersten Mal eine griechische Tragödie und Komödie in lateinischer Bearbeitung aufzu-
führen. Als Dramatiker scheint Livius seine Vorbilder viel
freier behandelt zu haben, nicht zuletzt darin, daß er öfters
die Rezitation des Originals durch Gesangspartien ersetzte;
anderseits hat er den griechischen Dialogvers und anscheinend
auch schon manche lyrischen Versmaße übernommen, aber
in einer Form, die dem Latein mit seinem stärkeren Akzent

und seinem Reichtum an langen Silben Rechnung trug. Die Fragmente lassen gerade noch vermuten, daß sich die epische und die dramatische Sprache des Livius stilistisch unterschieden.

Im Jahre 207, in einem kritischen Augenblick des Hannibalischen Krieges, hat Livius in staatlichem Auftrag zur Abwendung bedrohlicher Vorzeichen ein Prozessionslied für einen Jungfrauenchor gedichtet (Liv. 27, 37); zum Dank für die gebannte Gefahr wurden die Dichter und Schauspieler *(scribae et histriones)* als versammlungsberechtigte Gilde, mit dem Sitz im Minervatempel auf dem Aventin, vom Staat anerkannt (Fest. p. 446). Da bei einem ähnlichen Anlaß im Jahre 200 ein sonst unbekannter P. Licinius Tegula das Kultlied dichtete (Liv. 31, 12, 10), ist Livius Andronicus wahrscheinlich zwischen 207 und 200 gestorben.

Seine Werke waren noch am Ende der Republik bekannt, aber man fand daran keinen Gefallen mehr. Cicero vergleicht die lateinische Odyssee mit den primitiven Skulpturen des Dädalus und sagt von den Dramen des Livius, sie verdienten nicht, daß man sie ein zweites Mal lese (Brut. 71); der Historiker Livius findet es nicht der Mühe wert, das Prozessionslied von 207 im Wortlaut vorzulegen. Die Saat war aufgegangen, das Keimblatt eingeschrumpft.

Unsere Nachrichten über Livius Andronicus sind späten Datums und z. T. unsicher oder widerspruchsvoll. Accius (vgl. Cic. Brut. 72) hatte behauptet, Andronicus stamme aus Tarent und sei bei der Eroberung dieser Stadt, 209, gefangen worden; das Datum hat schon Cicero als falsch erkannt; doch bei der „ersten Eroberung von Tarent" im Jahre 272, auf die man die Nachricht hat beziehen wollen, handelte es sich um eine freiwillige Kapitulation und die Bürger waren geschont worden. Damit ist dem scharfsinnigen Versuch von Cichorius (Röm. Stud. 1 ff.), die Nachrichten von *ludi Tarentini* und einem *carmen* bei der ersten Säkularfeier, 249, auf Livius Andronicus zu beziehen, z. T. der Boden entzogen.

Daß Andronicus Sklave eines Angehörigen der *gens Liuia* wurde, beweist der Gentilname, den er, römischem Brauch gemäß, bei der Freilassung annahm; der Auftrag eines Prozessionsliedes im Jahre 207, als einer der Konsuln ein Livius Salinator war, legt nahe, an ein Mitglied dieser Familie als Herrn und späteren Patron des Dichters zu denken.

Die Wahl des Saturniers für die Übersetzung der Odyssee war vermutlich ein Notbehelf; schon seine Kürze, verglichen mit dem Hexameter, war ein Nachteil. Für den Hexameter war die lateinische Sprache kaum noch genug entwickelt; auch Naevius hat sein Epos in Saturniern verfaßt. Die Annalen des Ennius, der den Hexameter in Rom einführte, geben noch eine Idee von den Schwierigkeiten, die zu überwinden waren, und deren auch dieser bedeutende Dichter nicht immer Herr wurde. Die dramatischen Sprechverse (Trimeter als Senar, trochäischer Septenar) ließen sich leichter nachbilden, vor allem in der freien Behandlung, die sich Livius und seine Nachfolger erlaubten.

Die Ludi Romani, an denen Livius im Jahre 240 zum ersten Male Bearbeitungen griechischer Stücke aufführte (er ist auch selbst darin aufgetreten), waren seit 366 ein jährliches Fest. Ob szenische Aufführungen schon vor 240 dazugehörten, bleibt ungewiß. Eine primitive „stage show", die varietéartig aus Gesang, Tanz und kurzen Szenen ohne verbindende Handlung bestand, könnte es sehr wohl gegeben haben; eine solche war vielleicht in der Quelle des Livius (7, 2; vgl. Val. Max. 2, 4, 4) in Ermangelung eines treffenderen Ausdrucks als *impletae modis saturae, saturarum modi* bezeichnet worden. Nach Valerius Maximus gab die römische Jugend schon solche Darbietungen, bevor 364 etruskische Tänzer nach Rom kamen. Neu war dann im Jahr 240 die Aufführung einer Tragödie und einer Komödie mit einheitlicher Handlung nach griechischem Vorbild. Es ist kaum Zufall, daß diese Neuerung unmittelbar nach dem Ende des ersten Punischen Krieges erfolgte. Die in Sizilien stationierten römischen Soldaten hatten Gelegenheit gehabt, griechisches Theater kennen zu lernen, das schon seit der Zeit des Tyrannen Hieron von Syrakus in Sizilien gepflegt wurde. Es hatte dort sogar eine Nachblüte; Rhinthon, Verfasser von heiter-ernsten Stücken *(hilarotragodia)*, lebte bis 285. In der Wahl seiner Vorbilder zeigt Livius schon die Neigung des späteren römischen Theaters zur klassischen Tragödie der Athener (besonders Euripides) und zur „Neuen Komödie" der Alexander- und frühen Diadochenzeit.

Den literarischen Geschmack der ciceronischen und augusteischen Zeit ließ Livius unbefriedigt; erst die Archaisten des 2. Jahrhunderts n. Chr. haben ihn wieder geschätzt. Unsere Fragmente stammen größtenteils aus Verrius Flaccus, der antiquarische Interessen hatte, aus Gellius und Nonius und aus dem späten Grammatiker Priscian.

Literatur: Sc. Mariotti, Livio Andronico e la tradizione artistica, 1952.

Fünf Jahre nach dem ersten Auftreten des Livius Andronicus, 235, wurden zum erstenmal Stücke eines Italikers, des Cn. Naevius, aufgeführt. Er war Soldat im ersten Punischen Krieg gewesen, kann also nicht selbst als Schauspieler aufgetreten sein. Geboren ist er wahrscheinlich in Capua. Während des zweiten Punischen Krieges scheint er sich für die Ermüdungsstrategie des Fabius Cunctator gegen die aggressive Kriegführung der Meteller und Scipionen ausgesprochen zu haben. Freimut politischer Kritik auf der Bühne, die er nach Art der „Alten" (aristophanischen) Komödie übte, brachte den streitbaren Mann mit der Behörde in Konflikt. *Fato* (ohne Verdienst) *Metelli Romae fiunt consules* hatte er in einer Komödie erklärt, als 206 Q. Caecilius Metellus Konsul wurde. Die Meteller antworteten mit einer öffentlich angeschlagenen Drohung: *malum dabunt Metelli Naeuio poetae.* Sie machten ihre Drohung auch wahr: auf ihre Veranlassung (auch einer der Prätoren des Jahres war ein Meteller) wurde Naevius verhaftet – wahrscheinlich unter Berufung auf die im Zwölftafelgesetzt verbotenen *mala carmina.* Angeblich erhielt er seine Freiheit erst wieder, als er in zwei weiteren Komödien, *Ariolus* und *Leon,* revozierte. Sein Spott machte nicht einmal vor dem siegreichen Scipio Halt; nur er kann gemeint sein mit dem berühmten Mann, den einst in jungen Jahren der Vater von der Seite seines Liebchens holte. Die Nobilität setzte schließlich durch, daß Naevius verbannt wurde; er starb im afrikanischen Utica, frühestens 201.

Was wir über Naevius wissen, geht im wesentlichen auf Varros Schrift *De poetis* zurück. Die Kerkerhaft des Dichters, auf die auch Plautus, Mil. 210 ff., anspielt, darf als historisch gelten; daß er den *Ariolus* und *Leon* im Gefängnis schrieb (Gell. 3, 3, 15), ist sicher nur aus Komplimenten für die Nobilität in den beiden Stücken herausgesponnen. Das Todesjahr des Naevius steht nicht fest. Das Jahr 204, das Cicero (Brut. 60) als Todesdatum kennt, ist vermutlich das letzte nachweisbare Aufführungsjahr eines naevianischen Schauspiels zu Lebzeiten des Dichters gewesen. Varro wußte, daß Naevius dieses Jahr überlebte; danach setzt Hieronymus in seiner Chronik den Tod des Naevius auf 201 an. Sicher

ist nur, daß Naevius in Utica starb, offenbar nach dem Friedens-
schluß mit Karthago.

Naevius war auch als Dichter eine starke Persönlichkeit. In
der Komödie war er dem Plautus ebenbürtig; das lassen noch
die spärlichen Fragmente ahnen. Die überlieferten Titel weisen
auf Palliaten; die griechischen Vorbilder scheinen nicht nur
der Neuen, sondern auch der Mittleren Komödie entnommen
zu sein. Nur das Element politischer Satire war der späteren
griechischen Komödie fremd.

Der *Acontizomenus* (etwa „Der Totschlag") hatte einen Prolog,
der nicht nur, wie die Prologe Menanders, in die Handlung einführte, sondern auch das Stück direkt ankündigte, wie später
manchmal bei Plautus und immer bei Terenz. – Am besten kennen
wir die Komödie *Tarentilla*. Da spüren zwei Väter ihren Söhnen
nach, die ihr Erbe an ein leichtfertiges Mädchen in Tarent ver-
schwenden. In einem Fragment, das anschaulich die koketten
Künste der Tarentinerin beschreibt, erkennen wir bereits den Typ
der Colombine. – Die Erwähnung von Gästen aus Praeneste und
Lanuvium im *Ariolus* (Wahrsager) könnte auf ein italisches Milieu
deuten; vielleicht war das, trotz einer griechischen Parallele zum
Titel, eine Komödie im römischen Kostüm *(fabula togata)*; die
Neuerung wäre dem Schöpfer der nationalen *fabula praetexta*
wohl zuzutrauen. Wie dem immer sein mag, die Fragmente zeigen
durchaus den charakteristisch römischen Sinn für das Realistische
und Komische, die Neigung zum Lokalkolorit, das Erfassen der
Person in ihren sozialen Bindungen.

Es wurde schon angedeutet, daß Naevius – soweit wir
wissen – das nationale römische Drama, die *fabula praetexta,*
geschaffen hat; sie heißt nach dem Kostüm der Helden, dem
Amtskleid *(toga praetexta)* der römischen Magistrate, und
nimmt ihre Stoffe aus der römischen Sage und Geschichte –
einschließlich der Gegenwart des Dichters. Die eine der beiden
uns namentlich bekannten Prätexten des Naevius, *Clastidium,*
war ein patriotisches Festspiel, das den Sieg des M. Claudius
Marcellus über den Galaterhäuptling Virdumarus (222) feierte;
vielleicht wurde es bei der Leichenfeier für Marcellus, 208,
aufgeführt. Das andere Stück dieser Gattung, *Lupus,* war eine
Dramatisierung der Romuluslegende. Die geringen Reste dieser

wie aller älteren Prätexten (erhalten ist nur die dem Seneca zugeschriebene *Octavia*) erlauben kein Urteil über Kunstform und Stil.

In der Tragödie nach griechischer Art, für die Naevius anscheinend weniger Neigung hatte, läßt sich, wie schon bei Livius Andronicus, ein Interesse an Stoffen der Trojasage erkennen *(Equos Troianus, Hector proficiscens)*; die Römer hatten bereits gelernt, sich im Sinne hellenistischer Geschichtskonstruktionen als Nachkommen der Troer zu betrachten.

Davon zeugt auch das Alterswerk des Naevius (Cic. Cato 50), sein Epos *Bellum Poenicum*. Es erzählt als Verschronik, in meist schmuckloser, doch nicht unwirksamer Sprache, die Geschichte des ersten Punischen Krieges, in dem Naevius mitgekämpft hatte. Natürlich wird er historische Quellen benutzt haben wie das Werk des karthagerfreundlichen Philinos von Agrigent, vielleicht auch die griechischen Annalen des Q. Fabius Pictor; die persönlichen Eindrücke des Soldaten gaben dem Ganzen Leben und Farbe. Zeitgeschichte im Stil des Heldenepos war etwas völlig Neues, hat aber in der römischen Literatur eine bis ans Ende der Antike dauernde Tradition begründet. Roms erster Krieg mit einer Weltmacht konnte gewiß heroisch erlebt werden. In diesem Gedicht hat Naevius aber auch die Gründung Roms und die Sage von Aeneas und Dido erzählt, als „mythischen" Ursprung der Feindschaft zwischen Rom und Karthago; darin ist Vergil nach dem Zeugnis seiner Erklärer (Servius, Macrobius) dem alten Dichter gefolgt. Wie Livius schrieb auch Naevius sein Epos in Saturniern; und wenn er zu Beginn „die neun einträchtigen Schwestern, Jupiters Töchter" anruft, so sind wohl auch hier die Camenen gemeint.

Im einzelnen bleibt manches problematisch, vor allem für die mythische „Vorgeschichte" des Krieges. Interpretation der Fragmente verbunden mit Rückschlüssen aus Vergil macht es sehr wahrscheinlich, daß schon bei Naevius wie im ersten Buch der Aeneis Sturm, Trostrede des Aeneas und Gespräch zwischen Venus und Iuppiter aufeinander folgten; auch Anna und Dido kamen vor. Umstrittten ist die Einordnung des Fragmentes 2, 13 Morel: *blande et docte percontat / Aenea quo pacto / Troiam urbem liquerit.* Nonius zitiert es aus dem zweiten Buch; da aber die Landung des Aeneas in Latinum noch in das erste Buch fiel, wäre das Fragment in diesem Fall nicht auf Dido zu beziehen, sondern auf den Latinerkönig. Freilich kann sich Nonius in der Angabe des Buches (die Bucheinteilung stammt von dem Grammatiker C. Octavius Lampadio aus dem 2. Jahrhundert) geirrt haben. L. Strzelecki (seit 1935) läßt dagegen das Gedicht mit der unmittelbaren Veranlassung des Krieges beginnen und läßt die alten Sagen anläßlich der Eroberung von Agrigent nachgetragen werden; im Zeustempel von Agrigent war nämlich der Fall Trojas dargestellt. Diese Annahme löst manche Schwierigkeiten und ist von Mariotti und anderen Forschern übernommen worden.

Das *Bellum Poenicum* erhielt sich lange lebendig; Cicero vergleicht es der archaischen Bildhauerkunst des Myron und noch Horaz bezeugt, daß es gelesen wurde. Ein Epigramm auf Naevius aus dem späten 2. Jahrhundert v. Chr. (bei Gell. 1, 24, 2) sagt übertreibend (*plenum superbiae Campanae,* bemerkt Gellius, der es für ein Werk des Naevius hält), daß mit dem Tod des Dichters die lateinische Sprache in Rom verstummte.

Literatur: E. Fraenkel, Cn. Naevius, RE, Suppl VI (1935), 622 ff. – E. V. Marmorale, Naevius poeta, [2]1950 (1967). – Sc. Mariotti, Il Bellum Poenicum e l'arte di Nevio, 1955. – M. Barchiesi, Nevio epico, 1962. – Editio maxima von W. Strzelecki, Wroclaw 1959 (mit verkürzten Prolegomena Teubner 1964); dazu H. T. Rowell, Am. Journ. Phil. 87, 1966, 210–17, der auch einen guten Überblick über die neuere Naeviusforschung gibt.

Allgemeines zum römischen Theater und Drama

In Naevius hatte das römische Theater seinen ersten bedeutenden Dichter gefunden. Die Tragödie und Komödie griechischen Stils hat er von seinem Vorgänger übernommen und weitergebildet; die *fabula praetexta* darf als seine Schöpfung gelten; und wenn sich die *fabula togata* schon nicht mit Sicherheit auf ihn zurückführen läßt, so haben ihr doch manche seiner Palliaten den Weg geebnet. Tragödie und Praetexta, Palliata und Togata bilden das „literarische" Theater in der klassischen Zeit der römischen Republik; die mehr improvisierenden dramatischen Formen, Atellane und Mimus, werden erst in der nächsten Periode literarisch, die Atellane zur Zeit Sullas, der Mimus unter Caesar.

Das altrömische Drama ist uns recht ungleichmäßig erhalten. Die Palliata kennen wir unmittelbar aus den Komödien des Plautus und Terenz, von der Tragödie des Ennius und seiner Nachfolger sind uns nicht wenige Stücke aus den Fragmenten in ihrer Eigenart kenntlich; aber die Überreste der Togata reichen bestenfalls zu einer Vorstellung von ihrem Motivbestand und Sprachstil aus, und im Fall der Praetexta sind wir nicht einmal dazu imstande. Praetexta und Togata waren jedenfalls von Anfang an als römische Gegenstücke zur griechischen Tragödie und Komödie gedacht; die Wirkung der Palliata auf die Togata ist uns noch deutlich, ebenso wie später die Togata ihrerseits die literarische Atellane beeinflußt.

Für Tragödie und Palliata stellen sich zwei Fragen: die Frage nach der Wahl der griechischen Originale und die Frage nach Art und Grad ihrer Umbildung. Beide zielen auf das Römische in der Aneignung des Fremden.

Die Tragödie lehnt sich besonders an Euripides an, den „tragischesten" Dichter, wie ihn Aristoteles nannte; sein rhetorisches Pathos, vielleicht auch sein Rationalismus, machten in Rom Eindruck. An zweiter Stelle kommt Aischylos und dann die nachklassische Tragödie. Sophokles als Vorbild ist seltener nachweisbar, er war zu „attisch". Der Chor der klassischen griechischen Tragödie wurde mit den Stücken übernommen, wird aber auf der römischen Bühne zu einer Art Komparserie mit einem Sprecher geworden sein; zur Entfaltung eines die Chorlieder begleitenden Bewegungstanzes bot das römische Theater nicht Raum. Bei Seneca gleicht der Chor ganz seinem griechischen Vorbild, aber da handelt es sich um literarische Produkte ohne Beziehung zum Theater. Die alte Tragödie der Römer war reich an Gesangsszenen für die Schauspieler, teils Monodien, teils auf mehrere Personen verteilt. Vor allem waren Soloszenen in lyrischen Versmaßen ohne strophische Gliederung beliebt, wie sie gelegentlich beim späten Euripides vorkommen; darin ist vielleicht die nach-euripideische Tragödie noch weiter gegangen. Den musikalischen Reichtum der griechischen Chorlyrik haben die römischen Tragiker beschränkt; ihre lyrischen Szenen sind metrisch einheitlicher, aber auch eintöniger. Dafür haben sie den gesungenen oder zur Flöte rezitativisch vorgetragenen Partien (cantica) im Verhältnis zu dem gesprochenen Dialog (diuerbium) einen größeren Raum gegeben; das läßt sich noch an Parallelen zeigen. Unter den lyrischen Versen bevorzugen sie sichtlich jene, die dem längenreichen Latein entgegenkommen,

daher die gehäuften bakchischen und kretischen Tetrameter ($\cup--$
und $-\cup-$ in Vierergruppen). Ein bakchischer Tetrameter steht
schon unter den wenigen Tragödienfragmenten des Livius Andronicus (Danae fr. 5). Das römische Publikum, dem die Stoffe der
attischen Tragödie ferne lagen, verlangte offenbar neben glänzen-
der Ausstattung (vgl. Hor. epist. 2, 1, 187 ff.) auch mehr Musik;
dieses musikalische Element zusammen mit dem Pathos der Sprache
gibt der römischen Tragödie einen merkwürdig barocken Charakter.

Ganz anders verhalten sich Vorbild und Nachbild bei der
Komödie. Die altattische Komödie des Aristophanes und seiner
Vorgänger, mit ihrer Mischung von Phantastik und lokalgebun-
dener Polemik, ließ sich nicht verpflanzen; sie hat selbst in ihrer
Heimat den Peloponnesischen Krieg nicht überdauert. Die Vorbilder der Palliata gehören fast alle der „Neuen" Komödie an,
deren Meister Menander, Philemon und Diphilos waren; das
bezeugen ausdrücklich Prologe und Didaskalien der erhaltenen
Stücke. Leider ist unser Bild von der Neuen Komödie unvollständig, vielleicht auch einseitig. Fragmente sind zahlreich, denn
der Sentenzenreichtum dieser bürgerlichen Komödie hat zum Zitieren gereizt; aber eben darum sind die Zitate meist Sentenzen, also
für das Werk als Ganzes wenig bezeichnend. Am besten kennen
wir Menander († 291). Von fünf seiner Komödien, vor allem von
dem berühmten „Schiedsgericht", sind seit 1905 durch einen Papyrusfund große Teile bekannt; nun gibt uns der Bodmer-Papyrus
auch ein vollständiges Stück, den Dyskolos („Der Mürrische").
Diese „Neue" Komödie spiegelt die sordinierte und etwas sentimentale bürgerliche Welt des Hellenismus wider, mit ihrer Beschränkung auf das Privatleben, ihrer konventionellen Moral, ihrer
scharfen Distanzierung von der Halbwelt; eine Welt, regiert vom
Zufall, der mit den Menschen spielt, ohne es doch allzu böse
zu meinen; reißt er die Glieder einer Familie oft auseinander
(wozu die Diadochenkriege und das seit dem Sturz der attischen
Seemacht neuaufblühende Piratentum reichlich Anlaß boten), so
führt er sie ebenso unerwartet durch eine Verkettung merkwürdiger
Umstände (wobei Erkennungszeichen eine wichtige Rollen spielen)
wieder zusammen. Am Ende geht alles gut aus: die Hetäre, in
die sich der Bürgersohn verliebt hat, wird als ein verloren geglaub-
tes Mädchen aus gutem Haus erkannt und der unbotmäßige Sklave
entpuppt sich als der entführte Sohn seines Herrn.

Diese kleine Welt schafft Charaktertypen; die Komödie nimmt
sie auf und bildet sie durch: den strengen oder nachgiebigen
Vater, den Sohn, der über die Stränge schlägt (aber in zwanzig

Jahren mit seinem Sohn die gleichen Sorgen haben wird), das
verführte Mädchen und seine bekümmerte Mutter, den prahle-
rischen Soldaten, den Geizhals, den Parasiten, den Kuppler, den
listigen Sklaven, die Schwiegermutter, die edle Hetäre. Sie sind
aus der Komödie nicht wieder verschwunden und zum Teil auch
vom sentimentalen Drama übernommen worden. Gewiß können
diese Typen unter der Hand des Dichters lebendige Menschen
werden; aber wir bewegen uns doch immer im selben Kreis. Auch
das Bestreben, den Zuschauer durch eine komplizierte, kunstvoll
aufgebaute Handlung zu fesseln, hat seine Grenzen angesichts der
stereotypen Motive wie Verwechslung zweier Personen, Rollen-
tausch, Wiedererkennung vermißter oder totgeglaubter Verwandter,
und jener Situationskomik, die darin besteht, daß dem einen
Gesprächspartner wesentliche Elemente der Situation unbekannt
sind. Das künstlerisch Fruchtbarste daran ist die komische Ironie,
zu der sie so gut Gelegenheit bieten. Dieses Bild ist freilich im
wesentlichen aus Menander und seinen römischen Nachahmern,
besonders Terenz, gewonnen; es muß nicht unbedingt auf die
Neue Komödie als Ganzes zutreffen. Der wiedergefundene „Dyskolos" mit seiner drastischeren Komik zeigt selbst Menander
von einer neuen Seite.

Die bürgerliche Charakterkomödie war nicht ortsgebunden;
dennoch konnte auch sie in Rom nicht ohne weiteres übernommen
werden. Zwar hat man sie nicht „romanisiert": Name und Kostüm
kennzeichnet ihre Charaktere als Griechen und die Handlung spielt
immer in einer griechischen Stadt, meistens in Athen. Auch die
Anspielungen auf römische Ereignisse und Einrichtungen, so vertraut aus Plautus, wollen vielleicht nicht so sehr Lokalkolorit
schaffen als bewußt die dramatische Illusion aufheben, was ein
naives Publikum zu allen Zeiten geliebt hat. Das Spiel mit der
Illusion ist freilich, soweit wir sehen, eine Abkehr vom Geist
der Neuen Komödie. Terenz, der sich besonders eng an sein
Vorbild Menander hält, vermeidet solche Dinge, aber er macht
auch kein Hehl daraus, daß es ihm nur auf den Beifall einer
Elite von Philhellenen ankommt. Die späteren Palliatendichter
sind auf diesem Weg noch weiter gegangen; manche Fragmente
des Turpilius († 103) lesen sich wie Übersetzungen. Das hat die
Palliata schließlich dem Volk entfremdet und ihr als lebendiger
Kunstform ein Ende gemacht. Doch zur Zeit ihrer Blüte stand
sie der griechischen Komödie eher noch selbständiger gegenüber
als die römische Tragödie der griechischen.

Zerstörung der Illusion durch aktuelle Anspielungen, durch direkte
Anrede des Publikums, durch Hinweise auf den bloßen Spielcharak-

ter der Handlung usw. war nicht die einzige Freiheit, die sich der römische Dichter nahm. Er opfert (wieder von Terenz abgesehen) die strenge Handlungsführung der Situationskomik, er kürzt, erweitert, wiederholt sich, ergeht sich in Tiraden, wenn nur dadurch mehr Leben auf die Bühne kommt und das Publikum mehr Anlaß zum Lachen hat. Schon Naevius hat „kontaminiert" (Ter. Andr. prol. 17). Man hat das meist so verstanden, daß der Dichter in sein Stück eine Szene aus einem anderen griechischen Stück eingelegt hat. Das war an sich bei dem Charakter der Neuen Komödie oft ohne ernsten Schaden für den Gang der Handlung möglich; aber bezeugt ist es nur selten. So hat z. B. Terenz, wie er selbst sagt und Donat bestätigt, in die „Andria" des Menander Elemente aus Menanders „Perinthia" aufgenommen, die eine ähnliche Handlung hatte. Das hat ihm sein Rivale Luscius Lanuvinus vorgeworfen: *contaminari* („verschandeln") *non decere fabulas* (prol. 16). Terenz beruft sich dafür auf die Praxis älterer Dichter, des Naevius, Plautus, Ennius; nachweisen, auch nur wahrscheinlich machen läßt sich das selten, z. B. im plautinischen Rudens. Kleinere Unstimmigkeiten und Widersprüche, mit denen die dramaturgische Analyse gerne arbeitet, beweisen wenig, zumal für die römische Komödie mit ihrer lockeren Komposition. Auch die Doppelhandlungen mancher Stücke (z. B. in den *Bacchides* des Plautus und in fünf von den sechs Komödien des Terenz) brauchen nicht „Kontamination" zu beweisen. Terenz mag dafür eine Vorliebe gehabt und unter den griechischen Komödien danach ausgeschaut haben; nur in der *Andria* hat er nach eigener Aussage die Nebenhandlung aus anderer Quelle eingebaut, im *Eunuchus* eine Gestalt, in den *Adelphoe* eine Szene von anderswo übernommen.

Wie die römische Tragödie, so hat auch die Komödie keinen eigentlichen Chor. Schon die Neue Komödie der Griechen kannte den Chor nur mehr als Zwischenakt; er gehört nicht zum Stück, er war eine Einlage, mit der der Dichter nichts zu tun hatte. Wo ein Chor auftritt, wie die Fischer im „Rudens", ist er von derselben Art wie der „Chor" der Tragödie (z. B. der Kriegerchor in der Iphigenie des Ennius, statt des Jungfrauenchors bei Euripides) – ein Situationselement wie in der klassisch-romantischen Oper.

Mit der Tragödie hat die Palliata auch die Scheidung von *Diuerbium* und *Cantica* gemeinsam. Bei Plautus, vor allem in den späten Stücken, nehmen die Cantica einen breiten Raum ein. Es sind meistens Soloszenen, „Arien". Wieder ist Terenz zurückhaltender; er hat viel weniger *Cantica* als Plautus und nichts von dessen metrischem Reichtum.

Der Ursprung der *Cantica* in der Komödie des Plautus (und vielleicht schon seiner Vorgänger) ist problematisch. Wir kennen Gesangszenen aus den späten Tragödien des Euripides; wir besitzen das Papyrusfragment eines hellenistischen „Vaudeville" in Dochmien (die Klage eines verlassenen Mädchens); wir haben lyrische Fragmente der Neuen Komödie, vor allem von dem jüngsten ihrer Meister, dem Diphilos. Das Verhältnis dieser Gebilde zueinander und zu den Plautinischen *Cantica* ist verschieden beurteilt worden. Friedrich Leo sah in „Des Mädchens Klage" das Bindeglied zwischen dem späten Euripides und Plautus. Aber weder der Charakter dieser auf sich gestellten „Solonummer" noch die (der besonderen Stimmung entsprechenden) eintönigen Dochmien passen zu dem Ausgangs- und Endpunkt der angenommenen Entwicklung. Eduard Fraenkel ging von der römischen Tragödie aus, deren *Cantica* sich als Weiterbildung griechischer Elemente verstehen lassen. Die älteren römischen Dramatiker, die Tragödie und Komödie nebeneinander pflegten, hätten nach ihm ein Element der Tragödie auf die Komödie übertragen. Die Vermutung hat viel für sich, ist aber bei dem fast völligen Mangel lyrischer Fragmente des römischen Dramas vor Plautus und Ennius unbeweisbar; auch hat der Neuen Komödie das Gesangselement nicht ganz gefehlt. Tragödie und Komödie mögen einander im Lauf des vierten Jahrhunderts näher gekommen sein, auch wenn wir diesen Prozeß nicht verfolgen können. Freilich scheint weder die nachklassische Tragödie noch die Mittlere Komödie bei den Römern stark nachgewirkt zu haben. Vielleicht hat der geniale Plautus, der in diesen *Cantica* schwelgt, aus bescheidenen Ansätzen etwas entwickelt, das ihm und seinem Publikum besondere Freude machte.

Neben dem Drama griechischer Herkunft gab es Theater, das seine Wurzeln im Volksbrauch hatte und, zunächst wenigstens, von fremden Einflüssen frei war. Die Atellane ist schon erwähnt worden. Ihre Akteure waren Bürger und verfielen darum nicht dem Stigma des Schauspielerstandes (Liv. 7, 2, 12). Es war eine Farce mit vulgärem Einschlag, in der das Foppen und Prellen und obszöne Zweideutigkeiten eine große Rolle spielten. Die erhaltenen Titel der späteren literarischen Atellanen betonen das Provinzielle und Ländliche; auch Mythenparodie kommt vor, z. B. „Herkules als Steuereinnehmer" (*Hercules Coactor*). Beides wird auch für die ältere Zeit gelten. Die Stücke waren kurz (sie wurden später, wie auch die Mimen, als Nachspiele zur Tragödie, *exodia,* gegeben) und ließen der Improvisation einen weiten Spielraum. Die Schauspieler trugen Masken und pflegten lebhaft zu gestikulieren. Die Atellane hatte feststehende Figuren *(personae Oscae)*, die an die „Masken" der Commedia dell'Arte erinnern: Maccus (der Clown), Bucco (der das Maul aufsperrt: „Schwätzer, Blödling"), Pappus (der „Alte", der gewöhnlich düpiert wird) und Dossennus (wahrscheinlich der „Bucklige", von einer Dialektform *dossum* für *dorsum)*. Letzterer wird, nach verbreitetem Volksglauben zu schließen, der Intrigant gewesen sein; Horaz (epist. 2, 1, 173) kennt ihn als Fresser. Eine fünfte Figur, Manducus (auch dieser Name würde „Fresser" bedeuten), ist unsicher; ich möchte doch an der vielzitierten Varrostelle (ling. 7, 95), wo angeblich Manducus und Dossennus einander gleichgesetzt werden, ersteres Wort als Adjektiv verstehen *(manducus* von *mandere* wie *caducus* von *cadere)* – immer vorausgesetzt, daß die Konjektur *Dossenus* das Rechte trifft.

Von ganz anderer Art war der Mimus. Die realistische Nachahmung von Szenen des täglichen Lebens ist auf der ganzen Welt daheim. In Rom gehörten Mimen zum Floralienfest am 28. April, das 238 eingesetzt, seit 173 jährlich war. Das Wort Mimus ist griechisch; die Griechen, daheim wie in Italien, kannten den Mimus, auch als literarische Form, seit alter Zeit. Aber soweit wir sehen, haben die literarischen Mimen eines Sophron (5. Jahrhundert) oder Herondas (3. Jahrhundert) keinen Einfluß auf die römischen Mimen gehabt. Vielleicht waren die Schauspielertruppen nach Art der griechischen organisiert. Die Schauspieler trugen weder Masken noch Bühnenschuhe (Kothurn, Soccus) und hießen darum *planipedes;* weibliche Rollen wurden im Gegensatz zum übrigen Drama von Frauen gespielt, der weibliche „Star" *(archimima)* steht neben dem männlichen *(archimimus)*. Die *mimae,* die stark geschminkt und wenig bekleidet auftraten, galten als unanständig. Die Stücke mögen ähnlich den Atellanen gewesen sein, jedenfalls seit der Mimus zur Literatur gehörte; auch Mythentravestie ist bezeugt (Tertullian, apol. 15, 1). Auch der Mimus hatte „stehende" Figuren, den *sannio* (Grimassenschneider) und den Dümmling *(stupidus)* mit geschorenem Kopfhaar.

Einzelheiten über das Theater gehören nicht in die Literaturgeschichte; hier soll nur einiges erwähnt werden, das zum Verständnis der literarischen Produktion beiträgt. Die Schauspieler, meist Ausländer und Freigelassene, bildeten regelrechte Truppen *(greges)* unter einem Direktor *(dominus)*, der auch gewöhnlich die Hauptrolle spielte und Regisseur war. Wir kennen noch die Namen des T. Publilius Pellio, der zwei Stücke des Plautus aufführte, und des L. Ambivius Turpio, des Regisseurs des Caecilius

Statius und Terenz. Die Schauspieler waren kostümiert; Kostüme und Bühnenrequisiten waren in der Hut eines Garderobemeisters *(choragus)*. Ob schon zur Blütezeit des römischen Dramas Masken getragen wurden, wie sie die illuminierten Handschriften des Terenz zeigen, ist fraglich (Haupstelle: die Notiz über die *Personata,* die „Maskenkomödie", des Naevius bei Fest. p. 238 L.). Wie viele Mitglieder eine Truppe durchschnittlich hatte, ist unbekannt. Jedenfalls deutet nichts darauf hin, daß jedes Stück mit dem Minimum an Schauspielern aufgeführt wurde wie im Athen des fünften Jahrhunderts. Selbst unter Ausnützung aller Möglichkeiten für Doppelrollen kommen nur ganz wenige der erhaltenen Stücke mit drei bis vier Schauspielern aus, wie es für das attische Theater die Regel war.

Gespielt wurde, von besonderen Anlässen (Triumphe, Leichenbegängnisse berühmter Männer) abgesehen, an den staatlichen Festen: den Ludi Megalenses zu Ehren der Magna Mater im April (seit 204 v. Chr., szenische Aufführungen seit 194), den Ludi Apollinares im Juli (seit 212), den Ludi Romani im September und den Ludi Plebei im November, beide zu Ehren Iuppiters. Da das Drama einen Bestandteil der religiösen Feier bildete, waren die Beamten, die die Spiele zu leiten hatten, auch d a f ü r verantwortlich. Sie mieteten jeweils eine Schauspielertruppe, deren *dominus* die Stücke (jedes wurde in der Regel nur einmal aufgeführt) von den Dichtern erwarb. Auch das Theater, Bühne wie Zuschauerraum ein roher Holzbau, wurde von Fall zu Fall errichtet und wieder abgerissen. Als man im Jahre 154 ein Steintheater zu bauen begann, verbot der Konsul P. Scipio Nasica den schon begonnenen Bau und bestimmte den Senat zu einem Beschluß, wonach in Hinkunft nicht einmal Sitze errichtet werden sollten; dieses Verbot blieb nur sieben Jahre in Geltung, aber erst Pompeius hat Rom ein dauerndes Theatergebäude gegeben. Die Zahl der Spieltage schwankte in der republikanischen Zeit zwischen elf und achtzehn im Jahr; zur Zeit des Augustus war sie auf 43 angewachsen. Tatsächlich wurde viel öfter gespielt, seit man einen Weg gefunden hatte, erfolgreiche Stücke zu wiederholen. Dir Förmlichkeit der römischen Religion verlangte, daß eine Zeremonie, bei der ein Formfehler unterlaufen war, ganz oder teilweise wiederholt werde. Dieses Prinzip *(instauratio)* ließ sich auch auf ein mehrere Tage dauerndes Fest ausdehnen; es brauchte nur eine Irregularität entdeckt oder geschaffen zu werden. So hören wir, daß sowohl 205 wie 197 die Ludi Plebei siebenmal gefeiert werden mußten, und es erregt unseren Verdacht, daß eines der Stücke

von 205 der höchst erfolgreiche „Bramarbas" *(Miles gloriosus)*
des Plautus war.

Die Bühne war weit, aber nicht tief; sie stellte gewöhnlich
eine Straße dar, mit mehreren Häusern, die Ein- und Ausgänge
ermöglichten. Die seitlichen Zugänge wurden nach einer nicht
ganz klaren Konvention auf Stadtinneres (Forum) und Land oder
Küste bezogen; Ausnahmen, wie im Rudens des Plautus, werden
als solche dem Publikum durch den Prolog angekündigt. Im Vordergrund der Bühne stand ein Altar, zu dem sich eine bedrängte
Person flüchten konnte. Die Handlung spielt sich im Freien ab,
selbst ein Festgelage wird auf die Straße verlegt – für den Südländer eine durchaus plausible Konvention. Einen Vorhang gab es
in der älteren Zeit nicht; die Handlung ging ohne Unterbrechung
vor sich, die Akteinteilung unserer Stücke gehört einer späteren
Zeit an. Die Bühnenkonventionen waren die des griechischen
Theaters, einschließlich der dramatischen Zeitillusion; hier wie
in allen Dingen ist Terenz weniger naiv, mehr auf realistische
Wahrscheinlichkeit bedacht als seine Vorgänger.

Die Gesangs- und Rezitativpartien wurden auf der Flöte *(tibia)*
begleitet; manchmal (vgl. Plaut. Pseud. 573) blies der *tibicen*
auch ein Zwischenspiel. Es gab verschiedene Arten von Flöten,
die nach ihrem Klang so gewählt wurden, daß sie zu dem besonderen Charakter des Dramas paßten. Die Musik wurde für jedes
Stück eigens komponiert; aus den Didaskalien kennen wir die
Namen des Marcipor Oppi, der die Musik zu Plautus' *Stichus*
schrieb, und des Flaccus Claudi, der die Musik für den *Phormio*
des Terenz komponierte. Beide waren, wie die Namen zeigen,
Unfreie.

Die römische Palliata, die durch Plautus und Terenz auf die
Nachwelt kam, hat das europäische Lustspiel begründet: Shakespeare und Ben Johnson, Holberg, Molière und Goldoni wachsen
aus dieser Tradition heraus. Ihre Typen und ihre Technik sind auch
heute noch nicht ausgestorben: Oscar Wilde hat in seiner „Koffer-
komödie" (The Importance of Being Earnest) eine plautinische
Verwicklung modern stilisiert und T. S. Eliots „The Confidential
Clerk" stammt in direkter Linie von der Komödie des Terenz ab.

Zum Studium empfohlen: W. Beare, The Roman Stage. A short history of
Roman drama in the Republic, 1950. – E. Paratore, Storia del teatro latino,
1957. – T. B. L. Webster, Studies in Later Greek Comedy, 1950. – F. Wehrli,
Motivstudien zur griechischen Komödie, 1936. – W.-H. Friedrich, Euripides und
Diphilos, 1953. – G. E. Duckworth, The Nature of Roman Comedy, 1952. –
E. Fraenkel, Plautinisches im Plautus, 1922; dazu J. J. Tierney, Some Attic
Elements in Plautus, Proceedings of the Royal Irish Academy 50 C (1945), 21 ff. –
G. Jachmann, Plautinisches und Attisches, 1931. – M. Bonaria, Romani Mimi,
1965 (Ausg. d. Fragmente mit grundlegendem Kommentar).

Q. ENNIUS wird hier dem etwas älteren Plautus vorangestellt, weil er der letzte universale Dichter der älteren Zeit ist. Sein Werk, wie das des Naevius, umspannt Epos, Tragödie und Komödie; außerdem hat er Lehrgedicht, Enkomion und Satura in die römische Literatur eingeführt. Sein Neffe Pacuvius und L. Accius haben sich im wesentlichen auf die Tragödie beschränkt; letzterer war daneben Gelehrter (s. S. 17). Plautus und seine Nachfolger sind ausschließlich Komödiendichter, Lucilius ein Dichter der Satura. Beschränkung auf ein einziges Genos wird zur Regel.

Ennius wurde 239 geboren. Er stammte aus Rudiae in Calabrien, wo sich griechische und oskische Einflüsse mit römischen kreuzten. Von früher Jugend auf hat er gewiß neben seiner Muttersprache, dem wenig bekannten Messapischen, jene drei Sprachen gesprochen; so konnte er später von sich sagen, er habe drei Leben (*tria corda*: Gell. 17, 17, 1). Ennius' frühe Mannesjahre fielen in den zweiten Punischen Krieg; er diente bei den römischen Hilfstruppen in Sardinien. Dort hat ihn wohl Cato als Quästor auf der Rückkehr von Afrika (204) kennengelernt; beeindruckt von des Ennius' Persönlichkeit und Begabung, brachte er ihn nach Rom. Hier entfaltete Ennius eine rege Tätigkeit: neben dem Unterricht im Griechischen bearbeitete er mit Erfolg griechische Stücke für die Bühne. Er lebte in bescheidenen Verhältnissen auf dem Aventin; vielleicht suchte der Zugewanderte engeren Anschluß an die Gilde der „Schreiber" und Schauspieler, die dort ihren Sitz hatte. Bald fand er Zugang zu den griechenfreundlichen Kreisen der höheren Gesellschaft; zu seinen Freunden und Gönnern zählten Männer wie Scipio Africanus, Scipio Nasica (vgl. die Anekdote bei Cicero, De orat. 2, 276) und M. Fulvius Nobilior. Letzterer nahm Ennius mit sich auf seinen ätolischen Feldzug (189), in der berechtigten Erwartung, in ihm einen Verkünder seines Ruhmes zu finden. Wenn das große Fragment des siebenten Annalenbuches (Gell. 12, 4, 4), wie schon L. Aelius Stilo annahm, das Verhältnis des Ennius zu Fulvius widerspiegelt, dann verband die beiden Männer jene zurückhaltende Intimität, die, als seltene Frucht reifer Menschlichkeit, die Kluft zwischen Ständen und Lebenskreisen überbrückt. Als im Jahre 184 Quintus, der Sohn des M. Fulvius, eine Kolonie gründete, verlieh er dem Ennius das römische Bürgerrecht durch Zuweisung eines Ackerloses; der Stolz des Dichters über diese Anerkennung seines Schaffens spricht aus dem Vers (377 Vahlen): *nos sumus Romani qui fuimus ante Rudini*. Ennius war offenbar nicht genötigt, mit den Siedlern auszuziehen. Er starb in Rom 169, kurz nachdem er an den Apollinarischen Spielen seine Tragödie *Thyestes* aufgeführt hatte.

Als Todeskrankheit nennt Hieronymus in seiner Chronik die Gicht; ob Neigung zum Trunk die Ursache war (so im 3. Jahrhundert n. Chr. Serenus Sammonicus, Lib. medic. 713), bleibe dahingestellt. Ausgangspunkt ist wahrscheinlich ein Vers der *Saturae* des Ennius (64 V.).): *nunquam poetor nisi si podager* „ich dichte nur, wenn ich das Reißen habe", was schon Horaz (epist. 1, 19, 7) darauf bezog, daß Ennius Inspiration im Wein suchte.

Der literarische Nachlaß des Ennius bestand aus 18 Büchern *Annales*, mindestens zwanzig Tragödien, zwei Prätexten, zwei Palliaten, vier Büchern *Saturae* und einer Anzahl kleinerer Gedichte: *Scipio, Sota, Epicharmus, Praecepta* oder *Protrepticus* (?), ein parodistisches Lehrgedicht *Hedupagetica* („Delikatessen") und Epigramme; dazu kommt die Prosaschrift *Euhemerus*. Die zeitliche Abfolge dieser Werke ist ganz ungewiß. Fest steht nur, daß der *Thyestes* in das Todesjahr des Dichters fällt; auch die *Annales* dürften ein Werk seines Alters sein.

Wenn das einzige Fragment der *Hedupagetica* (V. 3) Lokalkenntnis des ätolischen Ambracia voraussetzt (O. Skutsch, Class. Quarterly 42, 1948, 99), dann kann dieses Werk nicht vor 189 entstanden sein. Doch ergibt sich aus den „ungelenken" Hexametern des Fragmentes nicht notwendig ein *terminus post quem* für die Annalen (so Timpanaro, vgl. Anz. f. d. Altertumswiss., 1952, 198). Das Hedupagetica-Fragment, ein Katalog von feinen Fischen mit ihren berühmtesten Fundorten, braucht nicht für das ganze Gedicht bezeichnend zu sein; auch in den Annalen schreibt Ennius oft holprige Verse, wenn Personen- oder Ortsnamen unterzubringen sind. Kunstloserer Versbau wäre auch dem Charakter und Stil dieses „Lehrgedichtes" angemessen. Doch ist späte Abfassung der *Annales* aus anderen Gründen wahrscheinlich, s. u., S. 51.

Als Dramatiker bevorzugte Ennius die Tragödie; unter den Palliatendichtern nennt ihn Volcacius Sedigitus an letzter Stelle und nur *causa antiquitatis*. Die meisten seiner Tragödien sind dem Euripides nachgebildet; mit seiner Vorliebe für trojanische Stoffe steht er ganz in der römischen Tradition. Zu drei ennianischen Tragödien *(Hecuba, Iphigenia, Medea Exsul)* besitzen wir das euripideische Vorbild, ebenso für seine „Eumeniden" die Tragödie des Aischylos; und da die lateinischen Fragmente nicht allzu kärglich sind, können wir Ennius ein wenig am Werk sehen. Oft schließt er sich eng dem Vorbild an, aber ebenso oft ist er freier Nachschöpfer, etwa am Anfang der „Medea" oder in der Rede Minervas in den „Eumeniden". Eine Neigung zur Gelehrsamkeit spricht aus den etymologischen Erklärungen griechischer Namen, die er vermutlich in Kommentaren gefunden hat. Der tragische Stil des Ennius ist eine Umsetzung des „Klassischen" ins „Barocke", wofür sich Euripides gewiß am ehesten eignete. Mit seiner „Medea" ist Ennius der erste in einer langen Reihe von Nachdichtern; schon in der Antike hatte er nicht weniger als drei Nachfolger (Ovid, Seneca, Hosidius Geta).

Die Praetexta *Sabinae* nahm ihren Stoff aus der römischen Legende; in der *Ambracia* (aus der auch ein Hexameter-fragment zitiert wird!) feierte Ennius die Eroberung dieser Stadt in dem ätolischen Feldzug seines Gönners.

Der *Sota* heißt nach dem hellenistischen Dichter Sotades (3. Jahrhundert), der angeblich wegen seiner Spottverse auf die Geschwisterehe des Ptolemaios Philadelphos in ein Faß eingeschlossen und ins Meer geworfen wurde. Das Gedicht des Ennius ist in dem nach Sotades benannten Versmaß (katalektischer ionischer Tetrameter) geschrieben. Vom Inhalt gewinnen wir aus den wenigen Fragmenten kein rechtes Bild.

Der *Scipio* verherrlicht die Taten des Siegers von Zama, ist also wohl bald nach der Heimkehr des Helden, etwa 201, entstanden. Das Nebeneinander von Hexametern und trochäischen

Septenaren stellt dieses Gedicht in die Nähe der *Saturae,* doch war es vermutlich ein selbständiges Werk.

Epicharmos ist der Name eines Komikers, der im 6./5. Jahrhundert in Sizilien wirkte. Man schrieb ihm philosophische Neigungen zu, und später ging ein naturwissenschaftliches Lehrgedicht unter seinem Namen. Das wird dem *Epicharmus* des Ennius zugrunde liegen; er will im Traum den Dichter in der Unterwelt getroffen und aus dessen Mund seine (pythagoreische) Weisheit empfangen haben.

Der *Euhemerus* ist eine Übersetzung der „Heiligen Geschichte" des Euhemeros, der um 403 schrieb. Im Rahmen eines utopischen Reiseberichtes wird, angeblich nach Inschriften des Zeustempels auf der Insel Panchaia im Indischen Ozean, die „Geschichte" des Uranos, Kronos und Zeus erzählt. Sie und die übrigen Götter waren ursprünglich Menschen, die wegen ihrer großen Taten und ihrer Verdienste um die menschliche Kultur zu Göttern erhoben wurden. Diese „Entlarvung" der heidnischen Götter hat dem Werk das Interesse der Christen gewonnen. So ist uns der *Euhemerus* des Ennius auszugsweise, teils als Zitat, teils referierend, durch Lactantius (Bd. 2, 108) erhalten. Die altertümliche Prosa, die dem Laktanz vorlag, hat oft iambischen oder trochäischen Rhythmus, doch deutet nichts mit Sicherheit darauf hin, daß der *Euhemerus* ein Gedicht war. Wie weit sich Ennius hier oder im *Epicharmus* mit den vorgetragenen Lehren identifizierte, ist schwer zu sagen; beide Werke zeugen von der Weite seiner Interessen und von der Aufnahmebereitschaft seiner Leser.

In den *Saturae* hat Ennius Anregungen, die ihm aus dem Hellenismus kamen, eine eigene, römische Form gegeben. Das hellenistische Interesse an Äsop zeigt sich in der Fabel von der Haubenlerche, die das Saatfeld erst verläßt, als sich der Bauer selbst ans Ernten macht (Gell. 2, 29, 1 f.); hellenistisch ist ganz allgemein die Hinwendung zur persönlich gehaltenen Kleinform und überhaupt das betont Individuelle wie in der volltönenden Selbstanrede (Buch 3): *Enni poeta salue, qui mortalibus / uersus propinas flammeos medullitus* (etwa: „Heil, Ennius, Dichter, dir, der Sterblichen / den Feuerkelch der eignen Verse reicht"). Dagegen greift der allegorische Streitdialog zwischen Leben und Tod, der einem verbreiteten Typ des Volksspiels angehört, wohl auf heimische Tradition zurück, vielleicht auf jene Vorform des Dramas, die Livius' Quelle als *saturae* bezeichnete. Das Wort *satura* ist gut lateinisch, es bedeutet „Füllsel", „Allerlei" (Mélange), offenbar in dem doppelten Sinn von Vielfalt des Inhalts und Wechsel des

Versmaßes[1]. Moralisierende Kritik fehlt keineswegs, aber als Ganzes waren die *Saturae* des Ennius nicht „satirisch".

Auch das *Epigramm* in Form des elegischen Distichons verdankt die römische Literatur dem Ennius. Aus Cicero und Seneca kennen wir zwei (oder drei?) Epigramme auf Scipio – vielleicht für Vorder- und Rückseite des Sockels seiner Statue bestimmt. Cicero (Tusc. 1, 34, 117; vgl. Cato 73) schreibt dem Ennius auch zwei Epigramme auf sich selber zu; das eine ist eine Bildaufschrift, das andere sein Epitaph: *Nemo me dacrumis decoret nec funera fletu / faxit. Cur? Volito uiuos per ora uirum* (etwa: „Niemand weine Tränen um mich und folge mir klagend. / Bin ich denn tot? Mein Lied fliegt noch von Munde zu Mund.").

Am nachhaltigsten wirkte Ennius durch sein historisches Epos *Annales*. Hatte Naevius in seiner Verschronik einen begrenzten, wenn auch entscheidenden Abschnitt der römischen Geschichte ·dargestellt und dem Zeitgeschehen in den alten Legenden von Rom und Karthago einen mythischen Hintergrund gegeben, so unternimmt es Ennius in diesem groß angelegten Werk von 18 Büchern, die Geschichte Roms von den Anfängen bis auf die eigene Zeit bald in anspruchslosem Chronikstil, bald in lebendigen Bildern vorzuführen. Roms Aufstieg zur Weltmacht war damals für den Römer gewiß ein Gegenstand würdig des Dichters. Ennius ist Verkünder der Größe Roms; aber er gibt seiner Botschaft Form und Stil des griechischen Epos. Das ist seine große Tat: ein Epos geschaffen zu haben, das in seiner Kunstform griechisch, in Geist und Haltung römisch ist. Damit tritt Ennius bewußt in Gegensatz zu Naevius, dessen Größe er im Verzicht auf ausführliche Darstellung des ersten Punischen Krieges doch anerkennt (Cic. Brut. 76). Aber seine Göttinnen sind die Musen des Olymp, nicht die Camenen des alten Italien; er selbst fühlt sich als Wiedergeburt des Homer, als der Homer der Römer, und sein Gedicht beginnt mit einem (bei Kallimachos vorgebildeten) Traum, worin ihm Homer erscheint und ihm offenbart, daß seine Seele – nach der Lehre der Pythagoreer – in ihn, Ennius, eingegangen sei. Homerisch

---

[1] Doch s. unten S. 98, Anm. 1.

ist der Hexameter, der mit Ennius als epischer Vers an die Stelle des Saturniers tritt: homerisierend sind Stil und Sprache mit ihren epischen Epitheta und Gleichnissen. Homerisierend, nicht homerisch: das Römische ist trotzdem stets gegenwärtig. Römisch ist schon das *O pietas animi*, womit der Schatten Homers seine neue Inkarnation anredet; römisch sind die Kultworte der Auguralsprache bei der Vogelschau des Romulus und Remus, und der homerisch stilisierte Vergleich, der die Erwartung der Zuschauer ausmalt, nimmt seinen Gegenstand aus dem römischen Zirkus; römisch ist ein lakonisch sachlicher Vers wie *Appius indixit Karthaginiensibus bellum* oder *unus homo nobis cunctando restituit rem;* römisch ist ganz allgemein die feierliche Schwere der Sprache mit ihren häufigen Einsilbern am Versende. Das ist gewiß nicht alles bloß „unbeholfen"; es liegt darin auch eine Gestalt gewordene Geisteshaltung.

Alexandrinische Technik sind die Exkurse, z. B. die Vorgeschichte Karthagos in Buch 7. Überhaupt liebt es Ennius, auf Gebiete abzuschweifen, die der epischen Tradition fremd sind; auch hier zeigt sich die Vielfalt seiner Interessen, besonders an Naturerscheinungen.

Ennius arbeitete an den Annalen bis ins letzte Jahrzehnt seines Lebens; wir wissen z. B. (Plin. nat. 7, 101), daß er im 16. Buch die Heldentaten des T. Caecilius Teucer und seines Bruders im Istrischen Krieg von 178/177 besang. Plinius sagt, daß sich Ennius unter dem Eindruck dieser Taten zur Fortsetzung der Annalen entschloß; sie endeten ursprünglich mit dem 15. Buch, dem ätolischen Feldzug des M. Fulvius Nobilior. Das Werk wird in Abschnitten, vielleicht in Triaden, erschienen sein (Buch 1–3: Gründung Roms und Königszeit; 4–6 frühe Republik bis zum Sieg über Pyrrhus; 7–9 Krieg mit Karthago); Buch 7 und 10 haben eigene Proömien.

Die Annalen sind das Nationalepos der Römer geworden und sind es geblieben, bis Vergil aus einem neuen Zeit- und Kunstgeist heraus seine *Aeneis* schuf. In der *Aeneis* sollte

Ennius gleichsam eine Wiedergeburt erleben; Vergil hat dem großen Vorgänger, der übertroffen, nicht überholt war, seine Pietät erwiesen, indem er die Verse des Ennius immer wieder anklingen läßt und nur behutsam nachfeilt, ohne ihre *prisca uirtus* zu verletzen.

Abfassung der Annalen. Bezeugt ist, daß Buch 16, eine Fortsetzung des ursprünglichen Planes, durch Ereignisse von 178/177 veranlaßt war und daß ihm zwei weitere Bücher folgten; für Buch 6–15, deren Stoff in die Lebenszeit des Dichters fällt, sind die jeweiligen Ereignisse (Punischer, Mazedonischer, Syrischer, Ätolischer Krieg) *terminus post quem*. Wann aber hat Ennius die Annalen begonnen? Die *Hedupagetica* geben, wie schon gesagt, keinen sicheren Anhalt. O. Skutsch (Class. Quarterly 38, 1944, 79 ff.) möchte die Wendung von den Camenen zu den Musen mit dem Tempel des Hercules Musarum auf dem Marsfeld zusammenbringen, den M. Fulvius Nobilior 187 für die Statuen der Musen erbaute, die er aus Ätolien mitgebracht hatte, und in den er auch die alte, vom Blitz getroffene *aedicula Camenarum* aus dem Hain des Numa überführte. Skutsch vermutet, daß mit diesem Ereignis das ursprüngliche Werk zu Ende kam wie es mit der Anrufung der Musen begonnen hatte; dann wäre der ganze Plan erst nach 189 entstanden, und das Epos hätte nicht nur geschichtlich, sondern auch literarisch programmatischen Charakter. Eine bestechende Hypothese; aber es wird doch aus wenigem allzu viel gefolgert.

Titel und Quellen. Der Titel ist von der alten Stadtchronik, den *Annales* der Pontifices, genommen, deren jahrweiser Darstellung auch die ältesten Geschichtschreiber, Q. Fabius Pictor und L. Cincius Alimentus zur Zeit des Hannibalischen Krieges, folgten. Sie waren wohl auch Ennius' wichtigste Quellen. Auch sie behandelten die bereits traditionell gewordene Gründungsgeschichte Roms. Auch sie schrieben nicht pragmatische Geschichte, sondern, mit den Worten Quintilians, gleichsam Epen in Prosa (*quodammodo carmen solutum*).

Die Annalen sind das erste Werk der römischen Literatur, von dem wir umfangreiche und bezeichnende Fragmente haben, vor allem durch Cicero, der den Ennius bewunderte, daneben durch Varro, Festus, Gellius, Servius, Macrobius, Priscian. Feststellung, Einordnung und Deutung der Fragmente schafft ebenso schwierige wie anregende Probleme (s. Nordens Versuch, aus der Kompositionsanalyse der *Aeneis* auf Zusammenhänge in den

Annalen zurückzuschließen: Ennius und Vergil, 1915). Ein solches
Problem sei als Beispiel hier kurz erörtert. Nach Cicero, Brut. 76,
hat Ennius den ersten Punischen Krieg aus Achtung vor Naevius
„beiseite gelassen". Norden und andere schließen daraus, daß
Ennius dieses wichtige Ereignis ganz übergangen habe. Dann könnte
freilich der Vers *Appius indixit Karthaginiensibus bellum,* den
Cicero, inv. 1, 27, als Beispiel historischen Stils zitiert, nur in
einer vergleichenden Zeitangabe vorgekommen sein („so viele
Jahre nachdem Appius den Kârthagern den Krieg erklärte"). Das
ist weder historischer Stil (eine bloße Zeitangabe hat als solche
keinen) noch ist es historisch sinnvoll; als Ausgangspunkt einer
Zeitberechnung hätte man doch wohl gesagt: „seit Rom Karthago
den Krieg erklärte" – daß Appius die Kriegserklärung aussprach,
gehört einer, sei es noch so knappen, geschichtlichen Darstellung an.
Ennius wird den ersten Punischen Krieg in aller Kürze behandelt
haben, aber für die Einzelheiten verweist er – anonym – auf
Naevius. Auch die aus dem 7. Buch zitierten Verse bei Festus,
die beschreiben, wie Soldaten die Taktik des Seekrieges üben,
möchte ich, trotz Ethel M. Steuart (The Annals of Q. Ennius,
1925, 149 ff.), auf den ersten Punischen Krieg beziehen, als die
Römer, der Not gehorchend, die ihnen fremde Kunst zu meistern
begannen.

Die immer noch maßgebende, wenngleich in manchem veraltete, Ausgabe des
Ennius ist J. Vahlen, Ennianae Poesis Reliquiae, ²1928, mit ihren eindringenden
Interpretationen. Eine neue erklärende Ausgabe der Annalen wird von O. Skutsch
vorbereitet; inzwischen s. dessen wichtige Studia Enniana, 1968. Kommentierte
Ausgabe der Tragödienfragmente v. H. D. Jocelyn, 1967.

3. Komiker und Tragiker

T. Maccius Plautus – so lautete wahrscheinlich sein voller
Name – wurde im umbrischen Sarsina geboren. Das Geburtsjahr wird kurz vor 250 fallen. Über sein Leben wissen wir
so gut wie gar nichts. Gellius (3, 3, 14) erzählt nach Varro,
Plautus sei jung nach Rom gegangen, habe dort beim Theater
Geld gemacht, aber alles wieder im Handel verloren, habe
dann aus Not bei einem Bäcker Dienste genommen und
daneben Komödien geschrieben, die ihn bald so berühmt
machten, daß er den Dienst kündigen und von seiner Kunst
leben konnte. Das Anekdotische dieses Berichtes flößt wenig

Vertrauen ein, plausibel klingt nur die frühe Bekanntschaft
mit dem Theater. Das einzige verbürgte Personaldatum ist das
Todesjahr, 184, das Jahr der Zensur Catos (Cic. Brut. 60).

Der Name (im Genitiv) T. *Macci Plauti* findet sich am Ende
der *Casina* im Ambrosianischen Palimpsest (s. u., S. 58). Das Geburtsjahr ergibt sich annähernd aus Cicero, Cato 50, der sagt, Plautus
habe den *Pseudolus* (191 aufgeführt) als *senex,* also im Alter von
mindestens sechzig Jahren, gedichtet. Plautus wird in der Jugend
Schauspieler gewesen sein. Der Ausdruck des Gellius *in operis
artificum scaenicorum* weist eher auf Schauspieler als auf Bühnen-
arbeiter (vgl. die „dionysischen Künstler" der Griechen), und das
Spiel mit dem eigenen Namen *(Maccus uortit barbare)* im Prolog
der *Asinaria* (V. 11) erklärt sich am natürlichsten so, daß der
lateinische Bearbeiter der Clown *(maccus)* seiner Truppe war. Die
Komödien des Plautus sind bühnengerecht wie nur Schauspieler-
stücke.

Die Zahl der Komödien, die unter Plautus' Namen gingen,
war nach Gellius (3, 3, 11) etwa 130. Varro, der ihre Echtheit kritisch untersuchte, glaubte außer den einundzwanzig,
die allgemein als echt galten, noch eine Anzahl umstrittener
Stücke dem Plautus aus Stilgründen zuschreiben zu können.
Der Rest, sagt Gellius (ebda 10. 13), enthielt ältere Komödien,
die Plautus (wie später Shakespeare) nur überarbeitete, auch
Stücke eines Plautius, der mit Plautus verwechselt wurde; in
der Hauptsache waren es aber gewiß Stücke, die später, sei
es aus Unkenntnis des wahren Autors, sei es aus Spekulation auf Publikumserfolg, unter dem Namen des Plautus aufgeführt worden waren. Die einundzwanzig *Fabulae Varronianae*
sind uns (mit Lücken) erhalten, aber nur von zweien wissen
wir das Aufführungsjahr: 200 für den *Stichus* und 191 für
den *Pseudolus.* Wenn Plautus eine künstlerische Entwicklung
gehabt hat, so bleibt sie uns verborgen.

An Versuchen einer Chronologie der plautinischen Komödien
hat es nicht gefehlt, s. zuletzt Ch. H. Buck jr., A Chronology of
the plays of Plautus (1940), K. H. E. Schutter (Diss. Groningen
1952) und die Einleitung zu A. Thierfelders Ausgabe des *Rudens,*
Heidelberger Texte, Lat. Reihe 13, 1951. Bei der Art der Indizien
(dramaturgische und stilistische Entwicklungslinien, Anspielungen

auf Zeitereignisse) ist Übereinstimmung nicht zu erwarten. Der *Miles gloriosus* enthält einen Hinweis auf das Schicksal des Naevius, fällt also wahrscheinlich nach 206; der *Trinummus* wurde an den Ludi Megalenses aufgeführt, also nicht vor 194; *Casina* 980 bezieht sich vermutlich auf den Bacchanalienskandal von 186. In den *Bacchides* erwähnt Plautus eine Aufführung seines *Epidicus;* darum kommen auch im Ambrosianus die *Bacchides* außer der alphabetischen Reihe nach dem *Epidicus* zu stehen. Für manche Stücke schwanken die erschlossenen Daten beträchtlich; den *Rudens* z. B. setzte Marx (1928) an das Ende des zweiten Punischen Krieges, während ihn Amatucci (1948) für Plautus' spätestes Werk hält.

Plautus widmete sich ausschließlich der Palliata. Seine Vorlagen entnahm er fast immer der Neuen Komödie. In der *Asinaria* bearbeitete er den „Eseltreiber" eines sonst unbekannten Demophilos, in der „Kästchenkomödie" *(Cistellaria)* die „Frühstückenden Frauen" *(Synaristosai)* Menanders, im *Mercator* den „Kaufmann" und im *Trinummus* den „Schatz" des Philemon; der *Stichus* hat eine Komödie *Adelphoi* des Menander zur Quelle, die aber nicht mit dem Vorbild der gleichnamigen Komödie des Terenz identisch war. Dem *Rudens* liegt ein Stück des Diphilos zugrunde, dessen Titel nicht feststeht. Auch die übrigen Titel des Plautus haben ihr Seitenstück in der Neuen, selten in der Mittleren Komödie; letzterer wird die Vorlage des *Persa* angehört haben, der noch den Bestand des von Alexander gestürzten Perserreiches voraussetzt.

Die meisten Stücke variieren bekannte Motive. Nur die „Offenbachiade" des *Amphitruo* fällt aus dem Rahmen; da besucht Iuppiter die Alkmene in der Gestalt ihres Gatten Amphitruo, und Merkur begleitet den göttlichen Vater in der Gestalt von Amphitruos Sklaven Sosia. Von der geschickten Verwertung des Doppelgängermotivs lebt auch die Komödie *Menaechmi,* doch handelt es sich da um Zwillingsbrüder (vgl. Shakespeare Comedy of Errors). In der *Casina* bemühen sich der junge Chalinus und der ältliche Olympio um dasselbe Mädchen; Chalinus spielt seinem Rivalen einen Streich, indem er sich am Hochzeitsabend, als Mädchen verkleidet, an Stelle der erwarteten Casina zu Olympio begibt. Angeblicher Spuk im Haus, durch dessen Schilderung ein wendiger Sklave den heimkehrenden Vater davon abhalten will, den Sohn bei Lustbarkeit und Liebe zu überraschen, bildet das Hauptmotiv der *Mostellaria* (wahrscheinlich nach Philemons „Gespenst"). Einen ernsteren Hintergrund haben Stücke wie *Captivi, Cistellaria, Rudens* („Das Schiffstau"), deren Handlung in der Wiedererkennung eines verloren geglaubten Kindes gipfelt; das sind Rührstücke mit komischem Einschlag. Manche Intrige ist recht kompliziert; dem Verständnis des Zuschauers wird teils durch Beiseitesprechen oder direkte Anrede nachgeholfen, vor allem aber durch Prologe, die nach Art des späteren Euripides und der Neuen Komödie den Gang der Handlung andeuten, so daß sich der Zuschauer ganz der Wirkung der wechselnden Situation hingeben kann.

Sprecher des Prologs ist bald eine Person des Stückes (Merkur im *Amphitruo,* Palaestrio im Miles gloriosus), bald eine göttliche Figur, die zur Handlung eine Beziehung hat, aber nicht im Stück vorkommt: der Hausgeist *(Lar familiaris)* in der Aulularia (Molières L'Avare), weil es im Stück um einen vergrabenen Schatz geht, oder Arcturus, der Gewitterstern, im *Rudens,* dessen Handlung an der Meeresküste am Tag nach einem Seesturm spielt. Nicht immer ist der Prologsprecher charakterisiert; in den *Captivi* z. B. tritt ein Schauspieler in eigener Person vor das Publikum. Manche Prologe sind überarbeitet oder vielleicht gar nachplautinisch; das weist auf spätere Wiederaufführung.

Plautus kommt es nicht in erster Linie auf Handlung an; aber auch die Charakterzeichnung ist ihm nicht das Wesentliche. Die Charaktertypen, nach denen manche Stücke heißen (*Miles gloriosus, Mercator, Truculentus,* dazu der Parasit *Curculio* „Mehlwurm" und der Sklave *Pseudolus* „Lügenmaul") waren alle längst vorgebildet; Plautus nützt ihre Möglichkeiten weidlich aus, hat aber kein Interesse daran, sie individuell zu differenzieren. Die wirksamsten unter seinen Gestalten sind typische „Chargenrollen" – dankbare Rollen, wie sie der naive Schauspieler liebt. Ein Typ wie der Kuppler Ballio im *Pseudolus* war noch im 1. Jahrhundert eine Glanzrolle des Schauspielers Roscius, den Cicero in einer Privatsache verteidigte.

Die meisten Gestalten haben redende Namen. Das gehört zur Gattung, aber Plautus tut ein übriges. So heißt im *Miles gloriosus* der dummprahlerische Offizier Pyrgopolynices („Vielturmstürmer"); sein Kollege im *Pseudolus* heißt doppelsinnig Polymachaeroplagides, „der viele Schwerthiebe austeilt" – oder empfängt, der Sklave, der den eitlen Offizier „um den Finger wickelt", heißt Periplecomenus, der Parasit Artotrogus („Brotesser"), das Mädchen Philocomasium (sie läßt sich offenbar gern zum Gelage, *komos*, einladen), und der junge Mann, der sie schließlich von Ephesos nach Athen bringt, heißt Pleusicles („ruhmvoller Seefahrer"). Nestroy hätte nichts Besseres erfinden können.

Die unwiderstehliche Wirkung des Plautus liegt weder in der Handlung noch in den Charakteren; sie kommt von seiner Sprache, deren Kraft, Frische und Ausdrucksreichtum schon L. Aelius Stilo, Varro und Cicero bewunderten. Das Latein des Umbrers Plautus ist einer der erstaunlichsten Fälle des Hineinwachsens in eine Sprache, in die gesprochene Sprache mit all ihrer Lebendigkeit. Vom derben Schimpfwort, worin er sich mit merklichem Gusto ergeht, bis zur Parodie des gesuchten Tragödienstils, von lyrischer Stimmung über die Sprache der Leidenschaft bis zur (gar nicht so häufigen) Zote ist alles da, was dem Römer jener Zeit auf die Zunge kommen mochte, sogar ein wenig Griechisch und (im *Poenulus*) Punisch, das er aus Krieg und Garnison heimbrachte. Aber die Sprachkunst des Plautus ist nicht realistisch; mit ihren gehäuften Schmäh- und Koseformen, ihren komischen Wortungetümen, ihren teils übertreibenden, teils absichtlich inkongruenten Vergleichen (da fließt viel Römisches in die griechische Strömung ein) ist es die Sprache einer Überwirklichkeit, dem Aristophanes, den er nicht kannte, viel näher als dem Menander und seinen Zeitgenossen. Diese Sprache ist römisch, richtiger: italisch, und – bei aller Übertreibung im einzelnen wie in der „Sprachgebärde" – für uns eine kostbare Quelle des Altlateins, des Volkslateins, der Liebes- und der Soldatensprache.

Über die Verskunst des Plautus und seine Cantica, die seiner Komödie den Charakter des Singspiels geben, s. oben S. 38 f., 41 f.

Plautus war der Liebling des römischen Theaterpublikums. Die gräzisierende Richtung des Caecilius und Terenz mag ihn vorübergehend in den Schatten gestellt haben; aber später wurden seine Stücke wieder gespielt (vgl. *Casina,* prol. 5 ff.), freilich dabei unbedenklich überarbeitet, bis sich die Philologen des Textes annahmen. Noch zur Zeit Ciceros, als die Palliata längst tot war, konnte sich Roscius als Plautusdarsteller einen Namen machen. Die Augusteer (vgl. Hor. epist. 2, 1, 170 ff.) konnten mit Plautus nichts anfangen; erst Probus und dann die Hadrianer haben sich ihm von neuem zugewandt. Plautus ist bis ans Ende der Antike gelesen worden. Aus der Spätzeit oder vielleicht erst aus dem Mittelalter stammt der *Querolus,* eine sehr freie Nachdichtung der *Aulularia* in rhythmischer Prosa. Im allgemeinen hatte das Mittelalter für Plautus weniger übrig als für den mehr sentenziösen Terenz. Erst seit der Renaissance ist Plautus wieder eifrig gelesen, auch an Lateinschulen, Universitäten und weltlichen wie geistlichen Höfen aufgeführt worden, und hat von da an zusammen mit Terenz bestimmend auf das moderne Lustspiel gewirkt.

Die Handschriften des Plautus gehen alle auf ein Exemplar der *Fabulae Varronianae* zurück, vielleicht auf eine Ausgabe des M. Valerius Probus. Die antike Ausgabe liegt uns in zwei Rezensionen vor, beide lückenhaft: in dem Palimpsest aus Bobbio, jetzt in der Abrosianischen Bibliothek, Mailand, einer Handschrift des 4.–5. Jahrhunderts, und in der mittelalterlichen *recensio Palatina,* so genannt, weil deren beide Haupthandschriften, jetzt in Rom und Heidelberg, aus der alten Pfälzer Bibliothek stammen. Eine unabhängige Überlieferung scheint in den Zitaten bei Verrius Flaccus (Festus, Paulus) vorzuliegen; Pasquali (Storia della tradizione etc., S. 327 ff.) möchte sie auf eine vorvarronische Ausgabe zurückführen.

Literatur: s. oben S. 45. – F. Leo, Plautin. Forschungen, 1912. – E. Paratore, Plauto, 1961, mit guter Bibliographie (dazu Nachträge v. G. E. Duckworth, Am. Journ. Phil. 85, 1964, 100). – E. Segal, Roman Laughter: The Comedy of Plautus, 1968. – P. Flury, Liebe und Liebessprache bei Menander, Plautus u. Terenz, 1968.

Mit CAECILIUS STATIUS, einem Insubrer aus der Gegend des heutigen Mailand, beginnt die römische Komödie sich entschiedener auf Menander hinzuwenden. Caecilius ist der erste Gallier in der römischen Literatur. Er kam nach Rom als kriegsgefangener Sklave. Nach der Freilassung lebte er vermutlich von dem Ertrag seiner Stücke. Er teilte ein Haus mit

Ennius; keiner von beiden war offenbar vermögend genug, um im eigenen Haus zu leben. Caecilius scheint nicht sehr alt geworden zu sein; er starb im Jahre 168, ein Jahr nach dem Tod seines Hausgenossen.

Seit Plautus war die Komödie ein „Métier" geworden, das den ganzen Mann verlangte. Auch Caecilius hat nichts als Palliaten geschrieben. Bezeichnenderweise stimmen von den etwa vierzig bekannten Titeln seiner Komödien fast die Hälfte mit Titeln Menanders überein; auch sind darunter neben rein lateinischen Titeln Doppeltitel (z. B. sein *Hypobolimaeus* „Der Untergeschobene" wird auch in der lateinischen Form *Subditiuus* zitiert; daneben kennt ihn Nonius noch als *Hypobolimaeus Rastraria* „Der Untergeschobene oder Die Hacke"); sogar rein griechische Titel kommen vor wie nachher bei Terenz (*Exhautuhestos* „Der Selfmademan", *Plocium* „Das Halsband", *Synephebi* „Die Jugendfreunde"). Varro preist Caecilius wegen seiner *argumenta*, vermutlich, weil er im Gang der Handlung wenig oder gar nicht von den griechischen Originalen abwich. Im einzelnen hat er mit dem Vorbild so frei geschaltet wie Plautus; das zeigt der aufschlußreiche Vergleich mehrerer Stellen aus dem *Plocium* des Caecilius und aus dem gleichnamigen Stück Menanders bei Gellius (2, 23), der einmal mit Freunden beide Stücke nacheinander las. Da wird ein Bericht in Trimetern zu einem lebhaften Canticum; die Zudringlichkeit einer häßlichen Frau, die den Mann nur der Mitgift verdankt, gewinnt einen fast grotesken Zug, und an die Stelle der menschlich resignierten Betrachtungen eines treuen Sklaven treten Sentenzen im hochtrabenden Stil der Tragödie. „Wenn man das lateinische Stück liest", sagt Gellius, „gefällt es recht gut; sobald man es aber mit Menander vergleicht, fällt es ab und verblaßt. An Stelle der schlichten Menschlichkeit und gefälligen Natürlichkeit des Originals treten künstlich aufgesetzte Lichter und Späße und die feine Charakterisierung der Personen geht dabei verloren." Caecilius, sagt Gellius abschließend, hätte nicht einem Dichter nachfolgen sollen, den er nicht erreichen konnte. So urteilt ein Archaist, der die altrömischen Dichter mit den Augen des Probus las!

Selbst so tastende Schritte auf dem Wege der Annäherung an Menander wurden als ungewohnt empfunden. Das Publikum wollte nicht mitgehen, und es bedurfte eines unternehmenden Direktors wie L. Ambivius Turpio, um die Komödien des Caecilius auf die Bühne zu bringen. Später scheint sich Caecilius allerdings durchgesetzt zu haben, wenigstens bei den Gebildeten. Die Geschichte in der Terenzvita des Sueton, daß die Ädilen des Jahres 166, denen Terenz seine *Andria* vorlegte, den noch unbekannten Dichter veranlaßten, sein Stück erst dem Caecilius vorzulesen, und die Annahme von dessen Urteil abhängig machten, setzt jedenfalls voraus, daß Caecilius nach dem Tod des Plautus als Meister der römischen Komödie galt. Volcacius Sedigitus gibt ihm unter den Dichtern der Palliata sogar den ersten Platz.

Die Geschichte, die den Caecilius zum Referenten über die *Andria* macht, nimmt es mit der Chronologie nicht genau. Die Ädilen von 166 können nur über ein Stück entschieden haben, das ihnen in ihrem Amtsjahr zur Aufführung angeboten wurde, und damals war Caecilius schon zwei Jahre tot. Der Sinn der Erzählung wird aus der Fortsetzung klar. Terenz traf Caecilius bei der Mahlzeit an. Der berühmte Autor bedeutete dem ärmlich gekleideten jungen Mann, sich auf einen Schemel zu setzen und mit dem Vorlesen zu beginnen. Bald aber horchte er auf; er bat Terenz zu sich an die Tafel und sie gingen das Werk gemeinsam durch, wobei Caecilius mit seiner Bewunderung nicht zurückhielt. Der ältere Meister beugt sich vor dem Vollender.

P. Terentius Afer war, wie sein Name sagt, Afrikaner; nicht Karthager, wie Sueton behauptet, sondern Berber, von dunkler Hautfarbe. Sein kurzes Leben (er wurde 35, nach Sueton gar nur 25 Jahre alt) fällt in die Zeit zwischen dem zweiten und dritten Punischen Krieg. Seinen ursprünglichen Namen kennen wir nicht; Terentius heißt er nach dem Senator Terentius Lucanus, in dessen Haus er, noch jung, als Sklave gekommen war. Sein Herr ließ ihn sorgfältig erziehen und gab ihm bald die Freiheit. Was über das Privatleben des Terenz erzählt wird, verdient wenig Glauben. Er war befreundet mit dem jüngeren Scipio und mit Laelius – beide noch jung, als Terenz schon ein Mann war; sie sollen ihm nicht nur bei seinen Komödien geholfen, sondern auch intimen Verkehr mit ihm gehabt haben. Letzteres, zuerst von Porcius Licinus am Ende des 2. Jahrhunderts behauptet, braucht nichts mehr als Gerede zu sein. Den Vorwurf, daß er sich bei seinen Komödien helfen lasse, hat man ihm dagegen schon bei Lebzeiten gemacht; er verwahrt sich gegen den Tadel, der darin liegt, ohne doch das Gerücht als solches zu entkräften (*Adelphoe,* prol. 15 ff.); es sei keine Schande, Männern zu gefallen, die alle Welt bewundere. Das sind wohl eher die Griechenfreunde der Generation vor ihm als die jungen Adeligen, bei denen er verkehrte. Auf nähere Verbindung mit jenen Familien deutet es auch, daß zwei seiner Komödien bei den Leichenspielen für L. Aemilius Paulus, den Vater des jüngeren Scipio, aufgeführt wurden.

Besser unterrichtet sind wir über die Laufbahn des Terenz als Dramatiker. Zu den Didaskalien seiner Komödien kommen die Prologe der Stücke selbst, in denen er seinen Kritikern antwortet. Zunächst haben wir Aufführungsdaten von sechs Komödien[1]: *Andria* 166, die erste Aufführung der *Hecyra* („Die Schwiegermutter") 165, *Heautontimorumenos* („Der Selbstquäler") 163, *Eunuchus* und *Phormio* 161, *Adelphoe* und eine zweite Aufführung der *Hecyra* bei den Leichenspielen für Aemilius Paulus, 160, und eine dritte Aufführung der *Hecyra* an den Ludi Romani desselben Jahres. Bald darauf unternahm Terenz eine Bildungsreise nach Griechenland, von der er nicht zurückkehren sollte; er starb 159. Er hinterließ ein Landgut von zwanzig Joch und eine Tochter, die später ein römischer Ritter zur Frau nahm.

Die dreimalige Inszenierung der *Hecyra* innerhalb weniger Jahre war durch zweimaligen Mißerfolg verursacht: die erste Aufführung wurde abgebrochen, weil das Publikum schon ungeduldig war, einen Boxkampf und einen Seiltänzer zu sehen; während der zweiten Aufführung verbreitete sich unter den Zuschauern das Gerücht, es gebe Gladiatorenspiele, und alles strömte der stärkeren Attraktion zu; erst die dritte Aufführung, die offenbar keine ähnliche Konkurrenz hatte, brachte Erfolg. Die Ädilen, die das durchgefallene Stück noch im selben Jahr wieder annahmen, hatten Vertrauen in seinen Wert, aber ein Publikum scheint es nur mangels besserer Unterhaltung gefunden zu haben. Im Grunde hatten beide Teile Recht; die *Hecyra* ist arm an Handlung und ihr feiner

---

[1] Die abweichende Chronologie, die L. Gestri vorschlägt (Studi italiani di filologia classica 13, 1936, 61–105; 20, 1943, 1–58), folgt aus einer durchaus nicht zwingenden Interpretation der Prologe. Erwägenswert ist nur, daß die ersten zwei Aufführungen der *Hecyra,* von denen der Prolog spricht, vor die drei didaskalisch bezeugten fallen mögen.

Konversationston verlangt größere Aufmerksamkeit als damals vom
Römer im Theater erwartet werden durfte.

War Terenz dem großen Publikum zu wenig populär, so war
er den Literaten nicht streng genug. Ein wenig bekannter älterer
Dichter, der ihm übel wollte – Luscius Lanuvinus, wie uns Donat
belehrt –, hatte ihm „Kontamination" (s. S. 41) und Plagiat
vorgeworfen, daneben noch fremde Mitarbeit. Die Kritik des
Kontaminierens richtet sich gegen die *Andria,* die (S. 41) Elemente
aus Menanders *Perinthia* enthält; Terenz beruft sich auf Naevius,
Plautus und Ennius und verteidigt den besonderen Fall mit der
Ähnlichkeit der beiden Stücke. Plagiat (hier Bearbeitung einer
griechischen Komödie, die schon ein Vorgänger auf die Bühne
gebracht hatte) wird dem *Eunuchus* und den *Adelphoe* vorgeworfen; in den *Eunuchus* soll Terenz eine Gestalt aus dem
„Schmeichler" des Menander eingeführt haben und in den *Adelphoe*
stamme eine Szene (Entführung eines Mädchens aus einem Bordell)
aus den *Synapothneskontes* („Gemeinsam in den Tod") des Diphilos.
Terenz gibt beides zu, erklärt sich aber nicht schuldig. Von dem
Colax („Schmeichler") des Plautus behauptet er keine Kenntnis
gehabt zu haben, was zu einer Zeit, da Komödien nur in Bühnenexemplaren zirkulierten, leicht möglich war, und die Szene aus
Diphilos hatte Plautus in seinen *Commorientes* übergangen, so
daß sie noch „frei" war. Im *Phormio*-Prolog antwortet Terenz
dem Luscius auf eine Kritik seines Werkes als Ganzes; er geht
zum Angriff über und rät seinem Kritiker, lieber mit sich selbst
ins Gericht zu gehen. Luscius Lanuvinus, der unter anderem
Menanders „Erscheinung" und „Schatz" auf die Bühne brachte
(*Eunuchus,* prol. 9 f.), hat so wörtlich übersetzt, daß er für Römer
unverständlich wurde; von einer ungenannten Komödie des Luscius
sagt Terenz (*Phormio,* prol. 10), sie verdanke ihren Erfolg hauptsächlich der Darstellung. Dieses Urteil bestätigt Sedigitus, der
den Luscius nur eine Stufe über den in der Komödie erfolglosen
Ennius stellt. Vielleicht war der schmähsüchtige Luscius (*Heautont.,*
prol. 22) der Gildmeister des Dichterkollegs, der, selbst wenig
erfolgreich, dem aufstrebenden Terenz mit seiner Kritik den Weg
versperren wollte.

Mit den extremen Menandreern hatte Terenz nichts zu tun.
Ähnlich wie Caecilius, nur feiner (darum auch weniger wirksam),
wollte er als Künstler seine Selbständigkeit wahren. Aber das
Ringen mit Menander, das Streben, seinem Geist möglichst nahe
zu kommen, war ihm Ernst. Nach der letzten Aufführung der
Hecyra ging er nach Griechenland, um griechisches Leben aus

eigener Anschauung kennen zu lernen, vielleicht auch in der Hoffnung, Komödien Menanders aufzuspüren, die in Rom noch unbekannt waren. Der Tod hat im folgenden Jahr seinem Schaffen ein Ende gemacht.

Die Nachrichten über den Tod des Terenz sind wenig glaubwürdig. Nach Sueton litt Terenz auf der Heimreise Schiffbruch; nach einer Version ging er dabei zugrunde, nach einer anderen wurde er zwar gerettet, verlor aber seine neuen Nachdichtungen menandrischer Stücke und starb aus Gram über diesen Verlust. Wieviele Stücke das waren, wissen wir nicht. Die Vita spricht von 108, doch das ist die Gesamtzahl der Komödien Menanders; die war wohl in einem Exemplar am Rande notiert worden und hat bei der Abschrift die Zahl im Text verdrängt. Das Altertum kannte von Terenz nur die sechs Komödien, die wir noch haben. Valerius Probus gab sie kritisch heraus; das ist die Grundlage des Terenztextes.

Auch von Terenz haben wir einerseits eine Handschrift des späten Altertums (den Codex Bembinus, jetzt in der Vaticana) und die in mittelalterlichen Handschriften erhaltene Rezension des Calliopius aus dem 5. Jahrhundert. Manche dieser Handschriften sind illuminiert: am Beginn jedes Stückes finden sich die Masken der auftretenden Personen, und jeder Szene ist ein Handlungsbild beigegeben. Authentisch sind diese Bilder so wenig wie die „Porträts" des Terenz in denselben Handschriften, aber sie gehen auf antike Vorlagen zurück. (Abbildungen: L. W. Jones – C. R. Morey, The Miniatures in the Manuscripts of Terence, 2 Bde, 1930–1931.)

Zwei Komödien des Terenz sind nach einem uns wenig bekannten Apollodoros von Karystos gearbeitet, die übrigen vier nach Menander. Unterschiede zwischen den „Apollodorstücken" und den „Menanderstücken" sind nur im Aufbau erkennbar, gehören also den Originalen; z. B. exponiert Apollodoros durch Sklaven, die über die Herrschaft reden (die Technik ist noch nicht ausgestorben), während Menander gern eine Hauptperson berichten und damit zugleich ihre Natur enthüllen läßt. Doch beginnen auch manche Komödien Menanders mit einem Sklavendialog, z. B. das „Schiedsgericht", wo der Sklave Onesimos einem Koch, den er für seinen Herrn gemietet hat, auf dessen neugierige Fragen antwortet. Auf die kurze Dialogszene folgt dann gewöhnlich ein Götterprolog, dem der Hauptteil der Exposition zufällt. So folgt in der plautinischen *Cistellaria* (Menanders *Synaristosai*) auf das Frühstück der Halbweltdamen der Prolog der Gottheit Auxilium. Terenz zieht dem Expositionsmonolog die Exposition in Dialogform vor. Für die *Andria* ist die Umbildung einer Monologszene durch Donat bezeugt: Sosia, der Freigelassene, dem Simo sein besorgtes Herz ausschüttet, ist nur als „Vertrauter" eingeführt (noch unseren Großeltern eine selbstverständliche Theaterkonvention); er ist dazu da, ein Geständnis entgegenzunehmen, und kommt nachher nicht wieder vor. Terenz hat diese allzu durchsichtige Verhüllung des Expositionsmonologs in den späteren Stücken verschmäht.

Monologisch exponiert Terenz nur in den Adelphoe; hier ist der Monolog des Micio aus der Situation verständlich: ein Vater, dessen Sohn die ganze Nacht ausbleibt, mag wohl laut zu denken anfangen. Elemente des Enthüllungsmonologes finden sich natürlich auch in den Einleitungsszenen der anderen Stücke; sie teilen mit dem Monolog des Micio die Doppelfunktion, sowohl Handlung wie Charakter zu exponieren. Wie Micio mit der Charakteristik seines so anders gearteten Bruders Demea auch sich selbst charakterisiert, so tut das der Simo der Andria mit seiner Erzählung vom Begräbnis der Chrysis (die stilistischen – damals sagte man: rhetorischen – Vorzüge der Stelle hat Cicero, De orat. 2, 326 ff., fein analysiert); ebenso Menedemus, der Selbstquäler, wenn er seinem teilnehmenden Nachbarn gesteht, er habe durch übermäßige Strenge den einzigen Sohn in die Fremde getrieben und strafe sich nun in später Reue durch harte Arbeit bis ins hohe Alter. Die Art Menanders ist hier unverkennbar.

Von Menander hat Terenz auch die Kunst der indirekten Charakteristik durch die Sprache gelernt, der Donat in seinem Kommentar so verständnisvoll nachspürt. Aber der Sprachstil des Terenz ist doch ganz seine eigene Leistung. Er setzt an die Stelle der attischen Umgangssprache den gepflegten

Konversationsstil einer römischen Gesellschaft, die bei den Griechen in die Schule gegangen war. Es ließe sich denken, daß Terenz die letzten Feinheiten des Tons nicht ohne seine adeligen Freunde getroffen hätte, und so könnte der Vorwurf, er bediene sich ihrer Mitarbeit, ein Körnchen Wahrheit bergen. Joseph Conrad schrieb unter den Augen von George Moore, und Evelyn Waugh hat die Amerikanismen in *The Loved One* von zuständiger Seite begutachten lassen. Wie immer dieses Sprachkunstwerk zustande kam – es ist ein Spiegel der gehobenen Umgangssprache der Scipionenzeit wie es (nur noch unmittelbarer) Ciceros Briefe an Atticus für die ausgehende Republik und (viel stärker stilisierend) die *Sermones* des Horaz für die augusteische Zeit sind. Viele Generationen haben ihr Latein aus Terenz gelernt; sein Verschwinden aus der Schule machte der Kunst ein Ende, Latein zu schreiben und zu sprechen.

Die Reinheit der Sprache des Terenz preist Cicero in Versen aus einem verlorenen Gedicht *Limon*. Bedingter ist das Lob Caesars, der – offenbar in einem Gelegenheitsgedicht – Ciceros Lob des Terenz parodiert. Caesar gesteht dem Dichter zwar Reinheit und Glätte der Sprache zu, vermißt aber an ihm Menanders Komik: der *dimidiatus Menander* bleibt die bessere Hälfte des Originals schuldig. Die Verse Ciceros und Caesars sind in der Terenzvita (p. 9, 2–13 Wessner) zitiert; hierzu W. Schmid, Rhein. Mus. 95, 1952, 229–272.

Neben Stoff, Gestalten und sprachlicher Charakterisierung, die sich Terenz bewußt zu eigen machte, ist gewiß auch manches von Menanders versöhnlich-resigniertem Weltbild (man denkt an Nietzsches Wort vom „untragischen" Griechen der späteren Zeit) in das Werk des Römers eingeflossen. Die Zeit war reif dafür. Man hatte die alte *uirtus* nicht aufgegeben, aber die Härte, mit der sie einst geübt wurde, war im Schwinden. Offiziell war in Rom für die athenische Leichtlebigkeit gewiß kein Platz; die Palliata mit ihren Verschwendern und Hetären, mit Verführung und Ehebruch spielt in Athen, wie eine „gewagte" deutsche oder englische Komödie in Paris zu spielen pflegte. Aber eine Bereitschaft zum Verstehen, eine leise Distanz zum Leben, eine reflektierende und tolerante Geisteshaltung scheint sich – in gewissen Grenzen – mit dem wachsenden Einfluß griechischer Bildung und den verfeinerten Lebens- und Umgangsformen doch eingestellt zu haben. So zeichnet Cicero den Laelius als Stoiker *sans rigueur.* Bezeichnend, daß Terenz zweimal, im *Heautontimorumenos* und noch ausdrücklicher in den *Adelphoe,* die Frage der Hauszucht aufgreift und daß die altväterische Strenge beidemale das Gegenteil von dem erreicht, worauf sie abzielt; das andere Extrem hat freilich genau den gleichen Erfolg. Demea erzieht einen seiner Söhne streng auf dem Lande, während der andere, von Demeas Bruder Micio adoptiert, sich in der Stadt ausleben darf; beide gehen auf Abwege, aber am Ende heiratet Aeschines das Nachbarmädchen, das er verführt hat (und Micio dessen Mutter), und Demea, der erst von einem Extrem ins andere fällt (wie Menedemus bei der unerwarteten Heimkehr seines Sohnes Clinias), redet am Ende dem goldenen Mittelmaß das Wort, läßt aber doch „seinen" Sohn Ctesipho die geliebte Harfenspielerin – *pro tempore* – behalten. *Homo sum: humani nihil a me alienum puto,* sagt Chremes im *Heautontimorumenos* (V. 25). Der Vers ist so oft und so mißverständlich zitiert worden wie nur noch Antigones Wort vom Mithassen und Mitlieben. Es ist kein Programm; aber aus ihm spricht eine Haltung, für die der Römer das Wort *humanitas* geprägt hat. Davon soll später die Rede sein.

Literatur: G. Jachmann, RE V A (1934) 598–650. – E. Reitzenstein, Terenz als Dichter, 1940. – H. Haffter, Terenz u. seine künstlerische Eigenart: Mus. Helv. 10 (1953) 1–20, 73–102 (mit Bibliographie). – G. Norwood, Plautus and Terence, 1963. S. auch S. 45, 58.

Zunächst müssen wir uns der Tragödie zuwenden. M. PACUVIUS, für Cicero (opt. gen. 1) der größte unter den römischen Tragikern, lebte von den Mannesjahren des Plautus bis in die Gracchenzeit. Er war in Brundisium um 220 geboren. Ennius, dessen Neffe er war, brachte ihn nach Rom, wo er malte und Tragödien schrieb. Pacuvius erreichte ein hohes

Alter. Noch für 140 ist die Aufführung eines Stückes des damals Achtzigjährigen bezeugt (Cic. Brut. 229); dann zog er sich, wohl gesundheitshalber, nach Tarent zurück und starb dort um 130.

Wenn aus der fragmentarischen Überlieferung Schlüsse erlaubt sind, dann war Pacuvius kein fruchtbarer Autor. Die etwa 500 Verse verteilen sich auf nur dreizehn Werke: zwölf Tragödien und eine Praetexta. Pacuvius ging als Dichter eigene Wege. Er bevorzugte entlegene und noch wenig behandelte Stoffe, wie sie ihm zum Teil die nacheuripideische Tragödie bieten mochte: *Dulorestes* („„Orest als Slave"" – der Rächer Orestes dürfte darin als Sklave verkleidet nach Mykenä zurückgekehrt sein); *Iliona* (eine Priamostochter, deren Sohn Deiphilos ermordet wurde; er erscheint der Mutter und bittet um Bestattung: die Rede zitiert Cicero, Tusc. 1, 106); *Teucer* (die Rede des verbannten Telamon war berühmt, sie klingt noch bei Horaz carm. 1, 7, 21 ff. nach); *Niptra* (nach Sophokles, vgl. Cic. Tusc. 2, 49: die Heimkehr des Odysseus, den seine Amme beim Waschen der Füße wiedererkennt). Die Praetexta *Paulus* feierte wahrscheinlich den Sieg des L. Aemilius Paulus über Perses bei Pydna, 168.

Als Helden hat man auch an den gleichnamigen Vater des Siegers von Pydna gedacht, der in der Schlacht bei Cannae, 216, gefallen war. Entscheidend für den Sohn scheint mir Boethius, cons. 2, 1, 12, wo es unmittelbar nach einem Hinweis auf das Schicksal des Perses heißt: *quid tragoediarum clamor aliud deflet nisi indiscreto ictu fortunam felicia regna uertentem?* In den letzten Worten steckt noch hörbar ein Szenikerzitat, und in einer der ältesten Handschriften des Boethius-Kommentators Remigius von Auxerre steht hierzu am Rande: *in Pacuvio hoc legitur.*

Pacuvius gab in seinen Tragödien noch mehr als Ennius philosophischer Spekulation Raum; Horaz nennt ihn *doctus* (epist. 2, 1, 36). Seine Sprache hatte Kraft und Fülle (*ubertas,* so Varro bei Gell. 6, 14, 6); die packende Schilderung eines Ungewitters auf dem Meere (vielleicht aus dem *Teucer,* 409 ff. Ribbeck) gibt davon ein gutes Bild. Cicero sagt allerdings, Pacuvius habe es gleich Caecilius Statius an Reinheit der Sprache fehlen lassen. Ein Autor, dem es auf Ausdrucks-

kraft ankommt, ist selten Purist. Schwerer wiegt eine gewisse
Gesuchtheit im Ausdruck, die manchmal geschmacklos wirkt.
Seine Beschreibung der Delphine als *Nerei repandirostrum
incuruiceruicum pecus* „Nereus' Getier, mit aufgebognem Rüs-
sel, den Nacken krümmend" hat schon Lucilius (sat. 212)
parodiert, und Quintilian (1, 5, 67) zitiert den Vers als war-
nendes Beispiel monströser Wortbildung. Man versteht, daß
derlei den Spott der Satire herausforderte wie Hebbels „Judith"
die Parodie Nestroys.

Man könnte meinen, die Dichtung des Pacuvius sei wenig
populär gewesen. Aber nach allem, was wir wissen, haben
seine Tragödien auf der Bühne starke Wirkung geübt; sie
sind auch nach seinem Tode gespielt und noch lange gelesen
worden. Wir können nur noch die Großartigkeit einzelner
Stellen nachempfinden; keines der Stücke läßt sich trotz der
zahlreichen Fragmente rekonstruieren. Pacuvius wird wohl
teils durch die Intensität der dramatischen Situationen gewirkt
haben, teils durch die Gewalt des Wortes, die den Zuschauer
mitriß, auch wenn er nicht alles verstand.

Sprachgewalt, doch mit größerer Sprachdisziplin gepaart,
zeichnet auch den jüngeren Zeitgenossen des Pacuvius, den
Tragiker L. Accius, aus. Horaz (epist. 2, 1, 56) gibt ihm das
Epithet *altus* „der Erhabene". Auch Accius hat im Jahre 140
in Rom eine Tragödie aufgeführt. Geboren war er 170 in
Pisaurum; der junge Cicero hat ihn noch persönlich gekannt.
Accius war der Sohn eines Freigelassenen, ein Klient des
D. Iunius Brutus Gallaicus, für dessen Marstempel er Inschrif-
ten (in Saturniern!) verfaßte.

Im Gegensatz zu Pacuvius war Accius äußerst fruchtbar;
wir kennen von ihm nicht weniger als 45 Tragödien (rund
700 Verse) und zwei Prätexten (*Brutus*,[1] *Aeneadae* – letztere
hatte die Selbstopferung des jüngeren P. Decius Mus, 295,

---

[1] Varro (ling. 6, 7; 7, 12) zitiert den Brutus als Werk eines Cassius; das bezieht
Bardon (Litt. lat. inconnue 1, 327) auf den Caesarmörder, von dem (ad Hor.
epist. 1, 4, 3) Tragödien bezeugt sind.

zum Gegenstand). In der Wahl seiner Vorbilder, unter denen Euripides stark vertreten ist, und in der Vorliebe für trojanische Themen kehrte er zu der älteren Tradition der römischen Tragödie zurück; doch hat er seine Stoffe mit großer Freiheit behandelt. Ein Wort seines tyrannischen Atreus: *oderint, dum metuant*, ist bis heute lebendig geblieben.

Das Ansehen, das Accius genoß, beweist seine Stellung im *Collegium Scribarum;* im Bewußtsein der eigenen Dichtergröße erhob er sich nie von seinem Sitz, wenn ein vornehmer Amateur, C. Iulius Caesar Strabo, zu den Versammlungen des Kollegiums kam (Val. Max. 3, 7, 11).

Neben der Tragödiendichtung betrieb Accius auch allerhand gelehrte Schriftstellerei in poetischer Form; über seine literarhistorischen *Didascalica* s. S. 17.

4. Die Anfänge der Prosa

Póenico belló secundo Músa pinnató gradu / íntulit se béllicosam in Rómuli gentém feram „In dem zweiten Punischen Kriege, kriegerisch, im Flügelschritt / kam die Muse zu dem rauhen Volk, des Romulus Geschlecht". Mit diesen Worten, deren Rhythmus freilich mehr vom Tritt der Legionen hat als von dem „geflügelten Schritt der Muse", besingt hundert Jahre später Porcius Licinus das Werden der römischen Dichtung, die zur Zeit des Krieges mit Hannibal ihre erste Blüte erlebte. In die Jahre des Hannibalischen Krieges fallen auch die Anfänge der römischen Prosa. Der römischen, nicht der lateinischen. Das erste lateinische Werk von literarischer Bedeutung, das in Prosa geschrieben war, ist höchstwahrscheinlich der *Euhemerus* des Ennius – Übersetzung eines griechischen Prosabuches, Zeugnis eines ungewöhnlich regen, rationalistischer Spekulation zugewandten Geistes. Appius Claudius blieb lange ohne Nachfolge. Als man in Rom begann, Prosa zu schreiben, tat man es in griechischer Sprache.

Ein seltsamer Gegensatz: während der Grieche Andronicus und der Messaper Ennius Bahnbrecher einer Dichtung in lateinischer Sprache sind, bedienen sich Roms älteste Historiker – Angehörige alter Geschlechter und Männer senatorischen Ranges – des Griechischen. Gewiß, Griechisch war die Verkehrssprache des Mittelmeerbeckens, von Alexandria und Korinth bis Massilia und Karthago. Man versteht es, daß der Römer mit dem Stolz erwachenden Geschichtsbewußtseins die eigene Vergangenheit als Teil eines Weltgeschehens sah, in das er immer bestimmender einzugreifen begann, und daß er seine Geschichte, die ihm darauf ein Anrecht gab, eben jener Welt in ihrer eigenen Sprache vorlegen wollte. Rom war zu bedeutend geworden, um selbst von den bildungstolzen Griechen mit den übrigen „Barbaren" auf eine Stufe gestellt zu werden. Und dennoch wird der Wunsch, das gebildete Griechentum zu beeindrucken, nicht das einzige Motiv gewesen sein. Im Grunde schreiben diese vornehmen Römer doch wohl für Römer. Literarische Prosa zu schreiben ist schwieriger als Dichten. Der Kunst der Geschichtsschreibung, von den Griechen seit Thukydides ausgebildet, ließ sich etwas Vergleichbares zunächst nur in deren eigener Sprache entgegenstellen – wenigstens nach dem Urteil von Männern, die so stark von griechischer Bildung erfaßt waren wie der ältere Scipio oder T. Quinctius Flamininus. Solche Männer, national und zugleich griechenfreundlich, waren es ja auch, die den Gedanken einer römischen Herrschaft über das Mittelmeer faßten und ihn zu verwirklichen begannen – einer Herrschaft, die nur Dauer haben konnte, wenn sie mit der stärksten Bildungsmacht jener Welt einen Bund einging. Der Historiker wandte sich an den Gebildeten; von der Masse des Volkes war Verständnis für eine weitblickende Macht- und Kulturpolitik so wenig zu erwarten wie Interesse für Literatur.

Wir nennen diese ersten Historiker Roms die *älteren Annalisten;* die Originaltitel ihrer Werke sind nicht überliefert, aber schon Cicero und später Livius sprechen von *Graeci annales, prisci annales* (griech. *Horoi*). Annales hießen zweifel-

los die späteren lateinischen Übersetzungen der Geschichtswerke des Q. Fabius Pictor und des C. Acilius. Die begriff-
liche Unterscheidung von *historiae* „Zeitgeschichte" und *annales*
„Geschichte der Vergangenheit" (am bekanntesten aus Tacitus)
gehört einer jüngeren Zeit an.

Die ältesten Annalisten beginnen mit der Gründung der
Stadt und führen deren Geschichte bis auf die eigene Gegenwart. Erst zur Zeit der Gracchen hat L. Coelius Antipater
eine historische Monographie über den zweiten Punischen
Krieg verfaßt. Trotz der annalistischen Anlage war die Darstellung keineswegs von der trockenen Art der Annalen der
Pontifices (S. 29). Der griechische Historiker gestaltet seinen
Stoff als Künstler und auch darin haben die Römer den
Griechen nachgeeifert. Acilius ging so weit, eine Begegnung
des Hannibal und Scipio in Ephesos zu erfinden, um die
beiden großen Feldherrn einander lebendig gegenüberzustellen
statt sie bloß rückschauend zu vergleichen; w i r gestehen
solche Freiheit nur mehr dem Dichter zu.

Der älteste unter den Annalisten ist Q. Fabius Pictor. Seine
Lebenszeit ist ungefähr dadurch bestimmt, daß er nach der Niederlage bei Cannae (216) zum Führer einer Gesandtschaft an das
Delphische Orakel bestellt wurde. Er begann seine Erzählung mit
der Gründung Roms (auf 747 datiert), einschließlich deren Vorgeschichte, und führte sie bis auf seine Zeit. Er schrieb ausführlich
und nicht ohne Rhetorik. Seinen Bericht von der Gründung Roms
gibt Dionysius von Halikarnassos wieder, der zur Zeit des Augustus
eine Römische Geschichte in griechischer Sprache schrieb und unseren
Fabius auch sonst als Quelle benutzte. Polybius (S. 85), der für
die Geschichte der Punischen Kriege aus ihm schöpft, erkennt
seine Wahrheitsliebe an, die nur manchmal durch die Vorein-
genommenheit des Patrioten getrübt sei. Auch soll er die Verdienste des Fabiergeschlechtes, dem er angehörte, sehr in den
Vordergrund gestellt haben; gegen die Claudier, mit denen die
Fabier verfeindet waren, scheint er parteiisch gewesen zu sein.

L. Cincius Alimentus, aus plebeischem Geschlecht, war etwas
jünger als Fabius. Er war Prätor 210; im folgenden Jahr wurde
er in Sizilien mit der schwierigen Aufgabe betraut, die Reste des
bei Cannae geschlagenen Heeres zu kommandieren und die Diszi-

plin wieder herzustellen. Später fiel er in die Hände Hannibals, der ihn ehrenvoll behandelte und sich mit ihm über militärische Dinge unterhielt (Liv. 21, 38, 3–5). Auch das Geschichtswerk des Cincius begann mit Roms Vorzeit und endete mit den jüngsten Ereignissen. Von dem Historiker ist ein Antiquar L. Cincius zu unterscheiden, der vielleicht ein Zeitgenosse Ciceros war.

Einer späteren Generation gehört A. POSTUMIUS ALBINUS an (cos. 151); er war ein jüngerer Zeitgenosse Catos, dessen Spott er sich durch seinen betonten Philhellenismus zuzog. Er nahm nicht nur nach Catos lateinischen *Origines* die Tradition der griechisch schreibenden Annalisten wieder auf, sondern entschuldigte sich in der Vorrede sogar für sein unvollkommenes Griechisch! Neben seinen Annalen scheint Albinus die Aeneassage in einem besonderen Werk behandelt zu haben.

Griechisch schrieb auch noch sein Zeitgenosse C. ACILIUS, der 155 bei den Verhandlungen des Senats mit einer Gesandtschaft athenischer Philosophen als Dolmetsch fungierte. In der Geschichtsschreibung scheint er Freude an der Anekdote gehabt zu haben; eines der wenigen Fragmente erzählt, wie ein kriegsgefangener Römer, von Hannibal zum Zweck des Freikaufs gefangener Punier unter Eid entlassen, alsbald umkehrt, weil er etwas vergessen habe, und dann, als wäre er seines Eides entbunden, nicht mehr in die Gefangenschaft zurückkehrt (*in bonam partem* gewendet, wird daraus später die Reguluslegende).

Auch der Sohn des älteren SCIPIO hat ein geschichtliches Werk in griechischer Sprache geschrieben (Cic. Brut. 77). Erst L. CASSIUS HEMINA (um 146) und sein Zeitgenosse CN. GELLIUS brechen mit dem Griechischen; die Historiker der Gracchenzeit schreiben lateinisch.

Rein praktischen Interessen dient das juridische Schrifttum. Anfangs des 2. Jahrhunderts enstand das erste bedeutende Werk der römischen Jurisprudenz, die *Tripertita* des SEX. AELIUS PAETUS (cos. 198). Diese Sammlung enthielt neben dem Text der Zwölf Tafeln und den *legis actiones* (S. 30) auch die Rechtsauslegung *(interpretatio)*, für die sich aus den zahlreichen Rechtsbescheiden *(responsa)* bereits eine Tradition gebildet hatte. Dieses *Ius Aelianum* galt späteren Juristen als die „Wiege des Römischen Rechtes".

Viel älter als das geschriebene ist das gesprochene Wort. Die förmliche *Rede* ist aus der Öffentlichkeit der Antike

nicht wegzudenken; sie war in der römischen Republik nicht
weniger zu Hause als in den griechischen Stadtstaaten. Gerichts-
praxis und Institutionen des staatlichen Lebens wie Senats-
und Volksversammlung entwickelten jene Redetypen, die dann
in der Rhetorenschule *controuersiae* und *suasoriae* hießen,
und aus der alten Sitte der Leichenrede erwuchs die *laudatio*
– jene drei Gattungen der Kunstrede, die die Griechen längst
aus ähnlichen Voraussetzungen entwickelt und in ihrer Rhetorik formuliert hatten. Rom kannte bis ins 2. Jahrhundert
weder eine Theorie der Rede noch eine systematische Ausbildung des Redners; was nicht natürliche Begabung ist, wird
der Tradition und der Praxis verdankt. Das italische Temperament gab der Rede des Römers Schwung und Lebhaftig-
keit, seine *grauitas* verlieh ihr Würde. Die Kunst der großen
Redner Griechenlands und die Manier ihrer hellenistischen
Nachfolger ist gewiß schon im 3. Jahrhundert nicht ohne
Einfluß gewesen; mit dem engeren Anschluß Roms an die
griechische Kultur wird dieser Einfluß stetig gewachsen sein.
Aber noch war die Zeit nicht gekommen, da griechische
Rhetoren die römische Jugend in die Kasuistik des Herma-
goras einführten und werdende Redner zur Vollendung ihrer
Kunst nach Athen und Rhodos gingen.

Literatur wird die Rede erst durch die Veröffentlichung.
Das dürfte zunächst nur in seltenen Fällen geschehen sein.
Wenn Appius Claudius, wie wahrscheinlich ist, seine Rede
gegen den Frieden mit Pyrrhus veröffentlichte, dann tat er
es als ein Manifest seiner Politik. Nichts Ähnliches ist aus
der großen Zeit der Punischen Kriege bekannt, obwohl es
damals an bedeutenden Rednern nicht fehlte. Der bezwingen-
den Rednergabe des M. Cornelius Cethegus (cos. 204) hat
Ennius, der ihn hörte, ein Denkmal gesetzt (Cic. Brut. 58 ff.),
doch waren seine Reden nicht veröffentlicht worden. Cicero
(Cato 12) las die Leichenrede des Fabius Cunctator auf seinen
Sohn und bewunderte daran die philosophische Gefaßtheit;
aber die Rede konnte sehr wohl später aus dem Familien-

archiv herausgegeben worden sein. Als der Volkstribun
M. Naevius (184: Gelzer) den älteren Scipio Africanus an-
klagte, er habe sich von König Antiochus zur Gewährung
eines günstigen Friedens bestechen lassen, soll Scipio es unter
seiner Würde erklärt haben, den Vorwurf ernst zu nehmen;
er erinnerte die Versammlung daran, daß dies der Jahrestag
seines Sieges über Hannibal sei und forderte sie auf, mit
ihm in feierlicher Prozession Juppiter auf dem Kapitol zu
danken (Gell. 4, 18, 3 ff.; Liv. 39, 52, 3). Eine Rede dieses
Inhalts war später weit verbreitet; aber Cicero sagt ausdrücklich, daß es von dem älteren Scipio keinen literarischen Nachlaß gab (off. 3, 4). Dagegen hat das Fragment einer Rede des
L. Aemilius Paulus (bei Val. Max. 5, 10, 2) vor dem Volk,
kurz nachdem er, gerade zur Zeit seines Triumphs (168),
zwei Söhne durch den Tod verloren hatte, alle Anzeichen
der Echtheit. Hier vereint sich Gesinnungsgröße mit Vornehmheit des Gedankens und einer an den Griechen geschulten
stilistischen Kunst, die bei dem Mann, der die Bibliothek
des Königs Perses nach Rom brachte, nicht überrascht. Auch
Q. Caecilius Metellus und Ti. Sempronius Gracchus, der
Vater der beiden berühmten Tribunen, waren als Redner
bekannt.

Der erste, der es zur Regel machte, seine Reden heraus-
zugeben, war Cato.

M. PORCIUS CATO stammte aus einem plebeischen Geschlecht. Er wurde 234 in dem latinischen Tusculum geboren.
Seine Jugend verbrachte er auf dem Familiengut in dem sabinischen Reate. Er trat in die Politik als *homo nouus,* als
erster seiner Familie, der sich um höhere Ämter bewarb.
Als junger Mann zeichnete er sich auf mehreren Feldzügen
des zweiten Punischen Krieges aus, zuletzt in der Schlacht bei
Sena (207). Als Konsul (195) triumphierte er über die Spanier
und als Kriegstribun des M'. Acilius Glabrio entschied er die
Thermopylenschlacht gegen Antiochus (191). In der Provinz-
verwaltung war er hart, doch unbestechlich; so schützte er

als Prätor (198) Sardinien vor den römischen Wucherern. Der hellenisierten Nobilität begegnete er mit offener Feindseligkeit; das zeigte sich schon in seiner Quästur (205), als er den älteren Scipio nach Sizilien und Afrika begleitete (Nep. Cato 3). Es liegt eine Ironie des Schicksals darin, daß gerade er auf dem Rückweg von Afrika Ennius kennen lernte und nach Rom brachte. Wir wissen, daß Cato später politische Prozesse gegen die Scipionen führte und dem Fulvius Nobilior in einer Rede vorwarf, daß er Dichter (natürlich ist Ennius gemeint) in seine Provinz mitnehme (Cic. Tusc. 1, 3). Auch in seiner sprichwörtlich gewordenen Zensur (184), die ihm den Beinamen Censorius einbrachte, trat er nicht nur der Verschwendung im Staatshaushalt und dem um sich greifenden Luxus entgegen, sondern nahm auch die Gelegenheit wahr, den Senat von Elementen zu reinigen, die er für unerwünscht hielt. Er war ein Mann von zähem Willen, der das einmal gefaßte Ziel nicht wieder aus dem Auge ließ. Bekannt ist sein beharrliches *Delenda est Carthago,* seit er sich persönlich (152: Gelzer) von dem Wiederaufblühen der Stadt überzeugt hatte. Die Kriegserklärung hat er noch erlebt, doch nicht die Zerstörung der Rivalin; er starb Ende 149.

Daß ein Mann wie Cato zeitlebens Gegner, wenn nicht gar Feinde hatte, war unvermeidlich. Aber er war nicht klein zu kriegen. Vierundvierzigmal stand er vor Gericht und immer wurde er freigesprochen. Das verdankte er gewiß seiner starken Persönlichkeit, von der jedes seiner Worte erfüllt war. In seiner Rede verbanden sich Bauernschlauheit und Mutterwitz mit der Technik der Redefiguren, die er den Griechen – zwar ohne Finesse, aber mit um so größerer Gewähr primitiven Effekts – abgelauscht hatte. Angriff schien ihm die beste Verteidigung; selbst Cicero, der ihn verehrte, erkennt das Schelten *(uituperare)* als eine seiner hervorstechendsten Eigenschaften. Auch sorgte Cato durch die Herausgabe seiner Reden, der politischen wie der Gerichtsreden, dafür, daß sein Wort nicht vergessen werde. Cicero gibt die Zahl der ihm bekannten catonischen Reden auf mehr als 150 an; etwa 80 davon kennen wir noch aus Fragmenten. Von manchen Reden gewinnen wir ein leidlich klares Bild, z. B. von seiner Verteidigung der Rhodier (167), die der Konspiration mit Perses angeklagt waren (Gell. 6, 3). Die Fragmente bestätigen das Urteil Ciceros (Brut. 65 ff.), der dem schmucklosen Stil Catos Gedankenreichtum und klaren Aufbau, Ernst, Schärfe und Lebendigkeit nachrühmt und die fehlende Eleganz des Ausdrucks und Glätte des Satzbaus als archaische Unvollkommenheit hinnimmt. Der Vergleich mit Lysias ist freilich kaum ernst gemeint (vgl. 293 f.), aber daß kein römischer Redner vor Cato des Lesens wert gewesen sei, dürfen wir Cicero wohl glauben.

Hatte Cato mit der Veröffentlichung seiner Reden nur zur Regel gemacht, was schon vor ihm vereinzelt geschehen war, so tat er etwas völlig Neues, als er seine *Origines* in lateinischer Sprache schrieb. Bewußt stellte er sich in Gegensatz sowohl zu der trockenen Stadtchronik der Pontifices wie zu den hellenisierenden Annalen des Fabius und seiner Nachfolger. Sein Thema ist nicht „Rom und die griechische Welt", sondern „Rom und Italien". Nachdem er im ersten Buch die Geschichte Roms von der Gründung bis zum Ende der Königszeit erzählt hatte, behandelte er in Buch 2 und 3 die Ursprünge *(origines)* der italischen Städte, über die Rom allmählich seine Herrschaft ausdehnte; mit Buch 4 begann der erste Punische Krieg, Buch 5 enthielt den zweiten, Buch 6 und 7 die Zeitgeschichte bis fast auf Catos Tod. In der gesamten römischen Literatur steht den *Origines* Catos nichts Ähnliches zur Seite. Und doch ist auch dieses Werk nicht ohne die Griechen denkbar. Der Vergleich mit Herodot drängt sich schon aus der Anlage auf; auch Gründungsgeschichten italischer Städte haben Griechen vor und neben ihm geschrieben, seit der Westen in das Blickfeld griechischer Bildung getreten war. Die eigenwillige Art des Verfassers ist jedoch allenthalben zu spüren. Hat Cato den Annalisten

Verherrlichung der eigenen Geschlechter vorgeworfen, so verschweigt er in seiner Geschichte grundsätzlich die Namen der Feldherrn; selbst die Heldentat des todesverachtenden Tribunen Q. Caedicius im ersten Punischen Krieg (Gell. 3, 7) war anonym erzählt; nur der brave Elephant Surus im Heer der Karthager war mit Namen genannt worden. Trotz Anonymität der Darstellung verstand es Cato, das eigene Verdienst gebührend ins Licht zu stellen; sogar ganze Reden von sich hat er eingelegt.

Mit den *Origines* wollte Cato der gräzisierenden Geschichtsschreibung der Annalisten eine nationale entgegenstellen; mit seinen Schriften über Landbau, Gesundheitspflege und Redekunst trat er gegen die enzyklopädischen *Technai* der Griechen auf den Plan. Für seine Darstellung wählte er die herkömmliche Form der Unterweisung des eigenen Sohnes: *Orator est, Marce fili, uir bonus dicendi peritus... Agricola uir bonus, Marce fili, colendi peritus, cuius ferramenta splendent* (dessen Eisengerät glänzt). Der Stil ist apodiktisch wie in der alten Gesetzessprache: *rem tene, uerba sequentur* „die Sache halte fest, die Worte kommen nach". Auch über Recht und Kriegführung hat Cato geschrieben und (in Prosa) ein *Carmen de moribus* verfaßt, worin er – nicht der erste und nicht der letzte – über die schlimmen Zeiten und den Verfall der Sitten klagt.

Aus der späteren Kaiserzeit stammen die sogenannten *Monosticha* und *Disticha Catonis* (letztere nicht elegische Distichen, sondern Hexameterpaare). Trotz ihres betonten Opportunismus wurden sie im christlichen Mittelalter und in der frühen Neuzeit viel gelesen, häufig übersetzt und bearbeitet und gern als Schulbuch benützt; noch heute heißt im Spanischen die Fibel *catón*.

Catos Stellung zum Griechentum ist oft erörtert worden. Sie ist zwiespältig wie seine ganze Persönlichkeit. Hinter dem altväterischen Römer von echtem Schrot und Korn steht ein Mann, der von der Macht der griechischen Bildung tief beeindruckt und noch tiefer beunruhigt ist. Wie er meint, daß die griechischen Ärzte mit ihrer teuer bezahlten Kunst dem Römer nur Saft und Kraft rauben wollen, so sieht er in der griechischen Intellektualität eine Gefahr für den schlichten seiner selbst sicheren Sinn, ohne den es kein herzhaftes Handeln gibt. Darum bestand er auch darauf, daß die athenischen Philosophen, die 156/155 als Gesandte nach Rom gekommen waren und dort während ihres Aufenthaltes unter dem Zustrom der römischen Jugend zu lehren begonnen hatten, nach Beendigung ihrer Mission sofort die Stadt verließen; vor allem der Skeptizismus des Karneades, des Begründers der Neuen Akademie, der sich unter den Gesandten befand, mußte ihm höchst verdächtig sein. Auch wird er nie den Eindruck los, daß der Grieche auf den Römer, der es ihm gleichtun möchte, doch nur herabschaue, und dagegen empört sich sein Nationalstolz. Doch war er sich darüber klar, daß man mit der geistigen Überlegenheit der Griechen rechnen müsse und nicht vor ihr die Augen verschließen dürfe; er selbst hat noch im Alter mit Eifer griechische Studien betrieben. Der Gefahr konnte sich nur erwehren, wer versuchte, dem Fremden auf seinem eigenen Boden zu begegnen. Das hat Cato zum Begründer der lateinischen Prosa gemacht. Doch auch er ist nicht dem Schicksal entgangen, in gewissem Maße zu werden, was er bekämpfte. Die summarische Ablehnung alles Griechischen, die aus den Geboten an seinen Sohn spricht, hat etwas von „Überkompensation". Als alter Mann hat er der Ehe seines Sohnes mit der Schwester des Griechenfreundes Scipio zugestimmt. Mag sich auch für Cicero das Bild des alten Römers verklärt haben, die zurückhaltende Anerkennung griechischer Lebensweisheit im Munde seines Cato Maior ist doch nicht bloße Erfindung.

Von der reichen Schriftstellerei des Cato ist ein einziges Werk vollständig erhalten: *De agri cultura*. Es ist nicht das Kompendium, das er für seinen Sohn verfaßte; es ist eine Sammlung von Anweisungen für den Landwirt, in kunstloser Sprache und ohne strengen Aufbau im einzelnen aus griechischen Fachschriften und vor allem aus der eigenen Erfahrung zusammengestellt.

Sein mannigfaltiger Inhalt läßt sich nur andeuten. Da ist ungefähr von allem die Rede, womit das Leben auf einem Landgut zu tun haben kann: neben der Landarbeit, vom Mistführen bis zum Ölpressen, hören wir von Opfern und Gebeten, von Zaubersprüchen und Hausmedizin, von der Arbeit im Haus und von Kochrezepten. Immer wieder wird auf rationelle Bewirtschaftung gedrungen: Speise, Trank und Kleidung der Sklaven sind streng rationiert, und wer ein neues Gewand bekommt, muß das alte abgeben, denn die Lappen sind noch zum Flicken gut; schlechtes Wetter muß zur Arbeit in Haus und Hof ausgenützt werden; Vieh und Acker-gerät ist sorgsam zu betreuen, aber den alten oder kränklichen Sklaven soll man verkaufen. Der Gutsverwalter *(uilicus)* ist dem Herrn für Betrieb und Ertrag verantwortlich und soll regelmäßig inspiziert und zu genauer Rechnungslegung verhalten werden. Er soll die Landarbeit verstehen, sonst hat er keine Autorität; er soll auch mit Hand anlegen, aber nicht zu viel, denn er hat anderes zu tun. Sein Weib *(uilica)*, das sein Herr für ihn aussucht, soll wenig ausgehen, nicht oft Nachbarn einladen oder sich ein-laden lassen, soll im Haus nach dem Rechten sehen und ihren Mann fürchten. Vorsicht muß schon beim Gutskauf walten; ein Blick auf die Nachbarn ist dabei nicht weniger wichtig als Lage und Bodenbeschaffenheit. Das Gut muß Überschuß für den Markt produzieren; darum wird hier wie in der Schrift an Marcus der Sparsamkeit im großen und kleinen das Wort geredet: *Patrem familias uendacem non emacem esse oportet* „Der Hausvater soll aufs Verkaufen aus sein, nicht aufs Einkaufen". Ertrag aus dem Landbau, heißt es gleich eingangs, ist der beste und würdigste Gelderwerb. Handel trägt mehr ein, hat aber ein größeres Risiko; Geldgeschäfte sind noch profitabler, aber nicht anständig. Da spricht der Senator, dem der Handel und erst recht das Geldverleihen durch das Gesetz verboten war.

Die kleine Schrift ist kaum Literatur zu nennen. Aber ihr italischer Sprachstil, den die Modernisierung, in der wir sie lesen, nicht hat verwischen können, und das lebendige Bild italischer Landwirtschaft im 2. Jahrhundert v. Chr., das sie vor uns ausbreitet, machen sie zu einem kostbaren Zeugnis römischer Art. Hier steht der ganze Cato vor uns: umsichtig, vorsorglich, sparsam, streng bis zur Härte und mehr um das Vieh besorgt als um den Sklaven; unsentimental als Gutsherr wie er es als Politiker war; kein Philanthrop, aber ein Mann

von *common sense,* und einer in der langen Reihe der
Generationen, die der Landschaft Italiens ihr Gesicht gegeben
haben. Wir glauben, was ihn Cicero über seine Freude am
Landleben sagen läßt. Kultur beginnt beim Bebauen des
Bodens.

Literatur: F. Klingner, Cato Censorius und die Krise des römischen Volkes:
Röm. Geisteswelt ³(1956) 36 ff. – E. V. Marmorale, Cato maior, ²1949. –
D. Kienast, Cato der Zensor, 1954. – J. Hörle, Catos Hausbücher, 1929. –
P. Thielscher, Cato, Über die Landwirtschaft, 1963 (gute Sacherklärung).

4 a. Die Fabula Togata

Als Reaktion gegen den Hellenismus läßt sich wenigstens teilweise auch die *Fabula togata,* die Komödie im römischen Kostüm,
verstehen. Nach einer Notiz des Donat (Euanthius, De comoedia
5, 4 p. 23, 12 Wessner) hat schon Livius Andronicus die Togata
„erfunden". Das können wir nicht nachprüfen. Die *Tunicularia*
des Naevius war trotz ihres Titels gewiß eine Palliata (vgl. die
plautinischen Titel *Asinaria, Cistellaria, Mostellaria, Vidularia),* aber
sein *Ariolus* (S. 35) spielte vielleicht in Italien. Unverkennbar ist
bei Naevius und erst recht bei Plautus das italische Temperament
und, wie immer zu deuten, das römische Lokalkolorit, doch
das schafft keine neue Gattung des Dramas. Erst als sich mit
Caecilius und Terenz die Palliata immer entschiedener hellenisierte,
vielleicht auch der Vorrat an griechischen Stücken sich erschöpfte
und Stoffe, Situationen und Charaktere sich verbrauchten, nahm
der Wunsch nach einer „römischen" Komödie Form an; es ist
symptomatisch, daß diese Neuerung, soweit wir sehen, in die
späteren Lebensjahre Catos fällt.

Von den Dichtern der Togata kennen wir drei mit Namen:
TITINIUS, L. AFRANIUS und T. QUINCTIUS ATTA. Letzterer starb
77 v. Chr.; Titinius dürfte ein älterer Zeitgenosse des Terenz
gewesen sein und Afranius gehört wahrscheinlich in das spätere
2. Jahrhundert. Über das Leben dieser Dichter wissen wir gar
nichts. Die etwa 70 Titel und 650 Verse, die auf uns gekommen
sind, geben einen allgemeinen Eindruck von Stoffen und Gestalten
und lassen eben noch Titinius und Afranius thematisch und stilistisch
als Individuen erkennen. Dazu kommen ein paar Grammatiker-
zeugnisse.

Die Togata spielt in Italien, bald in Rom, bald in der Provinz.
Ihre Gestalten sind Römer oder Italiker, aber zum Unterschied

von der Praetexta Personen niederen Standes; darum heißt die Togata auch *tabernaria* „Budenkomödie". Die Handlung ist frei erfunden, lehnt sich aber, wie die Fragmente zeigen, in Motiven und Situationen an die griechische Komödie und ihr römisches Gegenstück an. Leider läßt sich kaum ein Stück auch nur annähernd rekonstruieren. Bezeichnend für das heimische Milieu ist die große Rolle, die Frauen spielen, und die Tatsache, daß Sklaven nicht klüger gezeichnet werden als ihre Herren. Der Sprechvers ist der der Palliata; lyrische Versmaße sind selten.

Wäre uns mehr von der Togata erhalten, dann hätten wir ein umfassendes Bild vom Leben der kleinen Leute in Stadt und Land im Italien des 2. Jahrhunderts. Schon die Titel sind aufschlußreich. Da sind die kleinen Handwerker und Geschäftsleute, Tuchweber *(Fullones)*, Friseur *(Cinerarius)* und Gastwirt *(Promus)*; festliche und andere erregende Anlässe wie die *Compitalia* (das Fest der ländlichen Laren, die an den Kreuzwegen, *compita*, verehrt wurden), *Megalesia, Pompa* („Die Prozession"), aber auch die Auktion und der Brand (ein Stück des Afranius, unter Nero wieder aufgeführt); da ist – wie könnte es anders sein – das leidige Gericht mit Titeln wie *Depositum, Crimen, Talio* („Vergeltung"), vielleicht auch *Titulus* („Die G'schrift", wie der süddeutsche Bauer ein Rechtspapier nennt). Auch die Togata hat ihre Typen, nur andere als die Palliata: *Prodigus* (Der Verschwender) *Temerarius* (Der Draufgänger), *Simulator* (Der Simulant), bei Titinius sogar die Amateurjuristin *(Iurisperita)*. Das häusliche Leben steht sehr im Mittelpunkt: Familie und Verwandtschaft, Gesinde und Nachbarn – der Sohn, der aus der *patria potestas* entlassen ist *(Emancipatus)*, der Freigelassene *(Libertus)*, Schwestern *(Sorores)*, Vettern *(Consobrini)*, Tanten *(Materterae)*, Stiefsohn *(Priuignus)*, Schwägerinnen *(Fratriae)*; natürlich auch die feindlichen Nachbarn *(Inimici)*. In diese Sphäre gehören auch Liebesgeschichten und Heiratssachen: das entführte Mädchen (*Abducta*), das verdächtigte Mädchen *(Suspecta)*, der Liebesbrief *(Epistula)*, der abgewiesene Freier *(Repudiatus)*, der Gerettete (*Exceptus* – wohl ein unglücklicher Liebhaber, der Selbstmord begehen wollte); der Titel *Diuortium* erinnert daran, daß damals in Rom Ehescheidungen häufiger zu werden begannen. Der Gegensatz von Provinz und Hauptstadt (auch eine zeitlose Quelle der Komik) kündigt sich in Titeln wie *Setina, Veliterna, Brundisinae* an, die nach italischen Städten heißen.

Die Togata hatte ihren echtesten Vertreter in Titinius. Schon in seinen Titeln tritt das Provinzielle und Rustikale besonders hervor. Rustikal war auch seine Sprache; um seiner Archaismen

willen ist er viel von Nonius zitiert worden. Die Fragmente
haben etwas Plautinisches, aber darum muß man ihn nicht zeitlich
in die Nähe des Plautus stellen; er könnte sehr wohl in bewußtem
Gegensatz zu den Menandreern auf die kräftige Derbheit der
älteren Komödie zurückgegriffen haben. Afranius war dagegen
ein Bewunderer des Terenz, und seine Togaten zeigen dessen
Einfluß: bei ihm herrschen Charaktertypen und Familienthemen
vor und seine Sprache ist reiner und glatter; auch finden sich
Spuren „terenzianischer" Prologe. Er machte aus der Togata ein
kleinbürgerliches Gesellschaftsdrama. Damit war ihr aber gerade
das genommen, wodurch sie sich von der Komödie des Terenz
oder Turpilius unterscheiden wollte. Sie hat denn auch die sullanische
Zeit nicht überlebt. Daran ändern weder gelegentliche spätere
Aufführungen etwas noch auch der Versuch des vielseitigen C. Melissus gegen Ende der Regierung des Augustus, sie in der Form der
Trabeata, der „Ritterkomödie" (*trabea* hieß die Festtracht der
römischen Ritter) auf ein höheres soziales Niveau zu heben. Die
Ritter, seit langem der „Finanzadel" Roms, waren der bevorzugte
Stand des neuen Regimes. Das gab dem Experiment Aktualität,
doch nicht Dauer; die Trabeata starb mit ihrem Schöpfer.

5. Der Scipionenkreis und seine Umwelt

Als Cicero in der Spätzeit der Republik sein Werk über
den Staat schrieb, gab er ihm die Form eines Gespräches
römischer Staatsmänner über die beste Staatsform. Dieses
Gespräch läßt er am Latinerfest des Jahres 129 auf dem
Landgut des jüngeren Scipio stattfinden. Da treffen wir Scipio
selbst, seinen Neffen Q. Aelius Tubero, L. Furius Philus,
den Juristen M'. Manilius, C. Laelius und seine beiden Schwiegersöhne C. Fannius und Q. Mucius Scaevola, Sp. Mummius
und den jungen P. Rutilius Rufus; in der Unterhaltung werden auch der Philosoph Panaitios, der Historiker Polybios
und der Astronom C. Sulpicius Gallus erwähnt. Rufus, den
Ciero im Jahre 78 als alten Mann in Smyrna kennen lernte, soll
ihm den Inhalt der Gespräche mitgeteilt haben.

Cicero verlegte nach Platons Art seinen philosophischen
Dialog in eine geschichtliche Situation; er wählte mit Bedacht

einen Augenblick, da der römische Staat eben noch politisch auf seiner Höhe stand, und einen Kreis, in dem man sich angesichts der schon drohenden inneren Gefahr auf die geistigen und moralischen Grundlagen der eigenen Lebens- und Staatsform besinnen mochte. In jenem Kreis vornehmer, gebildeter und charaktervoller Männer sah Cicero alles das verkörpert, was er selbst am höchsten schätzte; immer wieder blickt er aus dem Chaos der eigenen Zeit auf jene Welt zurück, von der ihn nur zwei Generationen trennten und mit der ihn Männer wie P. Rutilius Rufus und Q. Mucius Scaevola noch persönlich verbanden. Aber Ciceros Heimweh gilt doch einer Idealwelt; das dürfen wir nicht vergessen, wenn wir vom Scipionenkreis reden. Der Geist dieses Kreises lebt für uns wie ihn Cicero erlebte.

In den Jahrzehnten vom Triumph des Paulus über Perses (168) bis zum Tod des jüngeren Scipio (129) hat Rom politisch und geistig den Zenit erreicht, in dem doppelten Sinn eines Höhe- und Wendepunktes. Im Werk des Cicero und Sallust, des Vergil und Horaz entfalten sich Kräfte, die damals frei wurden, und der Prinzipat des Augustus zieht die letzte Konsequenz aus einer politischen Problematik; die in den Erfolgen jener Zeit und deren Rückwirkung auf die Bürgerschaft wurzelt.

Die Nachfolgestaaten des Alexanderreiches waren einer nach dem andern unter römische Herrschaft gekommen; durch das Testament des Königs Attalus III. fiel 133 auch das Pergamenische Reich an die Römer; nur Ägypten bewahrte noch eine mehr nominelle als wirkliche Unabhängigkeit. Mit der Macht wuchs auch der Reichtum: seit der Riesenbeute von Pydna brauchte der römische Bürger nicht mehr Steuern zu zahlen; durch die Zerstörung Karthagos und Korinths im Jahre 146 wurde Rom zur unbestrittenen Herrin des gesamten Mittelmeermarktes; das Erbe des Attalus machte eines der reichsten und höchstzivilisierten Länder des Ostens zur römischen Provinz. Mit dem Reichtum kamen Luxus und Korruption – letztere vor allem in der Provinzialverwaltung, wo die Versuchung am größten war, doch bald auch in der Politik. Die Zeche bezahlte der italische Bauer, der durch den Verfall der kleineren Farmen infolge ständigen Kriegsdienstes und durch die Konkurrenz der Großgrundbesitzer, die nach karthagischem Muster Plantagenwirtschaft trieben, immer mehr verarmte und verschuldete; oft blieb ihm nichts übrig als sein Gut zu verkaufen und in die Stadt zu ziehen, wo das wachsende Proletariat bald eine gefährliche Waffe politischer Parteien oder ehrgeiziger Individuen wurde.

Von diesem teils glänzenden, teils dunklen Hintergrund hebt sich eine Gruppe von Männern ab, denen Macht und Reichtum, die sie für Rom gewonnen hatten, der Weg zu einem ferneren Ziel war: die Blüte der griechischen Kultur auf den festen Boden der römischen Macht zu verpflanzen und durch die Aneignung dieser Kultur ihrem weitschauenden Plan Sinn, Rechtfertigung und Wirksamkeit zu geben. Die Eroberer der hellenistischen Reiche sind durchweg Philhellenen, von Flamininus, dem Sieger von Kynoskephalai, bis zu L. Mummius, dem Zerstörer von Korinth; und wenn die Kulturbestrebungen des letzteren mehr guten Willen als Einsicht zeigen (er soll z. B. einer Schiffsmannschaft, die Meisterwerke griechischer Kunst aus Korinth nach Italien zu bringen hatte, gedroht haben: „Wenn ihr die Dinge untergehen laßt, müßt ihr sie alle nachmachen": Vell. 1, 13, 4) und seine Widmungsverse an Hercules Victor (Bücheler, Carm. epigr. Lat. 248) stümperhaft sind, so war sein Bruder Spurius (auch er kein großer Stilist: Cic. Brut. 94) ein Mann von Bildung, mit philosophischen Interessen, und stand dem Kreis des Scipio nahe.

Der Gebrauch des Griechischen in Wort und Schrift war für den Gebildeten längst selbstverständlich. Nicht nur für Schriftsteller wie die Annalisten; man verhandelte mit den Griechen in ihrer Sprache (nur Cato bestand auf einem Dolmetsch: Plutarch, Cato 12, 4), man redigierte für sie Senatsbeschlüsse in Griechisch, der Vater der Gracchen hielt 164 in Rhodos eine griechische Rede. Eine gewisse (und gar nicht so geringe) Kenntnis des Griechischen durfte selbst der Komödiendichter bei seinem Publikum voraussetzen, nicht nur bei der Elite, für die Terenz schrieb, sondern auch bei dem viel weiteren Publikum des Plautus.

Im Kreise der Philhellenen war man nicht damit zufrieden, griechische Dichtung in lateinischer Übersetzung oder Bearbeitung kennen zu lernen, man las die Griechen im Original. Nichts kennzeichnet einen Mann wie L. Aemilius Paulus besser, als daß er aus der Beute von Pydna für sich selbst nur die königliche Bibliothek behielt, an der seine Söhne ihren Bildungsdurst stillen konnten. War es bisher vor allem die griechische Dichtung gewesen, die Eindruck machte, so wird es jetzt mehr und mehr die Geschichtsschreibung, deren Bildungswert man zu erfassen beginnt, und, für Rom etwas völlig Neues, die Philosophie.

Nicht daß Rom bisher von philosophischen Gedanken unberührt geblieben wäre. Schon das Gedicht des Appius Claudius war nach Cicero „pythagoreisch", und einige Bekanntschaft mit pythagoreischen Lehren ist bei der Nähe der Pythagoreerkolonien Unteritaliens auch sonst anzunehmen. Von der Philosophie ist auch Menander nicht unberührt; seine Lebensweisheit ist das Erbe eines Jahrhunderts, das von Sokrates gelernt hatte, nach der geistigen und sittlichen Natur des Menschen und seiner Stellung in der Welt zu fragen. Doch beides kam dem Römer indirekt zu und wurde nur als praktische Lebensregel assimiliert. Mit der Philosophie als solcher wollte man lange nichts zu tun haben, so wenig wie mit den griechischen Mysterien. Hatte der Senat 186 durch drastische Maßnahmen den Dionysoskult in Italien unterdrückt, so wurden 173 zwei epikureische Philosophen aus Rom ausgewiesen, 161 folgte ein allgemeiner Ausweisungsbeschluß gegen Philosophen und Rhetoren, und 155 sorgte Cato dafür, daß die athenische Philosophengesandtschaft (Karneades, Kritolaos, Diogenes) sobald als möglich wieder die Stadt verließ. Auf die Dauer haben solche Maßnahmen nichts genützt. Natürlich kam es bei der Begegnung der Geister sehr darauf an, was für Männer einander gegenüberstanden.

Das entscheidende Ereignis vollzog sich im Hause des L. Aemilius Paulus. Im Jahre 167 waren tausend vornehme Achäer als Geiseln nach Italien gebracht worden. Unter ihnen befand sich der gebildete POLYBIOS, der im Achäischen Bund eine politische Rolle gespielt hatte. Im Gegensatz zu den meisten seiner Schicksalsgenossen, die sechzehn Jahre lang in italischen Städten konfiniert waren, hatte Polybios das Glück, in das Haus des Paulus zu kommen. Der Feldherr machte ihn zum Erzieher seiner Söhne. Polybios erwarb sich die Zuneigung des jungen Publius (vgl. Polyb., Hist. 31, 23 = 23, 9), dessen ständiger Begleiter er wurde. Tief beeindruckt von der Größe Roms und von römischer Art, wird er in seinem Geschichtswerk, das nach dem ursprünglichen Plan bis zum Sieg des Paulus über Perses führt, ein begeisterter Verkünder der Sendung Roms. Er sieht in der Weltmacht Roms nicht so sehr das Werk der Tyche als vielmehr der römischen Tüchtigkeit und erklärt die Fähigkeit Roms zu dieser Aufgabe aus der römischen Verfassung, die er als harmonischen Ausgleich der drei wesentlichen Staatsformen (Monarchie, Aristokratie und Demokratie) versteht.

Nicht geringer war der Einfluß des PANAITIOS aus Rhodos, der einen gemäßigten, dem tätigen Leben Rechnung tragenden Stoizismus lehrte. Auch ihn finden wir in der Begleitung Scipios, so auf einer Gesandtschaftsreise nach dem Osten und nach Alexandria. Der dem praktischen Leben zugewandte Philosoph und der philosophierende Historiker haben sich durch Scipio kennengelernt.

Das Bewußtsein geschichtlicher Sendung und eine streng fordernde Personalethik – beide aus der Stoa kommend, ohne sich ihr zu verschreiben – werden für den Römer eins in der Hingabe an den Staat. Die Vätersitte *(mos maiorum)* wird als die besondere römische Form eines allgemeinen Gesetzes erkannt. Sie verkörpert sich in dem Begriff der *uirtus,* die etwas Umfassenderes und zugleich Spezifischeres ist als „Tugend". Diese Ideenverbindung begegnet seitdem immer wieder, wo der Römer reflektierend sein eigenes Bild zeichnet.

Aber die *uirtus* allein genügt nicht mehr; sie wird eingebettet, fast möchte man sagen, „aufgelöst", in den Begriff der *humanitas.* Beide sind „Lebensbegriffe" und entziehen sich darum einer strengen Definition; aber die *humanitas* ist noch schwerer in Worte zu fassen, weil sie etwas viel Komplexeres ist. Ganz ungefähr gesagt: *humanitas* ist das volle „Menschsein" des Individuums in all seinen konkreten sozialen Beziehungen. Sie beginnt bei der gepflegten Erscheinung und Lebenskultur – Kleidung, Wohnen, Hausrat –, die die rechte Mitte hält zwischen Dürftigkeit und Luxus; zu ihr gehört die Freude am Schönen in Natur und Kunst; verständnisvolle Wertung geistiger Tätigkeit als etwas spezifisch Menschlichen; Achtung vor dem Mitmenschen und Anteilnahme an allem, was ihn betrifft; ein Sinn für das, was dem Menschen natürlich ist (hier klingt der Gedanke vom „naturgemäßen Leben" der griechischen Philosophie nach); das Bewußtsein, als ein begrenztes Wesen unter seinesgleichen und in der Welt zu stehen, und damit eine bereitwillige Annahme der Pflichten gegen Götter und Menschen – *religio, pietas, uirtus* („Religion", „Pietät", „Tugend" sind nicht wirklich Äquivalente), gegen den Einzelnen wie gegen die Gesamtheit: den Staat und darüber hinaus, so schwach sich dieser Begriff vorerst abzeichnet, die Menschheit. Ausdruck solcher Haltung ist nicht minder das gefällige Betragen und der kultivierte Gesprächston, in dem sich „Würde" mit „Anmut" paart (was das heißt, kann man aus Terenz und Cicero lernen), als etwas so Umfassendes wie das Völkerrecht *(ius gentium),* in dem die stoische Idee der *Koinonía,* der „Menschengemeinschaft", greifbare Form erhält.

Der Begriff der *humanitas* ist neuestens viel diskutiert worden, s. Büchner, Latein. Literatur und Sprache. S. 186 ff.; F. Beckmann, Humanitas, 1952, dazu W. Schmid, Gnomon 28, 589 ff.; eben weil es sich nicht um einen abstrakten, logischen Begriff handelt, ist ihm nur dadurch beizukommen, daß man die Wörter *humanus, humanitas* usw. in ihrem konkreten Gebrauch studiert. Nochmals sei daran erinnert, daß unsere Hauptquelle für ein Verständnis des Scipionenkreises Cicero ist. Aus dem 2. Jahrhundert ist das wichtigste Zeugnis der schon erwähnte Terenzvers (S. 66). Im Zusammenhang ist er gewiß mehr „Ausdruck" als „Sentenz"; aber er klingt doch etwas programmatischer als das Menanderwort, an das er sich anlehnt („Wie erfreulich ist doch der Mensch, wenn er Mensch ist"). Auch das ist römisch.

War die Kluft zwischen Scipio und Cato wirklich so groß? Die Fragmente von Scipios Reden zeigen dieselbe Achtung

vor dem Herkommen, strenge Männlichkeit, entschiedenes
Auftreten gegen Luxus und Unsitte; selbst den C. Sulpicius
Gallus, dessen wissenschaftliche Erklärung der Mondfinsternis
vor der Schlacht bei Pydna das römische Heer vor Panik
bewahrte (Plin. nat. 2, 53), hat er seiner Weichlichkeit wegen
nicht ungerügt gelassen. Nur der Schwerpunkt hat sich ver-
schoben: die alte Sitte ist nicht mehr ein apodiktisches Gebot,
sondern ein als sinnvoll erkanntes Gesetz. Auch Scipios flüssiger Stil, dem es, wenn nötig, gewiß nicht an Schärfe fehlt,
kontrastiert merklich mit der abrupten Art des Cato. Fannius
(Historicorum Romanorum Fragm. 88) bemerkte an Scipio
die sokratische Ironie; er hat das *suauiter in modo* gelernt.
Cato selbst hat zwar nicht vor Scipio kapituliert, aber doch
im Alter mit ihm seinen Frieden gemacht.

   Zu den einzelnen Persönlichkeiten ist wenig zu sagen. P. CORNE-
LIUS SCIPIO AEMILIANUS AFRICANUS (185/184–129), Sohn des
L. Aemilius Paulus und Adoptivsohn des schon als Historiker
genannten Sohnes des älteren Scipio, war als Redner berühmt
(Cic. Brut. 82 ff.), trat aber sonst nicht literarisch hervor. Philosophie
und Literatur waren ihm vor allem ein Mittel der Charakter-
bildung; sein Lieblingsbuch war Xenophons Kyrupädie, der erste
europäische Erziehungsroman. – Sein Freund C. LAELIUS, „der
Weise" genannt, war nicht nur ein bedeutender Redner – viele
stellten ihn sogar über Scipio (Cic. Brut. 84) –, sondern auch
ein Adept der Philosophie; von seinem gemäßigten Stoizismus im
Sinne des Panaitios gibt Cicero Zeugnis. Laelius war etwas älter
als Scipio und überlebte ihn um mehrere Jahre. Berühmt war seine
laudatio funebris des toten Freundes; Scipios Neffe Q. Fabius
Maximus bediente sich ihrer, als er die öffentliche Leichenrede
zu halten hatte. – L. FURIUS PHILUS (cos. 136) hatte nicht nur
philosophische, sondern auch antiquarische Interessen; er war vor
allem ein Kenner des Sakralrechts. Macrobius (3, 9, 6) zitiert
(indirekt) nach ihm zwei Formeln, eine *euocatio* (Einladung an
die Götter einer belagerten Stadt, den Ort zu verlassen) und
eine *deuotio* (S. 26); beide sind gegen Karthago gebraucht worden.
– Über die jüngeren Angehörigen des Scipionenkreises (Tubero,
Scaevola, Fannius) s. S. 93. – Dem Kreise ferner stand SER.
SULPICIUS GALBA (cos. 144), der erste Redner, der bewußt Redefiguren anwendete (Cic. Brut. 82). Sein heftiges Temperament,

das auch seine Sekretäre zu spüren bekamen (ebda 88), gab ihm auf der Rednerbühne mächtige Wirkung, doch verloren seine Reden beim Lesen (93 f.). – Die beiden Dichter des Scipionenkreises fallen nicht in diesen Abschnitt. Terenz war tot, als Scipio und Laelius auf der Höhe des Lebens standen, und Lucilius, etwa ihr Altersgenosse, gehört mit seiner Dichtung schon der folgenden Epoche an.

Es waren Männer von regem und offenem Geist, die sich da zusammenfanden, Römer, die den Mut hatten, sich auf das „griechische Wagnis" einzulassen, in der Überzeugung, daraus als bessere Römer hervorzugehen. Der Kreis war klein und hat nicht in die Breite gewirkt; aber er hat das geistige Leben Roms für mehr als ein Jahrhundert befruchtet. Wirkung in die Breite haben Scipio und seine Freunde wohl gar nicht erstrebt. Unter sich mochten sie griechische Wissenschaft und Philosophie diskutieren, im öffentlichen Leben sind sie traditionell und konservativ. In einem kritischen Augenblick hat sich der Feldherr Paulus wohl der astronomischen Kenntnisse seines Tribunen Gallus bedient, aber im allgemeinen hindert die eigene Aufklärung keinen daran, die hergebrachten Formen einer magisch-primitiven Religion aufrechtzuerhalten. Laelius und seine beiden Schwiegersöhne sind Mitglieder des Auguralkollegs; mit Panaitios werden sie sich zu der Ansicht bekannt haben, die später der Pontifex Q. Mucius Scaevola formuliert (Varro bei Augustin, ciu. 4, 27), daß es dreierlei Götter gebe: die Götter der Philosophen, der Dichter und des Staates.

So ist bei aller Aufgeschlossenheit das Blickfeld doch begrenzt. Der einzelne mag seinen Gedanken folgen, wohin sie ihn führen; der Kreis als Ganzes bleibt innerhalb seiner Klasse. Das gilt selbst für die *humanitas:* von den sozialen Problemen der Zeit sind die Scipionen und ihr Anhang zwar nicht unberührt; aber gegen die Reformbewegung der Gracchen haben Scipio und C. Fannius doch im Sinne der Senatspartei entschieden Stellung genommen. Der scipionische Humanismus hat als Idee weitergewirkt, aber der römische

Staat stand vor einer hundertjährigen Krise. Noch im selben
Jahr, in dem Cicero die Männer des Scipionenkreises zum
Gespräch über den Staat versammelt, ist Scipio, vielleicht als
Opfer eines politischen Mordes, gestorben. Im *Laelius* (44
geschrieben), der kurz nach Scipios Ende spielt, mischen sich
in den Preis einer Freundschaft, die Zeit und Tod überdauert,
düstere Ahnungen drohenden Unheils; Cicero gibt seinem
Laelius etwas von der eigenen Sorge um eine bange Zukunft,
läßt ihn die Zeitwende ahnen, an der er selber steht.

Der Tod des jüngeren Scipio schließt eine Epoche ab:
die „hohe Zeit" der *res publica Roman*a war zu Ende.

Literautr: P. Grimal. Le siècle des Scipions, 1953. – A. E. Astin, Scipio
Aemilianus, 1967. – H. E. Stier, Roms Aufstieg zur Weltmacht und die
griechische Welt, 1957. – R. Harder, Die Einbürgerung der Philosophie in Rom:
Kl. Schriften (1960) 330 ff.

II. Von den Gracchen bis zum Tode Ciceros

A. Literatur zwischen Reform und Restauration

Rom hatte die Erwartungen, die man in seinen Aufstieg
setzte, enttäuscht. Die Vernichtung Karthagos und Korinths
zeigte Mächte am Werk, denen für die Beherrschung des
Weltmarkts kein Mittel zu brutal war; selbst dem rombe-
geisterten Polybios sind Zweifel gekommen. Das Pergamenische Reich, 129 als Provinz Asia eingerichtet, wurde bald
der Willkür der Steuerpächter ausgeliefert. Die sozialpolitischen
Reformen der Brüder Ti. und C. Gracchus, nicht ohne Ver-
fassungsbruch errungen und mit dem Leben der beiden Tribunen bezahlt, wurden erfolgreich sabotiert; die fortdauern-
den Mißstände und die Korruption der wieder erstarkten
Senatspartei, so vor allem im Krieg mit Jugurtha (111–105),
zeitigten und nährten die Demagogie. Die *lex iudiciaria* des
C. Gracchus, die die Geschworenengerichte von den Senatoren
auf die Ritter übertrug, leistete der Klassenjustiz nur Vorschub.
So wurde P. Rutilius Rufus, der als Beamter in Asien gegen
die Steuerpächter eingeschritten war, nach seiner Rückkehr

(92) von deren Standesgenossen, den Ritter-Geschworenen, wegen Erpressung angeklagt und schuldig befunden; er ging in Verbannung und verlebte den Rest seiner Tage als Gast der Provinz, die er angeblich ausgeplündert hatte.

Sklavenaufstände erschütterten den Staat von innen, der Einfall der Cimbern und Teutonen von außen. In einem gefährlichen Krieg erzwangen sich die Italiker das römische Bürgerrecht (89). Die Not der Zeit brachte den begabten Bauernsohn C. Marius aus der Gegend von Arpinum in die Höhe; er war siebenmal Konsul. Der blutige Bürgerkrieg zwischen der Volkspartei des Marius und der Optimatenpartei unter dem fast genialen L. Cornelius Sulla endete fünf Jahre nach Marius' Tod mit dem Sieg der Sullaner (82). Seit 133, als die Optimaten, geführt von dem Konsular Scipio Nasica, den Ti. Gracchus und seine Anhänger mit Knüppeln niederschlugen, sind politischer Massenmord, Proskription und Parteijustiz periodisch wiederkehrende Erscheinungen.

An der Literatur waren die führenden Politiker wenig interessiert. Marius tat sich geradezu auf seine Unbildung etwas zugute. Doch auch Sulla, der die Schriften des Aristoteles und Theophrast von Athen nach Rom gebracht hatte, der griechische Epigramme verfaßte und nach hellenistischer Mode eine umfangreiche Selbstbiographie schrieb, sah wenig Anlaß, geistige Bestrebungen zu fördern, außer wenn sie im Dienste seiner Politik standen; so wird unter ihm die Geschichte der älteren Zeit, z. B. des Ständekampfes, vom senatorischen Standpunkt neu geschrieben. Das Theater, das Sulla liebte, wird mehr und mehr eine Stätte bloßer Unterhaltung. An Dichtung entsteht wenig Großes; L. Accius (S. 68 f.) und C. Lucilius haben ihre Wurzeln noch in der Scipionenzeit; erst in der jüngeren Generation kündet sich Neues an. Nur die Redekunst kommt in der politischen Krise zur Blüte; daneben wird Geschichtsschreibung und Gelehrsamkeit gepflegt. Es ist die Reifezeit der lateinischen Prosa, die sich in Caesar und Cicero vollendet.

1. Die Kunst der Rede

Die Redner der Zeit kennen wir vor allem aus der lebendigen Schilderung in Ciceros *Brutus*. Ihm lagen viele Reden noch im Wortlaut vor; Antonius, Crassus und ihre Zeitgenossen hat er selbst gehört. In diesem Licht werden auch die spärlichen Zitate lebendig.

Der Autodidakt macht dem Schüler des Rhetors Platz, und am Vorbild der Griechen formt sich nicht nur die Redekunst, sondern auch die lateinische Kunstprosa. Man lernt die Wörter sorgfältig wählen und ordnen, das Vulgäre, Archaische, Dichterische ausscheiden, den Gedanken organisieren und die Rede entweder periodisieren oder sie in Kola und Kommata gliedern, die durch rhythmische Schlüsse *(clausulae)*[1] ins Ohr fallen; man achtet nicht nur auf wirksamen Aufbau und eindrucksvolle Behandlung der Teile, sondern ebensosehr auf Vortrag und Auftreten (*actio* – wir haben es mit Südländern zu tun).

TI. GRACCHUS (Tribun 133) hatte im väterlichen Haus von einem Griechen Unterricht in der Redekunst erhalten. Er besaß natürliches Rednertalent, doch lebte er nicht lange genug, es zu entwickeln wie sein später abtrünniger Parteigänger C. PAPIRIUS CARBO (cos. 120), der es zum gesuchten Anwalt brachte. Eine viel stärkere Persönlichkeit als Redner wie in der Politik war Tiberius' jüngerer Brüder, C. GRACCHUS (Tribun 123, 122). Das hohe Lob seiner Redekunst aus dem Mund des konservativen Cicero (Brut. 125 f.) bestätigen die Fragmente seiner Reden. Ebenso feurig wie gebildet, Pathos mit Würde vereinend, durch seinen Lehrer Menelaos mit den Künsten der kleinasiatischen Rhetorik vertraut, konnte er seiner Wirkung stets sicher sein; auch verstand er sich auf jenen Sarkasmus, der aus der latenten Erbitterung der Hörerschaft Funken schlägt. Es fehlte nur die letzte Feile.

In der Geschichte der lateinischen Prosa hat auch CORNELIA, die Mutter der Gracchen, ihren Platz. Aus einer Sammlung ihrer Briefe (vgl. Cic. Brut. 211; Quint 1, 1, 6) sind durch Cornelius Nepos zwei Fragmente erhalten, beide an ihren Sohn Gaius.

---

[1] Uns am besten bekannt aus Ciceros Theorie (orat. 204 ff.) und Praxis (Th. Zielinski, Das Klauselgesetz in Ciceros Reden, 1904).

Neben dem Stolz und der Staatsgesinnung der Römerin steht die ergreifende Unlogik der besorgten Mutter und Witwe. Literatur ist das nicht, aber ein kostbares sprachliches und menschliches Dokument.

Unter den Gegnern des C. Gracchus finden wir den Schwiegersohn des Laelius, C. FANNIUS (cos. 122). Kriegskamerad des Ti. Gracchus vor Karthago, trat er später den Reformanträgen des Gaius scharf entgegen. Berühmt war seine Rede *De sociis et nomine Latino* (gegen den Antrag, den Italikern das römische Bürgerrecht zu geben). An seinen *Annales* rühmte Sallust die Wahrheitsliebe. – Weniger bedeutend als Redner war Scipios Neffe, der Jurist Q. AELIUS TUBERO. Lieblingsschüler des Panaitios, entwickelte er sich, dem Lehrer entgegen, zum stoischen Rigoristen. Schroff und kompromißlos wie seine Lebensart war auch seine Rede (*durus incultus horridus*: Cic. Brut. 117). Cicero kannte eine Rede des C. Gracchus gegen ihn und Tuberos Reden gegen Gracchus. – Bedeutender war M. AEMILIUS SCAURUS (cos. 115, später *princeps senatus*), bekannt als Vorkämpfer der Optimaten. Cicero vermißte freilich an seiner Rede Gewandtheit und Eingänglichkeit. Das gilt noch mehr von P. RUTILIUS RUFUS; auch ihm war wie dem Tubero sein strenger Stoizismus als Redner im Wege, so besonders in seiner Verteidigung vor dem Repetunden-Gericht im Jahre 92. Beide Männer haben auch ihre Memoiren (*De uita sua*) geschrieben, gewiß in Selbstverteidigung; vielleicht waren sie die ersten Römer, die das taten.[1] Der Hellenismus bot auch hier Vorbilder; so war Aratos, der Feldherr des Achäischen Bundes (um 215), als Autobiograph hervorgetreten. Für Rom war solcher Individualismus neu, hat aber rasch Schule gemacht: es folgten die Memoiren des Q. LUTATIUS CATULUS (cos. 102) und des Diktators SULLA.

Zwischen den beiden Generationen scheint der Ritter C. TITIUS zu stehen. Er wird als Zeitgenosse einerseits des Lucilius (Macr. 3, 16, 14), anderseits des Antonius und Crassus (Cic. Brut. 167) bezeichnet. Dann kann er freilich nicht, wie Macrobius sagt, *pro lege Fannia* (161) gesprochen haben, es sei denn anläßlich eines späteren darauf zurückgreifenden Luxusgesetzes. Auch hat das lange Fragment aus jener Rede, eine drastische Schilderung des Lebens der jungen *nobiles,* nichts von den *argutiae* und der *urbanitas,* die Cicero dem Titius nachrühmt. Titius schrieb auch Tragödien, anscheinend in einem pointiert rhetorischen Stil.

---

[1] Schon C. Gracchus hatte eine Verteidigungsschrift verfaßt (Cic. diu 1, 36; 2, 62; Plut. Ti. Gracchus. 1. 8), doch läßt sich nicht sagen, ob sie den Charakter von Memoiren hatte.

In Ciceros Jugend stand das Forum im Schatten zweier Redner, die, im Vollbesitz der griechischen Technik und einer zur Reife gelangten lateinischen Prosa, dem jungen Mann das Ideal des römischen Redners zu verkörpern schienen: M. ANTONIUS und L. LICINIUS CRASSUS. Sie waren etwa Altersgenossen (Antonius cos. 99, Crassus 95); Antonius wurde 87 von den Marianern ermordet. Cicero hat nicht nur seine Eindrücke von ihrer Kunst im *Brutus* festgehalten, sondern sie auch zu den führenden Sprechern in seinem rhetorischen Hauptwerk *De oratore* gemacht. In allem, was sich lernen läßt, waren beide auf der Höhe ihrer Zeit. Antonius hatte den lebendigeren, auf das Unvorhersehbarste rasch und sicher ansprechenden Geist und einen besonders wirksamen Vortrag; auch wußte er, daß die größte Kunst des Redners darin bestehe, seine Kunst zu verbergen. Dagegen zeichnete sich Crassus, den Cicero noch über Antonius stellt, durch sorgfältige Diktion und *grauitas* aus; vor allem war er aber ein unvergleichlicher Interpret des Rechtes. Er war bekannt als Verfechter des Prinzips der *aequitas;* damit gewann er auch gegen den größten Juristen seiner Zeit, den Pontifex Q. MUCIUS SCAEVOLA (cos. 95, von den Marianern 82 ermordet), der in den meisten Ämtern sein Kollege war, die berühmte *causa Curiana,* worin er mit Erfolg die offenbare Absicht des Testators gegen den Buchstaben des Testaments vindizierte. Keiner ihrer Zeitgenossen, auch nicht der gebildete L. MARCIUS PHILIPPUS (cos. 91), dessen schlagfertiger Witz gefürchtet war, reichte von ferne an jene beiden heran. Leider ist uns von diesen Rednern nur wenig direkt erhalten. Antonius gab seine Reden absichtlich nicht heraus, „damit sie nicht als Handhabe gegen ihn benutzt werden könnten", in Wirklichkeit wohl darum, weil er wußte, daß sie ohne seinen lebendigen Vortrag nicht die gleiche Wirkung haben würden.

Literatur: Oratorum Romanorum fragmenta liberae rei publicae coll. E. Malcovati, ²1955 (mit Kommentar).

Die römischen Redner hatten sich nicht nur die Kunst ihrer griechischen Vorbilder zu eigen gemacht, sie haben von den Griechen auch die Theorie der Redekunst gelernt und immer bewußter angewendet, von Aristoteles und Anaximenes bis zu dem im 2. Jahrhundert lebenden, auf lange Zeit nachhaltig wirkenden Hermagoras von Temnos. Griechische Rhetoren, d. h. berufsmäßige Lehrer der Beredsamkeit, gab es in Rom schon vor der Mitte des 2. Jahrhunderts; ein Senatsbeschluß von 161 (Suet. rhet. 1) verfügte zeitweilig ihre

Ausweisung. Das Eindringen der Rhetorik wurde damit so wenig verhindert wie durch ähnliche Beschlüsse das der Philosophie. Die Brüder Ti. und C. Gracchus hatten griechische Lehrer der Beredsamkeit; Antonius trieb rhetorische Studien in Athen, Rhodos und Kleinasien. In Ciceros Jugend war das Studium der Rhetorik bei einem griechischen Lehrer in Rom selbstverständlich. Die Volkspartei versuchte, an die Stelle des griechischen Unterrichts eine lateinische Rhetorik zu setzen, die sich an römischen Vorbildern schulte und eine lateinische Terminologie hatte; ihr erster Vertreter war ein L. PLOTIUS GALLUS (Suet. a. a. O. 2). Das Edikt der Zensoren Cn. Domitius Ahenobarbus und L. Licinius Crassus (92) hob diese Schule auf, angeblich weil sie „gegen Herkommen und Vätersitte war", in Wahrheit gewiß aus politischen Gründen. Der Unterricht wird privat weiterbestanden haben; aber dem jungen Cicero, der den Gallus gern gehört hätte, wurde doch bedeutet, daß das nicht der rechte Ort für ihn sei. In der Tradition dieser *rhetores Latini* steht ein Lehrbuch der Rhetorik in vier Büchern, das einem C. HERENNIUS gewidmet ist; der Verfasser ist unbekannt. Die handschriftliche Überlieferung schreibt es dem Cicero zu; es ist jedoch zweifellos das Werk eines Mannes, der es, wie die Herennii, mit den Popularen hielt, und ist wahrscheinlich zwischen 87 und 82 entstanden. Der Autor legt das System des Hermagoras zugrunde, geht aber mit Absicht den „griechischen Spitzfindigkeiten" aus dem Wege und beschränkt sich auf das Wesentliche und Praktische; auch bedient er sich lateinischer Terminologie und lateinischer Musterstücke und Beispiele. Die Darstellung ist klar, aber die Sprache ist ungelenk. Das Verhältnis des Rhetors zu seinen Quellen und zu Ciceros Jugendwerk *De inuentione* ist noch nicht endgültig geklärt.

2. Prosaschriftsteller

Die Historiker der Gracchenzeit legen den Schwerpunkt ihrer Arbeit meist in die Zeitgeschichte. Am wenigsten tritt

das bei dem ältesten unter ihnen hervor, dem L. CALPURNIUS
PISO FRUGI, der noch aus der Ära der Scipionen stammt
(Tribun 149, cos. 133). Er hat einen Hang zum Rationalisieren
und eine Vorliebe für naturgeschichtliche Exkurse; sein alt-
väterischer Nationalismus verbindet ihn mit Cato. Die Darstellung ging mindestens bis zum Jahr 146; sie war sachlich
und zuverlässig. Der primitive Stil, der auch Pisos Reden
kennzeichnet, war nicht nach Ciceros Geschmack (*exilis*
„trocken“: Brut. 106). – Ganz der Zeitgeschichte gewidmet
waren anscheinend trotz ihres Titels die schon erwähnten
Annales des Fannius. – Zeitgeschichte schrieb auch SEMPRONIUS
ASELLIO, der unter Scipio Krigstribun vor Numantia gewesen
war (134/133); seine *Historiae,* im Alter verfaßt, reichten
mindestens bis 91. In dem einzigen größeren Fragment, offenbar aus der Vorrede, erklärt er sich als pragmatischer Geschichtsschreiber in der Nachfolge des Polybios.

Daneben gab es historische Monographien. So schrieb L. COELIUS
ANTIPATER (nach 121) eine Geschichte des zweiten Punischen Krieges,
die Livius benutzte. Sie war dem L. Aelius Stilo (S. 98) gewidmet.
Antipater schöpfte aus zahlreichen Quellen, auch gegnerischen, um
ein objektives Bild zu geben; auch zeigte er Interesse an Länder-
und Völkerkunde, Sagen- und Mythenforschung. Er wollte ein
Prosaepos schaffen; darum strebte er nach flüssiger Darstellung
und bediente sich rhetorischer Kunstmittel. Cicero (de orat. 2, 54)
spendet ihm ein etwas gönnerhaftes Lob (*opus sicut potuit dolauit,*
er tat sein Bestes).

Ein ganz anderes Bild zeigt die Geschichtschreibung der
sullanischen Zeit. Wenn auch diese „jüngeren Annalisten“
bis auf ihre Gegenwart gehen, so wenden sie sich doch
wieder stärker der Vorzeit zu. Quellenforschung tritt zurück,
Hauptsache wird die anziehende novellistische Darstellung.
Viele der uns vertrauten Römerlegenden haben damals ihre
kanonische Form erhalten. Daneben zeigt sich eine Neigung
zu antiquarischem Detail, das oft täuschend echt wirkt.[1]

---

[1] Ein Beispiel: in der annalistischen Quelle von Livius' Bericht über den
„Bacchanalienskandal“ (39, 8 ff.) lassen sich die Angaben über das Ritual als
authentisch interpretieren, die Maßnahmen des Senats basieren auf dem bekannten
Beschluß von 186, aber die Erzählung hat deutliche Novellenzüge.

Die beiden bekanntesten Annalisten der Zeit, CLAUDIUS QUADRIGARIUS und VALERIUS ANTIAS sind Klienten vornehmer Geschlechter und schreiben im Dienst ihrer Patrone. Claudius, dessen Werk mit dem Galliereinfall von 389 begann, folgt stilistisch dem Coelius Antipater; wie dieser hat er selbstverfaßte Reden (und auch Briefe) eingelegt. Seine Sprache ist altertümlich. – In Valerius Antias, dessen Annales mindestens 75 Bücher umfaßten, erreicht die Unzuverlässigkeit ihren Höhepunkt, besonders in den maßlos übertriebenen Zahlenangaben seiner Schlachtberichte. Livius benutzte ihn nicht ohne Verdacht (er kontrolliert ihn stets an einer zweiten Quelle), doch lange nicht kritisch genug.

Wohl erst nach Sullas Tod wird der Optimatenfeind C. LICINIUS MACER geschrieben haben (cos. 74; beging 66, wegen Erpressung angeklagt, Selbstmord). Cicero weiß über ihn weder als Redner noch als Historiker Gutes zu sagen; immerhin scheint Macer, dem Zeitgeist entgegen, Quellenforschung und in bescheidenem Maß Quellenkritik geübt zu haben.

In den Jahre nach Sullas Tod dürften auch die 12 Bücher *Historiae* des Optimaten L. CORNELIUS SISENNA (118–67) zu setzen sein. Trotz Neigung zum Romanhaften in der Art mancher Alexanderhistoriker war er eine wichtige Quelle für die Zeit Sullas, mit dessen Verherrlichung sein Werk endete, und vor allem für den Bundesgenossenkrieg. Als erfahrener Offizier interessierte er sich für Militärisches; das geht noch aus den Fragmenten hervor, obwohl die meisten kurz sind und nur wegen ihrer archaischen und eigenbrödlerischen Sprache zitiert werden. Gelegentlich scheint er anzügliche Episoden berichtet zu haben; er hat ja auch – gewiß zu Lebzeiten Sullas, es paßt zu dessen Geschmack und dem „escapism" der Literatur, die er protegierte – die *Milesischen Geschichten* eines gewissen Aristeides übersetzt, „Novellen" im Decamerone-Stil wie die Geschichte der Witwe von Ephesos bei Petron (111 f.). Sie blieben lange beliebt; noch im Jahr 53 wurden zahlreiche Exemplare bei den in der Schlacht von Carrhae gefallenen römischen Soldaten gefunden.

Technische Literatur. Kulturgeschichtlich interessant ist, daß der Senat nach der Eroberung Karthagos das Werk des Puniers MAGO über Plantagenwirtschaft durch eine Kommission offiziell ins Lateinische übersetzen ließ. – Aus der reichen juridischen Literatur der Gracchenzeit verdienen die drei Bücher *De iure ciuili* des M. IUNIUS BRUTUS Beachtung als erstes Werk lateinischer wissenschaftlicher Prosa in Dialogform. Es war eine Katechese zwischen Vater und Sohn wie später Ciceros *Partitiones oratoriae,* also eine Variation der *Praecepta ad filium* (S. 28).

Engere Beziehung zur Literatur hat die Philologie. Ihre Anfänge in Rom gehen auf den Pergamener Krates von Mallos zurück, der 168 als Gesandter gekommen war und während seines Aufenthalts auch grammatischen Unterricht gab. Im Gegensatz zur Textkritik der Alexandriner bemühte sich Krates besonders um die Dichtererklärung; als Stoiker interpretierte er allegorisch, sah in der Dichtung verhüllte sittliche oder wissenschaftliche Belehrung. Krates machte starken Eindruck, aber die philologischen Studien entwickelten sich in Rom nur langsam. Ihr Meister war L. AELIUS STILO aus Lanuvium. Er war um 150 geboren; im Jahr 100 begleitete er seinen vornehmen Freund, den Redner Q. Metellus Numidicus, ins Exil. Seinen Beinamen (von *stilus* „Griffel") erhielt er als Logograph (Verfasser von Reden für andere). Auch Stilo war Stoiker; das erklärt z. T. sein Interesse an Etymologie und Syntax. Er interpretierte die alte Literatur (z. B. Salierlied und Zwölftafelgesetz) auf breiter kulturgeschichtlicher Basis; auch um Plautus hat er sich bemüht. Seine Wirkung war groß; zu seinen Schülern zählten Varro und Cicero.

3. Die Dichtung

Zur wissenschaftlichen Philologie kommt das literarisch-philologische Lehrgedicht, vertreten durch ACCIUS mit seinen *Didascalica* und *Pragmatica,* PORCIUS LICINUS, VOLCACIUS SEDIGITUS und den 82 als Volkstribun hingerichteten Marianer Q. VALERIUS aus Sora in Latium.

Individualismus, Kritik, Parteinahme herrschen nicht nur in der Prosa der Zeit, sie sind auch wesentlich für ihre bedeutendste Dichtung, die *Saturae* des C. LUCILIUS. Diese Dichtung steht der Prosa nahe; schon Lucilius hat, wie später Horaz, seine Satiren *sermones* genannt.[1] Das „Genos", das Lucilius aus früheren Ansätzen schuf – das „römischeste" der römischen Literatur –, ist für den Mann so bezeichnend wie für seine Zeit: Lucilius ist der erste römische Dichter, der zur Gesellschaft gehört.

---

[1] B. Snell, Studi ital. 17 (1940) 215, leitet *satura* aus etrusk. *satr (satir = orare)* her; danach hätte *saturae* von Anfang an *sermones* bedeutet.

Das Geburtsjahr des Lucilius ist unbekannt.[1] Sicher ist, daß er 102/101 in Neapel als alter Mann (Hor. sat. 2, 1, 34) starb und daß er unter Scipio vor Numantia (134/133) zu Pferd (Vell. 2, 9, 3) gedient hatte, wahrscheinlich in der *cohors praetoria* seines Freundes. Er kann nicht viel jünger als Africanus gewesen sein: daß er einmal den Scipio mit einem zum Knüttel gedrehten Tuch durch den Speisesaal jagte (Schol. Hor. sat. 2, 1, 71 ff.), ist doch nur bei geringem Altersunterschied denkbar. Die beiden sind wohl als Nachbarskinder aufgewachsen; die Scipionen hatten Besitz bei Suessa Aurunca, einer kleinen Latinerstadt an der kampanischen Grenze, wo Lucilius geboren war. Die Lucilii waren begütert; der Dichter besaß neben dem Familiengut ein vornehmes Haus in Rom und vermutlich Latifundien in Sizilien. Daß er das römische Bürgerrecht erhielt, ist nicht bezeugt, wohl aber anzunehmen. Sein Bruder Lucius war Senator; Pompeius war mütterlicherseits mit ihm verwandt. Der Dichter Lucilius scheint keinen Ehrgeiz gehabt zu haben, in den Senatorenstand aufzusteigen, obwohl sein Vermögen es ihm erlaubt hätte.

Lucilius war philosophisch interessierter als im Scipionenkreis üblich war. Er scheint sich längere Zeit in Athen aufgehalten zu haben; Kleitomachos, von 127/126 bis 110 Schulhaupt der Akademie, widmete ihm eines seiner Werke. Politisch hielt er zu den Scipionen, ohne doch (wenn v. 691 M. so zu deuten ist) dem Ti. Gracchus seine Achtung zu versagen. Gegen persönliche Angriffe war er empfindlich; einmal verklagte er einen Schauspieler, der gegen ihn extemporiert hatte, doch die Klage wurde abgewiesen (ad Herenn. 2, 19). Wie so viele Satiriker, war er kein Frauenverächter, doch überzeugter Junggeselle. Vor allem wollte er sich selbst gehören, das war ihm mehr wert als die ganze Welt (671 f. M.).

Lucilius ist erst als reifer Mann, nach der Heimkehr von Numantia, Satiriker geworden, vielleicht aus dem Gefühl, nicht in die neue Zeit zu passen. Die Satiren werden einzeln im Freundeskreis kursiert haben, bevor sie gruppenweise veröffentlicht wurden. Zwei Sammlungen, Buch 26–30 (wohl nach 123) und 1–21 (nach 26–30)

---

[1] Die Angabe des Hieronymus, Lucilius sei bei seinem Tod 46 Jahre alt gewesen, kann nicht richtig sein. Seit M. Haupt setzt man seine Geburt meist auf 180 an (Verwechslung der Konsuln von 180 und 147); Weinreich und Knoche (S. 22) optieren für ein mittleres Datum (wenn z. B. XLVI bei Hieronymus LXVI zu lesen wäre, käme man auf 167).

der postumen Gesamtausgabe (vielleicht von P. Valerius Cato,
S. 147, veranstaltet) hatte der Dichter selbst veröffentlicht; Buch
22–25 wurden aus dem Nachlaß hinzugefügt. Diese Ausgabe ist
u. a. durch Cicero, Nonius und späte Grammatiker bezeugt; erhalten sind etwa 1300 Verse, darunter genug zusammenhängende
Stücke, um die Persönlichkeit des Lucilius und den Charakter
seiner Satire zu erkennen.

Der Inhalt mancher Bücher läßt sich noch rekonstruieren. Buch 26
scheint ein Dialog eröffnet zu haben, worin Lucilius (vgl. Hor.
sat. 2, 1) seine Satirendichtung verteidigt – offenbar als „Geleitwort" zur ersten Sammlung. Die Satire ist ihm Bedürfnis, nichts
kann ihn davon abbringen; als Leser erhofft er sich Leute, die
nicht zu kritisch sind, aber auch nicht zu simpel. Hauptstück
war anscheinend eine Satire auf den plebeischen Zensor von 131,
Q. Caecilius Metellus Macedonicus: der hatte in einer berühmten
Rede (noch Augustus berief sich darauf für seine Ehegesetzgebung)
die Ehe zwar als Last (molestia), aber zugleich als patriotische
Pflicht erklärt (Gell. 1, 6, 1); in derselben Rede (a. a. O. 7–8)
hatte er jene kritisiert, die für ihre Übel die Götter verantwortlich
machen. Daraus wird bei Lucilius folgendes (678 f., 686 M.):

„Menschen laden ihre Lasten, ihre Bürden selbst sich auf:
Nehmen Weiber, zeugen Kinder, um nicht sorgenfrei zu sein.
Also bin auch ich von Sinnen, beuge mich der Zeugungspflicht."
Metellus war ein Gegner des Scipio, und der Junggeselle Luci-
lius war mit Eifer bei der Sache. Unter den übrigen Themen des
Buches fällt Tragödienparodie auf; ihr Opfer war vermutlich Accius,
dessen hohen Stil und kleine Gestalt Lucilius ebenso gern aufs
Korn nimmt wie seine Bestrebungen, die Rechtschreibung zu refor-
mieren. – In Buch 28 war ein Gastmahl athenischer Philosophen
geschildert (vgl. Plutarchs „Gastmahl der Sieben Weisen"), aber
auch ein römisches Liebesabenteuer, bei dem es ganz wie in der
Palliata zugeht (es wird z. B. ein Haus erstürmt). Einen ähnlichen
Vorfall enthielt Buch 29; auch zeichnet sich noch ein Dialog ab,
worin ein puer delicatus es dem einstigen Liebhaber etwas übel
zu nehmen scheint, daß er es jetzt mit den Weibern hält. – Buch 30
hat einen bunten Inhalt: Da ist die Fabel vom Fuchs und Löwen,
das Porträt eines Mannes, der Wachs in den Händen seiner eitlen
und betrügerischen Frau ist, Polemik gegen einen Komödiendichter,
Schilderung eines Gastmahls, und – vielleicht – ein Seitenhieb
auf die Zerstörung der Bündnerstadt Fregellae, 125. Letzteres
wäre gewiß im Sinne Scipios, der zu Lebzeiten für die Italiker
eingetreten war; ihm gelten wohl auch die Verse 1079 ff., ein

Nachruf auf einen großen Feldherrn und Freund der Bundesgenossen.

Buch 1 schildert mit epischer Parodie (Naevius, Ennius) eine
Götterversammlung, in der aus Sorge um Rom der Tod des
L. Cornelius Lentulus Lupus beschlossen wird, der, 154 wegen
Erpressung verurteilt, dennoch 131 *princeps senatus* geworden war;
unter den Rednern ist der vergöttlichte Romulus, der über den
Sittenverfall bei seinen Nachkommen klagt. Die Satire muß bald
nach dem Tod des Lupus (123?) entstanden sein. – Buch 2
ist eine Gerichtsverhandlung: T. Albucius hatte 119/118 den
Q. Mucius Scaevola wegen Erpressung und anderer Schandtaten
während seiner Prätur in Asien (121/120) verklagt, doch Scaevola
wurde freigesprochen. In dem einzigen längeren Fragment dieses
Buches erzählt Scaevola, wie er in Athen als Prätor den Albucius
wegen seiner Gräkomanie verhöhnte. Lucilius scheint die Prozeßgegner auch als Stoiker und Epikureer gegeneinander ausgespielt
zu haben. – Buch 3, die „Sizilische Reise", hat Horaz zu seinem
Iter Brundisinum (sat. 1, 5) angeregt. Die Parallele wie das Eigene
der beiden Dichter läßt sich noch bis ins einzelne verfolgen.
Lucilius reist mit Begleitung, bis Capua zu Lande, dann zur See.
Sein Bericht gibt sich als Brief an einen Freund, der eine ähnliche
Reise plant. Als Episoden sind ein Gladiatorenkampf und die
Einkehr bei einer syrischen Wirtin kenntlich. – Aus den späteren
Büchern wird nicht so viel zitiert, aber ihr Inhalt war nicht weniger
vielfältig: Vorwürfe an einen Freund, der den kranken Dichter
zu besuchen versäumte (B. 5), Schilderung eines Geizigen, der
seinen Geldsack Tag und Nacht nicht aus der Hand läßt (B. 6),
die Toilette einer Hetäre namens Phryne (B. 7), Sprach- und
Literaturkritik (B. 9), Spott über Aberglauben (B. 15), das
geschmacklose Gastmahl des Ausrufers Granius (B. 20; vgl. Horaz
sat. 2, 8 und Petrons *Cena Trimalchionis),* sittliche Ermahnungen,
darunter die ohne Buchzahl von Lactanz zitierten Verse über
die *uirtus* (1326 ff. M.); ein ganzes Buch handelte von Lucilius'
Freundin Collyra. Politik und Krieg sind nicht vergessen: der
von Iugurtha bestochene L. Opimius (daher „Iugurthinus") war
in Buch 11 genannt und Buch 14 erzählt von einem Feldherrn in
Spanien und seinem Quästor P. Pavus, die sich gegenseitig über-
einander beklagen.

Die Sprache des Lucilius ist überaus kraftvoll und lebendig,
das Wort sitzt wie ein Hieb. Aber wie ihm jeder Hieb recht ist,
wenn er nur trifft, so ist er auch in der Spache nicht wählerisch.
Er will kein Purist sein; er schreibt die Alltagssprache *(sermo*

cotidianus), manchmal auch den Kasernenjargon *(sermo castrensis);* mit einer an Plautus erinnernden Freiheit und Unbekümmert-
heit mischt er Griechisch und Lateinisch. Das Derbe und gelegentlich Obszöne gehört zur Gattung, und Lucilius würde viel von
seiner Wirkung einbüßen, hätte er darauf verzichtet. Aber die
Kritik des Horaz, der sich an dem ungeformten, im rohen Zustand
belassenen Einfall, an der improvisierten, ästhetischer Selbstkritik
ermangelnden Form stößt, ist nicht unberechtigt. Vor der Genialität
des Satirikers hat sich Horaz gebeugt; in seinen *Sermones* hat
er sich oft mit Lucilius auseinandergesetzt (sat. 1, 4, 10; 2, 1),
hat auch lucilische Motive in seinem urbaneren Satirenstil nachgebildet. Doch gab es Leser, die den Lucilius dem Horaz vor-
zogen (Tac. dial. 23), ja ihn überhaupt für den größten römischen
Dichter erklärten (Quint. 10, 1, 93); jedenfalls steht die spätere
römische Satire, nicht nur die „mennippeische" des Seneca und
Petron, sondern auch die des Iuvenal, dem Lucilius näher als dem
Horaz.

In den ältesten Büchern (26–29) verwendet Lucilius noch, wie
Ennius vor ihm, verschiedene Versmaße (iambische Senare, trochä-
ische Septenare), seit Buch 30 ausschließlich den Hexameter, der
nunmehr für die poetische Satire kanonisch wird. Das elegische
Distichon auf einen Sklaven (579 f. M.) in Buch 22 stammt aus
dem Nachlaß; es war wohl kaum für die Satirensammlung bestimmt.

Dem Horaz (sat. 1, 10, 48) galt Lucilius als „Erfinder"
der Satire. Gewiß kannte Horaz die *Saturae* des Ennius,
wohl auch die uns nicht mehr faßbaren des Pacuvius; er
wird gewußt haben, daß es von Naevius und Pomponius
Stücke mit dem Titel *Satura* gab. Aber erst Lucilius hat
die Satire zu dem gemacht, was sie seither war. Übernommen
ist das Vielerlei („Potpourri") der Metren und Themen; ersteres
hat er bald aufgegeben, letzteres beibehalten. Die Vielfalt
des Inhalts, der ungezwungene Übergang von einem Gegenstand zum andern ist für die Satire, besonders die römische,
bezeichnend; das gibt ihr den Plauderton, macht sie zum
sermo. Die Beschränkung auf den Hexameter schloß Möglichkeiten stilistischer Differenzierung innerhalb einer einheit-
lichen Form in sich, die Lucilius kaum ahnte; erst Horaz hat
sie bis zum letzten ausgewertet. Stofflich hat Lucilius die
Satire so abgegrenzt, daß ihr bunter Inhalt doch zur Einheit

wird. Es ist, mit den Griechen zu reden, das *iambikón eîdos* im weitesten Sinn – Spottdichtung aller Art, die letzten Endes erziehen will: gutmütiger Humor und bitterer Sarkasmus, Selbstironie und Invektive, lächelnde Lebensweisheit und die „Kapuzinerpredigt" des kynischen Popularphilosophen. Diese ernst-heitere Kunst *(spoudogéloion)* kann manchmal einen höheren Ton anschlagen wie in Lucilius' Ermahnung zur *uirtus*, aber meist neigt sie zum *ridentem dicere uerum*. Sie verwendet gern die Dialogform, die den Iamboi und ihren Verwandten auf der ganzen Erde eigen ist.

Die römische Satire konnte trotz der Anregungen, die ihr aus dem Griechischen kamen, an heimische Tradition anknüpfen. Von der Komödie des Eupolis, Kratinos und Aristophanes (Hor. sat. 1, 4, 1) ist sie so verschieden wie von den Iamboi des Archilochos oder des Kallimachos, wenn auch allen der persönliche Angriff gemeinsam ist. Römisch wie ihr Name ist auch ihr Geist und Stil. Der Kreis, dem ihr Erfinder angehört, hat die römische Art am bewußtesten verkörpert; die lucilische Satire ist das letzte Wort jenes Kreises an eine neue Zeit.

Literatur: Maßgebend für Text und Erklärung ist F. Marx, Lucilii carminum reliquiae, 2 Bde., 1904–1905; sehr wertvoll auch E. H. Warmington, Remains of Old Latin, 3: Lucilius, ²1957 (mit engl. Übersetzung u. Anmerkungen). – C. Cichorius. Untersuchungen zu Lucilius, 1908. – A. Kappelmacher, RE 13, 1617 ff. – M. Puelma Piwonka, Lucilius und Kallimachos, 1949 (anregend, problematisch). – I. Mariotti. Studi Luciliani, 1960 (bs. Sprache u. Stil). – T. Weeple, Lucilius, 1965 (wichtige Studie der Textüberlieferung u. Arbeitsmethode des Novius, unserer Hauptquelle f. d. Fragmente).

Das *Theater* begann von seiner Höhe herabzusinken. Die großen Dramatiker des 2. Jahrhunderts wurden bereits als „klassisch" empfunden; man führt ihre Werke wieder auf, vielleicht · besser als zu Lebzeiten, aber es gab keine Dichter mehr, die ihnen ebenbürtig waren. Der letzte Meister der Palliata, Turpilius, der ähnlich wie Terenz enge Anlehnung an die griechischen Vorbilder mit Freiheit im einzelnen vereinte, starb 103 in hohem Alter. Nur Accius, dessen *Tereus* um 104 aufgeführt wurde, wirkte bis in die sullanische Zeit. Neben die Togata, die sich sehr der Palliata nähert, tritt mit Novius und L. Pomponius aus Bononia eine literarisch entwickelte Form der oskischen Posse, der *Atellane*.

Das paßt in die Generation des Bundesgenossenkrieges. Auch die
Atellane hat ihr höheres Niveau damit bezahlt, daß sie sich den
akzeptierten Lustspielformen, Palliata und Togata, anglich; das
zeigen Titel und Fragmente, nur der Ton war derber. Interessant
ist der Titel *Mortis et uitae iudicium* (Novius); das volkstüm-
liche Thema ist uns schon in den *Saturae* des Ennius begegnet.
Sulla liebte die Atellane und förderte sie als unterhaltende Ablen-
kung; der Sammler Nonius hat sie wegen ihrer plebeischen Sprache
studiert. Bald erhielt die Atellane einen Rivalen im literarischen
Mimus, der zur Zeit Caesars die Bühne beherrschte.

Noch unter Sulla schrieb CN. MATIUS Mimiamben, realistische
Sketche in der Art des Herondas. Gellius zitiert etwa ein Dut-
zend Verse; die Sprache ist originell (volkstümlich, doch nicht
vulgär), und die wenigen Proben überraschen durch Reichtum
an Themen und Ausdrucksnuancen.

Matius hat auch die Ilias ins Lateinische übersetzt; soweit wir
sehen, in engem Anschluß an das Original und nicht ohne Sinn
für den homerischen Stil. – Ein originales Epos war das wenig
bekannte *Bellum Histricum* des HOSTIUS (wahrscheinlich der
istrische Feldzug des C. Sempronius Tuditanus, 129); es scheint
sich in der von Ennius geschaffenen römisch-homerischen Tradition
gehalten zu haben.

Neu ist die Pflege hellenistischer Kleinformen. Von Q. LUTATIUS
CATULUS (cos. 102) sind zwei *Epigramme* in Distichen überliefert;
beide gehören zur *moûsa paidiké*. Das Thema des ersten, dem
Kallimachos nachgebildet, ist das „vorrei e non vorrei" des Liebenden; im zweiten wird der aufgehende „Stern" des jungen Schauspielers Roscius über die aufsteigende Aurora gestellt. Erotische
Epigramme kennen wir auch von VALERIUS AEDITUUS, POMPILIUS
und PORCIUS LICINUS; diese spielerische Dichtung war also bereits
Mode. – Anspruchsvoller waren die *Erotopaegnia* des LAEVIUS
in verschiedenen lyrischen Maßen; er nahm seine Stoffe aus der
Mythologie. Unter den Titeln sind Doppelnamen wie *Protesilaoda-
mia* oder *Sirenocirca*. Sein *Phoenix* war (wie z. B. Theokrits
Syrinx) ein Figurengedicht: das Schriftbild des Gedichtes hatte die
Form eines Flügels. – Aus dem *Moretum*[1] eines SUEIUS zitiert
Macrobius acht Verse, die mit dem gleichnamigen Idyll in der
Appendix Vergiliana nicht eben vorteilhaft kontrastieren. In solchen
Versuchen kündet sich die Schule der Neoteriker an.

---

[1] „Mörsergericht", eine Bauernspeise: Knoblauch und andere Kräuter wurden
in einem Mörser zerrieben und mit weichem Käse, Essig und Öl angemacht.

B. Cicero und seine Zeit

Nicht nur der Literarhistoriker darf die Jahre zwischen Sullas Diktatur und dem zweiten Triumvirat (82–43) als das Zeitalter Ciceros bezeichnen. In Cicero vollendet sich die Kultur einer Epoche. Kein Geringerer als Caesar hat dem Gegner zugestanden, er habe sich um Roms Namen und Würde mehr verdient gemacht als alle Triumphatoren (Plin. nat. 7, 117; vgl. Cic. Brut. 253, 255). Selbst aus dem politischen und sozialen Leben der Zeit, für dessen bewegende Kräfte ihm der Blick, zu dessen Gestaltung ihm die Kraft fehlte, zwischen dessen Parteien er ewig schwankte, weil die Erfahrung so anders war als die Idee, ist Cicero nicht wegzudenken. Seine Person verbindet die Scipionenzeit, deren jüngste Vertreter er noch kannte, mit der augusteischen, deren führende Männer in seinen späteren Jahren heranwuchsen; an einem Wendepunkt der Geschichte verkörpert er geschichtliche Kontinuität; unter den Zeitgenossen ist er Mittler zwischen den Extremen. Und wenn er schließlich als Opfer für eine verlorene Sache stirbt, so hat er in Gedanken und Wort doch einer neuen Ordnung, die er nicht hinnehmen konnte, die Formeln geprägt, deren sie sich – umdeutend – bediente, und das Klima geschaffen, in dem sie gedeihen konnte.

Sullas Hoffnung, den Römern „peace in our time" gegeben zu haben, sollte sich nicht erfüllen. Kurz nach seinem Tod (78) begannen die Wirren aufs neue; in zwölf Jahren war von seiner Gesetzgebung nichts mehr übrig. Die Mißwirtschaft in den Provinzen ging auch nach dem Massaker der Italiker in Asien (88) weiter. Sertorius' Versuch, in Spanien einen selbständigen Staat nach römischem Muster zu gründen, der den Weg vom Kolonialreich zum Commenwealth hätte weisen können, wurde in einem langwierigen Krieg (80–72) unterdrückt. Äußere und innere Gefahren nötigten den Senat, dem ebenso ehrgeizigen wie strategisch begabten Pompeius ein Kommando nach dem anderen zu geben; senatorische Intransi-

genz, eben der catilinarischen Krise entronnen, trieb den von
beispiellosen Erfolgen im Osten heimkehrenden General in
die Arme Caesars, des Hauptes der Popularen. Der Bund
konnte nicht Bestand haben. Der Sieg im Bürgerkrieg gab
Caesar freie Hand; in seinen großen Plänen unterschätzte er
nur eines: die republikanische Opposition, der er zum Opfer
fiel. Es bedurfte neuer Bürgerkriege, um eine resignierte Welt
dahin zu bringen, Ruhe und persönliche Sicherheit der Freiheit
vorzuziehen. Vor dieser Szene spielen Ciceros Mannesjahre.

1. M. Tullius Cicero

Cicero ist der einzige Römer der klassischen Zeit, von dem
sich eine echte Biographie schreiben läßt. Quellen sind die zahlreichen Selbstzeugnisse in seinem Werk, Biographien von Zeitgenossen (Atticus, Nepos, Tiro) – uns nur aus Späteren, z. B.
Plutarch, bekannt –, vor allem aber Ciceros etwa zur Hälfte (über
800 Stück) erhaltene Korrespondenz von 68 bis kurz vor seinem
Tod. Diese war zunächst in Einzelsammlungen aus den Archiven
Ciceros und seiner Freunde veröffentlicht worden (Briefe an Pompeius, Caesar, Octavian, an seinen Bruder Quintus, an seinen Sohn
Marcus, an Cornelius Nepos usw.); dazu als Ergänzung die Briefe
ad familiares. Als Herausgeber darf Ciceros Privatsekretär, der
Freigelassene M. Tullius Tiro, gelten. Von dieser Ausgabe sind
die 16 Bücher ad familiares (darin 90 Briefe anderer an Cicero)
und die 3 Bücher ad Quintum erhalten; ein Brief an Octavian,
angeblich aus Ciceros letzten Tagen, ist unecht. Noch aufschluß-
reicher sind die Briefe an Atticus; sie wurden wohl erst hundert
Jahre nach Ciceros Tod (zwischen Asconius Pedianus und Seneca)
in 16 Büchern veröffentlicht. Die geistreiche These von J. Carco-
pino (Les secrets de la correspondence de Cicéron, 2 Bde., 1947),
Atticus habe diese Briefe um 33 unter dem Druck Octavians in
kompromittierender Absicht herausgegeben und den toten Freund
mit „epikureischer Gewissenlosigkeit" um persönlicher Vorteils
willen verraten, hat vor allem in Deutschland und England wenig
Glauben gefunden.

Aus diesen Briefen tritt uns der ganze Mensch entgegen. Wir
erleben mit ihm jedes leise Schwanken der politischen Lage, die
ganze Skala von Furcht und Hoffnung im Auf und Ab seiner

Karriere, seine Eitelkeit im Erfolg, seinen Kleinmut im Unglück, erkennen aber auch seine ernste, vornehme Gesinnung und seine aufrichtige Sorge um Staat und Volk. Wir sehen den Autor am Werk, wie er Pläne faßt und verwirft, ausführt und ändert. Wir finden einen Menschen, der mit warmer Liebe an Familie und Freunden hängt, der auch um die Sklaven seines Haushalts besorgt ist. Wir lernen die fast übermenschliche Anstrengung verstehen, mit der ein *homo nouus* seinen Platz in den führenden Kreisen erringt und behauptet; die drückende Standesnotwendigkeit für den Mann von mäßigem Vermögen, über seine Verhältnisse zu leben. Vor allem aber spricht ein ungewöhnlich reger Geist zu uns, der sich aus Literatur und Kunst, Philosophie und Wissenschaft Kräfte holt für ein tätiges Leben, das ihm Herkommen und philosophische Überzeugung zur Pflicht machen. Als Politiker ist er ein Mann des Wortes; seine Bildung steht im Dienst des Redners.[1]

Cicero stammte aus einem wenig bekannten Geschlecht des ländlichen Ritterstandes. Er wurde in Arpinum, der Heimat des Marius, am 3. Januar 106 geboren. Der Knabe wuchs in bescheidenem Wohlstand auf, in einer häuslichen Atmosphäre gütiger Strenge, konservativer Gesinnung und puritanischer Lebensführung. Sein Vater schätzte griechische Bildung; ein Stoiker namens Diodotos stand der Familie nahe. In diese Tradition ist Marcus – fast allzu willig – hineingewachsen.

Seine höhere Erziehung erhielt Cicero in Rom. Sie stand im Schatten der letzten Überlebenden der Scipionenzeit; er studierte bei L. Aelius Stilo, hatte Gespräche mit dem Tragiker Accius, und schloß sich besonders den beiden als Juristen berühmten Scaevolae an, erst dem Augur, nach dessen Tod dem Pontifex. Bei dem Augur Scaevola lernte Cicero den T. Pomponius Atticus kennen; mit ihm schloß er eine Freundschaft fürs Leben. Bald wurde Scaevolas Schwiegersohn, der große Redner L. Crassus, auf Cicero aufmerksam. Die Reize der Großstadt waren an dem strebsamen jungen Mann verloren; er war erfüllt vom Eifer, zu lernen, und von dem Ehrgeiz, im öffentlichen Leben eine Rolle zu spielen. Nicht ohne

---

[1] Kommentierte Ausgabe aller Briefe in chronologischer Ordnung: R. Tyrrel – L. Purser, The Correspondence of Cicero, 7 Bde. ²⁻³ 1890-1904; kommentierte Ausgabe der Atticuskorrespondenz: D. R. Shackleton Bailey, 6 Bde. 1965-8.

Stolz sagte er später von sich, er habe alle Ämter *suo anno,*
im gesetzlichen Mindestalter, bekleidet. Den stärksten Einfluß
auf Ciceros rednerische Bildung hatte Apollonios Molon aus
Rhodos, der damals in Rom weilte. Schon in einem Jugendwerk verlangt Cicero vom Redner auch *sapientia* – allgemeine,
besonders philosophische Bildung. So sehen wir Cicero früh
mit philosophischen Studien beschäftigt. Er hört bei dem Epikureer Phaedrus, der ihm wenig Eindruck macht, bei dem
Akademiker Philon von Larisa, später in Griechenland und
Kleinasien bei dem berühmten Stoiker Poseidonios und dem
Eklektiker Antiochos von Askalon. Auch die Literatur ver-
nachlässigt er nicht; neben der Tragödie und Komödie liebt
er den Lucilius, vor allem aber „unseren" Ennius.

Noch unter Sulla (80) verteidigte Cicero den jungen Sextus
Roscius aus Ameria, der des Vatermords angeklagt war.

Der politische Hintergrund der falschen Anklage lag auf der
Hand; aber da Chrysogonus, der mächtige Günstling Sullas, dahinter-
stand, wagte keiner der bekannten Anwälte, für Roscius einzu-
treten. Cicero, politisch noch nicht gebunden, übernahm die Verteidigung. Geschickt scheidet er Sulla, den Retter des Staates,
von seinen Kreaturen, in deren Gesellschaft die wirklichen Mörder
zu finden seien, und führt den Richtern eindringlich das traurige
Los des verwaisten, vom Heim vertriebenen, nun gar mit einer
grausamen Todesstrafe bedrohten Roscius vor Augen. Trotz jugend-
lichem Überschwang (orat. 107 f.) hatte die Rede großen Erfolg
und erwirkte den Freispruch des Klienten. Interessant ist, daß
Cicero hier neben dem Preis von Sullas Restauration eindrucksvolle
Worte für das unheimlich Beklemmende der Proskriptionen findet.

Noch fühlte sich Cicero nicht Meister seiner Kunst. Er
neigte zum Übermaß in Ausdruck und Stimmaufwand. Um
Stil und Technik zu vervollkommnen, ging er 79–77 nach
Griechenland und Kleinasien. Vielleicht war auch der Boden
Roms dem Verteidiger des Roscius zu heiß geworden. Er trieb
neuerdings ernste Studien bei Molon; auch Philosophie studierte er eifrig weiter. In Smyrna machte er die Bekanntschaft des berühmten Rutilius Rufus (S. 90 f.).

Seit 76 (Rede *pro Roscio comoedo*) war Cicero wieder in Rom als Anwalt tätig. Während seiner sizilischen Quästur (75) gewann er das Vertrauen der Bevölkerung. Auch für seine geistigen Interessen fand er Zeit. Noch im Alter (Tusc. 5, 64 ff.) erzählt er mit stolzer Freude, wie er das von den Syrakusanern vergessene, von Gestrüpp überwachsene Grabmal des Archimedes wieder entdeckte. Daß er im Rathaus von Syrakus griechisch sprach, haben ihm reaktionäre Optimaten wie L. Metellus übel genommen. Beim Abschied empfahl er sich den Siziliern als Patron; er sollte bald Gelegenheit haben, Wort zu halten. Im Jahre 70 mußte sich C. Verres, der 73–71 als Proprätor die Bewohner Siziliens schamlos ausgeplündert und drangsaliert hatte, wegen Erpressung verantworten. Cicero, damals Bewerber um die Ädilität, sicherte gegen den von Verres' Freunden vorgeschobenen Q. Caecilius seine Bestellung zum Ankläger. Unter dem Druck überwältigender Belastungszeugnisse, die Cicero nach kurzer Einleitung vorbrachte, verzichtete selbst der berühmte Q. Hortensius auf eine formelle Verteidigung seines Klienten. Verres begab sich noch vor der zu erwartenden Verurteilung freiwillig ins Exil. Damit war Cicero zum ersten Redner Roms geworden. Um diesen Ruf zu befestigen, veröffentlichte er weitere fünf Reden gegen Verres aus dem ungeheuren, im Prozeß nicht verwerteten Beweismaterial.

Wieder tritt der konservative Cicero gegen Mißstände des konservativen Regimes auf. Zur Pflicht des Patrons tritt freilich der Ehrgeiz des Redners und die Sorge für seine politischen Chancen. Das „Dossier" gegen Verres ist zur Gänze erhalten: die *Diuinatio* (Entscheidung über die Wahl des öffentlichen Anklägers), die Anklagerede *(Actio prima)* und die fünf nicht gehaltenen Reden (unzutreffend *Actio secunda* genannt), darunter – kulturgeschichtlich interessant – *De signis,* über die von Verres aus Privatbesitz und sogar aus Tempeln geraubten Kunstwerke.

Der Aufstieg in die politische Oberschicht war für Cicero nicht leicht. Die *nobiles* sahen auf den *homo nouus* herunter, verachteten wohl auch seine Bildung, trugen aber kein

Bedenken, sich des wortgewaltigen Idealisten, der ihr Spiel weder spielen konnte noch wollte, zu bedienen. Es brauchte den Ehrgeiz und die zielbewußte Energie Ciceros, unbeirrt weiterzugehen. Im Jahre 67 wurde er zum Prätor gewählt; damals hatte er eben das erste seiner Landgüter, sein geliebtes Tusculanum, erworben. Das war gewiß eine Demonstration der hart erkämpften politischen und sozialen Stellung, aber zugleich ein Bekenntnis zu dem Tusculaner Cato, der für Cicero zum Symbol des echten Römers wurde. Als Prätor (66) sprach Cicero für den Antrag des Tribunen C. Manilius, das Kommando des Pompeius auf ganz Asien auszudehnen. Cicero bedurfte der Freundschaft des mächtigen Mannes; seine einstigen Standesgenossen, die Ritter, sahen ihre Interessen in Asien durch die laue Kriegführung der Optimaten gegen Mithridates bedroht. Unter Ciceros Prätur fallen auch die Anfänge der Verschwörung Catilinas. Drei Jahre später, als die Catilinarier zum Losschlagen bereit waren, ist Cicero Konsul: er steht am Ziel seiner Wünsche. Daß er die Verschwörung aufdeckte und unterdrückte, war der Höhepunkt, aber auch der tragische Wendepunkt seines Lebens.

Im Bewerbungsjahr 64 erlebte Cicero den Tod des Vaters, die Geburt seines Sohnes Marcus und die erste Heirat seiner damals dreizehnjährigen Tochter Tullia (mit C. Piso). Sein Bruder Quintus, der ihm trotz mancher Meinungsverschiedenheit zeitlebens nahestand, schrieb für ihn den Traktat über die Konsulatsbewerbung *(Commentariolum petitionis consulatus)* – ein lehrreiches Bild der politischen Zustände. Cicero hat manche Gedanken der Schrift in seine Bewerbungsrede *(In taga candida)* übernommen.

Unter den Konsulatsreden sind am bekanntesten die vier gegen Catilina. Sicher die erste, und z. T. die dritte, sind nicht so gehalten worden wie Cicero sie später herausgab. Die berühmte erste Rede *(Quousque tandem...)* war eine Improvisation; wir lesen sie als formvollendetes Kunstwerk. Im Augenblick der Gefahr hatte Cicero alle, denen am Bestand der Ordnung lag, auf seiner Seite; aber sein Einigungsprogramm *(concordia ordinum,* die platonische Forderung des harmonischen Zusammenwirkens der Stände) war gegen die politische Spannung nicht zu verwirklichen.

Drei Jahre später fand sich der Retter Roms *(pater patriae)* isoliert. Die Optimaten, durch sein Hinneigen zu Pompeius verstimmt, schwiegen ihn tot; seine alten Gegner, die Popularen, hatten in dem verfassungsmäßig bedenklichen Todesurteil gegen führende Catilinarier etwas wie eine Handhabe gegen ihn. Cicero machte krampfhafte Versuche, den Bann zu brechen, doch er hatte keine glückliche Hand und der Erfolg blieb aus.

Zunächst sah sich Cicero nach literarischen Propagandisten um. Schon die Rede für das angefochtene Bürgerrecht des Griechen Archias (62), mit Recht berühmt als Zeugnis der *humanitas Ciceroniana,* sollte den in vornehmen Kreisen gern gesehenen Dichter für eine Verherrlichung von Ciceros Konsulat gewinnen. Noch im Jahre 56 sucht Cicero den Historiker L. LUCCEIUS (Autor von *Annales*) zu einer panegyrischen Geschichte seines Konsulats in hellenistischer Manier zu bereden (epist. 5, 12 – wichtig für die Theorie der hellenistischen Geschichtschreibung). Es blieb bei Versprechungen; Cicero mußte seine Sache selbst führen. In den Jahren 60–59 gab er seine (revidierten) Konsulatsreden heraus; er verfaßte einen griechischen Rechenschaftsbericht *(Hypomnema)* seines Konsulats, dem eine „Geheimgeschichte" *(De consiliis)* folgte; und da kein Dichter ihn preisen wollte, dichtete er sein eigenes Enkomion: *De suo consulatu,* gefolgt (um 55) von *De temporibus suis,* in je drei Büchern. Die Geschmacklosigkeit poetischer Selbstverherrlichung ging sogar den an Selbstlob gewohnten Zeitgenossen auf die Nerven; der unvorsichtige Vers *Cedant arma togae, concedat laurea laudi* („Waffen, weichet der Toga, der Lorbeer weiche dem Lobe") ließ sich nur zu leicht gegen den Autor ausspielen.

Außer diesen beiden Epen und dem bei Terenz (S. 65) genannten *Limon* („Wiese", der Titel besagt dasselbe wie *Saturae*) verfaßte Cicero u. a. ein (verlorenes) Epos *Marius* und eine Nachdichtung der *Phainomena* („Himmelserscheinungen") des stoischen Astronomen Aratos († 240). War Cicero auch von Natur kein Dichter, so geben ihm die Aratea, die Rede der Urania aus *De consulatu* II (diu. 1, 17 ff.) und die Übersetzungen griechischer Dichterstellen in den Prosaschriften doch einen Platz in der Entwicklung der lateinischen Verstechnik und Dichtersprache.

Pompeius, vom Senat schroff abgewiesen, hatte mit den Führern der Populares, Caesar und Crassus, das „Triumvirat" des Jahres 60 geschlossen. Damals begann Caesar um Cicero zu werben, doch dieser verhielt sich reserviert. Er hatte bald dafür zu leiden. Auf Grund eines rückwirkenden Gesetzes des Tribunen P. Clodius wurde Cicero wegen unrechtmäßiger Hinrichtung römischer Bürger aus dem Staatsverband ausgeschlossen und verbannt; sein Haus auf dem Palatin und seine Villen (er hatte bereits deren mehrere) wurden zerstört und sein Vermögen eingezogen. Cicero ertrug sein Unglück nicht eben mit Würde. Die Briefe aus dem Exil (Dyrrhachium an der dalmatinischen Küste) sind voll von Selbstbedauern, Klagen über wirklich oder vermeintlich falsche Freunde und Versuchen, einflußreiche Wortführer in Rom zu gewinnen. Mitte 57 hatte Cicero endlich Erfolg: auf Antrag der Tribunen P. Sestius und T. Annius Milo wurde er einstimmig zurückberufen. Die Heimkehr glich einem Triumphzug.

Eines hatte Cicero gelernt: die alte Ordnung war aus sich selbst nicht erneuerungsfähig. In den Reden dieser Jahre (z. B. *pro Sestio,* 56) fordert Cicero nicht mehr das Zusammenwirken der alten Stände *(concordia ordinum),* sondern den *consensus omnium bonorum,* die Sammlung aller aufbauenden Kräfte im Staat: neben den *nobiles,* die ihren Namen verdienen, sind alle Fähigen und Gutgesinnten – vor allem die aus dem Ritterstand, von dem der *homo nouus* gekommen war – zur Mitwirkung an der *res publica* berufen. Sie sind die wahren *optimates,* Bahnbrecher und Führer *(principes)* im Sinne von Platons Staatsmann; aus ihnen soll in einer Krise der *rector et gubernator rei publicae* hervorgehen, den überragende Tatkraft und Einsicht (auch dies ein platonisches Ideal) befähigt, als *dictator* den Staat zu retten.[1]

---

[1] Über Ciceros *princeps* handelt grundlegend R. Meister, Wiener Studien 57 (1939) 57 ff.: dazu Büchner, Latein. Lit. 64 ff.; E. Lepore, Il principe ciceroniano, 1954.

Cicero nähert sich nun Caesar, hofft auch ihn für die „gute Sache" zu gewinnen. Von den politischen Unruhen angewidert, zieht er sich ins Privatleben zurück. In theoretischen Werken *(De oratore, De re publica, De legibus)* klärt er die Gedanken seiner jüngsten Reden und führt sie weiter aus.

De oratore (55) ist mehr als eine reife, auf eigene Erfahrung gegründete Revision der frühen *libri rhetorici (De inuentione,* 2 Bücher). Dieser Dialog in 3 Büchern (ins Jahr 91 verlegt, Hauptunterredner sind Antonius und Crassus) zeichnet den politischen Redner, der nicht nur seine Kunst beherrscht, sondern auch philosophisch gebildet ist. In Buch 1 spricht Crassus von den Voraussetzungen zum Rednerberuf: Anlage, Übung, Technik, Rechtskunde; höher noch steht der gesunde Menschenverstand. In Buch 2 gibt Antonius eine Darstellung der Rhetorik im engeren Sinn, doch nicht schulmäßig pedantisch wie in *De inuentione,* sondern gelöst und ungezwungen, aus den als bekannt vorausgesetzten Lehren das Wesentliche heraushebend und begründend; Antonius wird für längere Zeit durch Caesar Strabos Ausführungen über den Witz unterbrochen. Buch 3 handelt vom Stil *(elocutio)* und Vortrag *(actio),* enthält aber auch einen langen Exkurs des Crassus, der im Sinne der jüngeren Akademie (Philon: 3, 110) vom Redner philosophische Bildung verlangt; hier spricht Cicero selbst aus dem Mund des verehrten Vorbilds.

Die Staatslehre ist Gegenstand der „Republik" und der „Gesetze". Beide folgen in Thema und Anlage Platon, sind aber im einzelnen der späteren Philosophie, besonders Dikaiarch, verpflichtet, der das tätige Leben über das spekulative stellte; über römische Verhältnisse spricht Cicero aus eigener Erfahrung. *De re publica* (6 Bücher, trümmerhaft in einem vatikanischen Palimpsest und in Macrobius' Kommentar zum Traum Scipios erhalten) stellt die Frage nach der besten Staatsform und dem besten Bürger (Cic. ad Q. fr. 3, 5, 1); das Gespräch, an dem führende Männer des Scipionenkreises teilnehmen, ist in das Jahr 129 verlegt. Der Staat *(res publica)* ist die Sache des Volkes *(res populi).* Er entsteht aus einem dem Menschen eingeborenen Streben nach harmonischer Gemeinschaft *(concordia,* die stoische *homonoía).* Im ersten Buch werden zunächst nach Platon und Panaitios die bekannten Grundformen der Staatsverfassung und ihre Zerrbilder sowie der Kreislauf der Verfassungen dargestellt; dann, wesentlich nach Polybios, die aus den dreien gemischte Verfassung, die dem Verfall und Kreislauf entgegenwirkt. Buch 2 gibt eine kurze Geschichte der römischen

Verfassung. Mit Buch 3 beginnt die systematische Darstellung. Das Fundament des Staates ist die Gerechtigkeit, deren Begriff Cicero kritisch untersucht und verteidigt. In Buch 4 entwirft er einen Musterstaat, aber lange nicht so rigoros wie Platon; so verteidigt er Dichtung und Schauspiel als Spiegel des Lebens. Ciceros Idealstaat ist ein idealisierter Römerstaat. Auch in dem Bild des *optimus ciuis* (Buch 5–6) nimmt Cicero eigene politische Gedanken auf. Für Cicero ist Platons Staatsmann doch nur der Beste unter den Guten; Alleinherrscher ist er nur in höchster Not, und auch dann konstitutionell. Mit Absicht nennt ihn Cicero hier *rector,* nicht *princeps;* der „erste Bürger" soll den Staat der Väter wieder herstellen. (Ob Cicero an Pompeius dachte, dessen Schwächen er nur allzu gut kannte, ist mehr als fraglich.) Ciceros Staatslenker will keinen irdischen Lohn, nicht einmal Ruhm; sein Lohn ist die Unsterblichkeit. Dieser Gedanke leitet zu dem Traum Scipios über, worin dem Träumenden sein Ahnherr, der Sieger über Hannibal, erscheint und – als Gegenstück zur Jenseitsvision des Armeniers Er bei Platon – ihn einen Blick in jene Welt tun läßt, wo die Großen und Guten ewig in seliger Betrachtung der Harmonie der Welt leben.

De legibus (die 3 erhaltenen Bücher nicht vor 52; die Fortsetzung, ungewissen Umfangs, ist verloren) will ein Gegenstück zu Platons „Gesetzen" sein. Mehr noch als im „Staat" ist Cicero gedanklich und sachlich von Platon unabhängig. Die erhaltenen Bücher handeln vom Naturrecht, vom Sakralrecht und von den Gesetzen der Magistrate; die Fortsetzung handelte von den Gerichten und anscheinend auch (wie bei Platon) von der Erziehung. Der Dialog ist in Ciceros eigene Zeit verlegt; die Gesprächspartner sind er selbst, Quintus und Atticus. Die Formulierung der Gesetze ist stilistisch und sprachlich den älteren römischen Gesetzen nachgebildet.

Die Annäherung an die Triumvirn kostete Cicero manches Opfer an persönlichem Stolz; er verteidigte z. B. auf Caesars Wunsch seinen alten Widersacher Vatinius (54). Tullia hatte sich in dritter Ehe mit dem Caesarianer P. Cornelius Dolabella vermählt, von dem ihr Vater menschlich nichts hielt. Aber im selben Jahr 54 nahm Cicero von Caesar nicht nur die Widmung der Schrift *De analogia* an, sondern auch ein Darlehen von 800 000 Sesterzen, das er bitter nötig hatte. Für die einstigen politischen Freunde war er jetzt ein gezeichneter

Mann. Eine bescheidene Kompensation mochte er darin sehen,
daß er im Jahre 53 an Stelle des im Partherkrieg gefallenen
Crassus ins Auguralkolleg gewählt wurde. Eine neue Enttäuschung brachte das folgende Jahr mit der erfolglosen Verteidigung seines alten Freundes Milo.

Milo hatte seit Jahren versucht, die Terrorbande des Clodius
durch eine Gegenbande in Schach zu halten. Anfangs 52 kam es
zwischen beiden auf der Via Appia zu einem Straßenkampf;
Clodius wurde verwundet und flüchtete in eine Schenke, aber
Milo ließ ihn durch seine Leute herausholen und umbringen.
Beim Begräbnis des Clodius gab es turbulente Demonstrationen.
Pompeius, zum Konsul ohne Kollegen ernannt, ließ Milo vor
Gericht stellen. Seine Soldaten hielten das Forum besetzt; Cicero
sprach ohne Selbstvertrauen und seine Worte gingen im Lärm
der erregten Menge unter. Die sichere Verurteilung vor Augen,
ging Milo freiwillig in die Verbannung. Cicero, unzufrieden über
den Mißerfolg, arbeitete eine neue Verteidigungsrede aus und
sandte sie Milo nach Massilia; Milo antwortete ironisch, wenn
ihn Cicero so erfolgreich verteidigt hätte, könnte er jetzt nicht
so gute Seebarben essen (Cassius Dio. 40, 54). Die nie gehaltene
Rede galt schon den Alten als Ciceros oratorisches Meisterwerk.
Seine Kunst, für einen hoffnungslosen Fall zu plädieren, ist in
der Tat erstaunlich; aber selbst unter günstigeren Umständen hätte
der Versuch, Milos Tat als Notwehr hinzustellen (wobei das am
stärksten belastende Moment, die Niedermetzelung des schon
Kampfunfähigen, geflissentlich verschwiegen wird) wenig Aussicht
auf Erfolg gehabt.

Im Jahr 51 holte der Konsular sein längst überfälliges
Provinzjahr nach. Als Prokonsul von Kilikien zeigte er sich
im Rahmen des Möglichen gerecht und menschlich. Er hatte
auch einige militärische Erfolge gegen die Parther. Seine rüh-
renden Bemühungen, dafür einen Triumph bewilligt zu erhalten, sind vielleicht nicht nur auf Kosten seiner bekannten
Eitelkeit zu setzen; er brauchte dringend öffentliche Anerkennung. Jedenfalls wurde ihm ein Dankfest (*supplicatio*)
zugestanden; zur Entscheidung über den Triumph, auf den er
nach wie vor hoffte, ist es nie gekommen: das römische Reich
stand vor einem neuen Bürgerkrieg.

Nichts konnte Cicero furchtbarer sein. Bis zuletzt suchte er zwischen den Gegnern zu vermitteln. Die Briefe an Atticus kurz vor und nach Kriegsausbruch bezeugen seinen Zwiespalt. Er wußte, vor wem, nicht zu wem er fliehen sollte (Plutarch, Cic. 37, 3, vielleicht nach einem Wort des Tiro). Über Pompeius machte er sich längst keine Illusionen mehr, aber in Caesar sah er bei aller persönlichen Achtung doch den künftigen Zerstörer „seiner" Republik. So floh er (Juni 49) vor Caesar, der ihm auch jetzt noch goldene Brücken bauen wollte, ins Lager des Pompeius. Was er dort sah, hat ihm nicht gefallen; er stand abseits und machte sich als „Kritikaster" unbeliebt. Nach der vernichtenden Niederlage des Pompeius bei Pharsalos (48) kehrte er mit einer Eile, die ihm als charakterlos ausgelegt werden konnte, nach Italien zurück. Caesar behandelte ihn mit der ihm eigenen Noblesse.

Die Zeit bis zum Ende des Bürgerkrieges verlebte Cicero meist zurückgezogen; es war wieder eine Periode intensiver Schriftstellerei. Im Jahre 46 entstanden die rhetorischen Schriften *Brutus, Orator, Paradoxa Stoicorum* und der Preis des Stoikers Cato; alle sind dem M. Iunius Brutus gewidmet, der, ursprünglich Gegner Caesars, schon 48 zu ihm übergegangen war und nun dessen Vertrauen genoß.

Der *Brutus* ist ein Gespräch zwischen Brutus, Atticus und dem Wortführer Cicero. Dieser entwirft, vom Tod des Hortensius (50) ausgehend, ein Bild der römischen Beredsamkeit von ihren Anfängen bis auf seine Zeit; über die eigenen Verdienste läßt er sich (wie auch in späteren Werken) von den Gesprächspartnern Komplimente machen. Bitterkeit über das neue Regime spricht deutlich aus dem Anfang: Hortensius sei glücklich, weil er das Ende der freien Rede, der Voraussetzung aller Redekunst, nicht mehr erlebt habe. Ähnliche politische Spitzen finden sich in den *Paradoxa Stoicorum,* die Cicero zu seinen rhetorischen Schriften zählte. Er behandelt darin vom Standpunkt des Redners einige der herrschenden Meinung zuwiderlaufende (im antiken Sinn paradoxe) Gemeinplätze der Popularphilosophie, z. B. daß die Tugend allein zum Glück ausreiche, daß alle Tugenden gleich gut, alle Laster gleich schlecht seien, daß nur der Weise in Wahrheit reich sei. Es ist eine *tour*

de force; der Stil, Frage und Selbstantwort, ist der Diatribe an-
genähert. Die kleine Schrift ist eine Huldigung für Brutus' Onkel,
den jüngeren M. Porcius Cato, einen überzeugten Stoiker und
Caesargegner, der gerade damals in Utica Selbstmord begangen hatte,
um nicht Caesars Gnade annehmen zu müssen; doch war sein
Tod zur Zeit der Abfassung in Rom noch nicht bekannt. Von
der Lobschrift auf Cato sind nur wenige Fragmente erhalten;
Caesar antwortete ihr mit seinen *Anticatones.*

Schon im Brutus hatte Cicero Gelegenheit gehabt, an dem
einseitigen „attizistischen" Stil, zu dem sich Brutus bekannte, Kritik
zu üben. Diese literarische Mode Roms um die Jahrhundertmitte
war eine Reaktion auf den teils üppigen, teils pointierten asianischen
Stil, unter dessen Einfluß die ältere römische Redekunst und noch
Hortensius und der junge Cicero gestanden hatten. Aber die
„Attizisten" gingen Cicero zu weit; ihr Ideal war ausschließlich
der „schlichte" Lysias. Cicero verlangt dagegen vom Redner, daß
er alle drei Stilarten, den schlichten, gemäßigten und reichen Stil,
beherrsche; diese Forderung sieht er in Demosthenes verwirklicht.
Der Darlegung dieses Standpunktes dient der *Orator.* Das politische
Element fehlt hier so gut wie ganz; dagegen kommt Cicero nach-
drücklich auf seine alte Forderung zurück, der Redner dürfe die
Philosophie nicht vernachlässigen. Ähnlich wie im *Orator* spricht
sich Cicero auch in der kleinen Schrift *De optimo genere oratorum*
aus, der Vorrede zu seiner Übersetzung der Kranzrede des
Demosthenes und der Gegenrede des Aischines.

Die Reden der Jahre 46 und 45 sind Fürsprachen bei
Caesar für einstige Pompeianer oder Dank für die Begnadi-
gung *(pro Marcello)).* Der Appell an Caesars Milde und
Großmut hatte im Fall des Q. Ligarius (46) überraschenden
Erfolg, versagte aber bei der Verteidigung des Galaterfürsten
Deiotarus; die beharrliche Aufforderung, die Republik wieder
herzustellen, verstimmte den Diktator.

Auch Ciceros Privatleben war wieder bewegt. Nachdem
er sich der ehrgeizigen Terentia schon länger entfremdet hatte,
ließ er sich im Jahre 46 von ihr scheiden und heiratete bald
darauf die viel jüngere Publilia, eine reiche Erbin, wohl in
der Hoffnung, dann seine Schuld bei Caesar begleichen zu
können. Im Februar 45 starb Tullia, eben von Dolabella
geschieden, kurz nach der Geburt eines Sohnes. Der Tod

der geliebten Tochter traf Cicero schwer; zum erstenmal, so
gesteht selbst er, fühlte er sich vom Schicksal entwaffnet.
Ruhelos zieht er von einem seiner Güter zum andern, da-
zwischen ist er bei Atticus zu Gast. Seine junge Frau ver-
nachlässigt er und läßt sich bald von ihr scheiden. Allmählich
findet er Trost in der Philosophie. Seine *Consolatio* ist im
Gegensatz zu ihren mehr oder weniger konventionellen Vorbildern die erste Trostschrift zur eigenen Tröstung des Verfassers. Ihr folgt der *Hortensius,* eine Aufforderung (Protreptikos) zum Studium der Philosophie. Beide Werke sind
verloren.

Hauptquelle der Consolatio war vermutlich die Schrift des Akademikers Krantor über die Trauer; Cicero tröstet sich vor allem
mit dem Gedanken an die Unsterblichkeit der Seele. Als Selbst-
trost eröffnet das Werk eine Reihe, an deren Ende in der Antike
die *Consolatio* des Boethius (Bd. 2, 121 f.) steht. – Der *Hortensius*
fußte natürlich auf dem berühmten Protreptikos des Aristoteles.
Doch hat Cicero seinem Werk Dialogform gegeben; die Unterred-
ner sind er selbst und Hortensius, ferner Catulus (Sohn des Konsuls
von 102) und Lucullus. Der skeptische Standpunkt des Akademikers
zeigt sich in der Behauptung, daß schon das Suchen nach der
Wahrheit glücklich mache. Der *Hortensius* hat nachhaltig gewirkt;
noch dem jungen Augustinus wurde seine Lektüre der erste Schritt
zur Einkehr.

Der *Hortensius* war nur ein Auftakt. Es reift nun in
Cicero der Gedanke, in einer Reihe größerer Werke die
griechische Philosophie lateinisch darzustellen. In die Jahre
45/44 fallen die *Academica, De finibus bonorum et malorum,
Tusculanae disputationes, De natura deorum,* wahrscheinlich
auch die Übersetzung von Platons Protagoras und Timaios
(letzere unvollständig erhalten; doch hatte Cicero kaum eine
Übersetzung des ganzen Dialogs geplant). Es ist ein Werk
der Resignation. Die Wirkung auf die Zeitgenossen war gering;
wer damals philosophische Interessen hatte, las die Griechen
im Original. Erst die römischen Christen haben aus diesen
Schriften ihre Kenntnis der antiken Philosophie geschöpft;

die Renaissance hat sie endgültig zum Gemeingut der europäischen Bildung gemacht.

Einmal in den Kreis Caesars getreten, hatte Cicero keine Möglichkeit, sich den immer häufigeren und unterwürfigeren Ehrungen des ungekrönten Königs zu entziehen, so sehr er darunter litt. Es ist kaum Zufall, daß er mit seinen Gedanken in die „große Zeit" flüchtete: es entsteht sein *Cato maior de senectute,* dem nach Caesars Ermordung *Laelius de amicita* folgt. Beide sind dem Freund Atticus gewidmet.

Das Gespräch des alten Cato mit Laelius und dem jüngeren Scipio ist in das Jahr vor Catos Tod, 150, verlegt. Der Reiz des Werkes liegt nicht im Thema, das nur philosophische Gemeinplätze wiederholt, sondern in der liebevollen, zwar idealisierenden, aber doch wesentliche Züge bewahrenden Zeichnung des alten Römers (S. 78). Bestimmte Quellen lassen sich schwer nennen; historisch-antiquarische Einzelheiten könnten aus dem *Liber annalis* des Atticus (S. 135) stammen. – Problematischer ist die *Laelius.* Das Thema – Wesen, Pflichten und Grenzen der Freundschaft – wird auf stoisch-peripatetischer Grundlage entwickelt. Cicero läßt den Laelius diese Gedanken kurz nach dem Tod des jüngeren Scipio (129) seinen Schwiegersöhnen, C. Fannius und dem Augur Scaevola, vortragen; von letzterem will sie Cicero gehört haben. Daß Cicero hier das eigene Gefühl, am Ende einer Zeit zu stehen, in eine analoge Situation der Vergangenheit projiziert, wurde schon gesagt (S. 90). Einen breiten Raum nimmt die Frage ein, wieweit persönliche Freundschaft mit politischer Gegnerschaft vereinbar sei; das verbindet den *Laelius* mit epist. 11, 27 und 28, beide aus dem August 44, dem Brief Ciceros an seinen alten Freund C. Matius, der dem Caesar über den Tod hinaus die Treue hielt, und Matius' Antwort.

Caesars Ermordung hatte Cicero ebenso sehr überrascht wie erleichtert. Die aufgestaute Abneigung gegen den Mann, dessen Zauber er wider Willen gefühlt hatte, macht sich nun Luft. Doch bald kam alles anders als erwartet. Brutus und sein Anhang hatten den Augenblick zum Handeln versäumt. Cicero wollte erst nach Athen gehen, wohin er seinen Sohn Marcus zum Studium geschickt hatte, ließ sich aber von Freunden zum Bleiben bestimmen. Seine letzte Hoffnung ist

nun, durch Unterstützung von Caesars Erben Octavian und
den Caesarianern, die zu ihm stehen, den skrupellosen Antonius zu isolieren und dessen Erklärung zum Staatsfeind durch-
zusetzen. Zeugnis dieser Politik ist eine Gruppe von Reden,
die Cicero selbst scherzhaft Philippische genannt hat. Die
14 erhaltenen fallen zwischen den 2. Sept. 44 und den 22. April
43; sie sind alle, direkt oder indirekt, gegen Antonius gerichtet.
Die besonders ausfällige zweite, an der Cicero naive Freude
hatte, ist freilich nie gehalten worden; es ist sogar zweifelhaft ob Cicero sie veröffentlichte. Noch einmal, vor allem
in der 3. und 4. Philippica (beide 20. Dez. 44), entwirft
Cicero mit der ganzen Kraft seiner Sprache das alte Programm. Auch in den philosophischen Werken, die zwischen
der Ermordung Caesars und Ciceros Wiedereintritt in die
Politik entstanden sind, ist eine neue Wendung zum Handeln
bemerkbar. In *De diuinatione* grenzt er Religion von Aberglauben ab; in *De fato* verteidigt er die Willensfreiheit gegen
den Schicksalszwang; in *De officiis,* seinem Sohn Marcus
gewidmet, gibt er, wesentlich nach Panaitios, eine praktische
Pflichtenlehre, zugleich eine Rechtfertigung des eigenen Handelns. Auch für seinen Laelius hat Freundschaft nur Bestand,
wenn sie auf dem Boden der *uirtus* steht.
    Die umfangreichen philosophischen Werke der Jahre 45 bis 43
bilden inhaltlich (nach Absicht des Verfassers?) eine zusammenhängende Serie. Die *Academici libri* sind eine Darstellung der
skeptischen Erkenntnislehre der mittleren Akademie. Sie wurden
mehrmals umgearbeitet. Die erste Fassung bestand aus 2 Büchern,
die nach den Hauptpersonen *Catulus* und *Lucullus* hießen; nur
letzteres ist erhalten. Von einer späteren Bearbeitung *(„Academica
posteriora")* in 4 Büchern, worin Cicero seinen Freund Varro
redend einführte, haben wir noch den Anfang des ersten und
einige Bruchstücke. – *De finibus* (Über das höchste Gut und das
größte Übel) und die *Tusculanen* (beide Werke, je 5 Bücher, dem
Brutus gewidmet) behandeln Fragen der Ethik. *De finibus* zeigt
die verschiedene Stellung der Schulen zu diesem fundamentalen
Problem; Cicero neigt gefühlsmäßig zur Stoa, verstandesmäßig
zur akademischen Skepsis, nur dem Epikur wird er nicht gerecht.
In den *Tusculanen* handelt es sich um wichtige ethische Sonder-

probleme: Der Tod ist kein Übel (1), der Schmerz läßt sich ertragen
(2), Störungen des Seelenfriedens *(aegritudo* und *perturbatio animi)*
lassen sich erleichtern (3–4), die Tugend genügt zum glücklichen
Leben (5). Auch hier sympathisiert Cicero mit den Stoikern, ohne
sich doch ganz auf ihren Standpunkt zu stellen. In beiden Werken
ist Cicero der Hauptredner. Die Quellenfrage ist schwierig; sicher
ist, daß Cicero in Tusculanae 2 einen Brief des Panaitios an
Q. Aelius Tubero benutzt hat. – *De natura deorum* (3 Bücher,
das letzte unvollständig) hat die Form eines Gesprächs, das Cicero
im Jahre 77 mit dem Epikureer C. Velleius, dem Stoiker Q. Lucilius
Balbus und dem (auch als Redner bedeutenden) Akademiker
C. Aurelius Cotta gehabt haben will. Velleius legt den epikureischen
Standpunkt dar (nach Philodemos?), Balbus den stoischen (anscheinend nach einem zeitgenössischen Philosophen); nach jedem nimmt
Cotta das Wort und widerlegt den einen wie den anderen. – In
De diuinatione unterhält sich Cicero – als Augur – mit seinem
Bruder über das Wesen der Mantik; im ersten Buch wird die
stoische Lehre, die die Wahrsagekunst philosophisch zu unter-
bauen sucht, nach Poseidonios dargestellt und im 2. Buch nach
akademischer Quelle (Kleitomachos?) widerlegt. These und Wider-
legung sind nicht vollkommen aufeinander abgestimmt; dafür entschädigen Einblicke, die uns ein gebildeter und skeptischer Augur
– nicht ohne Humor – in seine Kunst tun läßt. Als Fortsetzung
schrieb Cicero *De fato;* die Argumentation geht im wesentlichen
auf Karneades, daneben auf Antiochos zurück. – Die ersten beiden
Bücher von *De officiis* sind eine verkürzte, aber durch römische
Beispiele bereicherte Wiedergabe der Schrift des Panaitios über
das richtige Verhalten *(kathêkon);* Buch 1 handelt vom Ehren-
vollen *(honest*um), Buch 2 vom Nützlichen *(utile)* als Motiv der
sittlichen Entscheidung; das dritte, worin der Konflikt der beiden
Motive behandelt wird, fußt auf Poseidonios und auf dem Memorandum eines Athenodoros, das sich Cicero eigens für diesen Zweck
erbeten hatte. Ihm ist Cicero vermutlich auch in seiner berühmten
Behandlung der Regulusgeschichte gefolgt, nur die römischen Lichter
hat er selbst ihr aufgesetzt. Mehr als andere Werke Ciceros hat
dieses unter den Christen Leser gefunden; Ambrosius wurde dadurch
zu seiner Schrift *De officiis ministrorum* angeregt. – Halb rhetorisch,
halb philosophisch sind die *Topica,* 44 auf der Seereise von Velia
nach Rhegium geschrieben. Auch hier versucht Cicero, Philosophie
und Rhetorik zu verbinden. Sieben rhetorische *loci communes*
(griech. *tópoi)* werden hier in der Art der stoischen Logik, wahrscheinlich nach dem Eklektiker Antiochos, behandelt. Mit der Topik
des Aristoteles hat das nichts zu tun.

Dem stärker lehrhaften Charakter entsprechend unterscheiden sich diese philosophischen Werke formal von den übrigen. Hatte Cicero bisher den aristotelischen Lehrdialog, worin jeweils eine Person das Wort führt und auf Fragen oder Einwände der anderen in längerer Rede antwortet, dadurch belebt, daß er in den Ein- und Überleitungen nach Art der platonischen Rahmengespräche den Ton echter Unterhaltung wahrte, so sind die theoretischen Schriften der letzten Gruppe teils umfangreiche Lehrbriefe *(Orator, Topica, De offciis)*, teils nehmen sie die Praxis der jüngeren Akademiker auf, die aus ihrer skeptischen Haltung heraus nie für eine These, sondern stets nur dagegen sprachen *(De finibus, De natura deorum, De diuinatione* führen die epikureischen und stoischen Lehren nur ein, um sie vom akademischen Standpunkt zu widerlegen).

Immer noch glaubte sich Cicero im Mittelpunkt der Ereignisse, sah sich wohl selbst als den *princeps,* nach dem er so oft verlangt hatte. Doch die Geschichte war über ihn hinweggegangen. Während er dem Senat die Konsulatswerbung des Octavian abzuringen suchte, worüber er sich mit Brutus entzweit hatte, war jener schon in geheime Abmachungen mit Antonius und Lepidus eingetreten. Antonius bestand auf der Ächtung des verhaßten Gegners und Octavian hat sich, zögernd und widerwillig, gefügt. Am 7. Dezember 43 wurde Cicero auf der Flucht von der Bande des Antonius eingeholt; mit Fassung ergab er sich in sein Schicksal. Man schlug ihm Kopf und Hände ab und brachte sie dem Antonius; der ließ sie in Rom auf der Rednertribüne zur Schau stellen. Octavian aber hat später als Augustus seinem Enkel bezeugt, Cicero sei nicht nur ein großer Redner, sondern auch ein Patriot gewesen (Plutarch, Cic. 49, 3).

Cicero als Politiker zu beurteilen ist hier nicht der Ort. Das Bild des Menschen mit seinen Schwächen und Widersprüchen steht in seinem Leben und Werk vor uns. Eine tragische Gestalt ohne tragische Größe, kämpft er für eine verlorene Sache, doch ohne die Gloriole des Helden Cato. Aber Cicero wußte doch immer, was er *nicht* wollte, und hat nie ein schlechtes Kompromiß geschlossen. Von seiner weichen, sensiblen Natur forderte er mehr als sie geben konnte und identifizierte sich allzu gern mit dem selbstgeschaffenen Leitbild; so mußte er andern, an seinem eigenen Maß gemessen, klein und eitel erscheinen. Erst im Tod zeigte er die oft vermißte Fassung.

Der Redner und Schriftsteller lassen sich bei Cicero so wenig trennen wie in seiner Schriftstellerei Rhetorik und Philosophie und wie sein literarisches Werk von den Zielen seines Lebens.

Die Reden – 57 sind erhalten, etwa 30 weitere bezeugt – wirken heute, von der oratorischen Kunst abgesehen, vor allem durch ihr geistiges und menschliches Niveau. Damit erhebt sich Cicero, soweit wir urteilen können, ebenso über die keineswegs verächtliche Beredsamkeit der Zeitgenossen wie sein reifer Stil über dem der Asianer und Attizisten steht. Die Bitterkeit (und Geschmacklosigkeit) der Invektive war damals allgemein, das Selbstlob – maßlos, wenn auch nicht ganz unbegründet – wird aus Charakter und Leben verständlich. Und wenn die Wahrheit nicht selten zu kurz kommt, dann dürfen wir nicht vergessen, daß der Politiker wie der Advokat Partei ist.

Ciceros Redestil hat manche Wandlung durchgemacht. Die ältesten Reden sind noch stärker asianisch, die Rede *pro Roscio comoedo* geradezu in der Art des Hortensius (F. Klingner, SB München 1953, 4); auch ist Cicero noch nicht der Purist, als den ihn die Reden der besten Zeit (von der Prätur bis zum Bürgerkrieg) zeigen. Später, in den *orationes Caesarianae* und *Philippicae*, wird sein Sprachgebrauch wieder toleranter. Freilich sind viele seiner Reden nicht so gehalten worden wie sie uns vorliegen.

Unter den Kommentaren ist am bedeutendsten der des ASCONIUS PEDIANUS (etwa 54–57 n. Chr.) zu fünf Reden, darunter zwei verlorenen (S. 20); damit verbindet sich in der Überlieferung ein Kommentar zu den Verrinen („Pseudo-Asconius"); stärker rhetorisch orientiert sind die als Palimpsest erhaltenen *Scholia Bobbiensia*.

Ciceros Reden sind durchzogen von philosophischen Gedankengängen. Konventionell formuliert, wie das geboten war, sind sie doch mehr als landläufige Gemeinplätze. Ein echter Philosoph, der Probleme aufwirft oder weiterdenkt, ist Cicero freilich auch in seinen theoretischen Schriften nicht. Wohl aber zeigt er ernsthaftes philosophisches Interesse, besonders an Fragen der praktischen Philosophie. Bezeichnenderweise beginnt sein Philosophieren beim Staat und beim Redner als Staatsmann. Schon darum konnte Cicero nicht Epikureer sein; der „ivory tower" (Epikurs *láthe biósas* „lebe im Stillen") wäre ihm als Verrat an seiner *humanitas* erschienen. Doch lag ihm der Dogmatismus der Stoa so wenig wie der des Epikur. Er hat sich stets zur Erkenntniskritik der jüngeren Akademie bekannt, zur Zurückhaltung im Urteil, wie das Karneades und Kleitomachos empfahlen; das hatte er bei Philon gelernt und daran hielt er auch gegen Männer wie Poseidonios oder Antiochos fest. Philon lehrte seine Schüler auch das *in utramque partem disserere,* das sich der Redner Cicero gern und gründlich zu eigen machte. Das positive Element dieser skeptischen Schule war die Lehre vom *probabile* – von dem was sich zwar nicht als wahr, wohl aber als vernünftig und sinnvoll erweisen läßt; damit stand Cicero ein Weg offen, sich ohne Kompromiß in Fragen des praktischen Handelns dem gemäßigten Stoiker Panaitios (S. 86) anzuschließen.

Als philosophischer Schriftsteller war Cicero weder bloßer Übersetzer (Ausnahmen: S. 117 f.) noch Popularisator. Er selbst hat seine Philosophica treffend mit den römsichen Nachdichtungen griechischer Dramen verglichen (fin. 1, 4 f.). Ist er schon nicht in die letzten Feinheiten philosophischer Deduktion und Kontroverse eingedrungen, hat er sich nicht immer an die besten und echtesten Quellen gehalten, ist seine Darstellung nicht von Mißverständnissen und Flüchtigkeiten frei (zwei so umfangreiche Werke wie die Tusculanen und *De finibus* sind in wenig mehr als einem Jahr entstanden), so hat er dafür dem spröden Stoff eine vollendete Form gegeben: er hat einerseits das Latein zu einem Medium abstrakter Darstellung gemacht, andererseits in den zahlreichen geschichtlichen Beispielen, Episoden und Anekdoten einen Erzählungsstil geschaffen, der den *narrationes* seiner Reden würdig zur Seite steht.

Ciceros Werk als Ganzes ist getragen vom Geist jener *humanitas,* der wir zuerst im Kreis des Scipio begegnet sind und für die er selbst unser vornehmster Zeuge und Interpret ist. Wir können kaum anders als sie mit Ciceros Augen sehen. Aus seinem Werk ist sie direkt und indirekt in das Bewußtsein des christlichen Mittelalters und der Neuzeit eingegangen. Das ist aufs Ganze gesehen vielleicht die stärkste Wirkung, die Cicero geübt hat; sie läßt sich nur mit der des Vergil vergleichen.

Schon seiner eigenen Zeit erschien Cicero als Meister der Redekunst; hundert Jahre später war er zum Klassiker der lateinischen Prosa geworden. Quintilians berühmte Charakteristik gipfelt in dem Ausspruch, das Gefallen an Cicero sei für den werdenden Redner ein Maßstab des eigenen Fortschritts (*ille se profecisse sciat cui Cicero ualde placebit*: 10, 1, 104–13). Zeugnis spätantiker Cicero-Studien sind der Palimpsest *De re publica* und Handschriftenfragmente mehrerer Reden. Im allgemeinen geht die Textüberlieferung nicht über das 9. Jahrhundert zurück (S. 12). Während

die Karolingerzeit für Cicero großes Interesse hatte, trat er im
späteren Mittelalter etwas in den Schatten. Dafür hat ihn die
Renaissance überschwenglich verehrt. Die Kritik des 19. Jahrhunderts, besonders in Deutschland, ist in der Gegenrichtung zu weit
gegangen; erst spät hat sich eine Betrachtungsweise angebahnt,
die sowohl das geschichtlich Bedingte an seinem Werk wie das
zeitlos Große würdigt.

Literatur: Jede Auswahl ist willkürlich. Hübsch zur ersten Einführung:
L. Laurand, Cicéron est intéressant, ²1931. – Gesamtdarstellungen: RE 7 A 1,
827 ff. (es fehlt eine gesonderte Behandlung der Reden als Literaturwerke; bs.
wertvoll M. Gelzer, Cicero als Politiker). – M. Gelzer, Cicero: ein biograph.
Versuch, 1969. – E. Ciaceri, Cicerone e i suoi tempi, 2 Bde, 1926, 1930. – W. Kroll,
Die Kultur der ciceronischen Zeit, 2 Bde, 1933. – L. Laurand, Cicéron, Vie
et oeuvres. 2 Bde., 1933–1934. – O. Seel, Cicero, 1953. – K. Büchner, Cicero,
1962 (Studien z. röm. Lit. 2); Cicero: Gestalt u. Wandel seiner geistigen Welt,
1964. – Zu Einzelaspekten: L. Laurand, Etude sur le style des discours de Cicéron,
3 Bde, ²1925–1927. – K. Barwick, Das rednerische Bildungsideal Ciceros, 1963. –
H. A. K. Hunt, The Humanism of Cicero, 1954. – H. Fuchs, Ciceros Hingabe
an die Philosophie: Mus. Helv. 16 (1959) 1–29 (mit Sammlung von Belegstellen). –
V. Pöschl, Römischer Staat u. griechisches Staatsdenken bei Cicero, 1936. – E. Berti,
„De re publica" di Cicerone e il pensiero politico classico, 1963. – P. Boyancé,
Études sur le Songe de Scipion, 1936. – R. Harder, Somnium Scipionis: Kl.
Schriften (1960) 354 ff. – Nachleben: Th. Zielinski, Cicero im Wandel der
Jahrhunderte, ³1912. – E. K. Rand, Cicero in the courtroom of Thomas
Aquinas, 1945. – C. Becker, Cicero: RAC 3 (1957) 86–127.

1 a. Prosa in Ciceros Umwelt

M. Tullius Tiro, der seinen Patron um viele Jahre überlebte,
gab Ciceros Reden und Briefe heraus und schrieb seine Biographie.
Unter seinem und Senecas Namen ist ein Kurzschriftsystem überliefert, die *Notae Tironianae*. Tiro hat sie gewiß nicht erfunden,
muß aber in ihrer Ausbildung eine Rolle gespielt haben. Wir
kennen sie aus Handschriften seit dem 8. Jahrhundert; in den Karolingischen Schulen wurden sie studiert und auch praktisch verwendet.

Den Prosastil der Zeit lernen wir am besten an Ciceros Korre-
spondenten. Am einen Ende stehen die Attizisten, M. Brutus
und Asinius Pollio (Bd. 2, 12), am anderen Stilisten von Ciceros
Art wie M. Caelius Rufus, der auch als Redner sein Schüler
war, oder L. Munatius Plancus; das Fragment aus einer Rede
des T. Plancus gegen Hortensius, von Asconius im Kommentar
zur Miloniana zitiert, zeigt dagegen wenig vom Ciceronianismus
seines Bruders.

Von den zahlreichen Rednern unter Ciceros Zeitgenossen (vgl. Bardon, Litt. lat. inconnue 1, 211 ff.) ist leider fast nichts erhalten. Für den berühmtesten, den Asianer Q. HORTENSIUS HORTALUS, sind wir fast ganz auf Ciceros Urteil (Brut. 301 ff., 317 ff.) angewiesen. Seit der Neunzehnjährige im Jahre 95 vor den Konsuln Crassus und Scaevola sprach, war er der erfolgreichste und meistbewunderte Redner, bis ihn Cicero etwas in den Schatten stellte. Bald Prozeßgegner (*In Verrem, De lege Manilia*), bald Kollegen (z. B. als Verteidiger Milos), standen die beiden stets gut miteinander. Cicero bewunderte an Hortensius besonders dessen erstaunliches Gedächtnis. Seit seinem Konsulat (69) ließ sich Hortensius etwas gehen; erst die Konsulatsreden Ciceros forderten ihn zu neuer Anspannung heraus. Aber der asianische Stil, an dem er festhielt, wirkte bei dem älteren Mann nicht so angemessen wie in seiner Jugend. – Seine Tochter HORTENSIA erregte Aufsehen, als sie im Jahre 42 vor den Triumviren mit Erfolg gegen die von jenen geplante schwere Besteuerung des Frauenvermögens sprach. Die Rede wurde noch unter den Flaviern gelesen; Appian (bell. ciu. 4, 32 f.) gibt davon ein Résumé. – Ein wirksamer, doch wenig kunstvoller Redner war C. LICINIUS CALVUS, der uns noch als Dichter beschäftigen wird. – M. CATO (95–46) war, obgleich Stoiker, kein verächtlicher Redner, wirkte aber vor allem durch seine Überzeugung (vgl. den bezeichnenden Brief an Cicero in Kilikien, epist. 15, 5). Seine Rede im Catilinarierprozeß (nicht die von Sallust nachkomponierte) soll noch zur Zeit Plutarchs (Cato min. 23) existiert haben. – Über Caesar als Redner s. S. 131.

2. M. Terentius Varro

Der Reatiner Varro (116–27) ist neben Cicero, zu dem er manche, wenngleich nicht sehr enge, Beziehung hatte, der vielseitigste Autor seiner Zeit. Als Redner (Asianer) unbedeutend, als philosophischer Autor und Verfasser von *Saturae* eigenartig und nicht ohne Nachwirkung, ist er doch vor allem Gelehrter von universalen Interessen (vgl. Cic. ac. 2, 1, 9). Obzwar Schüler des Antiochos von Askalon, war er stark von Poseidonios beeinflußt und neigte etwas zur pythagoreischen Mystik, die damals Mode wurde. Legat des

Pompeius im Bürgerkrieg, mußte er sich 49 in Spanien ergeben. Caesar bestimmte ihn zum Vorstand einer geplanten öffentlichen Bibliothek. Der Ächtung durch Antonius (43) entging er durch die Intervention eines Freundes.

Varros Schriften, über 600 Bücher, wurden bis ans Ende des Altertums viel studiert und von Kompilatoren benutzt; darum sind sie selbst fast alle untergegangen, aber die Früchte von Varros Forschung sind größtenteils erhalten.

Nur einige seiner Werke seien genannt: *Antiquitates* in 41 Büchern (25 *libri rerum humanarum,* 16 *rerum diuinarum*), eine römische Altertumskunde, uns z. T. gut kenntlich aus dem „Gottesstaat" Augustins. Die *res diuinae,* Caesar als Pontifex Maximus gewidmet und wahrscheinlich im Jahre 47 herausgegeben, sind – indirekt – eine wichtige Quelle der römischen Religion. – Im Zusammenhang mit den *Antiquitates* entstanden kleine Werke, z. B. *De uita populi Romani* (kulturgeschichtlich) und *De gente populi Romani,* ein Versuch, Rom in die Mythentradition der Griechen einzureihen. Auf Varro geht wahrscheinlich jene Chronologie zurück, die die Gründung Roms auf 753 ansetzt („Varronische Ära"); sie wurde von Atticus übernommen und hat sich allgemein durchgesetzt. – Die *Hebdomades* oder *Imagines* (um 39 vollendet) waren eine Sammlung von 700 Bildnissen berühmter Persönlichkeiten (griechische und römische Könige, Feldherrn, Staatsmänner, Dichter usw., vgl. Cornelius Nepos, S. 135) mit begleitendem Text in Prosa und Distichen, nach Art der *tituli* und *elogia.* Es waren 100 Gruppen von je sieben Bildern, jede Gruppe hufeisenförmig angeordnet wie ein „Cercle" in einer Exedra. – Über Varros literarhistorische Forschungen: S. 17 f., 34. – Die *Disciplinarum libri IX* stehen in der Tradition jener enzyklopädischen Bildung, die sich aus früheren Ansätzen im Hellenismus entwickelt hatte und der schon Cato mit seinen Schriften *ad filium* begegnen wollte. Varro behandelte Grammatik, Dialektik, Rhetorik, Geometrie, Arithmetik, Astronomie *(astrologia),* Musik, Medizin, Architektur. Die ersten sieben sind die allgemein bildenden Studienfächer des freien Mannes *(artes liberales,* sinnwidrig als „freie Künste" übersetzt), die das Altertum an das Mittelalter als Schulprogramm weitergab. Das Werk dürfte aus Varros späten Jahren stammen. – Wenigstens teilweise erhalten ist *De lingua Latina* (25 Bücher, wovon wir – mit Lücken – 5–10 besitzen). Buch 5–25 waren Cicero gewidmet, fallen also vor Ende 43. Die Behandlung des Stoffes folgt der stoizierenden Grammatik des Krates

und Stilo. Bei der *declinatio* (B. 8–10) stellt sich Varro jedoch auf
die Seite der alexandrinischen Analogisten gegen die stoisch-per-
gamenischen Anomalisten: logisches Prinzip gegen die Empirie des
Sprachgebrauchs. Ähnlich wie Cicero in seinen „akademischen"
Werken geht Varro von der Darstellung des gegnerischen Stand-
punkts aus, um ihn dann zu widerlegen. Für unsere Kenntnis
des alten Rom, Wörter wie Sachen, ist *De lingua Latina* unschätz-
bar.[1] – Literarisch im engeren Sinn sind die *Logistorici*, die
Saturae Menippeae und die 3 Bücher von der Landwirtschaft
(rerum rusticarum). Die 76 *Logistorici* waren kleinere philosophische
Abhandlungen über Einzelthemen mit Beispielen aus der Geschichte,
und zwar aus dem Mund einer jeweils besonders „zuständigen"
Persönlichkeit, wie ja auch Cicero den betagten Zensor Cato
über das Alter, den durch seine Freundschaft mit Scipio berühmten
Laelius über die Freundschaft sprechen ließ. Auch hatten die
Logistorici Doppeltitel wie Ciceros *Cato maior de senectute* oder
Laelius de amicitia, z. B. *Atticus de numeris, Metellus de ualetudine,
Sisenna de historia, Pius* (d. i. Q. Caecilius Metellus Pius, der
48 zwischen Caesar und Pompeius vermitteln wollte) *de pace*.
Der Logistoricus über den Frieden klingt bei Augustinus nach.
– Die 150 *Saturae Menippeae* sind größtenteils wahrscheinlich
zwischen 81 und 67 entstanden. Damals hat Meleagros von Gadara
jene Form der Satire, die sein Landsmann, der Kyniker Menippos
(um 280) zur Kunstform gemacht hatte, neu belebt. Charakteristisch
für diese Form ist die Mischung von Vers und Prosa und die
Verbindung des realistisch-mimetischen mit dem moralisierenden
Element. Kynisch ist auch, daß sich die „Predigt" derb-komischer
oder bizarrer Ausdrucksmittel bedient. Wie stark hier Varro unter
griechischem Einfluß steht, zeigt die große Zahl griechischer und
griechisch-lateinischer Titel; Doppeltitel sind häufig, aber von anderer Art als die der *Logistorici*. Auch Sprichwörter finden sich
darunter, z. B. *Nescis quid uesper serus uehat* („Man soll den
Tag nicht vor dem Abend loben") – eine Satire, die wir aus
Gellius (13, 11) genauer kennen: Varro gab Ratschläge für Gast-
mähler, z. B. über Zahl und Art der Gäste, die Form des Tisch-
gesprächs, den Nachtisch. Fragmente der *Saturae* sind zahlreich,
stammen aber meist aus Nonius und reichen darum selten zur
Rekonstruktion aus. Wir erkennen noch Satire auf den Streit der
Philosophenschulen, Spott über fremde Kulte in Rom, Mythen-

[1] Unter den übrigen Grammatikern der Zeit ragt L. Ateius Praetextatus
hervor, der sich selbst Philologus nannte; er lieferte u. a. dem Sallust und
Pollio Material für ihre historischen Werke, beriet letzteren auch in Stilfragen.
Neben ihm wird SANTRA genannt als Glossograph *(De antiquitate uerborum)*
und als Literarhistoriker.

parodie, vor allem aber die Gegenüberstellung von Einst und Jetzt, die auch in Varros kulturhistorischen Werken eine große Rolle spielte. Da ist z. B. eine Satire auf gastronomischen Luxus; im *Sexagesis* wird dieser Kontrast zum Thema. Es ist die Abwandlung eines verbreiteten Motivs (Epimenides, Siebenschläfer, Mönch von Heisterbach, Rip van Winkle): ein Römer sinkt als zehnjähriger Knabe in tiefen Schlaf, aus dem er nach fünfzig Jahren erwacht. Der Sechzigjährige findet sich in Rom nicht mehr zurecht; alles ist so anders als in der guten alten Zeit. Schließlich wird der lästige Prediger *more maiorum* (in unfreundlicher Umdeutung von *sexagenarios de ponte)* von einer Tiberbrücke ins Wasser geworfen. Hier wie in anderen Satiren hat der Autor sich selbst eingeführt. Stilistisch ist Varro der älteren Satire, besonders Lucilius, verpflichtet, aber auch den bodenständigen dramatischen Formen, z. B. dem Mimus. Wie Lucilius mischt er unbedenklich Griechisch und Lateinisch (daß das in der Umgangssprache üblich war, zeigen Ciceros Briefe). Im Reichtum der Metren geht er weit über Menipp hinaus – eine Frucht seiner metrischen Studien. Im Gegensatz zu Menipp ist der Maßstab seiner Kritik nicht so sehr die kynische „Natur" wie die römische „Sitte". Nicht ohne Grund läßt ihn Cicero (ac. 2, 1, 8) von sich sagen, er habe Menipp nachgeahmt, doch nicht übersetzt. Die „Menippeischen Satiren" haben in Senecas *Apocolocyntosis* und im Roman des Petron Nachfolge gefunden; später (Martianus Capella, Boethius) wurde die Form auch für ernste Literatur übernommen. – Als fast Achtzigjähriger schrieb Varro seine 3 Bücher *rerum rusticarum.* Inhaltlich wenig selbständig (1: Ackerbau, 2: Viehzucht, 3: Vogel- und Fischzucht), hat dieses Werk (fast zur Gänze erhalten) durch die geschickt behandelte Dialogform, den altväterischen Witz und die oft leicht archaisch getönte Sprache einen gewissen Reiz. Das Liebäugeln mit der alten Zeit ist auch hier unverkennbar.

Mehr noch als Cicero spannt der langlebige Varro eine Brücke zwischen den Zeiten – von Lucilius und Accius bis zum Aufstieg des Vergil und Horaz, nur steht er nicht wie Cicero im Brennpunkt der geistigen Bewegungen. Er neigte zum Pythagoreertum, wollte sogar nach pythagoreischem Ritus bestattet werden (Plin. nat. 35, 160); neben einer Schwäche etwa für pythagoreische Zahlensymbolik steht jedoch der Rationalismus des Wissenschaftlers. Auch er hielt es mit der „doppelten Wahrheit" der Stoiker: für die Gebildeten die eine, für *tout le monde* die andere. Als Gelehrter hat er die griechische Bildung in ihrer ganzen Breite, wenn schon nicht in ihrer Tiefe, in sich aufgenommen und die Methoden griechischer Forschung auf Gegenstände angewandt, die für den Römer praktische oder wenigstens sentimentale Bedeutung hatten. Doch bleibt er allzu oft im Material stecken, und auch seine pedantischen Klassifikationen können nicht über den Mangel echter Systematik hinwegtäuschen. Aber er hat einen Schatz von Wissen gesammelt und durch eigene antiquarische und literarhistorische Forschungen bereichert, wovon schon Verrius Flaccus und nach ihm noch viele Jahrhunderte zehrten, und hat für den Westen ein Programm allgemeiner Bildung geschaffen, das in gewissem Sinn noch heute Geltung hat.

Varros und Ciceros Freund P. NIGIDIUS FIGULUS schrieb nicht nur über Mantik und Astrologie *(Sphaera Graecanica* und *barbarica),* sondern übte auch im Leben Okultismus und Hellseherei.

Literatur: H. Dahlmann, RE Suppl. 6 (1935) 1172 ff. - J. Callart, Varron grammarien latin, 1954. - H. Dahlmann - R. Heisterhagen, Varronische Studien 1: Zu den Logistorici, 1957. - H. Dahlmann - W. Speyer, Varronische Studien 2, 1959. - H. Dahlmann, Studien zu Varro „De poetis", 1963. - Varron: Six exposés et discussions (Fondation Hardt), 1963. - J. E. Skydsgaard, Varro the Scholar: Studies in the first book of Varro's *De re rustica,* 1968. - A. Della Casa, Nigidio Figulo, 1962.

3. Geschichtsschreibung und Biographie

Unter den Historikern ragt C. IULIUS CAESAR (100–44) nicht nur durch seine gewaltige Persönlichkeit hervor, sondern auch durch den einzigartigen Charakter seines Geschichtswerkes. Caesars Leben erzählen hieße die Geschichte seiner Zeit schreiben; hier kommt nur der Schriftsteller in Frage, der sich freilich von dem Politiker nicht trennen läßt. Natürliche Begabung, umfassende Bildung und die Konvention seines Kreises hatten Caesar schon in früher Jugend zur Literatur geführt (Suet. Iul. 56 erwähnt *Laudes Herculis* und eine Tragödie *Oedipus);* auch während der intensivsten Tätigkeit der späteren Jahre fand er stets dafür Zeit: so schrieb er beim Alpenübergang des Jahres 54 für Cicero die zwei Bücher *De analogia* (eine Verteidigung seines sprachlichen Purismus), 46 auf dem Weg nach Spanien ein Gedicht *Iter* (offenbar nach Lucilius); seine Charakteristik des Terenz (S. 65) war vielleicht ein Extempore. Die zwei Bücher *Anticatones* (gegen die Elogien des Cicero und Brutus) fallen unter die pamphletistische Literatur der Krisenzeit. Als Redner war er nach dem Urteil Quintilians (10, 1, 114) dem Cicero fast ebenbürtig; Cicero selbst (Brut. 252, 261 f.) rühmt an Caesar nicht nur die Reinheit und Eleganz der Sprache, sondern auch den großen Eindruck seines Vortrags und Auftretens. Die Fragmente von Caesars Reden lassen einen von dem ciceronianischen völlig verschiedenen Stil erkennen; ohne ins Extrem zu fallen, stand er dem Attizismus doch sehr viel näher. Neben den Reden Caesars kannte das Altertum auch Sammlungen seiner Briefe; erhalten sind nur die wenigen Stücke, die Cicero gelegentlich seinen Briefen an Atticus beilegte.

Ganz ernst genommen hat Caesar seine literarische Tätigkeit nicht; sie war ihm teils Entspannung in müßigen Stunden, teils Wegbereiterin seiner Politik. In diesem Licht müssen wir auch das Werk sehen, das ihm einen Platz in der Weltliteratur gibt: seine *Commentarii rerum gestarum,* die 7 Bücher *De bello Gallico* und die 3 Bücher *De bello ciuili.* „Propaganda" im modernen Sinn waren sie nur bedingt. Natürlich soll die Darstellung seiner gallischen Siege Eindruck machen, natürlich will er die ohne eigentlichen Auftrag unternommene Eroberungspolitik, deren geschichtlicher Weitblick sich sehr wohl mit der Absicht verträgt, ein Fundament persönlicher Macht zu legen, als notwendige Sicherungsmaßnahmen hinstellen, aber der Kreis der Leser ist doch auf die Standesgenossen beschränkt; die Bücher über den Bürgerkrieg haben vielleicht ein etwas weiteres Publikum im Auge, sie sind zweifellos als Rechtfertigung gemeint und wollen dem Senat und Pompeius an dem Konflikt die Schuld geben. Aber beide

„Kriege" sind doch in erster Linie Selbstzeugnis des Politikers, der s e i n e Version der Ereignisse festgehalten haben möchte. Dem entspricht die streng sachliche (darum nicht notwendig objektive) Darstellung: es ist nicht „Geschichte", sondern ein „Amtsbuch" (aber die „Blaubücher" und „Weißbücher" moderner Regierungen sind keine genaue Parallele). Darum fehlen z. B. die Satzklauseln, die Caesar in seinen Reden natürlich beobachtet. Mit dem besonderen Charakter dieser Bücher muß auch der Historiker rechnen. Daß Caesar die Tatsachen auf raffinierte Art „zurechtrückt", steht außer Zweifel; man hat nicht ganz mit Unrecht gesagt, er mißrepräsentiere. Aber faktische Unwahrheit läßt sich nur selten nachweisen (z. B. die Behauptung, Caesar habe die Staatskasse in Rom unverschlossen gefunden, ciu. 1, 14, 1) und auch Verschleierung von Tatbeständen oder Zusammenhängen sollte man nicht ohne bestimmten Grund annehmen.

Primärquellen der *Commentarii* sind natürlich die Berichte von Caesars Offiziere und seine eigenen Feldzugsjournale; für das *Bellum Gallicum* auch Caesars offizielle Berichte an den Senat, das römische Gegenstück zu den Berichten hellenistischer Generäle an ihre Herrscher. Wie wir uns den Rohstoff vorzustellen haben, lassen die beiden kurzen Schreiben Caesars bei Cicero, Att. 9, 13 und 16, ahnen; auch das *Bellum Africum* und *Bellum Hispaniense* des cäsarianischen Corpus wird dem Stil solcher Berichte nahestehen. Die veröffentlichten *Commentarii* Caesars haben ihre unmittelbaren literarischen Vorläufer in den Memoiren des Scaurus, Rutilius Rufus, Lutatius Catulus, Sulla, die ja auch im wesentlichen die eigene Politik (oder, wie Catulus, eine militärische Aktion) rechtfertigen wollten. Aber während sich jene ganz offen als Literatur gaben, wahrt Caesar seinen *Commentarii* den Charakter von *Hypomnemata,* Skizzen oder Unterlagen für ein literarisches Geschichtswerk, wie z. B. Ciceros für Poseidonios bestimmtes Memorandum über sein Konsulat. Bei Caesar ist das natürlich literarische Fiktion. Seine *Commentarii* zeugen auf jeder Seite von bewußt und meisterhaft gehandhabter schriftstellerischer Kunst. Am ehesten wahrt noch Buch 1 des Gallischen Krieges die Form eines echten „Journals": die beiden Feldzüge des Jahres 58, der gegen die Helvetier und der gegen Ariovist, stehen so gut wie unverbunden nebeneinander. Dagegen malt Caesar in Buch 7 den Aufstand und die endliche Niederlage des Vercingetorix, ohne doch den gewählten Rahmen zu sprengen, als ein fast dramatisches Geschichtsbild; auch das Kunstmittel der direkten Rede fehlt nicht, doppelt wirksam durch sparsamen Gebrauch. Vercingetorix ist der einzige Gallier, den Caesar als Person lebendig werden läßt, sei es auch nur als Folie zur eigenen Größe. Ein Element literarischer Geschichtsschreibung sind auch die geographischen, ethnographischen und technischen Exkurse (Bau der Rheinbrücke, Sueben, Britannien, Sitten der Gallier und Germanen), ob sie nun von anderen unter Caesars Augen verfaßt oder von ihm selbst (natürlich z. T. aus literarischen Quellen) eingelegt sind. Wieweit Caesar dabei Hintergedanken hatte, ist schwer zu sagen; sicher hatte er für solche Dinge Interesse und durfte es auch bei seinen Lesern voraussetzen.

Caesars Stil ist einzigartig. Das puristische Analogieprinzip (*tamquam scopulum ita fugias inauditum atque insolens uerbum,* wie Gellius 1, 10, 4 aus *De analogia* zitiert), das Caesar in seinen Reden mit einiger Freiheit handhabe, ist hier, besonders im *Bellum Gallicum,* in jeder Hinsicht – Vokabular, Wortformen, Phraseologie, Konstruktionen – mit strenger Konsequenz durchgeführt. Das *Bellum ciuile* ist stilistisch nicht ganz so streng. Das braucht nicht Absicht zu sein; Caesar schrieb es in Eile und wird manchmal Berichte seiner Offiziere nur unvollkommen in den eigenen Stil umgesetzt haben. Nicht weniger als durch ihre Sprache zeichnen sich die *Commentarii* durch große Anschaulichkeit bei gedrängter Darstellung aus. Das tritt besonders in der Landschaftsschilderung hervor: da ist nichts pittoresk, alles Struktur – mit dem Auge des Strategen gesehen. Wer je auf der Schule das erste Buch des Gallischen Krieges gelesen hat und später einmal nach Besançon kommt, wird vor etwas Bekanntem stehen – Caesars Beschreibung von Vesontio (1, 38); man halte dagegen die Beschreibung desselben Ortes in der *Vita s. Columbani* (1, 20) des Jonas von Bobbio (7. Jahrhundert), um sich der Kunst Caesars voll bewußt zu werden, seiner Gabe nicht nur der Darstellung, sondern auch und vor allem des Sehens.

Das auffallendste Stilmerkmal der Commentarii ist, daß Caesar von sich stets in der dritten Person berichtet. Das ist nicht mit der Form des *Commentarius* gegeben. Der Bericht gewinnt dadurch an Klarheit wie an Distanziertheit und erweckt einen auf keine andere Weise erzielbaren Eindruck von Objektivität. Daß Caesar auch sonst gelegentlich von sich in der dritten Person sprach (am bezeichnendsten das Dictum nach der Schlacht bei Pharsalus, Suet. Iul. 30, 4), hat damit kaum zu tun.

Ob die *Commentarii de bello Gallico* Jahr für Jahr im Winter in der verhältnismäßigen Ruhe von Gallia Cisalpina (Barwick), oder in einem Zug nach Kriegsende abgefaßt wurden (u. a. Klotz, Norden), läßt sich nicht sicher entscheiden; Adcock schlägt ein Kompromiß vor: die *Commentarii* seien zwar Jahr für Jahr entstanden, aber als einheitliches Werk 51/50, als Caesar sich neuerdings um das Konsulat bewerben wollte, herausgegeben worden. Die Bücher *De bello ciuili* müssen zwischen 49 (48) und 44 geschrieben sein, aber auch hier sind noch keine zwingenden Beweise für Publikationsdaten erbracht.

Das Corpus Caesarianum. Die Lücke zwischen Bellum Gallicum 1–7 (d. i. 58–52) und *Bellum ciuile* (49–48) füllt das 8. Buch *De bello Gallico*. Sein Verfasser ist A. HIRTIUS, ein hoher Stabsoffizier Caesars, der offenbar mit der Vorbereitung der *Commentarii* zu tun gehabt und sich den Stil seines Generals in hohem Maß zu eigen gemacht hatte. Die Abfassungszeit ist unbestimmbar; das Vorwort kann erst nach Caesars Tod geschrieben sein. Hirtius selbst fiel als Konsul vor Mutina (43). Vielleicht ist er auch der Verfasser des anonymen *Bellum Alexandrinum,* das sich an das 3. Buch von Caesars *Bellum ciuile* anschließt. Die Fortsetzung des Krieges (*Bellum Africum* und *Hispaniense*) ist das Werk von Offizieren, die keinen Anspruch auf Stil erheben können; während der Autor des *Bellum Africum* immerhin ein intelligenter strategischer Beobachter war, läßt sich vom Autor des *Bellum Hispaniense* auch das nicht behaupten. Als Beispiele des *sermo castrensis* sind beide Werke dem Philologen interessant. – Diese *Bella* hatten sich vielleicht im Nachlaß des Hirtius gefunden; sie wurden in einem der beiden in karolingischen und nachkarolingischen Handschriften erhaltenen Überlieferungszweige mit dem *Bellum ciuile* vereint und sind so auf uns gekommen.

Literatur: Napoléon III, Histoire de Jules César, 2 Bde, 1865–1866; fortgesetzt von Stoffel, Histoire de Jules César, Guerre civile, 2 Bde, 1887. – M. Gelzer, Caesar, der Politiker und Staatsmann, 1921. – F. Beckmann, Geographie und Ethnographie in Caesars Bellum Gallicum, 1930. – H. Oppermann, Caesar, der Schriftsteller und sein Werk, 1933. – K. Barwick, Caesars Commentarii und das Corpus Caesarianum, 1938; Caesars Bellum ciuile, 1951. – F. E. Adcock, Caesar as a Man of Letters, 1956. – O. Seel, Caesarstudien, 1967.

Historische Studien trieb auch ein Freund Ciceros, der aus Oberitalien stammende CORNELIUS NEPOS (etwa 99–24). Catull, der ihm seine Gedichte widmete, spielt (1, 5 f.) auf dessen *Chronica* an, die auch durch Gellius und andere späte Autoren bezeugt sind. Es handelte sich wohl um ein chronikartiges Werk, das neben römischen auch griechische Ereignisse verzeichnete; Mythen

scheinen euhemeristisch als Frühgeschichte behandelt worden zu
sein. Bekannter ist Nepos als Biograph, wenn auch nicht er es
erst war, der diese Literatur in Rom heimisch machte. Er schrieb
u. a. Biographien des älteren Cato und des Cicero. Sein Hauptwerk *De uiris illustribus* (mindestens 16 Bücher) enthielt kurze
Biographien von Römern und Griechen, in Gruppen zusammen-
gefaßt wie Varros *Imagines*. Erhalten ist nur das Buch *De excellen-
tibus ducibus exterarum gentium* und zwei Biographien (Cato – ein
Auszug aus dem längeren Werk – und Atticus) aus dem Buch
De historicis Latinis. Nepos ist nicht nur unselbständig als Historiker
(er schöpft fast nur aus abgeleiteter Literarur, der hellenistischen
Schriftstellerei über „Große Männer"), er ist auch ein recht mäßiger
Stilist und ein noch mäßigerer Denker; schon Plinius (nat. 5, 4)
hat ihn so eingeschätzt. Er wird den Durchschnittsgebildeten seiner
Zeit repräsentieren.

  Die ausführlichste und lebendigste Biographie des Nepos gilt
seinem und Ciceros Freund T. POMPONIUS ATTICUS (109–32). Bankier
und „Verleger" großen Stils, war er auch ein hochgebildeter Mann
von weiten Interessen. Seine besondere Liebe galt der Familiengeschichte. Das zeigte sich auch in seinem Hauptwerk, dem *Liber
annalis* (47 veröffentlicht), einer Stadtchronik, die neben der politischen die Familiengeschichte, aber auch die Literatur berücksichtigte.
Seine Chronologie fußt auf Varro.

  Historiker im vollen Sinn des Wortes ist C. SALLUSTIUS
CRISPUS. Im sabinischen Amiternum 86 geboren, versuchte auch
er als *homo nouus* politische Karriere zu machen. Anhänger
Caesars, war er unter dem Triumvirat Quästor (das Datum
steht nicht fest) und 52 Volkstribun, ein heftiger Gegner
Milos und Ciceros. Sein Privatleben, nicht besser (und vielleicht
nicht schlechter) als das der höheren römischen Gesellschaft,
die er später so hart kritisierte, nahm man im Jahre 50
zum Vorwand, um den Caesarianer aus dem Senat auszu-
stoßen. Caesar rehabilitierte ihn (47); nach seiner Prätur (46)
erhielt er mit dem Titel eines Prokonsuls die Provinz Afrika.
Er muß sich dort gründlich bereichert haben; sein Freispruch
in der Erpressungsklage, die, wie üblich, dem Amtsjahr folgte,
beweist nur, daß er mächtigen Einfluß hatte. Sein Haus und
die berühmten *horti Sallustiani* auf dem jetzigen Monte Pincio

wurden später Eigentum und zeitweise Residenz der römischen
Kaiser. Im Jahre 35 ist Sallust gestorben.

Die historischen Werke des Sallust sind alle im letzten
Jahrzehnt seines Lebens entstanden, wohl erst nach Caesars
Tod; auch ihm war die Politik verleidet worden, besonders
durch Antonius und seine Kreaturen im Senat (Iug. 4, 4).
Seine Geschichtsschreibung ist gleichsam ein Epilog auf die
Jahrzehnte, die er bewußt erlebt hatte. Aber darüber hinaus
will Sallust die Geschichte deuten und ihr Studium fruchtbar machen. Mit diesem im antiken Sinn „politischen" Ziel
seiner Schriftstellerei begründet er – erst zurückhaltend (Cat.
3, 1), später mit fester Überzeugung (Iug. 4, 1, 4) – den
Anspruch des Historikers, gleichwertig neben dem aktiven
Staatsmann zu stehen. Wer seine Aufgabe als Historiker so
auffaßt, der kann nicht annalistische Geschichte schreiben;
er wird sich nach Stoffen umsehen, an denen ihm und anderen
der Sinn der Geschichte besonders deutlich wird. Sallust schrieb
zunächst zwei Monographien, eine über die Catilinarische
Verschwörung, die andere über den Krieg mit Iugurtha; die
Wahl der Gegenstände ist bezeichnend. Auch sein letztes
Werk, die *Historiae,* mit denen er Sisenna fortsetzte und bis
aufs Jahr 67 weiterführte, war den Vorgängern in Anlage
und Kunstform ähnlich; daß ihr Held Sertorius war, wie
Schulten meinte, läßt sich bei der trümmerhaften Erhaltung[1]
nicht sicher behaupten.

Catilina und *Historiae* behandeln Zeitgeschichte; aber auch
der *Iugurtha* greift nicht weit über die jüngste Vergangenheit
zurück und schildert Zustände, in denen sich die eigene
Zeit spiegeln konnte.

Ob Sallust schon vor Caesars Tod veröffentlichte, ist umstritten.
Unter seinem Namen sind zwei politische Briefe an Caesar und
eine Invektive gegen Cicero überliefert, letztere mit Ciceros Ant-

[1] Außer den Reden und Briefen, die zusammen mit denen der Mono-
graphien eine gesonderte Überlieferung haben, sind bedeutende Reste eines
Palimpsests in Berlin, im Vatikan und vor allem in Orléans (entdeckt von
E. Hauler, 1886) erhalten; daneben Fragmente bei späteren Autoren.

wort. Namhafte Forscher neigen zur Anerkennung der Echtheit (zuletzt K. Büchner, Sallust, 1960; K. Vretska, 1961; F. Egermann, Gnomon 37, 1965, 562 ff.). Die Invektive fiele dann in das Jahr 54, der erste Brief kurz vor den Ausbruch des Bürgerkrieges, der zweite nach Caesars Sieg bei Thapsus (46). Das entscheidende Gegenargument ist stilistisch: nur ein Nachahmer des Sallust kann dessen historischen Stil in einem politischen Pamphlet geschrieben haben: E. Fraenkel Journ. Rom. Stud. 41 (1951) 192–94; vgl. A. La Penna, Gnomon 34, 1961, 469–73. Doch sind jene Stücke darum nicht wertlos; sie benutzen historisches Material, das uns verloren ist.

Unter den römischen Historikern hat Sallust einen besonderen Platz. Im Sinn der antiken Theorie ist ihm die Geschichtsschreibung eine Kunstform. Doch steht er der rhetorisch-pathetischen Geschichtsschreibung des Hellenismus, die aus der Schule des Isokrates kommt, ebenso fern wie der romantischen der Alexanderlegende; anderseits ist er nicht pragmatischer Geschichtschreiber wie Polybios oder sein römischer Nachfolger Sempronius Asellio. Er knüpft bewußt und direkt an Thukydides an. Seine Reden, Briefe und Exkurse sind nicht, wie im Hellenismus, Ornament; sie dienen, wie bei Thukydides, der historischen Interpretation. Während aber Thukydides das sorgfältig erhobene und kritisch geprüfte Tatsachenmaterial einer, man möchte fast sagen, hippokratischen Diagnose unterwirft, tritt Sallust an seinen Gegenstand als Dogmatiker heran, mit einer aus Leben und Lektüre zusammengewachsenen Geschichtsphilosophie, die er immer wieder in den besonderen Ereignissen bestätigt sieht. An den Tatsachen als solchen hat er kein echtes und unmittelbares Interesse; es sind ihm auch öfters Irrtümer und Flüchtigkeiten unterlaufen. Beteuerungen der Wahrheit (nur in bezug auf Zeitgeschichte) mögen konventionell sein, aber bewußte Geschichtsfälschung läßt sich nur selten nachweisen; er selbst beansprucht nur (Cat. 4, 4; vgl. hist. 1, 6) die ihm mögliche Objektivität *(quam uerissume potero)*. Nicht nur hat er ein vorgefaßtes Bild von den in der Geschichte wirkenden Kräften, er schreibt auch als Parteimann. Wo er, wie oft im *Iugurtha,* deutlich unterscheidet zwischen dem, was er in eigenem Namen sagt, und dem, wovon er sich distanziert, da handelt es sich stets um Verschiedenheiten der Beurteilung. Vielleicht hat er es mit Absicht vermieden, über die Zeit zu schreiben, da er selbst politisch tätig war.

Das Vorbild eines philosophischen Historikers war damals Poseidonios, und es ist verständlich, daß man annahm, Sallust sei von ihm abhängig. Doch hat ihm Sallust, soweit wir sehen, außer manchen faktischen Einzelheiten nur wenig verdankt. Er kennt seinen Platon, sieht auch sein eigenes Ausscheiden aus der Politik im Licht von Platons 7. Brief; dennoch ist seine politische Philosophie nicht platonisch oder platonisierend. Noch weniger ist sie stoisch; stärker noch als Cicero im „Staat", den Sallust zweifellos kannte, ist er dem Dikaiarch und seiner Empfehlung des praktischen Lebens verbunden. Während bei Cicero der Politiker und Philosoph z. T. getrennte Wege gehen, z. B. in der Auffassung der *uirtus* oder in der Bewertung des Ruhmes, ist für Sallust der Ruhm Ziel und Motiv des Handelns; freilich nur ein Ruhm, der durch *uirtus* gewonnen ist – nicht die *uirtus* der Philosophen, sondern – wieder im Sinne Dikaiarchs – die der unreflektierenden „Weisen", mit denen Sallust, wie Cicero im *Laelius,* die Römer der alten Zeit identifiziert: eine praktische Tüchtigkeit, deren Wesen durch das Herkommen, nicht durch theoretische Spekulationen bestimmt wird. Diese *uirtus* hat Rom groß gemacht; ihre Zersetzung durch Ehrgeiz, Machtgier (*lubido dominandi:* Cat. 2, 2), Reichtum und Üppigkeit ist schuld an seinem Niedergang. Das ist das Leitmotiv des *Catilina* wie des *Iugurtha,* in den Proömien wie in den Reden, Charakteristiken und Exkursen. Der Gegensatz zwischen Predigt und Prediger fiel schon den Zeitgenossen unliebsam auf; er hat den Grammatiker LENAEUS, einen Freigelassenen des Pompeius, zu einem bitteren Pamphlet veranlaßt. Freilich preist der Mensch gern am höchsten, was ihm am meisten fehlt. Einer viel ernsteren Kritik setzt sich die Ideologie des Sallust durch ihre Primitivität und ihren apriorischen Charakter aus; beide werden am Gegenbild des Thukydides besonders deutlich. Im einzelnen malt Sallust keineswegs in Schwarz und Weiß: er macht die Größe des verbrecherischen Catilina ebenso glaubhaft wie er die Schattenseiten, ja das potentiell Gefährliche, in der Natur des Volkshelden Marius betont. Seine Darstellung ist reicher geschichtet als der erste Eindruck vermuten läßt; dem sollte noch gründlicher nachgeforscht werden.

Ungeteilte Bewunderung verdient Sallusts Kunst der historischen Darstellung. Der Aufbau der Monographien, der aus dem Bild des Autors von seinem Gegenstand organisch herauswächst, die Spannung, die unaufdringlich erregt und bis zum Ende aufrechterhalten wird, die trotz ihrer simplen psychologischen Kategorien einleuchtenden Charakterisierungen – teils direkt (Sempronia, Cat. 25), teils unfreiwillige Selbstenthüllung des Redenden (Marius, Iug. 85) – , nicht zuletzt die durch ihre archaische Härte so einprägsame Sprache üben heute wie im Altertum ihre Macht auf den Leser aus. Es ist schöpferische Nachahmung des Thukydides – nicht nur in den reflektierenden Exkursen (z. B. Cat. 53 f.), in den Reden und Briefen, sondern ganz allgemein in Sprache und Stil. Thukydides steht nahe am Anfang der attischen Prosa und wirkt darum, mit späteren Attikern verglichen, altertümlich; Sallust schreibt daher (doch nicht einzig aus diesem Grund!) mit Absicht ein archaisierendes Latein, besonders in manchen Reden, ein Latein, das dem Zensor Cato und den alten Historikern, aber auch – das liegt in der Natur der Sache – dem episch-historischen Stil des Ennius nachgebildet ist. Zeitgenossen, z. B. Asinius Pollio (Suet.' gramm. 10; Gell. 10, 26), nahmen Anstoß an der Kühnheit und Dunkelheit seiner Ausdrucksweise; auch Livius (Sen. contr. 9, 1, 14) hat Sallusts Stil kritisiert. Tacitus dagegen nennt den Sallust *rerum Romanarum florentissimus auctor* (ann. 3, 30) und steht selbst stilistisch stark unter dessen Einfluß. Die Archaisten (Fronto, Gellius) haben Sallust bewundert. Von da an hat sein Ruhm nicht mehr aufgehört; dem Mittelalter ist er „der" Historiker gewesen.

Literatur: O. Seel, Sallust, 1930. – K. Latte, Sallust, 1934. – V. Pöschl, Grundwerte römischer Staatsgesinnung in Sallust, 1940. – F. Egermann, Die Proömien zu den Werken des Sallust, 1932. – K. Vretska, Studien zu Sallusts Bellum Iugurthinum, 1955. – P. Perrochat, Les modèles grecs de Salluste, 1949. – E. Skard, Sallust und seine Vorgänger: eine sprachliche Untersuchung, 1956. – W. Steidle, Sallusts historische Monographien: Themenwahl u. Geschichtsbild, 1958. – D. C. Earl, The political thought of Sallust, 1961. – R. Syme, Sallust, 1964; dazu D. C. Earl, Journ. Rom. Stud. 55, 1965, 232–40. – K. Büchner, Sallustinterpretationen, 1967.

4. Die Dichtung

Der literarische Mimus. Nachdem schon in Sullas Zeit
Matius mit seinen Mimiamben dem Stegreifspiel des Mimus
eine ihm geistesverwandte, an griechischem Vorbild geschulte
Kunstform entgegengestellt hatte, die freilich nicht für die
Bühne gedacht war, tritt jetzt der Mimus als literarische
Komödie das Erbe seiner Vorgänger, Palliata, Togata und
Atellane, an – natürlich in enger Anlehnung an die Lust-
spielformen, die er verdrängte. Die bedeutendsten Mimen-
dichter sind der Ritter D. Laberius und der aus Antiochia (?)
gebürtige Freigelassene Publilius Syrus. Von Laberius, der seine
Mimen sorgfältig ausarbeitete, sind uns zahlreiche Titel bekannt, in denen wir einerseits Stoffe der Palliata (*Colax,
Hecyra, Phasma*), anderseits solche der Togata und Atellane
(*Augur, Fullo, Staminariae* „Die Weberinnen", *Nuptiae, Gemelli,
Compitalia, Saturnalia*) erkennen. Publilius war als Schauspieler
berühmt, der zu improvisieren liebte. Von seinen Mimen
werden nur zwei Titel und wenige Fragmente zitiert. Doch
hat man schon früh die Moralsprüche (*sententiae*), an denen
seine Stücke reich waren (das Moralisieren gehört ebenso
zum Mimus wie der Realismus), gesammelt und später herausgegeben.

D. Laberius zeigt sich, wie bei seinem Stand zu erwarten
war, als Mann von Bildung. In den erhaltenen Versen finden
sich nicht wenige Anspielungen auf die Philosophie: die Kyniker,
Demokrit, die Lehren der Pythagoreer. Auch an politischen Seiten-
hieben ließ er es nicht fehlen, besonders auf Caesar (z. B. in
seiner *Necyomantia*). Caesar rächte sich, indem er im Jahre 46
den sechzigjährigen Laberius einlud, bei seinen Triumphspielen
an einem Wettkampf improvisierter Mimen teilzunehmen, wozu
Caesars Günstling Publilius Syrus seine Rivalen herausgefordert
hatte; das bedeutete für Laberius, der sich der Einladung Caesars
nicht entziehen konnte, öffentliches Auftreten als Mimus und damit
Verlust der Standesehre. In dem erhaltenen Prolog ergibt sich
Laberius mit vornehmer Resignation in sein Schicksal. Im Mimus
selbst, aus dem einige Verse zitiert werden, gab es nicht nur
Ausfälle gegen den Nebenbuhler (Laberius spielte die Rolle eines

Sklaven Syrus!), sondern auch gegen die Diktatur Caesars. Dieser gab als Schiedsrichter dem Publilius den Preis, dem Laberius aber gab er den Ring, das Abzeichen des Ritterstandes, wieder (Macr. sat. 2, 7). Laberius starb anfangs 43 in Puteoli. Seine Mimen waren trotz der Ansprüche, die er an das Publikum stellte, populär; das mögen sie ihrer (uns nicht mehr kenntlichen) Handlung verdankt haben, aber auch ihrer lebhaften, volkstümlichen und oft, wie es das Genre verlangte, recht derben Sprache.

Als Laberius starb, stand PUBLILIUS SYRUS auf der Höhe seines Ruhmes. Leider können wir uns von den Mimen des Syrus noch weniger ein Bild machen als von denen des Laberius. Das einzige längere Fragment, das Petron seinen Trimalchio aus einem ungenannten Mimus des Publilius Syrus zitieren läßt (sat. 55: literarische Fiktion?), gehört zu den bekannten Gemeinplätzen gegen Tafelluxus und verführerische Frauenkleidung. Eine Sammlung der Sprüche *(Publilii Syri mimi sententiae)* gab es schon im 1. Jahrhundert n. Chr.; sie wurde als Schulbuch verwendet (Sen. epist. 33, 7). Von den etwa 700 Sprüchen, meist iambische Senare, die in mehreren Rezensionen des Mittelalters überliefert sind, wird nur ein Teil dem Syrus gehören; wie den *Monostichoi* Menanders so ist auch hier dem echten Grundstock viel Anonymes ähnlicher Art zugewachsen.

Einsam, doch nicht beziehungslos steht T. LUCRETIUS CARUS in seiner Zeit wie in der Literatur seines Volkes. Nicht, weil er als überzeugter Epikureer der Politik fern blieb; das taten damals auch andere. Lukrez ist auch als Dichter eine Persönlichkeit, die man sich schwer in ihrem sozialen Kontext vorstellen kann. Die Lehre Epikurs, zumal seine Physik, in einem Gedicht zu verkünden, war ein doppeltes Wagnis: der Gedanke einer philosophischen Dichtung war für den orthodoxen Epikureer absurd, und seine Ausführung hatte mit fast unlösbaren ästhetischen Problemen zu kämpfen (vgl. Ciceros vernichtendes Stilurteil über die lateinischen Epikureer Rabirius und Amafinius, ac. 2, 5, 6; Tusc. 1, 6; 2, 7; 4, 6 f). Das Schulvorurteil gegen die Dichtung hatte über Lukrez, den geborenen Dichter, der erst in reiferen Jahren Epikureer geworden sein dürfte, keine Macht; und war er gleich erfüllt von Epikurs Lehre, von epikureischem Temperament ist bei ihm keine Spur. Von Natur zur Schwermut neigend, muß er sich der Erlösung, die er bei Epikur gefunden hat, gleichsam immer aufs neue versichern; daher sein Drang, sie mit dem Eifer des Missionars zu verkünden. Seine Begeisterung hat ihn selbst in jenem trockenen Stoff den Keim einer Dichtung sehen lassen und seine Kunst hat daraus das Meisterwerk *De rerum natura* gemacht, eines der wenigen Lehrgedichte der Weltliteratur, das dauernde Wirkung übte.

Lukrez – wahrscheinlicher ein vollbürtiges Glied der *gens Lucretia* als ein Klient –, nach Hieronymus im Jahre 96 oder 95 geboren, verfiel angeblich durch einen Liebestrank in Wahnsinn und beging in diesem Zustand, noch nicht 44 Jahre alt, Selbstmord; in den lichten Pausen seiner Geisteskrankheit dichtete er sein Epos, das Cicero „nachher" (also aus dem Nachlaß) „emendierte". Die Einzelheiten dieses Berichtes sind nicht unglaubwürdig; als Ganzes unterliegt er schweren Bedenken. In der Vergilvita des Donat (2) heißt es, Vergil habe im Alter von 17 Jahren *(sic)*, an seinem Geburtstag, unter denselben Konsuln Pompeius und Crassus, unter denen er (70) geboren war – also 15. Oktober 55 –, die *toga uirilis* angelegt, und an demselben Tag sei Lukrez gestorben. Diese Datierungselemente sind aber nicht vereinbar: das frühere der beiden Geburtsdaten von Hieronymus und das 17. Jahr Vergils führen auf 53, nicht 55, als Todesjahr des Lukrez. Das Datum „15. Oktober 55" mit seinem künstlichen und widerspruchsvollen Synchronismus wird einzig durch die Annahme gestützt, Cicero habe im Jahre 54 die *poemata Lucreti* – wenn damit *De rerum natura* gemeint ist – erst aus dem Nachlaß kennengelernt; aber Ciceros Brief vom Jahr 54 (ad. Q. fr. 2, 9, 3) äußert sich nur anerkennend über *poemata* des Lukrez im allgemeinen und sagt nichts darüber, ob der Dichter damals schon tot oder noch am Leben war. Ein Gedicht wie *De rerum natura* ist schwerlich in Wahnsinnspausen entstanden; doch war Lukrez anscheinend depressiv und mag sich in einem Augenblick geistiger Verwirrung (ob infolge eines Liebestranks?) das Leben genommen haben. Sein Lehrgedicht lag unfertig vor; wenn es Cicero aus dem Nachlaß herausgab (was weder Hieronymis mit *emendauit* meinen noch Cicero an der genannten Briefstelle sagen muß), dann hat er mit gleicher Pietät gehandelt wie Varius als Herausgeber der Aeneis.

Die 6 Bücher *De rerum natura* stellen die Physik, Psychologie und Kulturtheorie Epikurs dar; die epikureische Ethik ist nur nebenbei behandelt. Buch 1 und 2 enthalten die Lehre von den Atomen, 3 und 4 die Lehre vom Lebensprinzip *(anima)* und Geist *(animus)*, 5 und 6 die Lehre von der Welt und ihren Phänomenen, himmlischen wie irdischen, einschließlich der Entstehung und Entwicklung der menschlichen Kultur. In den Büchern 1, 2 und 5, die vielen Forschern als die ältesten gelten, wendet sich Lukrez an C. Memmius, der damals (57) als Proprätor in Bithynien war; ihn will er für die Lehre Epikurs gewinnen, die er an sich selbst als geistige Befreiung erlebt hatte. Die Art, wie Lukrez zu Memmius redet, weist nicht auf soziale Ungleichheit hin.

Quelle des Lukrez sind vor allem die (uns nur z. T. erhaltenen) Schriften des Epikur selbst. Künstlerisches Vorbild war in vielem das Gedicht *Peri physeos* des Siziliers Empedokles (um 450), von dem Lukrez (1, 716) mit Verehrung spricht. Der Anschluß zeigt sich nicht nur in Gegenständlichem (Epikur selbst hatte z. B. Empedokles' Wahrnehmungslehre übernommen), sondern auch in Aufbau, Form und Geist. Lukrez steht damit nicht ganz allein: *Empedoclea* dichtete Ciceros Freund Cn. Sallustius, Gedichte *de rerum natura* sind von Varro und von einem Egnatius bezeugt; doch bleiben diese Dichtungen ganz schattenhaft.

Lukrez, so sagt er selbst, will Lehrer sein: als Jünger Epikurs will er die Menschen von der Religion, das heißt für ihn: von der Götter- und Todesfurcht, befreien durch die Erkenntnis, daß alles natürlich, alles vergänglich ist. Der Weg dahin führt über das schwierige und wenig anziehende Studium der epikureischen Physik. Das versüßt er dem Memmius durch seine Verse, wie der Arzt den Rand des Medizinbechers mit Honig bestreicht. Der Antrieb zu seinem Gedicht aber kommt ihm von den Musen. Er ist der erste, der sich auf dieses unbetretene Gebiet wagt, der die *ratio* der Schule zum Gegenstand eines *carmen* macht (1, 921 ff.). Wie Sallust durch seine Geschichtsschreibung echten, um die Bürgerschaft verdienten Ruhm zu erwerben hofft, so beseelt eine ähnliche Hoffnung auch den Verkünder einer Philosophie des zurückgezogenen Lebens. Im Gegensatz zu Hedonisten

wie Aristippos sieht Epikur, und mit ihm Lukrez, das Lust-
prinzip vor allem im einfachen, von Leidenschaften und anderer Beunruhigung des Geistes freien Leben verwirklicht: in
der Freude an der Natur, im vernünftigen und mäßigen
Sinnengenuß, im Studium des Wesens der Dinge, das aller
irrationalen Furcht ein Ende macht. Der Überwinder der
Religion wird dem Lukrez freilich zum Stifter einer neuen,
einer Vernunftreligion, zu einem Erlöser, ja fast zum Gott.
Auch sonst ist in diesem römischen Atheisten der römische
sensus religionis lebendig. Bei der Beschreibung religiöser
Zeremonien erwärmt er sich *malgré lui* für den Gegenstand
und muß sich fast gewaltsam zur Raison rufen (1, 101 nach
der Opferung der Iphigenie: *tantum religio potuit suadere
malorum;* 2, 644 f., nach der packenden Schilderung des Kultes
der Magna Mater: *quae bene et eximie quamuis disposta
ferantur / longe sunt tamen a uera ratione repulsa*).

Römisches ist auch sonst in Fülle da, gleich vom Anfang
an, wo Venus, Prinzip der biologisch-organisch verstandenen
Natur, als Ahnfrau des Römervolkes *(Aeneadum genetrix)* und
Schutzgöttin der Memmier angerufen wird.

Der Dichter Lukrez hat viele Töne, von nüchterner Exposition bis zum feierlichen Hymnus. Besonders gehoben
sind die Proömien zu einzelnen Büchern: das Gebet an
Venus(1), und der begeisterte Preis Epikurs (3 und 5); auch
in dem langen Abschnitt über die Entwicklung der mensch-
lichen Kultur, mit dem Buch 5 schließt, hebt sich der Ton.
Noch unmittelbarer sprechen uns manche Schilderungen an,
die die Lehre durchbrechen: Schilderungen der Natur in ihrer
Lieblichkeit und ihren Schrecken, Schilderungen des Menschenlebens von seinen freundlichen wie furchtbaren Seiten – des
Familienglücks (3, 894 ff.), der Liebesleidenschaft (Schluß von
B. 4) oder der großen Seuche in Athen (6, 1138 ff., nach
Thukydides). Aber auch im kleinen und einzelnen macht
Lukrez Abstraktes lebendig und anschaulich. Die Differen-
zierung des Tons gehört mit zum Reiz des Gedichtes.

Stilistisch steht Lukrez zwischen „alter" und „neuer" Dichtung:
zu der überall greifbaren Ennius-Nachahmung treten Berührungen
mit der neoterischen Jugenddichtung Ciceros, den *Aratea,* und
die typisch hellenistische Beschreibung der Kybele-Prozession (2,
600 ff.). Vorliebe für lange und seltene, oft zusammengesetzte
Nominalbildungen gibt dem Vers des Lukrez eine vielleicht beabsichtigte Schwere (man wird an Pacuvius erinnert), die noch durch
die Schwerfälligkeit des Versbaus verstärkt wird; aber vieles davon,
wie auch die zahlreichen Entlehnungen aus dem Griechischen, ist
doch in erster Linie durch den Gegenstand bedingt. Rhetorische
Elemente sind sehr bewußt verwendet, vor allem gehäufte Alliteration; man hat in diesem Betonen des Buchstabenklangs wie in
den auf äußeren Gleichklang gebauten Etymologien des Lukrez
eine „Atomisierung" der Sprache erkennen wollen (die Buchstaben
sind die Elemente, *stoicheîa,* der Wörter!). Die häufige Wieder-
holung von Formulierungen und kürzeren oder längeren Versgrup-
pen mag teils aus dem wissenschaftlichen Charakter des Gegenstandes zu erklären sein (viele *uersus iterati* sind Übersetzungen
oder Periphrasen von Sätzen Epikurs: A. E. Raubitschek, A. J. P. 59,
218 ff.), teils aus dem unvollendeten Zustand des Gedichtes, teils
– wie vielleicht auch bei Empedokles – aus epischer Tradition;
doch wird auch mit späteren Interpolationen mehr zu rechnen
sein als man jetzt meist annimmt. So erweist W. Schmid (Philologus 93, 1938, 338 ff.) das „Proömium" von B. 4 (1–25 = 1, 926 ff.)
und die von J. Mewaldt (Hermes 43, 1908, 286 ff.) als Dublette
zu 4, 26–44 erkannten *uersus iterati* 4, 45–53 als interpoliert. Damit
ist die seit Mewaldt herrrschende Meinung, Lukrez habe zunächst
geplant, Buch 4 (Bilderlehre) unmittelbar auf 2 (Atomphysik) folgen zu lassen und ihm erst später Buch 3 (Psychologie) vorangestellt,
schwer erschüttert.

Das Werk des Lukrez war bis ans Ende des Altertums
bekannt, wurde auch in der Karolingerzeit studiert und abgeschrieben; im späten Mittelalter war es vergessen und wurde
erst von Poggio wieder entdeckt. Seither ist Lukrez unser
ständiger Besitz geblieben; bald als Atheist bekämpft, bald
als Aufklärer gefeiert, vor allem aber, vom Streit um seine
Weltanschauung unberührt, als großer europäischer Dichter.

Literatur: C. Lachmanns kritische Ausgabe und Kommentar (1850) ist über
den unmittelbaren Zweck hinaus ein Markstein in der Geschichte der Textkritik;
dazu G. Müller, Die Problematik des Lukreztextes seit Lachmann: Philologus
102 (1958) 247–83; 103 (1959) 53–86. – Krit. Ausgabe mit dt. Übersetzung von
H. Diels, 2 Bde, 1923–1924. – Erklärende Ausgaben von J. Munroe (⁵1903),

C. Giussani (1896–98) und C. Bailey (3Bde, 1947, mit ausführlicher Einleitung). –
J. Mewaldt, RE 13 (1927), 1659 ff. – O. Regenbogen, Lukrez, seine Gestalt in
seinem Gedicht, 1932. – G. della Valle, T. Lucrezio Caro e l'Epicureismo Cam-
pano, ²1935. – C. Bailey, Lucretius, 1949. – P. Boyancé, Lucrèce et l'épicurisme,
1963. – K. Büchner, Stud. z. röm. Lit., Bd. 1: Lukrez u. Vorklassik, 1964; dazu
W. Schmid, Gnomon 39, 1967, 472–8. – P. Boyancé, Lucrèce, 1964. – D. West,
The imagery and poetry of Lucretius, 1969. – Z. europ. Wirk. (bs. auf Goethe):
W. Schmid, Antike u. Abendl. 2 (1946) 193 ff; Lukrez, Probleme der Lukrez-
deutung: Beiträge z. Lukrezforschung von Vahlen bis zur Gegenwart (in Vorbereitung).

Die Neoteriker. Mit diesem der Spätantike (z. B. Serv.
Aen. 6, 319) entlehnten, doch schon bei Cicero (*poetae noui*
orat. 161, *neoteroi* Att. 7, 2, 1) vorgebildeten Wort faßt
man eine Anzahl von Dichtern zusammen, die eine Gruppe,
wenn schon nicht eine Schule bilden. Sie repräsentieren eine
Generation: ihre Kindheit oder frühe Jugend fällt unter die
Diktatur Sullas, der Tod der meisten zwischen Pharsalus
und Actium (48–31). Symptomatisch ist, daß mehrere aus
der gallischen Transpadana stammen. Als Dichter stehen sie
sich in der Ablehnung näher als in ihren positiven Zielen.
Cicero hat bekanntlich in gereiztem Ton den *cantores Eupho-
rionis,* „Nachbetern" des Alexandriners Euphorion, ihre Abkehr von Ennius vorgeworfen (Tusc. 3, 45). Auch wenn damit
nur eine bestimmte Gruppe getroffen werden sollte (D. Gag-
liardi, Riv. di Filol. 96, 1968, 269–87), ist das bezeichnend
für Geist und Form der neuen Dichtung. Man will dichten
wie die Griechen (Memmius war *fastidiosus litterarum Latinarum:* Cic. Brut. 247), und zwar wie die Alexandriner, die
neben den alten Dichtern und über sie zum Rang von
„Klassikern" aufrücken. Es ist *l'art pour l'art:* teils entlegene
Stoffe, mit erlesener Gelehrsamkeit behandelt, die nach dem
Kommentator verlangt (man will *poeta doctus* sein), teils
vollendete Gestaltung auch des flüchtigsten persönlichen Erleb-
nisses; beides mit dem Ziel höchster formaler Kunst, wofür
jedes Opfer an Zeit und Mühe gebracht wird; Helvius Cinna
hat an seiner *Zmyrna* wirklich, wie später Horaz empfiehlt,
neun Jahre gearbeitet und hat noch erlebt, daß sie kommentiert wurde. Nicht zufällig wird gerade jetzt – vielleicht durch

Cinnas Freund PARTHENIOS vermittelt, der zwischen 73 und
66 aus Bithynien nach Rom kam – die hellenistische Sitte
individuell gehaltener Hochzeits- und Todesgedichte übernommen: *Epithalamia* wie Catull 61 und *Epicedia* wie das
verlorene des Licinius Calvus auf seine Gattin Quintilia. Auch
das kallimacheische Epigramm und die lyrischen Formen,
die uns schon bei Lutatius Catulus und Laevius begegnet
sind, werden mit erhöhtem Eifer und verfeinerter Technik
gepflegt. Griechische Wörter und Wortformen sind des Klangs
wegen beliebt, die griechischen Buchstaben *y* und *z* erhalten
ihren Platz im lateinischen Alphabet, griechische Konstruktionen werden nachgeahmt, im Hexameter erstrebt man den
weichen, typisch alexandrinischen Doppelspondeus als Vers-
schluß. Man wird feinhörig für Sprach- und Versmelodie,
legt Wert auf sorgfältige Wortwahl und kunstvolle Wort-
fügung. Im Gegensatz zu den Alexandrinern wie den Augusteern hindert diese Dichter ihr Ästhetentum nicht an der
Teilnahme am öffentlichen Leben: Calvus und Cornificius
waren als Gerichtsredner (Attizisten) gefeiert; Cornificius und
Helvius Cinna waren auch politisch als Anhänger Caesars
tätig; Catull, Calvus und andere haben politische Gedichte
geschrieben. Sie standen nicht alle im gleichen Lager; Furius
Bibaculus ist sogar aus einem Gegner Caesars dessen Pane-
gyriker geworden.

Als Haupt und „Lehrer" der Neoteriker galt P. VALERIUS CATO.
In den sullanischen Proskriptionen um das väterliche Erbe gekommen, verdiente er seinen Lebensunterhalt als *grammaticus,* bewahrte
aber seinen Stolz. Sein Unterrricht war geschätzt. An Lucilius, den
er vielleicht herausgab, wird er trotz stilistischer Vorbehalte die
Schärfe und den Freimut seiner Kritik geliebt haben. Er schrieb
eine *Indignatio* persönlichen Inhalts (in Versen), ein Epyllion *Diana*
oder *Dictynna* und ein (wahrscheinlich) mythologisch-erotisches
Gedicht *Lydia,* das man indes kaum mit der *Lydia* der Appendix
Vergiliana (Bd. 2, 18) identifizieren darf. Scaliger wollte auch die
pseudo-vergilianischen *Dirae* (Verwünschungen, griech. *Arai*) dem
Cato zusprechen. – C. LICINIUS CALVUS (82–47), Sohn des Annalisten
Licinius Macer (S. 97), war noch vielseitiger. Neben dem Epikedion

auf seine Frau und einem Epithalamium schrieb er politische Verse
gegen Pompeius, Caesar und dessen Günstling Tigellius, aber auch
Liebesgedichte und ein Epyllion *Io,* dessen Vorbild neben Kallimachos auch der aischyleische Prometheus gewesen zu sein scheint.
– C. HELVIUS CINNA (Freund des Catull und mit ihm in der
cohors praetoria des Memmius (57), ermordet 44 im Tumult bei
der Leichenfeier für Caesar) stand sehr unter dem Einfluß des
Parthenios, was sich z. B. in der Stoffwahl seiner *Zmyrna* zeigt.
Das Inzestmotiv (Liebe von Vater und Tochter) reizte wohl durch
seine ungewohnten Möglichkeiten psychologischer Behandlung. Dem
jungen Asinius Pollio schrieb er ein Propemptikon zum Geleit
auf dessen Griechenlandreise – auch diese Form individuell adres-
sierter Dichtung ist rasch beliebt geworden. Vollständig erhalten
ist nur ein dem Kallimachos nachgedichtetes Epigramm. – In diese
Generation gehört auch M. FURIUS BIBACULUS aus Cremona, dessen
Geburtsdatum Hieronymus, sicher falsch, auf 102 ansetzt. In seinen
frühen Versen griff er Caesar an, der es ihm aber nachsah (Tac.
ann. 4, 34); später verherrlichte er Caesars Erfolge in Gallien in
einem Epos *Annales* (oder *Pragmatia*) *belli Gallici,* aus dem einige
Verse zitiert werden, darunter der von Horaz (sat. 2, 5, 40) ver-
spottete: *Iuppiter hibernas cana niue conspuit Alpes* „Jupiter spie
seinen grauen Schnee auf die Alpen im Winter". Ein annalistisches
Epos zu schreiben war eine Verleugnung auch seiner künstlerischen
Vergangenheit. Eine Probe von Furius' leichterer Kunst sind die
(meist gutmütig) spöttischen Verse auf den im Grund verehrten
Valerius Cato (Suet. gramm. 11). – Hier sei noch einmal bemerkt,
daß auch Cicero in seiner Jugenddichtung, in den *Aratea* und
noch mehr in früheren Versuchen (z. B. *Glaucos, Halcyones)* als
Neoteriker erscheint; seine Rückwendung zu den Alten, in der
eigenen Dichtung wie im literarischen Urteil, wird hauptsächlich
patriotisch-moralische Motive gehabt haben: Dichtung ist ihm nicht
ästhetisches Spiel *(lusus, nugae),* sondern, wie er in der Rede
pro Archia ausführt, eine ernste, der Gemeinschaft verantwortliche
Leistung. – Den umgekehrten Weg ging P. TERENTIUS VARRO, nach
dem Fluß Atax in der provenzalischen Heimat Atacinus genannt
(82–37). Nachdem er um 55 ein Epos im ennianischen Stil gedichtet
hatte (*Bellum Sequanicum,* wahrscheinlich Caesars Krieg gegen
Ariovist), wurde er später von den Alexandrinern angezogen, doch
weniger von Kallimachos als von Aratos und Apollonios. Sein
Hauptwerk (nach Apollonios) sind die *Argonautae;* wir sehen gerade
noch, daß er mehr war als *interpres operis alieni* (so Quint. 10,
1, 87); besonders in der Naturschilderung hat er das Original
zuweilen übertroffen. – Von anderen Dichtern wie C. MEMMIUS,

Q. Cornificius und dessen Schwester Cornificia wissen wir zu
wenig, um über sie zu urteilen. Daneben gab es zahlreiche, z. T.
nicht unbegabte Dilettanten; das Dichten war in der guten Gesellschaft Mode geworden. – Über *Culex, Ciris* und andere Gedichte
der Appendix Vergiliana s. Bd. 2, 17 ff.

Erhalten sind nur die Gedichte des C. Valerius Catullus
– vielleicht dank dem Lokalpatriotismus seiner Vaterstadt
Verona (S. 14). Dort wurde Catull um 84 geboren.[1] Sein
Vater erfreute sich der Freundschaft Caesars, der bei ihm
abzusteigen pflegte, wenn er in die Provinz kam. Der Sohn
studierte in Rom und hat dort, von gelegentlichen Besuchen
in der Heimat abgesehen, den größten Teil seines Lebens
verbracht. Er verkehrte in der besten Gesellschaft, fühlte
sich aber doch am wohlsten im Kreis seiner Landsleute aus
der Transpadana, wie des Cornelius Nepos und der „neuen“
Dichter, besonders des Calvus und Cinna. Wie Calvus griff
auch Catull die Triumvirn und ihren Anhang an; besonders
hatte er es auf einen Offizier Mammurra abgesehen, der
Caesars Gunst benutzt hatte, um sich auf dessen Feldzügen
zu bereichern, und der (was ihm Catull noch übler nahm)
dem jungen Mann in seiner Heimat bei den Frauen Konkurrenz machte. Caesar zeigte sich verstimmt und Catull hat,
wohl auf Wunsch des Vaters, revoziert (Suet. Iul. 73). Ferner
hatte Catull Beziehungen zu Hortensius; in c. 49 dankt er
(in einem hohen Ton, der leicht ironisch wirkt) dem Cicero
für eine uns unbekannte Gefälligkeit.

Für die Staatsämter zeigte Catull so wenig Neigung wie
für den Handel; er hatte genug, um nach seinem Sinn zu
leben. Er liebte das *otium,* ging auf in der Geselligkeit, im
Verkehr mit Freunden, in der Liebe, vor allem aber in der
Dichtkunst, deren entwickelte Technik er sich früh und in
hohem Maß zu eigen machte. Seine datierbaren Gedichte
fallen zwischen 60 und 55/54. Was Catull über die Dichter

---

[1] Hieronymus gibt als Catulls Geburtsjahr 87, als Alter 30 Jahre, als Todesjahr 57; da aber Anspielungen in den Gedichten bis 54 reichen wird man mit
den Daten etwas herabgehen müssen.

seiner Generation hinaushebt, ist die Kraft und Tiefe seines
Erlebens. Persönlich wurde ihm diese Gabe zum Verhängnis
in seiner Liebe zu Clodia, der Schwester des Tribunen
P. Clodius Pulcher und Gattin des Q. Caecilius Metellus
Celer. Ihre Schönheit und Bildung waren ebenso berühmt
wie ihr Lebenswandel (wovon Cicero *pro Caelio* ein freilich
gehässiges Bild gibt) stadtbekannt war. In den Lesbia-Gedich-
ten[1] erleben wir diese Liebe – im Wechsel beglückender
und quälender Erfahrungen bis zum endlichen Bruch und
zur wehmütig bitteren Erinnerung – mit dem tief leidenschaftlichen Dichter, dessen bewußte Kunst die Unmittelbarkeit des Erlebten nicht aufhebt, sondern erst dichterisch wirksam macht. Im Jahre 57/56 finden wir Catull in der *cohors
praetoria* des Memmius in Bithynien, von wo er das Grab
seines geliebten Bruders in der Troas besuchte. Vielleicht
hoffte er, Clodia zu vergessen, vielleicht, seinen Finanzen
aufzuhelfen, vielleicht dachte er nun an eine politische Laufbahn. Der Erfolg ist in jeder Hinsicht ausgeblieben; um
54 ist Catull, erst dreißig Jahre alt, gestorben.

Das Werk des Catull liegt in einer Samlung von 116 Gedichten
vor: den ersten Teil bilden Kurzgedichte in verschiedenen Metren
(*nugae* „Bagatellen" – sie sind so kunstvoll wie die musikalischen
Miniaturen Chopins), den zweiten längere „gelehrte" Gedichte,
den letzten Epigramme in elegischen Distichen. Die Sammlung,
die doch wohl von Catull selbst stammt, ist dem Cornelius Nepos
gewidmet. Gesondert ist ein Priapeum überliefert, ein Gedicht auf
den lasziven Schutzgott der Gärten, Priapos. Innerhalb der Gruppen
herrscht teils das Variationsprinzip (im ersten Teil vor allem das
der metrischen Variation), daneben die Tendenz, inhaltlich verwandte Gedichte aneinanderzureihen, aber gelegentlich durch ein
kontrastierendes zu trennen. Wie in den Gedichtbänden der Augusteer (Vergils Eklogen, Elegiker, Oden des Horaz), so sind auch
hier die Gedichte nach formalen und ästhetischen Gesichtspunkten
geordnet, nicht etwa chronologisch. Die „Geschichte" der Liebe
des Catull zu Clodia läßt sich natürlich nicht rekonstruieren.

---

[1] Lesbia ist ein metrisch gleichwertiger Deckname für Clodia. Decknamen
dieser Art sind später bei den Elegikern üblich; den Schlüssel gibt Apuleius,
apol. 10.

In Catull findet sich alles vereint, was für die Neoteriker bezeugt ist: Liebesdichtung, Freundschaftserlebnis, Naturbilder, politisches Pasquill und private Satire, Hochzeitslied, Totenklage, Epyllion. Einmalig ist die Rückhaltlosigkeit der kleinen Gedichte, der lyrischen wie der Epigramme; nicht weniger persönlich als die Lesbia-Lieder ist z. B. der boshafte Zweizeiler auf Caesar (c. 93) oder das Produkt „schöpferischer Unruhe" nach einem erregenden Zusammensein mit Licinius Calvus (c. 50). Catull ist auch ein Meister in der italischen Kunst des Schimpfgedichtes; so reich sein Vokabular an den zartesten und innigsten (freilich auch an den deutlichsten) Wörtern der Liebesprache ist, so unerschöpflich ist es im Groben und Unflätigen. Haß und Liebe, unter denen er litt, waren stärker als er (c. 85); nur in der Kunst konnte er sich von beiden befreien, das zeigt gerade jenes unvergleichliche Epigramm.

Abseits stehen nur einige Gedichte von ruhiger oder friedlichheiterer Stimmung wie die in ihrer beiläufig vorgetragenen Gelehrsamkeit leicht künstliche, leicht parodische Dedikation des ausgedienten Schifflleins (phasellus, c. 4) oder der Wiedersehensgruß an Sirmio am Gardasee (c. 31); hierher möchte ich auch das Aue atque uale an den toten Bruder stellen (c. 101), dessen stille Trauer sich so eindrucksvoll von den Klagen der Allius-Elegie (c. 68) abhebt.

Die längeren Gedichte zeigen Catull als poeta doctus. Das Kleinepos c. 64, die Hochzeit von Peleus und Thetis, hat zwei Einlagen: die Beschreibung des kostbaren Teppichs mit der Geschichte von Theseus und Ariadne (50–264) und das Lied der Parzen mit seinem zwölfmal wiederholten Refrain (323–81). Das Stilmotiv der Beschreibung (ékphrasis) ist aber hier zur lebendig erzählten, das Seelische betonenden Geschichte gewandelt, die mit der Rahmenerzählung zweifach kontrastiert: glückliche und unglückliche Liebe, Treue und Untreue. Ein bestimmtes Vorbild läßt sich nicht nachweisen; vielleicht hat Catull alexandrinische Themen, Motive und Techniken frei verwendet und im Geist seiner Vorbilder etwas Eigenes geschaffen. Das gelehrte Element betont Catull nicht mehr als die Mode verlangte; es war ihm nicht um seiner selbst willen interessant. F. Klingner (SB München 1956; Röm. Geisteswelt 210 ff). stellt dieses Gedicht neben c. 68 und interpretiert es als mythologische Objektivierung der Liebe Catulls zu Lesbia. – Studiencharakter hat seine Übersetzung von Kallimachos' „Locke der Berenike" (c. 66), deren Original z. T. durch einen Papyrusfund bekannt geworden ist. (Berenike hatte eine Flechte ihres Haares der Arsinoe für die glückliche Heimkehr ihres Gatten Prolemaios

Euergetes aus dem syrischen Krieg geweiht; die Locke verschwand, aber der Hofastronom entdeckte sie als Stern am Himmel und der Hofpoet feierte den *katasterismós*.) Mit c. 65 widmet Catull diesen Versuch dem Hortensius. – Nachdichtung nach Kallimachos ist auch das Attis-Gedicht (c. 63) in den seltenen, besonders für das kürzenarme Latein schwierigen Galliamben. Es ist nicht nur als *tour de force* geglückt, es wirkt auch als Gedicht durch die bewegte Schilderung orientalischer Orgiastik im ersten Teil und, als Kontrast dazu, die Klage des entmannten Attis im zweiten. – Voran gehen zwei Epithalamien (c. 61, 62); in dem ersten, für die Hochzeit des Manlius Torquatus mit Vinia Aurunculeia gedichtet, vollzieht sich eine Synthese römischer Feszenninen mit griechischer Stiltradition.

Das letzte der großen Gedichte ist die Elegie an Allius (c. 68). Der Freund ist in Liebesnöten und hat den in Verona weilenden Dichter (in einer Versepistel?) um poetische Tröstung (*munera Musarum et Veneris*) gebeten. Catull, trauernd um den Verlust des Bruders und der Geliebten, auch ohne die Bücher, die er zu einem gelehrten Gedicht nötig hätte, will doch dem Freund, in dessen Haus er seine Lesbia so oft hat treffen dürfen, die Bitte, so gut er kann, erfüllen. Er erinnert ihn an jene Tage des eigenen Liebesglücks, die kurz waren wie die der Laodamia; sie hat ihren Protesilaos vor Troja verloren, und dort, in der Troas, ist auch sein eigener Bruder begraben, von dessen Grabstatt er eben heimkam. Das ist der „Nabel" *(omphalos)* des Gedichtes; von hier gehen die Gedanken, Schritt für Schritt, wieder zum Anfang zurück, aber am Ende steht ein Abschiedsgruß nicht an Allius, sondern an Lesbia. Die kunstvolle ringförmige Komposition des Hauptteils kann nicht darüber hinwegtäuschen, daß die Übergänge von einem Thema zum andern fließend sind; darin wie in der Verbindung von Liebes- und Todesmotiv, von Erlebnis und mythologischem Gegenbild, nicht zuletzt aber in Ton und Stimmung ist dieses Gedicht ein Vorläufer der subjektiven Liebeselegie, einer der eigenartigsten Neuschöpfungen der römischen Literatur. Ansätze dazu finden sich auch in manchen von Catulls Epigrammen, die man treffend als Kurzelegien bezeichnet hat, besonders in dem ergreifenden, in ein Gebet ausklingenden Epilog auf sein Liebeserlebnis (c. 76).

Auch formal hat Catull etwa Neues in die römische Dichtung eingeführt: die sapphische Strophe. Für Lesbia übersetzte er ein berühmtes Gedicht der Sappho: *Ille mi par esse deo uidetur* (c. 51), freilich mit einer ganz persönlichen Schlußwendung; mit bitterer Absicht wählt er dieselbe Strophe für die schließliche

Absage (c. 11). Das *sobriquet* Lesbia und die lesbische Strophe des Werbegedichtes können nicht ohne gegenseitige Beziehung sein; Clodia und Catull trafen sich wohl in der Liebe zu der großen Dichterin von Lesbos. So hat vielleicht etwas ganz Persönliches den Blick des Catull auf einen Bereich griechischer Dichtung gelenkt, in den sich bisher noch kein Römer gewagt hatte: die äolische Lyrik. Eine äolische Strophe (Glykoneen + Pherecrateus) hat Catull auch in dem Dianahymnus (c. 34) und dem Hochzeitslied (c. 61) verwendet. Dabei ist es zunächst geblieben; erobert hat den Römern das äolische Lied erst Horaz.

Literatur: Höchst wertvoll ist nach wie vor die kommentierte Augabe von W. Kroll, 1929, ³1959 (Bibliographie ergänzt v. J. Kroymann); wichtig auch U. v. Wilamowitz, Hellenist. Dichtung 2 (1924) 277 ff. – O. Weinreich, Die Distichen des Catull, 1926; Catull, Liebesgedichte, lat. u. dt., 1960 (mit wertvoller literarhistorischer Einführung). – A. L. Wheeler, Catullus and the traditions of ancient poetry, 1934. – J. Svennung, Catulls Bildersprache, 1945. – L. Ferrero, Un' introduzione a Catullo; Interpretazione di Catullo, beides 1955. – K. Quinn, The Catullan revolution, 1959. – E. Schäfer, Das Verhältnis von Erlebnis u. Kunstgestalt bei Catull, 1966. – J. Granarolo, L'oeuvre de Catulle, 1967.

II
Die Literatur der Kaiserzeit

Inhalt

III. Die augusteische Zeit

A. Literatur und Umwelt

Auf Caesars Ermordung war eine neue Welle von Bürgerkriegen gefolgt, unterbrochen durch Jahre beklemmender politischer Spannung. Man atmete auf, als nach mancher gescheiterten Hoffnung der Sieg bei Actium (2. Sept. 31 v. Chr.) dem Großneffen und Adoptivsohn Caesars, C. Octavius (Caesar Octavianus) freie Hand für die lang ersehnte Befriedung und Neuordnung des Staates gab. Der Preis war hoch: Verlust der republikanischen Freiheit. Zunächst herrschte freilich ein Gefühl des Glücks und begeisterten Dankes. Octavian hatte einer im Bürgerkrieg erwachsenen Generation den Frieden gebracht; er gab einer Welt, die sich schon am Rande des Abgrunds sah, Ruhe, Sicherheit und Wohlstand wieder; durch den Sieg über Kleopatra hatte er das letzte hellenistische Großreich, das Wunderland Ägypten mit seinen Schätzen, dem römischen Imperium angegliedert. Der Mann, dem das gelungen war, erschien als Sotér („Heiland"); der Senat gab ihm den Ehrentitel Augustus, „der Erlauchte", den er seither als Teil seines Namens führte.

Die Reformen des Augustus beschränkten sich nicht auf die nötigen Maßnahmen zur militärischen, administrativen und wirtschaftlichen Konsolidierung des Imperiums; diese sollte getragen werden von einer geistigen und sittlichen Erneuerung der Bürgerschaft. Hier ist Augustus allerdings im wesentlichen gescheitert; aber wie immer die Wirklichkeit aussah, nichts berechtigt zu der Annahme, daß es ihm nicht Ernst war. Der Römer sollte lernen, die Tradition seiner großen Vergangenheit in einer neuen Zeit sinnvoll weiterzuführen. Das war vor allem die Aufgabe der Literatur. Unter Augustus ist Rom – zum ersten- und letztenmal – literarisches und künstlerisches Zentrum der alten Welt gewesen.

Die augusteische Literatur ist der Höhepunkt wenn nicht der römischen Literatur überhaupt so doch der römischen

Dichtung. Es ist eine Dichtung, die sich dem modernen Leser, zumal dem Deutschen, nicht leicht erschließt. Er stößt sich besonders an ihrem Formalismus und an ihrem Charakter als Hofdichtung. Beides hätte sie freilich mit anderer großer Dichtung gemeinsam: der alexandrinischen, der Dichtung der italienischen Renaissance, dem klassischen Drama der Franzosen. Doch gehen wir lieber auf die Eigenart der augusteischen Dichtung näher ein; vielleicht ist der erste Eindruck kein bleibender.

Das Streben nach vollendeter Form muß nicht auf Kosten der dichterischen Substanz gehen. Wie heute noch den Romanen die Form mehr bedeutet als uns (vielleicht zuviel für unseren Geschmack), so schon den Römern. Die augusteischen Dichter waren doppelt belastet: durch altrömische Förmlichkeit und alexandrinische Künstlichkeit. Damit verglichen ist ihr eigener Stil flüssiger, ihre Technik weniger aufdringlich. Tiefes Erleben und Empfinden sind für jeden da, der ein Ohr dafür hat, aber beherrscht und verhalten, wie es dem neuen Geist entsprach. Damit kontrastiert als Unterströmung eine starke Sinnlichkeit – in einigen der horazischen Epoden und Satiren, vor allem aber in der Liebeselegie. Ovids „Liebeskunst" ist die radikale Verneinung der moralischen Erneuerung, die Augustus verlangte; das hat der Herrscher dem Dichter nie verziehen. Aber auch diese Dichtung ist meisterhaft geformt.

Auch daß wir es mit höfischer Kunst zu tun haben, ist nur bedingt richtig. Augustus ist bewußt Anreger und Förderer der Literatur. Männer, die sein Vertrauen haben wie der sprichwörtlich gewordene Maecenas, aber auch manche, die etwas abseits stehen wie M. Valerius Messala, werden zum Mittelpunkt literarischer Kreise.[1] Der Apollotempel auf dem Palatin, den Augustus 28 v. Chr. eröffnete, enthielt eine bedeu-

---

[1] Der unabhängigste Literat der Zeit, C. Asinius Pollio (er hatte z. B. 39 v. Chr. als erster in Rom nach hellenistischem Vorbild eine öffentliche Bibliothek gegründet) unterhielt Beziehungen nicht nur zu Cicero, Catull und Cinna, sondern auch zu Cornelius Gallus, dem jungen Vergil und Horaz; doch kann man hier kaum von einem Kreis sprechen.

tende öffentliche Bibliothek; sein Kultbild war der Apollon Kitharodos des Skopas.[1] Apollo, der Herr der Musen, der Gott des Lichtes und der Ordnung, der Bezwinger des Pythondrachens, wird zum Symbol des Augustus und zum Schutzgott seines Hauses.

„Hofdichtung" besagt freilich mehr: eine Dichtung *ad maiorem principis gloriam,* ein Instrument im Dienste der Interessen des Herrschers. Ist die augusteische Literatur von Augustus „inspiriert"? Im echten Sinn des Wortes gewiß; im journalistisch-propagandistischen Sinn, gewiß nicht. Maecenas war kein Chef eines Propagandabüros. Vergil, Horaz und andere waren wirklich vom Glauben an die Sendung des Augustus erfüllt; sie sahen in ihm nicht nur den Retter des Staates. sondern auch die Verkörperung der Ideen, die ihre Zeit bewegten; der politische Rechenschaftsbericht des Princeps, die *Res gestae diui Augusti,* dessen menschliche Vornehmheit sich so sehr von seinen orientalisch-hellenistischen Gegenstücken abhebt, hat ihnen noch im nachhinein recht gegeben. Augustus seinerseits erkannte sehr wohl den Wert einer großen Literatur als Wind in seinen Segeln; aber er sah auch ein, daß sie, um ihm zu dienen, echt und darum im eigenen Bereich frei sein mußte. Nichts ist dafür bezeichnender, als daß ein Dichter nach dem anderen die Zumutung, Augustus direkt zu verherrlichen, ungestraft ablehnen konnte;[2] Horaz hat sogar ein ehrenvolles Hofamt ausgeschlagen, ohne die kaiserliche Gunst zu verlieren.

Eine Literatur, die so bewußt und gleichsam *sub auspiciis principis* dem Denken und Fühlen des herrschenden Volkes ihrer Zeit Form gab, erhob sich nach Gehalt und Würde zu bisher unbekannter Bedeutung. Der Dichter hatte jetzt, ohne Rücksicht auf seinen sozialen Rang, einzig kraft seiner Berufung

[1] Als Bibiliothekar der Palatina kennen wir Augustus' Freigelassenen C. IULIUS HYGINUS (etwa 60 v. Chr. – 10 n. Chr.). Von der vielseitigen Schriftstellerei dieses Polyhistors ist nichts erhalten; die *fabulae Hygini,* Auszüge aus zwei Schulbüchern der Mythologie, sind kaum von ihm.
[2] Die einzige Ausnahme ist (vielleicht) ein Panegyricus des Varius: Porph. Hor. epist. 1, 16, 25.

– er nennt sich mit Vorliebe *uates*, „Seher" – einen Platz im Leben der Nation wie kein römischer Autor je zuvor. Cicero, in dem sich für uns der Geist seiner Zeit verkörpert, glaubte seine Schriftstellerei noch durch die politischen Umstände entschuldigen zu müssen; Horaz, der Sohn eines Freigelassenen, hält seine Oden der Lorbeeren des Triumphators für würdig, und das war weder als Anmaßung gemeint noch wurde es so verstanden. Der Gefahr, allzu repräsentativ zu werden, ist diese „Reichsdichtung" freilich nicht immer entgangen.

Nur einer der großen Augusteer macht eine Ausnahme: der jüngste, Ovid. Am Tag von Actium war er erst zwölf Jahre alt; er gehört einer neuen Generation an, die das Chaos der Bürgerkriege nur mehr vom Hörensagen kannte und die Segnungen des Friedens als selbstverständlich hinnahm. Zu den geistigen und sittlichen Kräften, aus denen sie erwachsen waren, hatte er keine Beziehung; Dichten war ihm Bedürfnis und Selbstzweck. Anderseits ist er der einzige Dichter von Rang, bei dem sich höfische Schmeichelei findet; er fühlte wohl, daß er es nötig habe. Aber Augustus war nicht so leicht zu täuschen.

Rein literarischer Betrachtung fällt zunächst eine gewisse Abkehr von den Alexandrinern auf: Vorbilder sind jetzt Homer und Hesiod, Archilochos, Mimnermos, Alkaios und (versuchsweise, beim späteren Horaz) Pindar. Am deutlichsten sehen wir diesen Weg im Werk des Vergil: von *nugae* in der Art des Catull über die Bukolik Theokrits zu Werken, in denen er ein römischer Hesiod und Homer sein will. Der Römer hat sich – nach Ansätzen in der vorausliegenden Epoche – nun auch noch die alexandrinische Bukolik, den ionischen Iambos und die äolische Lyrik zu eigen gemacht. In der Elegie des Gallus, Tibull und Properz aber ist aus ionischen und alexandrinischen Elementen etwas Neues geschaffen worden, das, wenn nicht in seiner antiken Form, so doch als Gattung noch heute lebendig ist.

Ein Erbe der Noteriker ist die Sorgfalt, die man auf die Komposition verwendet. Das gilt nicht nur für das Epos und den Erzählungszyklus (Aeneis, Metamorphosen), sondern auch für Bukolik und Lyrik, Satire und Elegie: Hier tritt zum Aufbau des Einzelgedichtes die wohlüberlegte Anordnung, die auch das Buch zu einem künstlerischen Ganzen macht.

Allgemein läßt sich die augusteische Dichtung ähnlich charakterisieren wie die Skulptur und Architektur ihrer Zeit. Auch sie ist ein Bestfall zwischen Extremen, eine „Mitte" im aristotelischen Sinn. Sie vereint strenge Klarheit mit gefälliger Anmut, Natürlichkeit mit Würde, subjektives Erlebnis mit objektivem Bekenntnis, liebevolle Kleinarbeit mit sicherem Gefühl für die große Linie. Vor der augusteischen Kunst hat sie die größere Unbefangenheit voraus – ein Zug, der sie der klassischen Dichtung der Griechen nähert.

Die augusteische Prosa, von der außer Livius nur wenig erhalten ist, bleibt hinter der Dichtung zurück. Da hat Cicero den Höhepunkt schon vorweggenommen. Die formende Kraft der lateinischen Prosa war die freie Rede gewesen; dafür blieb unter dem Prinzipat immer weniger Raum. Als vergeistigendes Element war, vor allem bei Cicero, Philosophie und Wissenschaft hinzugetreten; auch diese Interessen, die zum großen Teil außerhalb des Schulprogramms lagen, haben sich nicht sehr wirksam erhalten. Fand sich selbst bei Cicero kaum ein Ansatz zu selbständiger Problemstellung, so beschränkt sich das Studium der Philosophie jetzt vollends auf die bloße Aneignung eines bald geschlossenen, bald eklektischen Systems. Eine Ausnahme machen die beiden (griechisch schreibenden) Sextier, Q. SEXTIUS Vater und Sohn, mit ihrer rigorosen, an den Kynikern und der älteren Stoa orientierten Moral. Dafür wirkt die Philosophie jetzt in die Breite; so verschiedene Naturen wie Augustus und Pollio, Vergil und Horaz, Vitruv und Livius wenden sich ihr zu. Horaz, allem Dogmatismus abhold, kommt zu einer überlegen reservierten Geisteshaltung. Aber von einem Bedürfnis, Welt und Mensch wissenschaftlich zu verstehen, ist nichts zu merken.

Die bedeutendste *wissenschaftliche* Leistung der Zeit war wohl die Weltkarte, die der General des Augustus, M. VIPSANIUS AGRIPPA, in der Porticus Vipsania auf dem Marsfeld aufstellen ließ; sie beruhte auf genaueren Vermessungen als die Karten der Griechen. Das war freilich angewandte Wissenschaft von praktischem Wert; die öffentliche Aufstellung war zugleich eine wirksame Propaganda für den „Mehrer des Reiches". Mittelbar stammt von dieser Karte die *Tabula Peutingeriana* in Wien ab. – Dem Augustus gewidmet sind die 10 Bücher *De architectura* des VITRUVIUS POLLIO. Stilistisch kein Meisterwerk – die Sprache schwankt zwischen dem Gekünstelten und dem Unliterarischen –, ist dieses Handbuch inhaltlich von großem Wert. Der Autor, der unter Caesar Militäringenieur war, zeigt sich ebenso belesen wie unmittelbar sachkundig. Auch diese Schrift eines erfahrenen Praktikers ist eine Huldigung für den Princeps, der Rom als Ziegelstadt übernahm und als Marmorstadt zurückließ. – Das umfangreiche, nur in Auszügen erhaltene Werk des M. VERRIUS FLACCUS (Bd. 1, S. 14 f.) ist viel mehr als sein Titel *De significatu uerborum* andeutet: eine historisch-antiquarische Enzyklopädie des alten Rom. Ein Werk profunder Gelehrsamkeit, weist es gleich Flaccus' Redaktion der *Fasti* (S. 67) in die Richtung von Augustus' romantischem Versuch, die römische Vergangenheit zu neuem Leben zu erwecken. – Hierher gehören auch die *Libri rerum rusticarum* des achtzigjährigen VARRO, deren zeitliche Nachbarschaft mit Vergils Georgica kaum Zufall ist: Die Pflege des in den Bürgerkriegen verödeten Bodens Italiens war eine Lebensfrage für Volk und Staat.[1]

Einen tiefgreifenden Wandel erfuhr die *Rechtswissenschaft*. Das Erteilen von Rechtsbescheiden, das sich bisher auf persönliches Vertrauen gegründet hatte, bedurfte nunmehr der Autorität des Princeps *(ius respondendi)*. So bildete sich ein Juristenstand, und bald gab es Rechtsschulen mit gegensätzlichen Lehrmeinungen. Die Schulen der Sabinianer und Proculianer, die sich unter den Claudiern bildeten, gehen auf die zwei bedeutendsten Juristen augusteischer Zeit zurück, den unbeugsamen M. ANTISTIUS LABEO, einen Mann von umfassender Bildung und weiten Interessen, und den konzili-

---

[1] Die Jahre 43–31 v. Chr. sind auch für den Literarhistoriker eine Übergangszeit: Neben Sallust und Nepos und Varros Alterswerken stehen, um nur Erhaltenes zu nennen, die ersten Erfolge des Vergil und Horaz. Die Literaturgeschichte muß einen Einschnitt machen, die Ausläufer zum Alten, die Ansätze zum Neuen ziehen.

anten, vom Princeps bevorzugten. C. ATEIUS CAPITO, der als Kenner des Sakralrechts auch den Auftrag erhielt, das Ritual der Säkularfeier (17 v. Chr.) auszuarbeiten. Über den Unterschied der Schulen ist wenig bekannt. Labeo scheint Analogist, Capito Anomalist gewesen zu sein.

Am stärksten war von dem neuen Regime die *Redekunst* betroffen. Die Volksversammlungen wurden immer mehr zu einer leeren Form ohne politische Bedeutung, der Senat geriet – nicht ohne eigenes Zutun – in immer größere Abhängigkeit vom Princeps, die Mehrzahl der bedeutenden Rechtsfälle wurde den Geschworenengerichten entzogen und kam vor den Princeps und eine Senatskommission. Messala und Pollio, die noch in der Republik als Redner tätig waren, zogen sich schließlich in die private Sphäre des Literaten zurück. Ein echter Redner war noch der wegen seiner Ausfälligkeit mißliebige CASSIUS SEVERUS, von dem uns Seneca Rhetor (contr. 3, praef. 2 ff.) ein gutes Bild gibt; Tacitus (dial. 19) läßt freilich gerade mit ihm den Verfall einsetzen. Ausfälle nach allen Seiten und betont republikanische Gesinnung brachten den Redner und Historiker T. LABIENUS zu Fall; seine Bücher wurden auf Senatsbeschluß verbrannt, worauf der tiefgekränkte Autor (um 12 n. Chr.) Selbstmord beging. Bei einer Vorlesung aus seinem Geschichtswerk hatte sogar er es nötig gefunden, vieles zu unterdrücken, mit dem Bemerken, das werde erst nach seinem Tod zu lesen sein (Sen. contr. 10, praef. 4 ff.).

Die Freude an kunstvoller Rede starb darum nicht aus. Sie zieht sich vom Forum in die Schule zurück und wird nun erst im engeren Sinne „Kunst". Die Lehrer der *Rhetorik*, die die höhere Bildung bald völlig beherrscht, geben nicht nur Musterdeklamationen für ihre Schüler, sondern auch öffentliche Proben ihres Könnens und bereiten so den Weg für die Wanderredner der „Zweiten Sophistik" (den internationalen Virtuosen unserer Zeit vergleichbar), einen Lukian oder Apuleius. Was für Cicero anregender Zeitvertrieb war, wird nun zur Profession. Noch Labienus fand das öffentliche Deklamieren unter seiner Würde, und Cassius Severus, der sich gelegentlich dazu verstand, nahm es nicht ernst genug, um darin zu glänzen (Sen. contr. 3, praef. 7. 12; als Probe 10, 3, 2). In der älteren Generation waren die bedeutendsten Schulredner der Spanier M. PORCIUS LATRO und der asiatische Grieche ARELLIUS FUSCUS. Latro war – trotz seiner rauhen Stimme – unter den Zeitgenossen der unerreichte Meister seiner Kunst und der Abgott seiner Schüler; Fuscus, der mehr griechisch als lateinisch deklamierte, führte den Asianismus in Rom zu neuer Höhe. Vom Stil

beider gibt Latros Landsmann, der ältere Seneca, zahlreiche Proben.
Die Routine des Schulbetriebs, die wir aus den Ps.-QUINTILIANISCHEN
Deklamationssammlungen kennen *(declamationes maiores* und *mino-*
res) – die ältesten Stücke mögen aus der Wende vom 1. zum
2. Jahrhundert stammen – fällt dagegen beträchtlich ab. – Unsere
wichtigste Quelle für die Rhetorik unter Augustus und Tiberius
ist ein Werk des älteren L. ANNAEUS SENECA aus Cordoba, des
Vaters des Philosophen (etwa 54 v. Chr.–39 n. Chr.): *Oratorum*
et rhetorum sententiae, diuisiones, colores, die er im Alter für
seine Söhne frei aus seinem ungewöhnlich treuen Gedächtnis auf-
zeichnete. Das Werk umfaßt 10 Bücher *controuersiae* (fingierte
Rechtsfälle) und ein Buch *suasoriae* (Exposés fingierter Situationen,
dem *symbouleutikón* der Griechen entsprechend). – Nach dem
Zeugnis des Sohnes war Seneca auch Geschichtsschreiber (Sen.
De uita patris, fr. 98, ed. Haase 3, 436 f.); doch ist es zweifelhaft,
ob seine *Historiae* veröffentlicht wurden.

Neben die öffentliche Deklamation des Rhetors tritt die literarische *Rezitation.* Sie entwickelte sich aus der bei Griechen und
Römern bekannten Sitte, ein Werk vor der Veröffentlichung im
Kreis urteilsfähiger Freunde vorzulesen. Pollio, der auch nach dem
Rückzug aus der Öffentlichkeit ein Publikum nicht missen wollte,
war der erste, der zu solchen Vorlesungen förmlich einlud; bald
wurden Vorlesungen vor geladenen Gästen oder vor einem weiteren
Publikum allgemein. Zunächst handelte es sich wohl um Vorlesungen aus eigenen Werken; später gab es auch Rezitationen älterer
Literatur; eine Vorlesung aus den *Annales* des Ennius im Theater
von Puteoli erwähnt z. B. Gell. 18, 5, 2. In solchen Vorlesungen
tobte sich natürlich viel Dilettantismus aus; zur Zeit Iuvenals
(vgl. sat. 1, 1 ff.) waren sie eine Plage des literarischen Lebens
geworden.

Wenn sich führende Männer in der Literatur versuchen, so
setzen sie damit eine Tradition der republikanischen *nobiles* fort.
AUGUSTUS selbst schrieb u. a. einen Protreptikos *(hortationes ad*
philosophiam: Suet. Aug. 85), ein autobiographisches Werk, Feszenninen und eine Tragödie *Aiax,* die er aber, unvollendet, ver-
nichtete: sein Aiax, sagte er scherzend, habe sich in den Schwamm
gestürzt – nicht, wie der Aiax der Sage, in sein Schwert (Suet. a. O.)
Offiziellen Charakter hatten seine schon genannten *Res gestae*
(„Monumentum Ancyranum" nach Ankara, dem Fundort des voll-
ständigsten inschriftlichen Textes) und die Reichsstatistik *(Breuia-*
rium totius imperii: Suet. Aug. 101, vgl. Tac. ann. 1, 11). – Eine
ungewöhnliche Gestalt ist C. (CILNIUS) MAECENAS († 8 v. Chr.).

Klug und weichlich (er schrieb *De cultu suo!*), eitel, doch ohne
Ehrgeiz, stolz auf seinen etruskischen Adel, führte er im Sinne
Epikurs ein kultiviertes Privatleben, nur gelegentlich unterbrochen
von diplomatischen Missionen und besonderen Ämtern, mit denen
ihn Augustus von Zeit zu Zeit betraute, z. .B mit der *cura urbis*
nach der Schlacht bei Actium. Als Dichter Dilettant, und nicht
einmal ein guter, besaß er doch einen sicheren Instinkt für dichterische Begabung anderer. Zu seinem Kreis zählten fast alle
großen Dichter der Zeit: Vergil, Varius, Horaz, Domitius Marsus;
auch Properz hat um seine Gunst geworben.[1] – C ASINIUS POLLIO
ist literarisch viel ernster zu nehmen. Von seinen Tragödien, im
Stil des Pacuvius und Accius, sprechen Vergil (ecl. 8, 10) und
Horaz (sat. 1, 10, 42; carm. 2, 1, 9) mit Achtung; noch Tacitus
(dial. 21) hat sie gekannt. Pollios Hauptwerk waren *Historiae* in
17 Büchern, eine Geschichte der Bürgerkriege (*periculosae plenum
opus aleae,* Hor. carm. 2, 1, 6) vom ersten Triumvirat (60 v. Chr.)
bis (vielleicht) zur Schlacht von Philippi (42 v. Chr.) oder gar bis
zum eigenen Konsulat (40 v. Chr.); die Folgezeit hat er wohl mit
Absicht nicht mehr behandelt. Über Pollio als Redner fällt der
jüngere Seneca (epist. 100, 7) ein hartes, Quintilian (10, 1, 113)
ein vorsichtig zurückhaltendes Urteil. Pollio selbst war dagegen
in der Stilkritik der Zeitgenossen – von Cicero bis Livius – alles
andere als zurückhaltend. – Die literarische Tätigkeit des M. VALE-
RIUS MESSALA lag, seit er nicht mehr als Redner auftrat, vor allem
in der Wissenschaft: Philologie und Antiquitäten. Auch schrieb
er Denkwürdigkeiten in griechischer Sprache.

Literatur: V. Gardthausen, Augustus u. seine Zeit, 1891–1904. – J.-M. André,
Mécène: essai de biographie spirituelle, 1967. – R. Syme, The Roman Revolution,
1939. – R. Heinze, Die augusteische Kultur, 1930. – E. Howald, Das Wesen der
latein. Dichtung, 1948 (gegen Howalds Auffassung der augusteischen Dichtung
als „poésie pure": K. Büchner, Lat. Lit. u. Sprache, 93 ff.). – J. Bayet.
A. Rostagni, V. Pöschl, F. Klingner, P. Boyancé, L. P. Wilkinson: L'influence
grecque sur la poésie latine de Catulle à Ovide (Fondation Hardt, Entretiens 2),
1956. – B. Axelson, Unpoetische Wörter, 1945. – G. Highet, Roman Arcadia,
1957 (deutsch: Röm. Arkadien, 1964). – L. P. Wilkinson, Golden Latin Artistry,
1963 (originell, feinfühlig). – F. Cupaiuolo, Tra poesia e poetica: su alcuni aspetti
culturali della poesia latina nell' età augustea, 1966. – J. K. Neuman, Augustus
and the New Poetry, 1967. – J. Michelfeit, Das augusteische Gedichtbuch: Rhein.
Mus. 112, 1969, 347–70.

[1] N. Terzaghi, Orazio e Properzio (Atti della Acc. dei Lincei, Rendiconti 14,
1959, 179–201) vermutet, daß Properz damit kein Glück hatte (nach c. 3,9 wird
Maecenas von ihm nicht mehr erwähnt), dann aber einen unmittelbaren Zugang
zu Augustus fand.

B. Die Meister

1. P. Vergilius Maro

Von den seit dem 9. Jahrhundert handschriftlich überlieferten Vergilviten ist die Berner Vita die wichtigste; sie geht im wesentlichen über Donat auf Sueton zurück. Daneben dürften die Viten des Servius, Fokas (5. Jahrhundert?) und „Probus" (auf Valerius Probus basierend?) echte Überlieferung enthalten. Primärquellen sind vor allem Vergils Testament, Briefe des Augustus, die Schrift des Asconius Pedianus gegen die gehässigen Kritiker *(obtrectatores)* Vergils und eine mit intimer Kenntnis und begeisterter Verehrung geschriebene Vergilvita seiner Freunde; dazu kommt natürlich die Interpretation der vergilischen Werke. Der sogenannte Donatus auctus (erst in Hss. des 15. Jahrhunderts) ist biographisch wertlos, doch ein wichtiger Zeuge der mittelalterlichen Vergillegende.

Vergil[1] wurde am 15. Oktober 70 v. Chr. als Sohn des Vergilius Maro und der Magia Polla im Dorf oder Gebiet von Andes bei Mantua geboren. Daß der väterliche Name etruskisch, der mütterliche (vielleicht) oskisch ist, braucht nichts über Vergils Abstammung zu besagen; auch daß er Kelte gewesen sei, ist unbeweisbar. Vater und Sohn hatten höchstwahrscheinlich das römische Bürgerrecht. Mit zwei Brüdern, die vor ihm starben, wuchs Publius in einfachen Verhältnissen auf. In Cremona, wo er mit seinen Eltern gelebt zu haben scheint, erhielt er den ersten Unterricht. Nachdem er an seinem 15. Geburtstag[2] die Männertoga angelegt hatte, studierte er, wie üblich, Rhetorik, erst in Mailand, dann in Rom. Doch trat er nur einmal als Redner auf und zwar ohne Erfolg. Viel stärker interessierte ihn die Philosophie, daneben Mathematik und Medizin. Er schloß sich dem Kreis des Epikureers Siro in Neapel an (catal. 5, 9 f.), über den sich Cicero mehrmals anerkennend äußert; auch Philodem hat dort verkehrt.

---

[1] Die Namensform Virgilius (Volksetymologie nach der *uirga,* dem Reis, das bei seiner Geburt gepflanzt worden und wunderbar rasch zum Baum gewachsen sein soll) findet sich erst im 5. Jahrhundert.

[2] Nach Donat, irrig, am 17. Geburtstag; vgl. Bd. 1, 142.

In dieser Wendung mag Zeitflucht liegen wie bei Lukrez, den Vergil bewunderte. Ein Landhaus Siros wurde in den unruhigen Zeiten zum Asyl für Vergils Familie. Vergil war bereits erwachsen, als der Vater, zuletzt erblindet, starb. Die Mutter heiratete noch einmal und hatte in ihrer zweiten Ehe einen Sohn, Valerius Proculus.

Als 41 v. Chr. zur Abfindung der Veteranen von Philippi Land in der Transpadana enteignet wurde, fiel auch das väterliche Gut Vergils der Konfiskation zum Opfer; doch der nur wenig ältere Asinius Pollio, der früh Vergils dichterische Begabung erkannt und ihn auf die Bukolik gewiesen hatte, erwirkte ihm als Haupt der Agrarkommission Rückerstattung oder Entschädigung.[1] Er hat den jungen Dichter auch bei Octavian eingeführt.

In jenen Jahren (42–39) sind die *Bucolica* entstanden, die Vergils Ruhm als Dichter begründeten; sie wurden sogar im Theater rezitiert. Neben der Huldigung für Pollio und für beider Freund Cornelius Gallus stehen Komplimente für Alfenus Varus aus Cremona, dem er bis zu dessen Tod (23 v. Chr.) verbunden blieb, und für Helvius Cinna.

Zu seinem nächsten Werk, den *Georgica,* hatte Vergil die Anregung von Maecenas empfangen, dessen Kreis er nunmehr angehörte. Was immer Maecenas' Motiv war, der Gegenstand mußte für Vergil, den Freund der Natur, der nie ein Stadtmensch wurde, höchst anziehend sein. Die Arbeit an dem Gedicht dauerte sieben Jahre. Vergil lebte meistens im Süden, in Sizilien und Kampanien, vor allem in Neapel. In Rom, wo ihm Maecenas ein Haus auf dem Esquilin geschenkt hatte, fühlte er sich nicht heimisch; wenn er auf der Straße erkannt und geehrt wurde, flüchtete er scheu in das nächste Gebäude. Von der Arbeit an den *Georgica* erfahren wir eine interessante Einzelheit: Vergil pflegte morgens eine große Anzahl Verse zu diktieren, die er tagsüber zu wenigen verdichtete; er selbst

---

[1] Wieviel in Vita Bern. 61–63 echte Überlieferung, wieviel aus den *Bucolica* herausgelesen ist, bleibt ungewiß.

verglich sich der Bärin, die ihre ungefügen Jungen beleckt.
Das Werk war fertig, als Octavian im Jahre 29 v. Chr. aus
dem Osten heimkehrte; er ließ es sich während eines Aufenthalts in Atella an vier Tagen vorlesen; Vergil und Maecenas
teilten sich in die Rezitation.

Der stetig wachsende Ruhm – einmal im Theater erhob
sich das Publikum zu Ehren des anwesenden Dichters wie
sonst nur für Augustus (Tac. dial. 13) – scheint auf Vergil
keine Wirkung geübt zu haben. Der dunkelfarbige Mann
mit dem bäurischen Gesicht und der stockenden Rede fühlte
sich nur im engsten Kreis der Freunde wohl. Neben dem
Landsmann Alfenus Varus gehörten dazu L. Varius, Plotius
Tucca, Cornelius Gallus und nicht zuletzt Horaz, den er
selbst dem Maecenas empfohlen hatte. Zum anderen Geschlecht
fühlte er sich nicht hingezogen, doch deutet auch nichts auf
gleichgeschlechtliche Neigung. In Neapel gab man ihm den
Beinamen Parthenias, „der Jungfräuliche".

Bald nach Vollendung der *Georgica* ging Vergil an sein
größtes Werk, die *Aeneis,* das neue Epos des Römervolkes.
Augustus nahm daran regen Anteil. Aus dem Cantabrerfeld-
zug (27–25) schrieb er dem Dichter unter scherzhaften Drohun-
gen, er möge ihm doch sobald als möglich eine Skizze oder
ausgeführte Teile senden. Welche Erwartungen man in die
Aeneis setzte, zeigt die enthusiastische Ankündigung (um
26 v. Chr.) durch Properz (3, 34, 65 f.). Aber die Arbeit ging
nur langsam voran. Vergil hatte zunächst den Stoff auf 12
Bücher verteilt und arbeitete einzelnes aus wie ihm die Ein-
gebung kam. Er ließ Halbverse stehen, um nicht den Fluß
des Schaffens zu hemmen (bei einer Rezitation vor Freunden
hat er einmal, nach dem Zeugnis seines Sekretärs Eros, zwei
Halbverse, 6, 164 und 886, aus dem Stegreif ergänzt); andere
Verse betrachtete er nur als „Stützbalken" *(tibicines),* an deren
Stelle später die echten Säulen zu treten hätten. Erst geraume
Zeit nach der Heimkehr des Augustus aus dem Feld las Vergil
ihm und seiner Schwester Octavia drei ausgeführte Bücher

(2, 4, 6) vor; die Verse auf den jüngst verstorbenen Marcellus, den zum Thronfolger bestimmten Sohn der Octavia (6, 860 ff), erschütterten die Mutter so sehr, daß sie in Ohnmacht fiel.

In elf Jahren reifte das Werk der Vollendung entgegen; aber Vergil war nicht befriedigt. Er beschloß, nach Griechenland und Kleinasien zu reisen, um an den Stätten der Trojasage an sein Gedicht die letzte Hand zu legen.[1] Doch als er in Athen mit Augustus zusammentraf, der aus dem Osten zurückkam, ließ er sich bestimmen, mit dem Kaiser heimzureisen. Beim Besuch der Stadt Megara in glühender Hitze befiel den kränklichen (tuberkulösen?) Dichter ein Fieber. Die rasch angetretene Heimfahrt verschlimmerte nur seinen Zustand. Er stab in Brundisium, wenige Tage nach der Landung, am 21. September 19 v. Chr., im Alter von fast 51 Jahren. Bestattet wurde er an der Straße nach Puteoli, außerhalb Neapels.

Sein Vermögen, das dem Ritterzensus entsprach, hinterließ Vergil zur Hälfte seinem Stiefbruder Proculus; die andere Hälfte verteilte sich auf Augustus, Maecenas, Varius und Tucca. Den beiden Freunden vertraute er auch seinen literarischen Nachlaß an, unter der Bedingung, nichts zu veröffentlichen, das er nicht selbst veröffentlicht habe. Das betraf vor allem die unvollendete *Aeneis*. Noch vor Antritt seiner letzten Reise hatte er dem Varius das Versprechen abnehmen wollen, das Manuskript, falls ihm etwas zustieße, zu vernichten, aber Varius sagte nicht zu. Auf dem Totenbett verlangte Vergil die Rollen, um sie zu verbrennen, doch man gab sie ihm nicht. Seinem letzten Wunsch, daß Varius und Tucca dies nach seinem Tod tun sollten, trat Augustus persönlich entgegen. Mochte das Werk auch nicht vor der strengen Selbstkritik seines Schöpfers bestehen, es war zu bedeutend, um es untergehen zu lassen; Rom und die Welt hatten ein Recht darauf. Varius (nach den Viten: gemeinsam mit Tucca) wurde

---

[1] Eine frühere Griechenlandreise ist durch Horaz, carm. 1, 3 bezeugt.

mit der Herausgabe betraut. Er ging mit größter Pietät vor, beseitigte nur weniges (die Servius-Vita nennt die vier Verse vor *Arma uirumque* und die Helena-Episode des 2. Buches)[1] und fügte nichts hinzu; auch die unergänzten Halbverse ließ er stehen.

Bildnisse Vergils gab es seit tiberianischer Zeit in großer Zahl; es wird ihnen wohl ein authentisches Porträt zugrunde liegen. Von den erhaltenen Bildnissen hat das Mosaik von Hadrumetum (3. Jh. n. Chr.) einigen Anspruch auf Treue: W. H. Gross, RE 8 A 2, 1493 ff.; auf eine Doppelherme in Kopenhagen weist V. Poulsen hin (Vergil, 1959, S. 5 ff.).

Als Vergil, 28 Jahre alt, sich der Hirtendichtung zuwandte, war er längst kein Anfänger mehr. Er selbst bezeugt frühe dichterische Versuche (catal. 5), und Pollios Anregung zur Bukolik setzt voraus, daß er von dem Dichter Vergil schon ein bestimmtes Bild hatte. Die Berner Vita (also Sueton?) nennt als Jugendwerke das Distichon auf den Straßenräuber Ballista, ferner *Catalepton* (Priapea und Epigramme), *Dirae, Ciris, Culex* und *Aetna;* Servius fügt die *Copa* hinzu, Donatus auctus das *Moretum.* In den karolingischen Handschriften sind noch weitere Stücke, z. B. die Elegien auf Maecenas, dazugekommen.

Für das Ballista-Epigramm haben wir nur das Zeugnis der Viten; die übrigen Gedichte sind uns als Sammlung überliefert, die wir seit Scaliger APPENDIX VERGILIANA nennen. Der *Culex,* einem jungen Octavius (doch wohl dem späteren Octavian) gewidmet, ist ein „Epyllion" neoterischen Stils. Ein Hirt wäre beim Mittagsschlaf im Hain von einer giftigen Schlange getötet worden, hätte ihn nicht im letzten Augenblick der Stich einer Mücke geweckt und so gerettet; doch der Hirt hat, noch ehe er die Gefahr sah, die Mücke erschlagen. Nachts erscheint ihm die Retterin im Traum, beklagt sich über seinen Undank und schildert ausführlich ihre Erlebnisse in der Unterwelt. Erwacht, errichtet der Hirt der Mücke ein Grabmal mit passender Aufschrift. Der kleine, fast epigrammatische Einfall ist durch Einlagen (Preis des Hirtenlebens, Katalog

---

[1] Die „Vorspannverse" *Ille ego qui ...* gelten allgemein mit Recht als unecht; die Helenaszene, von Heinze, Norden und anderen gleichfalls für unecht erklärt, möchte Büchner als eine für sich komponierte Episode verstehen, die Vergil erst später dem Ganzen einpassen wollte (RE 8 A, 1355 f.).

der Bäume im Hain und der Blumen auf dem Grab, Unterwelt)
zum Kurzepos erweitert, das geschickt mit dem doppelten Kontrast
von hohem Stil und geringem Anlaß, von mythologischem und
psychologischem Aspekt spielt, aber auch, besonders in der Naturschilderung, Verse von unmittelbarer Wirkung hat. – *Ciris* behandelt
die Sage von Scylla, die aus Liebe zu dem Feind Minos ihrem
Vater Nisus die goldene Locke, den Talisman seines Lebens und
der Sicherheit seiner Stadt, abschneidet; doch der Sieger Minos
weist die Verräterin von sich und schleift sie, an sein Schiff gebunden, durch die See. Scylla wird in einen Seevogel *(ciris)* verwandelt,
dem ihr Vater, als Seeadler, ständig nachstellt. Obwohl auf weite
Strecken ein Cento aus Vergilversen, ist die Ciris doch, anders als
die spätantiken Vergilcentonen, eine Dichtung von Rang, mit wir-
kungsvollem Pathos. – Die *Dirae* sind ein Verwünschungsgedicht
nach alexandrinischem Vorbild, Flüche eines Vertriebenen auf den
neuen Besitzer seines sizilischen Gutes; Beziehungen zu ecl. 1 und
9 sind unverkennbar. Ohne Unterbrechung schließen die Handschriften
hier ein zweites Gedicht an, für das sich der Titel *Lydia* eingebürgert
hat: Klagen eines unglücklich Liebenden um den Verlust seiner
Lydia – ein leidenschaftliches Gedicht, zwar nicht in Form und
Stil, wohl aber in den Motiven, dem Ineinanderweben von Liebes-
leid, Naturempfinden und mythologischen *exempla,* der Elegie
verwandt.[1] – *Copa* und *Moretum* sind „Idyllia", kleine realistische
Szenen. Die syrische Wirtin, die den Wanderer zu Wein, Weib
und Würfelspiel einlädt, entlockt dem Dichter das sarkastische
Schlußwort: *Mors aurem uellens, ,Viuite', ait, ,uenio'* (etwa: „Flüstert
der Tod ihm ins Ohr: ,Prosit! Bald komm' ich zu euch!'"). – Das
Moretum schildert realistisch, dabei epischen Stil parodierend, wie
sich ein armer Bauer im Morgengrauen sein ländliches Mahl
(moretum: Bd. 1, 104) bereitet und dann an des Tages Arbeit
geht. – Der *Aetna* ist ein Lehrgedicht über den Vulkanismus, wissenschaftlich in bewußtem Gegensatz zu mythischen Deutungen des
Phänomens; dennoch klingt es in die wunderbare Geschichte aus,
wie bei einem Ausbruch des Aetna Amphion und sein Bruder ihre
Eltern auf den Schultern durch die Lava trugen und selbst das
Element solcher *pietas* den Weg freigab. Die offensichtliche Lukrez-
nachahmung ist zweifellos Absicht.

Die Autorschaft Vergils ist für jedes dieser Gedichte bis heute
umstritten. Während manche amerikanische Philologen (T. Frank,

---

[1] Die wenigen Lyda-Verse der *Dirae* sind nach der einleuchtenden Darlegung E.
Fraenkels (Journ. Rom. Stud. 56, 1966, 142–55) das Werk eines Interpolators, der
die beiden Gedichte zu einem verschmelzen wollte.

E. K. Rand) und auch A. Rostagni, Virgilio minore, 1932, ([2]1961) alle oder doch die meisten für echt erklärten und daraus den dichterischen Werdegang Vergils ablesen wollten, ist man besonders in Deutschland sehr viel kritischer gewesen. Daß Vergil von den Neoterikern herkommt, zeigen noch die Bucolica. Seine Jugend stand im Schatten des Catull, auf den man in seiner Heimat sehr stolz war, und des Lukrez, der ihm vielleicht im Kreise Siros erschlossen wurde. Das macht die Zuweisung jener Gedichte an ihn verständlich. Aber nur der *Culex,* den Vergil mit 16 (oder 26) Jahren gedichtet haben soll, ist früh. (durch Lucan in neronischer Zeit) als vergilisch bezeugt und auch dieses Zeugnis fällt mehr als 80 Jahre nach Vergils Tod. „Spätneoterisch" sind die Gedichte alle; doch dürften manche nachvergilisch sein (der, wie E. Fraenkel, Journ. Rom. Stud. 42, 1952, 1–9 ausführt, auf Vergils Namen gefälschte *Culex* unter Tiberius (?); *Ciris* zwischen Vergil und Ovid, dessen Cirisgeschichte, met. 8, 5 ff., die *Ciris* der Appendix vorauszusetzen scheint; *Aetna* am ehesten in der Zeit Senecas, sicher vor dem Vesuvausbruch von 79 n. Chr.). Die neoterische Art hat neben der augusteischen Klassik und noch über sie hinaus nachgewirkt. Die *Copa* könnte von Vergil sein.

Fast sicher ist echt Vergilisches im *Catalepton* enthalten (der Titel, von Aratos entlehnt, bedeutet dasselbe wie *nugae*) – einer Sammlung wohl des 1. Jahrhunderts n. Chr. (Quint. 8, 3, 28 zitiert catal. 2 als vergilisch), die außer den 14 Epigrammen auch die drei Priapea umfaßt haben wird. Die meisten Epigramme sind im elegischen Versmaß, daneben finden sich lyrische Maße des Catull und einmal ein iambisches Epodenmaß (Trimeter + Dimeter). Auch vor diesen Gedichten hat die Kritik nicht Halt gemacht; Einigkeit herrscht hier so wenig wie bei den längeren Stücken. Alles spricht für die Echtheit der Siro-Gedichte (catal. 5 und 8); sicher unecht ist der Panegyricus auf Messallas Triumph von 27 v. Chr. (catal. 9), höchstwahrscheinlich das Votivgebet für glückliche Vollendung der Aeneis (14). die bitteren Invektiven (6, 12, 13) und das unpersönliche Gloria-Gedicht (3). Dagegen möchte ich 2 und 10 (Catullnachahmung und Catullparodie), die Gedichte auf den Freund Octavius Musa (4 und 11) und Priapeum 3 dem Vergil nicht unbedingt absprechen; auch das zurückhaltende Liebesgedicht catal. 1 und das recht unschuldig mit dem Motiv der Knabenliebe spielende catal. 7 (ersteres an Tucca, letzteres an Varius gerichtet) lassen sich weder aus ästhetischen noch aus Persönlichkeitsgründen sicher für unecht erklären.

Vergil sucht menschlich und künstlerisch noch seinen Weg. Er ist stark, doch nicht ausschließlich, von Catull beeinflußt; er traut seiner Begabung zu, sich in den verschiedensten Arten und an den verschiedensten Gegenständen zu versuchen. Man darf die Konsistenz der Dichterpersönlichkeit seit den *Bucolica* (*cecini pascua rura duces* sagt das Grabepigramm) nicht zum Maßstab der Entwicklungsjahre machen. Muß, weil die Siro-Epigramme schon den *Bucolica* in Stil und Haltung nahe stehen, alles übrige unecht sein? Catal. 8 könnte wirklich in die Zeit der frühesten Eklogen gehören; das ältere Gedicht, catal. 5, ist dann eine Antizipation, wie sie im Schaffen jedes Künstlers gelegentlich vorkommt; umgekehrt ließen sich die Spottgedichte auf den des Brudermordes verdächtigen Attizisten Cimber (catal. 2), etwa 44 v. Chr., und auf den Emporkömmling Sabinus-Quinctio (10) – wenn wirklich Ventidius, cos. 43 v. Chr., gemeint ist –, sowie der leicht ironische Nachruf auf Musa († nach 35 v. Chr.), catal. 11, als gelegentliche, durch den Anlaß ausgelöste Wiederaufnahme einer schon überwundenen Manier verstehen.

Die *Bucolica* zeigen Vergil zum erstenmal auf der Höhe seiner Kunst. Die Gegenstände der *Georgica* und der *Aeneis* sind größer, die Behandlung ist reifer; aber es ist doch nur ein Weiterschreiten auf dem Weg, der hier eingeschlagen wird. Der Dichter selbst hat freilich schon am Ende der *Georgica*, zehn Jahre später, das ältere Werk nur als Spiel seiner unternehmenden Jugend bezeichnet.

Die Bukolik ist eine Schöpfung des sizilischen Griechen Theokritos, der unter Hiero II von Syrakus, zur Zeit des ersten Punischen Krieges, lebte; später ging er nach Alexandria, wo die neue Art, durch den Gegensatz zur Großstadt als spezifisch poetisch empfunden, Schule machte. Theokrit nannte seine Gedichte *eidyllia*, „kleine Skizzen"; sie haben viel mit den Mimoi gemeinsam, nur daß seine Gestalten fast durchwegs sizilische Hirten sind – Theokrit schreibt auch den dorischen Dialekt seiner Heimat. Die Gedichte Theokrits und seiner Nachfolger waren in Rom zur Zeit Sullas durch den Grammatiker Artemidoros herausgegeben worden, doch wurden sie, wohl des unvertrauten Dialektes wegen, nur wenig gelesen. Erst die Hirtendichtung Vergils hat in der europäischen Literatur nachgewirkt.

Der Titel *Eclogae*, den die zehn Gedichte in den Hss. führen und den schon Sueton zu kennen scheint, bezeichnet die Einzelgedichte; er braucht nicht darauf hinzudeuten, daß Vergil in die veröffentlichte Sammlung nur eine Auswahl seiner bukolischen Dichtung aufgenommen habe.

Die Gedichte sind nicht in der Reihenfolge ihrer Entstehung angeordnet. Geschichtliche Indizien legen für ecl. 1 und 9 das Jahr 41 v. Chr. nahe, für ecl. 8 das Jahr 39; die 4. Ekloge fällt in das Konsulatsjahr Pollios, 40 v. Chr., wahrscheinlich in den Herbst nach dem Frieden von Brundisium; die 10. Ekloge bezeichnet der Dichter selbst als die letzte *(extremum laborem)*. Aus inneren Gründen, z. B. gegenseitiger Bezugnahme, sind ecl. 2, 3, 5 früh, 6 und 8 spät. In der endgültigen Sammlung sind Eklogen 1–4 und 6–9 chiastisch um 5 gruppiert, deren Pendant 10 ist. Auch vermeidet es der Dichter, Stücke ähnlicher Art unmittelbar aufeinander folgen zu lassen. Der Preis des „göttlichen Jünglings", der nur Octavian sein kann, steht bedeutungsvoll am Anfang.

Als sich Vergil der Hirtendichtung zuwandte, mochte ihm nichts anderes vorgeschwebt haben als der Gedanke, der römischen Literatur das *genus Theocriteum* zu gewinnen. Aber schon die frühesten Stücke, die dem Theokrit noch am nächsten stehen, werden unter seinen Händen zu etwas anderem. Von dem leicht ironischen Realismus, mit dem der alexandrinische Städter ländliche Szenen festhält, ist hier keine Spur; die Hirten Vergils sind einfach Menschen. Daß die Landschaft öfters Sizilien heißt, ist kaum mehr als ein übernommenes Motiv; daneben spricht Vergil von seiner Heimat, vom Mincio, von Mantua und Cremona. Aber im Grund ist es doch Landschaft schlechthin, in der seine Hirten leben, und sie wird – auch das ein neuer Ton – beseelt erlebt. So schafft Vergil schließlich in der 4. und 10. Ekloge eine Dichterlandschaft Arkadien; sie ist zum ästhetischen Besitz Europas geworden, am Ende allerdings zum Klischee. In dieser bukolischen Welt wird das Zeitgeschehen zum wesentlichen Menschenschicksal. Der Dichter kann sich des nun freilich nicht mehr naiven Hirtenliedes bedienen, um in eigener Person von sich und seinen Freunden zu reden oder auch, wie in ecl. 4, 5, 6, einen höheren Ton anzuschlagen. Die Anregung auch dazu kam von Theokrit, in dessen „Erntefest" *(Thalysia)* der Dichter sich selbst und seine Freunde als Hirten einführt; während es sich aber dort um eine Maskerade mit eindeutiger Zuordnung der Personen handelt, läßt Vergil jeweils die eigene Person gleichsam für eine Weile in eine seiner Gestalten eingehen, ohne sich mit ihr im Gegensatz zu anderen Gestalten ganz zu identifizieren. Selbst ecl. 1 und 9 sind trotz des politischen Hintergrundes der Landanweisungen nicht in einem tangiblen Sinn autobiographisch. Der „göttliche Jüngling" gibt ja auch nicht dem vertriebenen Hirten sein Gut zurück; seine Botschaft besagt ganz allgemein, daß das Leben auf der „guten Erde" ungestört weitergehen soll. Daß Vergil schon damals in dem rücksichtslosen Machtpolitiker den künftigen Retter sah, ist mehr als die Loyalität eines Transpadaners für Caesar und dessen Erben: wenn nicht Prophetie, so doch Intuition. In der 4. Ekloge erhält diese Intuition ihre Weihe durch die Autorität des *Cumaeum carmen*.

Die Nachahmung Theokrits, niemals sklavisch, wird in den späteren Gedichten immer freier. Öfters vereint Vergil kontrastierende Gedichte Theokrits zu einer neuen Einheit, z. B. in ecl. 8 die Klage des unglücklich liebenden Jünglings (Theokr. 1) und den erfolgreichen Liebeszauber des Mädchens (Theokr. 2: die glückliche Schlußwendung gehört dem Vergil). Ecl. 3 und 7 sind Wettgesänge zweier Hirten vor einem Schiedsrichter (vgl. Theokr. 5 und Ps.-Theokr. 8); das eine Mal bleibt der Wettstreit unentschieden, das andere Mal erfolgt ein Schiedsspruch, den Vergil, ohne stilistisch aus dem Rahmen zu fallen, glaubhaft zu machen weiß. In ecl. 5 antwortet der Klage um den toten Daphnis (Theokr. 1) die frei als Pendant komponierte Apotheose (antike Erklärer wollten darin, ohne uns erkennbaren Grund, eine Allegorie der Apotheose Caesars sehen). Thema von ecl. 6 – dem Varus gewidmet, als schlichte Huldigung des Bukolikers, der zu Größerem wie den *laudes Vari* nicht berufen sei – ist die Dichtung selbst und ihre wunderbare Macht. Silen, im Rausch eingeschlafen, wird von Hirten mit dem eigenen Kranz gefesselt; er willigt gerne ein, sich durch Gesang zu lösen. Der Inhalt seines Liedes, vom Dichter teils kurz andeutend, teils knapp ausführend wiedergegeben, zeigt die Dichtung in der Fülle ihrer thematischen Möglichkeiten: wir finden da fast alle Lieblingsthemen der Alexandriner und ihrer römischen Schüler; nur der Anfang – Entstehung und Urzeit der Welt – greift auf Hesiod zurück, doch ist das Thema frei epikureisch im Stil des Lukrez behandelt. Ein Hesiod-Motiv ist auch die Dichterweihe des Cornelius Gallus, in dessen Preis – er war wohl ein Freund des Varus – das Gedicht gipfelt. Gallus ist auch der Held von ecl. 10: in Arkadien singt Vergil als Hirte ein Lied für den Freund in seiner Trauer, weil ihn Lycoris, die Dame seiner Elegien, verlassen hat. Die ganze Natur nimmt an seinem Leid teil; die Hirtengötter, Apollo und Pan, raten zu Maß und Vernunft. In fingierter Antwort – Elemente seiner Elegien (S. 57) in den bukolischen Stil umsetzend – wünscht Gallus, er wäre in dieser arkadischen Welt zu Hause; doch die Wirklichkeit ist anders: seine Liebe ist so übergroß wie sein Schmerz; selbst für die Treulose fühlt er nur liebende Sorge. *Omnia uincit Amor; et nos cedamus Amori.* Nach einem Bekenntnis seiner Freundschaft für Gallus läßt Vergil das Gedicht in ländliche Abendstimmung ausschwingen.

Sind ecl. 6 und 10, und auf andere Weise 1 und 9, mit Elementen durchsetzt, die außerhalb der bukolischen Welt liegen und nur durch die Kunst des Dichters, sich bei fließenden Übergängen auf mehreren Ebenen zu bewegen, mit ihr zur Einheit werden, so wächst die *Vierte Ekloge* „ein wenig" (Vers 1) darüber hinaus; ihr eigentlicher Gegenstand liegt außerhalb des Bukolischen, so oft auch im einzelnen bukolische Motive anklingen. Ein Sibyllenorakel (*Cumaeum carmen*) hat die Wiederkehr der *Saturnia regna* verkündet, der Zyklus des großen Weltenjahres ist beendet, auf die Eiserne Zeit folgt eine neue Goldene, aber nicht in plötzlichem Umschlag, sondern in schrittweisem Übergang, das Wachstum eines göttlichen Kindes begleitend, das in diesem „Jahr des Heiles", dem Konsulat Pollios, zur Welt kommen soll. Dieses doppelte Reifen zur „Fülle der Zeit" ist der Inhalt des Gedichtes. Der Knabe, eben erst „im Lächeln die Mutter erkennend", wird einst den Göttern und Heroen zugesellt werden; aber der Segensspruch der Parzen – gleich dem *decus hoc aeui* (v. 11) bewußt an Catull c. 64 erinnernd – gilt der neuen Ordnung, die dann vollendet sein wird. Das zu erleben, ist des Dichters großer Wunsch; dann hätte er sogar Pan übertroffen, dann wäre sein Arkadien Wirklichkeit. – Schon die Antike hat in diesem Gedicht einen verborgenen Sinn gesucht. Noch zu Lebzeiten Vergils hat Pollios Sohn Asinius Gallus sich als den Knaben der Ekloge bezeichnet; die alte Kirche hat auf Grund der Anklänge an Isaias (die zu den hellenistisch-jüdischen Elementen der Sibyllinen gehören) das Gedicht messianisch gedeutet. Beide Interpretationstypen gibt es, vielfach variiert, bis heute. Die Suche nach dem Kind ist erfolglos geblieben: die Ekloge ist so wenig eine Allegorie wie ecl. 1 oder 9. Das Kind ist aber auch kein Erlösergott, dafür ist es zu menschlich, zu spezifisch römisch. Es erinnert freilich an den Typ des „göttlichen Menschen" hellenistischer Prägung, der ja auch Züge griechisch-orientalischer Mysteriengötter tragen kann. Nennen wir es ein Heilbringersymbol; es muß darum nicht die personifizierte Goldene Zeit selbst sein. Der Friede von Brundisium hatte Hoffnung auf bessere Tage erweckt; Vergil mußte sich in seinem Glauben an Octavian bestärkt fühlen. Wenn der Knabe auch sicher nicht Octavian ist, vieles läßt sich dennoch auf ihn beziehen (hat ihn doch sein Altersgenosse Nikolaos von Damaskos als „göttlichen Menschen" gezeichnet); und über dem Eingang des Gedichtes steht, kaum ohne Absicht, der Name Apollo.

Mit den *Georgica* tritt Vergil in die „äußere" Welt, aus dem Arkadien seiner Dichtung in das Italien seiner Zeit. Es ist ein Gedicht von Arbeit und Leben des Bauern, und zwar des italischen, richtiger: des Römers, wie er einst sich selbst gesehen hatte und wie ihn Octavian wieder sehen wollte: *uir bonus colendi peritus,* der eben an jener Arbeit die Kräfte entfaltete, die ihn zum Herrn der Welt bestimmten. Natürlich hat Vergil, so vertraut er von Kindheit an mit dem Landleben und der Arbeit des Landmanns war, Fachliteratur studiert; aber wieviel auch davon in die *Georgica* eingegangen sein mag, sie sind kein Lehrgedicht im technischen Sinn wie es die *Georgica* Nikanders (3. Jh. v. Chr.) waren. Vergil geht nicht nur stofflich über den Gegenstand hinaus (z. B. mit der Himmelskunde, nach den Phainomena des Aratos und dem Hermes des Eratosthenes), sondern transzendiert ihn: im Leben des Landmanns erfaßt er das Wesen des Menschenlebens überhaupt, die bäuerliche Arbeit ist ihm Wurzel und Sinnbild der Kultur. Der Mensch muß, um menschlich zu leben, in die Natur eingreifen – wählend, ordnend, gestaltend –, aber er ist selbst ein Teil der Natur und steht unter ihrem Gesetz; er kann nicht nach Belieben schalten. In der Natur fehlt das Feindliche und Furchtbare nicht: Schädlinge der Feld- und Baumfrucht, Feuer und Unwetter, Seuchen. Auch gibt die Erde nichts von selbst. Wir leben im Eisernen Zeitalter, nicht unter dem milden Saturnus, sondern unter Iuppiter, der will, daß der Mensch sich plage; doch der Zwang zum *labor impro-bus,* der niemals endenden Arbeit, wirkt in Mensch und Natur der Tendenz zu Entartung und Verfall entgegen, spornt zu jenen Erfindungen *(artes)* an, auf denen die menschliche Kultur beruht. Freilich hat der Mensch an der Natur ein ungleiches und unberechenbares Gegenüber; darum braucht er den Segen der Götter. Doch die Götter helfen nur dem, der sich selber hilft, sie lassen gern den Dingen ihren Lauf, wie beim Viehsterben, wo erst höchste Not die Lösung finden läßt. Natur ist die große Lehrerin. Während sich im Stier die wilde Leidenschaft ungebändigt zeigt, während die Bienen einen Staat bilden, dessen Vollkommenheit über menschliches Begreifen geht, muß der Mensch das Gesetz, das im Kosmos mit Notwendigkeit wirkt, bewußt in sich verwirklichen. Davon aber hat sich die Menschheit weiter und weiter entfernt; der Blick in die eigene Zeit läßt ein erschreckendes Chaos sehen. Nur wo sich die zeitlose Lebensform des Landmanns erhalten hat, ist noch ein Rest „arkadischer" Unschuld verblieben; die *iustissima tellus* hat Spuren jener Gerechtigkeit bewahrt, die mit dem Ende der Goldenen Zeit von der Erde schwand (vgl. ecl. 4, 6). Einzige Rettung aus dem Zusammenbruch ist die Besinnung auf die menschliche Natur, die sich im Leben des Bauern am klarsten ausprägt. Octavians Sieg hat zu solcher Rückkehr die Möglichkeit gegeben, sein Planen zielt auf ihre Verwirklichung; mögen ihn die Götter, neben denen ihn der Dichter jetzt schon anruft, sein segensreiches Werk vollenden lassen!

Nach diesem Versuch, den geistigen Gehalt der *Georgica* in seiner Schichtung anzudeuten, wenden wir uns dem Gedicht im einzelnen zu. Hingebende Sorgfalt der Ausführung – Vergil hat daran sieben Jahre (36–29) gearbeitet – erreicht hier eine kaum zu überbietende Vollkommenheit in Versbau, Sprache und Komposition: ‚the best poem of the best poet' (Dryden).

Der Aufbau der *Georgica* will in der Behandlung des Gegenstandes den immanenten Sinn erkennen lassen. Der Stoff gliedert sich in vier große Gebiete, deren jedes ein Buch füllt: Ackerbau, Baum- und Weinkultur, Viehzucht, Bienenzucht. Aber die großen Themen, auf die es Vergil ankommt, werden alle schon früh im ersten Buch angeschlagen und durchziehen das ganze Werk; die vier Bücher verhalten sich zueinander wie die Sätze einer

Symphonie. Ein „Kontrapost" liegt darin, daß ähnlich wie bei
Lukrez Bücher mit breit angelegtem, in sich geschlossenem Proömium und solche mit kurzer, unmittelbar zum Thema führender
Einleitung aufeinander folgen; auch die Schlußpartien der Bücher
sind kontrastierend aufeinander abgestimmt. Innerhalb der Bücher
ist die Gliederung im großen klar, doch nicht aufdringlich, im
einzelnen frei und schwebend. So wachsen auch die berühmten
„Exkurse" (hier kaum das rechte Wort) wie *labor* und *artes*
(1, 121 ff.), Landleben und Goldene Zeit (2, 458 ff.), die kämpfen-
den Stiere (3, 215 ff.), die norische Viehpest (3, 478 ff.), organisch
aus dem Zusammenhang; nicht aufgesetzte Glanzstücke, sondern
sinnvolle Glieder eines Ganzen. Selbst ein so zeitgebundenes Stück
wie die Prodigien bei Caesars Tod (1, 466 ff.) macht keine Ausnahme: Wie die Wetter- und Himmelszeichen – ihre Kenntnis
gehört zu den *artes* des Bauern, dessen Arbeit so eng an das
Gesetz des Kosmos gebunden ist – eine Störung in der Natur
ankündigen, so sind sie auch Vorzeichen einer Gefahr für die Ordnung im Leben des Menschen. Caesars Ermordung hat die Welt
in neues Chaos gestürzt; die Bitte, ihr den endlich erschienenen
Retter zu erhalten, die auf das Proömium zurückweist, ist der
natürliche Abschluß dieses Zusammenhanges. Der berühmteste dieser
„Exkurse", die *laudes Italiae* (2, 136 ff.), wird zum Schwerpunkt
des ganzen Werkes: hier treffen sich nicht nur gleichsam poly-
phonisch die Hauptthemen; das Natürlich-Menschliche wird auch
in der Geschichte wirksam gesehen.

Programmatisch steht am Schluß dieses Preises der Vers: *Ascrae-
umque cano Romana per oppida carmen.* Askra in Böotien ist
der Geburtsort Hesiods, in dem das spätere Altertum den „Erfinder"
des „Lehrgedichtes" sah – wir würden heute sagen: den ersten
Gedankendichter. Der Gedanke, die Frucht der Reflexion, wird
eben in alter Zeit stets als Lehre vorgetragen. Der Dichter der
Georgica will ein römischer Hesiod sein. Er hat natürlich Hesiods
„Werke und Tage" im Auge, die nicht nur stofflich, sondern auch
im Ethos den *Georgica* verwandt sind. Die Abfolge der Weltalter
vom goldenen bis zum eisernen, harte Arbeit als Bedingung des
Wohlstands, das Schwinden der Gerechtigkeit, daneben technische
Anweisungen für den Landwirt und allerhand Spruchweisheit konnte
Vergil bei seinem Vorbild finden. Aber er hat doch nur Anregungen aufgenommen, wenn auch reiche. Schon der Ausgangspunkt
ist verschieden. Hesiods Anlaß ist ein privater: in einem Rechts-
streit mit seinem Bruder Perses hatten bestochene Richter dem
Nichtstuer Perses das väterliche Erbe zugesprochen; Hesiod will
mit seinem Gedicht Perses auf den rechten Weg bringen. Vergils

Anliegen ist ein öffentliches, um nicht zu sagen offizielles, freilich eines, das ihm selbst (*mecum miseratus agrestis* 1, 41) Herzenssache war. Von Hesiod unterscheidet er sich auch in seiner Haltung zur Welt. An Stelle der Resignation des desillusionierten Griechen tritt bei Vergil, ohne daß er sich darum einer Täuschung über die harte Wirklichkeit hingäbe, doch das Vertrauen: lebt er gleich in der Eisernen Zeit, Italien, *magna parens frugum, magna uirum,* ist – potentiell – noch immer *Saturnia tellus.*

Ähnlich ist der Gegensatz Vergils zu seinem römischen Vorbild, Lukrez, dessen Stil er hier ebenso vollendet wie den des Ennius in der *Aeneis.* Lukrez steht der Natur, die er erklären will, als einem Objekt gegenüber; noch in seinen lebendigsten Naturbildern merkt man das Detachement. Vergil fühlt sich zugehörig, er nimmt Anteil. An der berühmten Stelle 2, 480 ff., wo er sich von Lukrez distanziert, gesteht er dem Vorgänger die Überlegenheit seiner philosophischen Weltanschauung zu; er selbst ist glücklich in der Welt, der er zugehört, zwar nicht frei von aller Furcht, aber doch geborgen.

Das 4. Buch stellt eigene Probleme. Es ist mit besonderer Liebe geschrieben. Die Bienen haben etwas Geheimnisvolles, das die Phantasie der Menschen zu allen Zeiten angeregt hat. Ob Vergils Vater Bienen hielt oder nicht, der Dichter hat jedenfalls das Leben der Bienen aufmerksam und liebevoll studiert.[1] Das Wunderbarste an den Bienen war nach der Meinung der Alten, daß sie durch Urzeugung aus dem Blut geschlachteter Rinder entstehen können. Diese Kunst, besonders von den Ägyptern gepflegt, hat zuerst Aristaeus geübt. Der thessalische Hirte hatte alle seine Bienen durch Krankheit und Hunger verloren; verzweifelt klagt er seiner Mutter, der Flußgöttin Cyrene, seine Not; sie weist ihn an den allwissenden Proteus, um die Ursache des Übels zu erfahren, und dieser belehrt ihn, daß seine Bienen am Tod der Eurydike und so am Unglück des Orpheus schuld waren. Darauf befiehlt Cyrene ihrem Sohn, dem Orpheus vier Rinder als Totenopfer zu schlachten und nach acht Tagen an den Ort des Opfers zurückzukehren; Aristaeus gehorcht und findet die Tierleiber voll von Bienen. Die Urzeugung, gleichsam ein Erbe der Urzeit, ist nicht nur ein sinnvoller Höhepunkt dieser ersten „Vie des abeilles", sie fügt sich auch der Thematik des Gesamtwerkes ein. Nun aber (4, 315) beginnt, durch

---

[1] Liebevoll ist auch der Garten eines alten Bienenzüchters bei Tarent beschrieben. Mit Gewalt reißt sich Vergil von diesem Idyll los; er muß zum Ziel eilen, über Gärten zu dichten will er andern überlassen (4, 148; Columella, s. S. 77, fühlte sich dadurch angeregt, dem 10. Buch seines Werkes *De agricultura,* das vom Gartenbau handelt, Versform zu geben).

den Musenanruf deutlich abgehoben, ein kunstreiches Epyllion,
für das kein griechisches Vorbild bekannt ist. Der preziöse Rahmen
– Nymphenkatalog, Beschreibung des Wasserpalastes der Cyrene
und der Höhle des Proteus, Schilderung der Versuche (nach Odyssee
Buch 4), des sich ständig Verwandelnden habhaft zu werden, Ritual
und Bienenzeugung – umschließt eine der ergreifendsten Episoden,
die Vergil gedichtet hat, die Erzählung von Orpheus und Eurydike
(die Menschen haben vor den wunderbaren Bienen doch die Liebe
voraus, die stärker ist als der Tod). Ein Epyllion als Krönung
eines Lehrgedichtes – das ist, trotz aller Gedankenverbindung
mit dem Rest des Werkes, einmalig in der antiken Literatur. Nun
sagt Servius (zu ecl. 10, 1 und georg. 4, 1), die zweite Hälfte des
4. Buches sei ursprünglich ein Preis des Gallus gewesen, aber
nach dessen Sturz (26 v. Chr.) habe Vergil auf Wunsch des Augustus
jenen Teil durch die Erzählung von Aristaeus ersetzt (*fabula Orphei*
an der zweiten Stelle kann *pars pro toto* sein). Wir müssen der
Nachricht glauben, um so mehr als keine Spur einer Überarbeitung
erkennbar ist, die auf einen solchen Gedanken bringen konnte;
doch wissen wir nicht, worauf sich der Preis des Gallus bezog
(kaum auf seine Ernennung zum *praefectus Aegypti,* die erst
30 v. Chr. erfolgt war). Auf spätere Entstehung des Epyllions
deutet nach Büchner auch die Übernahme von Versen aus dem
1. Buch der Aeneis, die dort primär seien, hier aber in einer Weise
neu verwendet werden, wie es kaum ein anderer als Vergil hätte
tun können. Dagegen zeigt Klingner, daß die Aristaeus-Orpheus-
Geschichte ein in sich selbst und in ihrem Zusammenhang sinn-
volles Ganzes ist, und macht wenigstens im Falle von Georg. 4,
376 ff. ~ Aen. 1, 701 ff. ihre Unabhängigkeit von einander wahrscheinlich; er schließt daraus, daß Vergil sehr viel weniger geändert
habe als Servius vermuten ließe.

War in den *Georgica,* der Apotheose römischen Wesens
im bäuerlichen Tagewerk, die Geschichte nur eben angeklun-
gen, so wird sie in der *Aeneis* zur bestimmenden Dimension.
Schon vor den Bucolica hatte sich Vergil mit dem Plan
getragen, *res Romanas* zu besingen, doch die Materie hatte
ihn als Dichter abgestoßen (Vita Bern. 19). Im dritten Proömium der Georgica kündet er unzweideutig seine Absicht
an, die Taten Octavians zu feiern. Aber wenn Vergil je im
Ernst an ein panegyrisches Epos dachte, so war er zu sehr
Künstler, um den Gedanken nicht zu verwerfen. Augustus

der Friedensbringer, der Erneuerer Roms, mußte in einen
großen mythisch-historischen Zusammenhang gestellt werden;
nur so konnte dessen Werk in seiner vollen Bedeutung erfaßt,
nur so zum Gegenstand großer, einen weltgeschichtlichen
Moment verewigender Dichtung werden. Der Gedanke, Augustus im Spiegel der Aeneassage zu zeigen, lag nahe, seit Caesar
im Jahre 46 v. Chr. der Venus Genetrix, der Ahnfrau des
Julischen Hauses, das sich von dem Venussohn Aeneas her-
leitete, einen Tempel geweiht hatte. Der Legende, die den
Trojaner Aeneas mit dem Ursprung Roms zusammenbringt,
hatte der Sizilier Timaios von Tauromenion († 250 v. Chr.)
eine lang nachwirkende Form gegeben; als ein Stück römischer
Urgeschichte gehörte sie zum festen Bestand der Annalistik;
Naevius (der auch schon Dido und ihre Schwester Anna
kennt) und Ennius hatten sie in ihren Epen erzählt. Nun
sollten im Schicksal des Aeneas jene Keime der römischen
Geschichte sichtbar werden, die unter Augustus gereift waren.
So konnte der Preis des Herrschers, der sein Bild in Tempeln
nur neben der Dea Roma sehen wollte, zum Epos von Rom
werden, Vergil zum Verkünder der römischen Sendung in
der Welt, zum „Vater des Abendlandes", wenn wir darunter
jene besondere Weise menschlichen Lebens verstehen, der die
Pax Romana den Raum schuf. Kein Wunder, daß in ein so
breit und vielschichtig angelegtes Gedicht das geistige Erbe
einer Welt eingegangen ist – Geschichte und Sage, Religion
und Philosophie, die ganze Fülle künstlerischer Möglichkeiten,
die die Dichtung der Griechen und Römer entdeckt hatte;
es hat auch bis heute nicht aufgehört, das Dichten und Denken
Europas zu befruchten. Doch von diesem poetischen Kosmos
gilt, was der Dichter der *Georgica* (3, 16) ankündigte: *in
medio mihi Caesar erit.*

Zur Orientierung sei hier der *Inhalt* der Aeneis kurz angedeutet.
I: Aeneas, schon nahe der neuen Heimat, die ihm im Westen
verheißen ist, wird durch einen auf Anstiften der Troerfeindin
Juno erregten Sturm mit den Seinen an die afrikanische Küste
verschlagen und von Königin Dido in ihrem eben gegründeten

Karthago gastlich aufgenommen. – II–III: Beim Festmahl erzählt
Aeneas auf Didos Bitte seine Schicksale: den Fall Trojas, die von
den Göttern befohlene Flucht mit dem greisen Vater Anchises,
dem Sohn Ascanius und den troischen Penaten (II), sowie seine
Irrfahrten im östlichen Mittelmeer (III; neben Odyssee-Motiven
steht eine Landung bei Actium, ein Besuch von Buthrotum, wo
ein anderer Troer, der Seher Helenus, sich angesiedelt hat, und
der Tod des Vaters in Sizilien). – IV: Dido, von der besorgten
Venus mit Liebesleidenschaft zu ihrem Gast erfüllt, bricht ihren
Entschluß, dem toten Gemahl Sychaeus die Treue zu bewahren,
und versucht Aeneas gegen seine Bestimmung bei sich zu halten.
Juno, die wenigstens die Gründung eines neuen Troja vereiteln
möchte, vereint sich mit Venus, um Aeneas an Dido zu binden.
Aeneas erliegt und vergißt seiner Sendung so völlig, daß ihn
Iuppiter durch Merkur an seine Aufgabe erinnern muß. Als Didos
verzweifelte Bitten bei Aeneas gegen die göttliche Mahnung nichts
ausrichten, verflucht sie den unfreiwillig Treulosen und gibt sich
den Tod. – V: Auf der Fahrt nach Italien zwingt ein Sturm die
Aeneaden zur Landung in Sizilien. Es ist der Jahrestag von Anchises'
Tod, und Aeneas hält dem Vater glänzende Leichenspiele. Indessen
hat Juno den Frauen im Gefolge des Aeneas eingegeben, nicht
weiterziehen zu wollen; sie werfen Feuer in die Schiffe, um die
Weiterfahrt zu verhindern. Auf Aeneas' Gebet löscht plötzlicher
Regen das Feuer, doch die mangelnde Zuversicht der Seinen macht
ihn fast an seiner Sendung irre. Da erscheint ihm Anchises im
Traum: Aeneas soll die Kleinmütigen in Sizilien ansiedeln, doch
mit den anderen weiter sein Ziel verfolgen; bei der Ankunft in
Italien soll er zuerst den Vater in der Unterwelt aufsuchen, damit
dieser ihm die große Zukunft enthüllen könne, die seiner neuen
Gründung bestimmt ist. – VI: Landung in Cumae. Von der Sibylle
geleitet und durch einen zauberkräftigen goldenen Zweig geschützt,
steigt Aeneas beim Avernersee in die Unterwelt; verschiedene
Begegnungen (Dido!); Wiedersehen mit dem Vater im Elysium.
Anchises zeigt dem Sohn die Seelen, die nach dem Gesetz der
Wiedergeburt einst als große Römer zur Welt kommen werden
– Repräsentanten des Römertums, dessen geschichtliche Bestimmung
in berühmten Versen (847 ff.) ausgesprochen wird. Aufstieg des
Aeneas zur Erde. – VII: Landung in Latium. Aeneas sendet eine
Gesandtschaft an den König Latinus; dieser, einem alten Orakel
gehorchend, nimmt sie ehrenvoll auf und bietet Aeneas die Hand
seiner Tochter Lavinia an. Doch Juno erregt Streit zwischen Troja-
nern und Latinern, der bald zum Krieg führt. Latinus selbst bleibt
ihm fern; Führer ist der heldenhafte, doch selbstherrliche Rutuler

Turnus, der Lavinia für sich begehrt und den die Königin Amata begünstigt. – VIII: Aeneas sucht Bundesgenossen; er findet sie in Euander, der an der Stätte des späteren Rom herrscht und ihm eine Schar unter Führung seines jungen Sohnes Pallas mitgibt, und bei dem Etrusker Tarchon. Auf Venus' Bitte schmiedet Volcanus dem Aeneas Waffen, darunter einen Schild, auf dem prophetisch Szenen aus der römischen Geschichte dargestellt sind. – IX: Während der Abwesenheit des Aeneas werden die Troer von Turnus hart bedrängt. In der Nacht versuchen die Freunde Nisus und Euryalus, sich durch das feindliche Lager zu schlagen, um Aeneas Kunde von der Gefahr zu geben; doch durch die Unvorsichtigkeit des Euryalus finden beide den Tod. Auch am folgenden Tag kämpfen die Troer unglücklich. – Buch X beginnt mit einer Götterversammlung, in der Iuppiter sowohl Juno wie Venus wegen ihres Eingreifens in die Kämpfe zur Rede stellt; an diesem Tag soll das Kriegsglück frei seinen Lauf nehmen. Aeneas kehrt zurück und tritt in den Kampf ein. Turnus hat eben einen leichten Sieg über den jungen Pallas gewonnen, nimmt ihm sein Wehrgehenk ab und höhnt noch übermütig den Sterbenden. Das fordert die rächende Hand des Aeneas heraus, doch Juno darf Turnus für den Augenblick retten. Aeneas findet einen Gegner in Mezentius; dem Verwundeten erkämpft sein Sohn Lausus um den Preis des eigenen Lebens den Rückzug; den Mezentius erwartet sein Schicksal, als er auf die Nachricht vom Tod des Sohnes in die Schlacht zurückkehrt. – XI: Während der Waffenruhe zur Bestattung der Toten schlägt Aeneas vor, den Krieg durch einen Zweikampf zwischen ihm und Turnus zu entscheiden; Latinus ist sogar zu einem Vergleich bereit, doch Turnus drängt zur Fortsetzung des Krieges. Als aber seine Verbündete, die heldenhafte Camilla, getötet wird, ist sein Schlachtplan gescheitert. Aeneas zieht vor die Stadt. – XII: Der Zweikampf soll am folgenden Tag stattfinden. Aber die Rutuler brechen den Vertrag und die Schlacht beginnt von neuem. Erst als Aeneas die von Verteidigern entblößte Stadt des Latinus stürmt, tritt ihm Turnus zum Zweikampf entgegen. Juno kann das Fatum nicht länger aufhalten; doch gewährt ihr Iuppiter, daß in Latium kein neues Troja erstehen soll, daß Aeneas und seine Gefährten Latiner werden. Turnus unterliegt und bittet um Schonung. Aeneas ist zur Milde geneigt, da fällt sein Blick auf das Wehrgehenk des Pallas, das Turnus trägt, und er weiß, er hat kein Recht Gnade zu üben. Mit dem Todesstreich, den Turnus empfängt, kommt die Aeneis zu Ende.

In der *Gesamtkomposition* überschneidet sich eine Zweiteilung (I–VI, VII–XII: „Odyssee" und „Ilias", Fahrt nach der neuen Heimat und Kampf um sie) mit einer Dreiteilung (I–IV: Aeneas in Karthago, V–VIII: Fahrt nach Latium und Vorbereitung der Kämpfe, IX–XII: die Entscheidung).[1] Doch sind weder diese Gruppen noch die einzelnen Bücher streng als selbständige Einheiten komponiert; von V an steht je ein Paar im Verhältnis von Vorbereitung und Hauptstück; I und IV umrahmen die Erzählung des Aeneas in II–III. Wichtiger als das architektonische Gerüst sind für das Verständnis die subtileren Strukturelemente: die Ausgewogenheit der Einzelszenen gegeneinander, durchgehende Themen und Motive, Verbindungslinien und Übergänge, die nur die interpretierende Analyse bewußt macht.

Quellen und *Vorbilder* sind zahlreich und mannigfaltig. Vergil ist *doctus poeta* und die Aeneis ist eine Deutung seiner Welt; auch im rein Künstlerischen ist er Erbe einer doppelten Tradition. Zweifellos hat er nicht nur mehrere im einzelnen voneinander abweichende Formen der Aeneassage gekannt und sich ihrer Elemente frei bedient, er war auch mit den (stark hellenisierten) Überlieferungen des alten Italien (Osker, Umbrer, Etrusker) und Sizilien vertraut. In seiner Unterwelt mischen sich Züge der homerischen *Nekyia* und einer uns nicht mehr faßbaren Katabasis mit religiösen und philosophischen Lehren (z. B. der stoischen Lehre von der Weltseele, dem orphischen Reinigungsgedanken, der pythagoreischen Metempsychose) – materiell unausgeglichen, doch jeweils dem künstlerischen Bedürfnis dienend; manches ist literarisch überhaupt nicht bezeugt, etwa das Märchenmotiv vom goldenen Zweig oder der (vielleicht *ad hoc* erfundene) Zug, daß die Seelen der künftigen Römer bereits deren irdische Gestalt haben.

Dichterische „Vorbilder" sind in erster Linie Homer und Ennius. Der Leser sollte sie als solche erkennen, das ist beabsichtigte Wirkung. Vor den Kritikern seiner *furta*, alten wie neueren, hat Vergil recht behalten mit der Bemerkung, es sei leichter, dem Herkules seine Keule zu entreißen als dem Homer einen Vers. Ein Heldenepos mußte „homerisch" sein, das verlangte die antike Poetik. Als Homeride zeigt sich Vergil nicht nur in Stilelementen (Epitheta, Formeln, Gleichnissen, stereotype Verse), nicht nur in der Übernahme (und Umbildung) von Motiven, Situationen und Episoden, sondern auch bis in die Komposition (Erzählung der Irrfahrten nach der Rettung aus Schiffbruch auf der letzten Fahrt; Aufgliederung der Kampfszenen) – aber es ist immer Homer „with

---

[1] Oder V–IX, X–XII? Vgl. W. A. Camps, Class. Quarterly 1959, 53 ff. Die Götterversammlung am Beginn von X ist doch wohl als Auftakt zur letzten Phase gedacht.

a difference". Das zeigt sich zunächst in der psychologisch differenzierteren Menschendarstellung, die (nicht ohne Einfluß der Tragödie) das alexandrische Epos (Apollonios von Rhodos) und dann Catull und die Elegiker erstrebt hatten: im Didobuch liegt die Integration dieser Elemente auf der Hand. Aber Vergil geht weiter: er verlegt den Schwerpunkt von den Ereignissen in das Erleben des Helden; an die Stelle der objektiven Erzählung tritt das Nacherleben des sich gleichsam objektivierenden Dichters (ähnlich der „Verwandlung" eines Schauspielers in die darzustellende Gestalt, die doch in gewissem Sinn auch das eigene Selbst ist); in diesem Prozeß erst geht dem Dichter der Sinn des — doppelt — Erlebten auf, er findet die geschichtliche Deutung aus der eigenen geschichtlichen Situation. Damit erhält jedes übernommene Element eine neue Funktion.

Homers Helden sind typische Individuen. Vergils Aeneas ist der idealisierte Repräsentant seines Volkes; darum fehlen ihm die persönlichen Züge, darum ist er — eben als Römer — *magnanimus* und *pius*. Der homerische Held steht wohl unter einem Schicksal, dem er nicht entgehen kann, dem selbst die Götter unterworfen sind, aber *hic et nunc* ist er durchaus Herr seiner Entschlüsse; für Aeneas ist seine göttliche Bestimmung *(fata)*, Ahnherr der Römer zu werden, *raison d'être;* er ist, gleich dem Herakles der Sage (Buch 8) und dem *praesens diuus* Augustus (Hor. carm. 3, 5, 2), ein „göttlicher Mensch". Das homerische Epos erzählt Geschichte (oder was dafür galt) um ihrer selbst willen, auch seine tiefe Menschlichkeit ist einfach da; die Menschlichkeit des Aeneas hat etwas Programmatisches wie sein Schicksal, das stets auf Troja zurück- und auf Rom vorausweist. Dieses Schicksal, *fatum* (häufiger *fata),* ist aber zugleich der Sinn der Weltgeschichte, wie sie ein Römer jener Zeit sehen mochte. Die *fata* (auch dies unhomerisch) sind identisch mit Iuppiter — dadurch steht er ebenso über Juno, die sie nicht wahrhaben will, wie über Venus, die meint, ihnen Vorschub leisten zu müssen; auf Erden bringen sie Dido, deren Wissen um Aeneas' *fata* von ihrer Leidenschaft „verdrängt" wird, und Turnus, der sich verblendet über sie hinwegsetzt, den Untergang. Aeneas folgt ihnen — erst unselbständig, dem Vater gehorsam, dann tastend und schwankend, zuletzt in freiem, bewußtem Einklang: *uolentem fata ducunt* gilt auch von ihm. Seine Aufgabe ist zunächst nur dunkel angedeutet, aber wie sich (im Lauf des 3. Buches) das Ziel der Fahrt immer mehr aufhellt, so wird — über das ganze Werk hin — die Aufgabe des Aeneas ihm selbst immer klarer und bestimmter. Aeneas macht dabei gewiß eine Art von Entwicklung durch, aber es ist Pilgrim's Progress, und den Pilger erwartet

(12, 794) die Apotheose. Freilich ist es auch ein Leidensweg, denn das Leiden gehört zum Wesen der Welt: *sunt lacrimae rerum.* Aber wo ein Ziel ist, da ist auch Hoffnung.

Auf diesem Hintergrund bekommen die individuellen Schicksale (Dido, Nisus und Euryalus, Euander und Pallas, Mezentius und Lausus, Camilla) einen „romantischen" Zug. Für sich betrachtet, gehören diese „Episoden" zu dem Schönsten in Vergils Werk. Niemand läßt uns ergreifender und doch ohne Sentimentalität den Tod junger Menschen (Euryalus, Pallas, Camilla) miterleben. Scheinbar episodisch, haben diese Stücke doch ihren festen Platz in der Ökonomie des Ganzen (nur die Vorgeschichte der Camilla, 11, 539 ff., wirkt als nicht völlig eingearbeitet). Alle diese „Episodengestalten" überragt an Bedeutung Dido. Daß Aeneas sie verlassen muß, ist nicht nur (wie bei Naevius) die erste Ursache der Feindschaft von Rom und Karthago. Innerhalb der Aeneis selbst bleibt Dido über ihren Tod hinaus gegenwärtig; bei der Begegnung in der Unterwelt wendet sie sich wortlos von Aeneas ab; doch die Erinnerung an sie taucht mehrmals wie ein Schatten auf (5, 571; 9, 266; 11, 73 ff.), der Aeneas – und uns – verfolgt. Sie ist gleichsam das Bauopfer des Reichsgründers.

Die Kampfszenen sind bei aller formalen Kunst doch etwas leblos. Dagegen ist Vergil auf der Höhe seiner suggestiven Kraft, wo er Feierliches, Numinoses darstellt, z. B. in den zahlreichen Prodigien (wozu H. Kleinknecht, Hermes 69, 1944, 66 ff., überzeugend den Tod des Laokoon in Buch 2 stellt); numinos als ganzes ist Aeneas' Besuch bei Euander, an der Stätte des späteren Rom – bezeichnend, daß hier, in der Umwelt des Arkaders, auch „arkadische" Züge hervortreten. Der Ideendichter Vergil spricht vor allem aus dem 6. Buch, das manche Berührung mit Ciceros „Staat" hat.

Das ennianische Element in der Aeneis ist weniger problematisch – es ist ein Wettstreit mit dem Vorgänger auf annähernd gleicher Ebene, die spezifischen Dimensionen der Aeneis spielen hier nicht so sehr herein. Das Wesentliche ist schon bei Ennius (Bd. 1, 51 f.) gesagt worden. Leicht gedämpftes Echo ennianischer Verse und Prägungen sollte den Eindruck archaischer Würde ohne archaische Schwere erzeugen, im neuen Römerepos sollte das alte immer wieder nachklingen. Auch lukrezische Töne sind vernehmlich, wie sich umgekehrt in den *Georgica* manche Enniusreminiszenz findet.

Zeigt die Aeneis Spuren ihres unvollendeten Zustands? Sicher in den Halbversen (von denen aber nur 3, 337 den Sinn unvollendet läßt). Vom Standpunkt der Komposition machen II und X den

Eindruck des Unfertigen, vor allem durch die mangelnde Konsistenz in der zeitlichen Korrelation der Ereignisse; zu Camilla (XI) s. oben, S. 34. Auch *tibicines* will man entdeckt haben, z. B. in der Iuppiter-Venus-Szene des 1. Buches. Daß (von den Halbversen abgesehen) eindringende Analyse nötig ist, um solche Spuren zu entdecken, gibt eine Ahnung von dem hohen künstlerischen Maßstab der augusteischen Dichter. Natürlich müssen kleine Unstimmigkeiten, „Widersprüche", im einzelnen für diese Frage beiseite bleiben. Sie finden sich in jedem Schriftwerk größeren Umfangs, und wenn Vergil da nicht pedantisch war, so konnte er sich auf die „Widersprüche" der Ilias und Odyssee berufen, die ihm ja als individuelle Schöpfung e i n e s Dichters galten.

Der Bedeutung von Vergils Werk waren sich schon die Zeitgenossen bewußt. Die abfällige Kritik, von der die Viten und Kommentare Proben geben, verstummte bald. Q. Caecilius Epirota, ein Freigelassener des Atticus, führte das Studium Vergils in die Schule ein, wo er sich bis heute behauptet hat. Aber auch die Dichter stehen von nun an unter Vergils Einfluß, selbst jene, die wie Lucan andere Wege gehen. Ein begeisterter Verehrer und Nachahmer Vergils war Silius Italicus (S. 82 f.), dem Cornutus, der Lehrer des Persius, eine Schrift über Vergil widmete. Selbst die Archaisten ließen ihn als Vorbild gelten; ein Florus schrieb in hadrianischer Zeit über das Thema *Vergilius orator an poeta*. In dem Maße wie sich die Grenzen von Prosa und Poesie verlieren, beeinflußt Vergil auch die gehobene Prosa. In der Spätantike steht er in fast ebenso hohem Ansehen bei den gebildeten Christen wie bei der nationalrömischen Reaktion; der spätere Augustinus hat ihn freilich abgelehnt – nicht ohne seinem Herzen Gewalt anzutun.

Eine kritische Ausgabe unternahm M. Valerius Probus; doch ist es fraglich, ob sich aus ihr die erhaltenen Hss. des späteren Altertums herleiten. Die acht mehr oder minder vollständig erhaltenen antiken Vergilhss. gehören zu den kostbarsten materiellen Resten der römischen Literatur. Zwei davon (der Augusteus, zwischen Berlin und dem Vatikan verteilt, und die Sankt Galler Fragmente) sind in der seltenen, der klassischen Monumentalschrift entlehnten *capitalis quadrata* geschrieben, die übrigen in der leichteren und engeren *capitalis rustica.* Unter letzteren ragt der „Vergilius Vaticanus" (Vat. lat. 3225, 4 Jh.) durch seine kunstgeschichtlich bedeutenden Bilder hervor (Faksimile hrsg. von Fr. Ehrle, ²1930). Die zahlreichen mittelalterlichen Hss. vom 9. Jahrhundert an gehen z. T. auf verlorene antike Exemplare zurück; andere Varianten kennen wir aus den Grammatikern. Eine erschöpfende *recensio* des Vergiltextes steht noch aus; inzwischen vergleiche die gehaltvolle Vorrede der Oxforder Ausgabe von R. A. B. Mynors (1969).

Vergil ist früh kommentiert worden; erhalten sind erst Kommentare des 4. und 5. Jahrhunderts. Neben den *Saturnalia* des Macrobius (S. 111 f.), in denen viel von Vergilproblemen die Rede ist, sind wichtig: 1. der Kommentar des Aelius Donatus; erhalten ist nur die Einleitung zu den *Bucolica,* doch nimmt Donats Schüler Servius oft auf ihn Bezug; 2. der Kommentar des Servius, vorwiegend grammatisch, dem Schulunterricht dienend; 3. die nach dem ersten Herausgeber benannten *Scholia Danielis.* Das gegenseitige Verhältnis der drei Kommentare wird verschieden beurteilt. Sicher ist, daß ein wichtiger Überlieferungszweig der Servius- und Danielscholien über Irland führt; dort haben auch die Berner Scholien, ein Auszug aus antiken Kommentaren, vielleicht durch Adamnán von Iona († 704), ihre jetzige Form erhalten. Einen vorwiegend rhetorischen Kommentar schrieb der gebildete Heide Ti. Claudius Donatus, vielleicht im 5. Jahrhundert; vorwiegend sachlich ist ein Kommentar zu *Bucolica* und *Georgica* unter dem Namen des Probus, dessen Kern auf den berühmten Grammtiker zurückgehen könnte.

Das Mittelalter sah in Vergil nicht nur im Sinn der Grammatiker ein Muster lateinischen Stils, sonder einen auf das Christentum vorausdeutenden Weisen; seit dem 12. Jahrhundert gilt Vergil sogar als Magier, es gibt eine Vergillegende. *Imitatio* des Vergil geht durch die ganze mittelalterliche Dichtung; das 9. Jahrhundert hat L. Traube geradezu als *aetas Vergiliana* bezeichnet. Epen vergilischer Art gibt es aber auch später: das Waltharilied, die Alexandreis des Walter von Châtillon, den Trojanischen Krieg des Joseph von Exeter. Selbst das nationale Epos, Rolandslied wie Nibelungenlied, ist Vergil verpflichtet. Ein neues Verhältnis zu Vergil zeigt Dante: nicht mehr Nachahmung, sondern Wiedergeburt; das gilt auch im wesentlichen für die großen Epen der frühen Neuzeit. Die Wiederentdeckung Homers hat den Ruhm Vergils zeitweilig verdunkelt, besonders in Deutschland, hat aber keine große Dichtung hervorgebracht, die zur Ilias und Odyssee in ähnlichem Verhältnis stünde wie *Gerusalemme liberata* oder *Lusiades* zur Aeneis. Die Gründe mögen z. T. in der literarischen Situation jener Zeit liegen;

vor allem aber führt von Vergil ein breiterer Weg in unsere Welt
als von Homer. Vergleichende Wertung des Unvergleichbaren ist
wertlos; besser wäre es, zu fragen, was jedem fehlt: es würde sich
zeigen, daß auf beiden Seiten der Verlust eben der Gewinn ist. In
der Kunst, dem strengen Hexameter mit sparsamsten Mitteln eine
Fülle von Möglichkeiten zu entlocken, einen mit Bedeutung gesät-
tigten Gegenstand in transparentem, fast aller Rhetorik entbehren-
dem Stil darzustellen und dem besonderen Charakter jedes Werkes
ebenso gerecht zu werden wie der Vielfalt der Einzelheiten in der
Einheit des Ganzen (vgl. Macr. sat. 5, 1, 19.; 2, 1), darin hat Vergil
kaum seinesgleichen.

Literatur: F. A. Peeters, Bibliography of Virgil (New York, 1935), Nachdruck
Rom 1973 (Studia Philologica 22). Zusammenfassend K. Büchner, RE 8 A,
1021–1486. Aus der älteren Literatur sind von bleibendem Wert W. Y. Sellar, The
Roman Poets of the Augustan Age: 1. Vergil, ²1897, der englische Kommentar von
J. Connington und H. Nettleship, 3 Bde, ⁴1912, und J. Henry, Aeneidea, 4 Bde,
1873–1889. Grundlegend für die neuere Vergilforschung wurden R. Heinze, Vergils
epische Technik, ³1915 (jetzt neugedruckt), und E. Nordens Kommentar zu Aeneis
VI, ³1926.

T. Frank, Vergil: a biography, 1922. – E. K. Rand, The magic art of
Vergil, 1931. – W. F. Jackson Knight, Roman Virgil, 1944. – J. Perret, Virgile:
l'homme et l'oeuvre, 1952. – Th. Haecker, Vergil, Vater des Abendlandes,
⁷1952 (Versuch einer geschichtsphilosophischen Interpretation). – R. Brasillach,
Gegenwärtiger Vergil, 1962. – Über die neueste Vergilliteratur – beherrscht von
strukturellen Zahlenspekulationen, die O. Skutsch, Harvard Stud. Class. Phil.
73, 1969, 153 ff. in ihre sinnvollen Grenzen weist, und intuitiver Interpretation –
erheben sich zwei Bücher: F. Klingner, Virgil: Bucolica, Georgica, Aeneis, 1967,
und B. Otis, Virgil: a study in civilized poetry, 1963. – Einzelne Werke: Aus
der Literatur zum Appendix-Problem ragt hervor F. Leos erklärende Ausgabe
des *Culex*, 1891; anregend F. Dornseiff, Sitzungsber. Leipzig 97, 6 (1951), 1 ff.
(Catalepton, Culex, Aetna). Über den Stand des Problems orientieren K. Büchner,
a. a. O. 1062 ff., und knapper G. E. Duckworth, Recent work on Virgil (1958)
3 ff. – Bucolica: H. J. Rose, The Eclogues of Virgil, 1942. – V. Pöschl, Die
Hirtendichtung Virgils, 1964; dazu O. Skutsch, Gnomon 37, 1965, 162 ff. –
Georgica: Erkl. Ausgabe von Will Richter, 1957. –L. P. Wilkinson, The
Georgics of Virgil: a critical survey, 1969. – Aeneis: V. Pöschl, Die Dichtkunst
Vergils: Bild und Symbol in der Aeneis, 1950. – F. J. Worstbrock, Elemente
einer Poetik der Aeneis, 1961. – Einzelaspekte: C. Bailey, Religion in Vergil,
1935; Virgil und Lucretius, 1947. – P. Boyencé, La religion de Virgile, 1963.
– V. Buchheit, Vergil über die Sendung Roms, 1963. – K. Büchner, Der
Schicksalsgedanke bei Vergil, 1947. – D. Comparetti, Virgilio nel medio evo
(neu hrsg. v. G. Pasquali), 2 Bde, 1943.

2. Q. Horatius Flaccus

Es gibt kaum einen größeren Gegensatz zu Vergil als
den Südländer Horaz. Klein und beweglich, in späteren Jahren
beleibt (Augustus neckt ihn damit in einem Brief); kein Ver-
ächter von Wein und Liebesgenuß, ohne sich doch daran

zu verlieren; ein scharfer Beobachter, zur Skepsis neigend, kritisch und selbstkritisch, auf die Wahrung seiner Unabhängigkeit in Denken und Leben bedacht und gerade darum ein aufrichtiger und zuverlässiger Freund; „Schwein aus der Herde Epikurs" (epist. 1, 4, 16), aber eben römischer Epikureer, der die Hedoné[1] im naturgemäßen Leben, in einer von stoischem Dogmatismus und Rigorismus freien, human verstandenen *uirtus* findet; begabt mit Sinn für das Echte, gutem Geschmack in der Einfachheit (carm. 1, 38) und einem unfehlbar sicheren Takt in allen Lebenslagen und Lebenskreisen: so würdigt er die große Leistung des Augustus und bejaht das Ziel seiner Reformen, so wird er nächst Vergil der bedeutendste Zeuge für den Geist der augusteischen Ära und Mitschöpfer ihrer dichterischen Gestaltung.

Daß Horaz für uns so lebendig ist, verdanken wir teils der Vita des Sueton, vor allem aber den Selbstzeugnissen des Dichters in seinem Werk (bes. sat. 1, 6; 2, 6; epist. 1, 19; 2, 2).

Horaz wurde am 8. Dez. 65 v. Chr. in Venusia, an der Grenze von Lukanien und Apulien, geboren. Sein Vater, Freigelassener, dann Auktionsbeamter *(coactor exactionum)* in Rom, hat zeitlebens die Manieren der kleinen Leute nicht abgelegt. Aber für den begabten Quintus tat er alles, was er konnte: anstatt ihn in die Schule der Provinzstadt zu schicken, wo die übermütigen Zenturionensöhne, Nachkommen der Veteranen Sullas, den Ton angaben, zog der wenig begüterte Mann mit dem Sohn nach Rom und brachte ihn zur Schule des namhaften Grammatikers Orbilius (s. Bardon, Lit. lat. inconnue 1, 293 f.). Dort ist ihm zunächst die Odyssee des Livius Andronicus eingebleut worden; später hat er den Homer auch im Original gelesen. Von Rom ging Quintus zum philosophischen Studium nach Athen. Wie so viele seiner Mitschüler trat er im Herbst 44 in die Armee des Brutus ein. Aus der Schlacht von Philippi, die er als Militärtribun mitmachte, kam er mit heiler Haut davon; aber mit der Karriere,

---

[1] Unübersetzbar: „Lust" ist zuwenig, „Freude" zuviel.

die ihm ein Sieg des Brutus eröffnet hätte, war es vorbei. Haus und Gut des Vaters waren den Triumvirn zum Opfer gefallen, und Horaz mußte sehen, wie er sein Brot verdiente. Er kaufte – mit den Ersparnissen aus dem Kriegsdienst? – eine Stellung als *scriba quaestorius* (Sekretär der Staatskasse und des Staatsarchivs), die ihm den Lebensunterhalt sicherte; dem *collegium scribarum,* in das er damit eintrat, blieb er auch treu, als er später unabhängig war. Neben dem Amt, das ihn menschlich nicht ausgefüllt haben kann, dichtete er. Sicher hat Horaz schon als Student, wie es Mode war, Verse geschrieben; aber jetzt nahm er das Dichten ernst (das ist wohl der Sinn der Selbsironie: *paupertas impulit audax | ut uersus facerem,* epist. 2, 2, 51 f.). Der Erfolg blieb nicht aus: Vergil und Varius wurden auf den jungen Dichter aufmerksam und empfahlen ihn an Maecenas. Die erste Vorstellung bei dem einflußreichen Mann war ein peinliches Erlebnis: Horaz brachte nur stammelnd einiges über seine niedere Abkunft hervor; auch Maecenas sprach wenig und verabschiedete ihn unverbindlich. Neun Monate ließ Maecenas nichts von sich hören, dann nahm er Horaz in seinen Kreis auf. Die Reise nach Brundisium, die er 37 als Begleiter des Maecenas unternahm, zeigt Horaz in dem neuen Kreis schon eingelebt; noch vor dem Abschluß des zweiten Satirenbuches war er Besitzer eines Landgutes in den Sabinerbergen – ein Geschenk, das ihn zeitlebens beglückte.

Das erste Buch der Satiren *(Sermones)* dürfte 35 vollendet worden sein, das zweite und die *Iambi* (Epoden) 30 v. Chr. In beiden Gattungen sehen wir den jungen Dichter, persönlich und angriffslustig, auf dem Weg nicht nur von der Nachahmung literarischer Formen zu ihrer souveränen Aneignung, sondern auch von politischem Defaitismus (epod. 7. 16) zu sorgender Anteilnahme an einer allmählich sich abzeichnenden neuen Ordnung (epod. 9. 1; vgl. carm. 1, 14, 17 f.).

Epoden und Satiren gehen im Schaffen des Horaz Hand in Hand, doch lassen sich nur wenige datieren (z. B. serm. 1, 5

auf 37 v. Chr.). Viel behandelt ist das zeitliche Verhältnis der
sicher frühen Epode 16 zur 4. Ekloge Vergils. Der verzweifelte
Rat einer Flucht nach den Seligen Inseln, den Horaz einer imaginä-
ren Versammlung seiner Mitbürger erteilt, und Vergils Prophezeiung
einer Wiederkehr der Goldenen Zeit müssen sich aufeinander beziehen. Ich möchte gegen B. Snell (Hermes 73, 237 ff.) an der Priorität des Horaz festhalten. Wenngleich sich ecl. 4, 21 f. leichter
als Vorbild von epod. 16, 33 und 49 f. verstehen läßt als umgekehrt, so ist doch an eine radikale Verneinung der Hoffnung Vergils
durch den jüngeren Dichter, der ihm gerade damals tief verpflichtet
war, kaum zu denken.

Die *Iambi* haben ihren Ursprung in der griechischen Frühzeit.
In jener politisch und sozial erregten Welt sind sie die normale
Form der persönlichen oder politischen Invektive. Ihr Meister war
Archilochos von Paros (7. Jh. v. Chr.); in seinem Stil und Geist will
Horaz dichten. Er übernimmt von dem Griechen den iambischen
Trimeter, der strenger gebaut ist als der römische Senar. Was
er nicht übernehmen konnte, war der hemmungslose Angriff auf
Personen des öffentlichen Lebens; der Heftigkeit des Ausfälle ent-
spricht das Objekt nicht mehr. Die wenigen persönlich Angegriffenen
– der Dichterling Mevius (10), die Hexe Canidia (3. 5. 17) – nach
Porphyrio zu epod. 3, 7 Deckname für die Giftmischerin Gratidia –,
der nur als Typus gezeichnete Wucherer Alfius (2) sind Leute ohne
Bedeutung; zudem ist Mevius nur gleichsam als Etikette einer
Archilochos-Studie vorgesetzt (epod. 10 gehört zu den ältesten
Stücken) und Alfius wird am Ende von epod. 2 – unerwartet wie der
Zimmermann Charon bei Archilochos – als Sprecher eingeführt, um
der Sehnsucht nach dem Landleben in solchem Mund eine satirische
Wendung zu geben. Die schärfste Invektive, epod. 4, gegen einen
Emporkömmling zur Zeit des Krieges mit Sex. Pompeius (37/36),
ist anonym. Die drei politischen Gedichte, epod. 1. 9. 16, sind tief
erlebt, aber nicht „archilochisch". Noch weiter von Archilochos entfernt sind epod. 11 und 15 mit ihren Anklängen an die Elegie;
epod. 13 weist in Thema, Bau und Stimmung auf manche Oden
(bes. 1, 7) voraus. So wird das *iambicum genus* für Horaz schließlich
eine ganz persönliche Form. Die Grammatiker gaben der Sammlung
den Namen Epoden, weil in den meisten Gedichten regelmäßig auf
eine längere Zeile eine kürzere *(epodos)* folgt – meist iambischer
Trimeter und Dimeter, daneben daktylische Maße und manchmal
eine Verbindung beider (z. B. Hexameter und iambischer Dimeter in
15, Hexameter und Trimeter in 16). Epodenform und Verbindung
von daktylischer und iambischer Zeile findet sich schon bei Archilochos.

In den *Sermones* nimmt es Horaz mit Lucilius auf, dessen
männlichen Geist und satirische Schärfe er ebenso bewunderte wie
er sich von dem nachlässigen Stil, der mangelnden Reinheit der
Sprache, dem schwerfälligen Versbau abgestoßen fühlte. Die harte
Kritik in serm. 1, 4 und 10 macht in 2, 1 einem geschichtlichen
und menschlichen Verständnis Platz. Horaz will den Lucilius erneuern
wie Vergil den Ennius; so sehen wir ihn manche Lucilius-Themen
(Reise: 1, 5; Gastmahl: 2, 8) aufgreifen. Aber aus der Nachahmung spricht doch immer Horaz; ob ein Ereignis, z. B. die Reise
nach Brundisium, „lucilisch" erlebt oder im Gedicht des Lucilius
das eigene Erlebnis „wiedererkannt" wurde, wer will das entscheiden? – Freilich stieß Horaz auch hier an dieselbe Grenze
wie in der Iambendichtung: die rücksichtslose Zeitkritik des Lucilius
war jetzt unmöglich, schon gar für jemanden vom niedrigen Rang
und der politischen Vergangenheit des Horaz. Wieder sind die
Angegriffenen ohne politische Bedeutung wie Tigellius (1, 2 und 1, 3),
Nasidienus Rufus (2, 8: erfundene Gestalt?) oder die schon aus den
Epoden bekannte Canidia (z. B. 1, 8); wieder ist der Angriff manchmal nur Ausgangspunkt (1, 2). Stofflich tritt die Gesellschaftskritik
(Ehebruch: 1, 2; Erbschleicherei: 2, 5; protzige Bewirtung: 2, 8)
hinter der populärphilosophischen Predigt nach Art des Bion von
Borysthenes (3. Jh. v. Chr.; vgl. epist. 2, 2, 60) zurück. Die kynischen
Diatriben (auch sie heißen *sermones*) waren dem Horaz ebenso
gegenwärtig wie die *sermones* des Lucilius. „Bionische" Themen
sind die Unzufriedenheit mit dem eigenen Lebenslos und der
Neid auf ein fremdes (serm. 1, 1) und die stoischen Paradoxa
in serm. 1, 3 und 2, 3; hierher gehört auch die Predigt des
Sklaven Davos, der seinem Herrn – Horaz – unter dem Schutz
der Saturnalienfreiheit den Spiegel vorhält und mit Berufung auf
den Straßenprediger Crispinus die Lehre verkündet, daß nur der
Weise in Wahrheit frei sei (serm. 2, 7). Im Stil der Diatribe ist es
auch, daß solche „Predigt" gern die Form des fingierten Dialogs
annimmt (so besonders in Buch 2). Am besten ist Horaz aber doch,
wo er kleine Erlebnisse erzählt (die Anekdote aus dem Lager des
Brutus, 1, 7, oder wie er sich eines zudringlichen Passanten auf
der Heiligen Straße zu erwehren suchte, 1, 9), wo er von seinem
Leben und seinem Verhältnis zu Maecenas spricht (1, 6) oder
einen geschäftigen Tag in der Stadt mit dem Idyll seines Sabiner-
gutes kontrastiert (2, 6) – eine Gegenüberstellung, die am Ende in
der Fabel von Land- und Stadtmaus mit ihrer deutlichen Moral
in die Diatribe einmündet. – Waren wesentliche Formelemente
– Dialog, veranschaulichende Beispiele, Buntheit und zwanglose
Abfolge der Gegenstände – in der Natur der *satura* wie der Diatribe

angelegt, so hat sie Horaz zu höchster Meisterschaft entwickelt; Sprache, Stil und die differenzierte Behandlung des Hexameters werden hier zum vollkommenen Instrument. Die Normallage des kultivierten Gesprächstons hebt und senkt sich je nach Gegenstand und Stimmung, vom innigen Gebetston (2, 6, 1 ff.) zum derben Realismus (2, 1, 114 ff.) oder zur epischen Parodie (2, 1, 13 ff.; 2, 5, 59 f.).

Die Iambi und das 1. Buch der *Sermones* erweisen sich durch die Anfangsgedichte als dem Maecenas gewidmet; *Sermones* II beginnt mit einem Gespräch zwischen Horaz und dem Juristen C. Trebatius Testa (eine fiktive Bitte um Rechtsbelehrung: die Satiren könnten als *mala carmina* ihren Dichter vor Gericht bringen), doch Maecenas hat einen Ehrenplatz in 2, 6.

Als Horaz 23 v. Chr. drei Bücher Lieder *(Carmina)* veröffentlichte („Oden" heißen sie seit den Kommentatoren der Kaiserzeit), war ihm bewußt, daß er damit der römischen Literatur Neuland erobert hatte. Sein Anspruch, als erster „äolisches Lied nach italischer Weise gesungen zu haben" (carm. 3, 30, 10 ff.), wird durch die „sapphischen" Gedichte des Catull und dessen Gebet an Diana nicht entkräftet, noch weniger durch die Nachbildung hellenistischer Lyrik bei Laevius (Bd. 1, 104). Die altgriechische Lyrik, die höchste und unzugänglichste Form griechischer Dichtung, deren Meister Pindar und Bakchylides, Anakreon, Alkaios und Sappho im eigenen Lande längst nur mehr große Namen waren, konnte selbst auf der Höhe der augusteischen Kultur nur der eine Horaz nachzubilden wagen, der „griechischste" und eben durch sein Verständnis fremder Eigenart zugleich der römischeste unter den Dichtern Roms.

Lyrische Versuche des Horaz mögen in die Zeit der letzten Epoden zurückreichen, von denen sich manche der Oden in Thema und Stil kaum unterscheiden: *Soluitur acris hiems* (carm. 1, 4) oder *Laudabunt alii* (1, 7) könnten unter den Epoden stehen. Auch das „Staatsschiff" (1, 14) wird man sich eher vor als nach Actium geschrieben denken. Aber auch ein Meisterwerk wie *Nunc est bibendum* (1, 37) ist sicher schon früh, bald nach dem Tod der Kleopatra (30 v. Chr.), gedichtet.

Wenn Horaz, der sich doch auch an den Ionier Anakreon, an Bakchylides und Pindar anlehnt, seine Lyrik als *Aeolium carmen* bezeichnet, so ist damit in erster Linie die metrische Form gemeint. Seine Odendichtung repräsentiert die griechische Lyrik fast in ihrem ganzen Umfang; aber er hat weder „Anakreonteen" gebaut noch die kunstvollen Strophen der Chorlyrik nachgebildet, nicht einmal im Säkularlied, wo es der rituelle Anlaß nahelegte. Seine Versmaße sind die äolischen; für mehr als die Hälfte der Gedichte verwendet er die alkäische oder sapphische Strophe. Nach der Analogie solcher Vierzeiler hat er auch Epodenpaare oder stichische Verse wie Asklepiadeen zu vierzeiligen Strophen zusammengeschlossen („Lex Meinekiana": zu seiner Problematik vgl. K. Büchner, Sitzungsber. Leipzig, phil.-hist. Klasse 91, 2, 1939). Die äolischen Verse des Horaz sind normalisiert; während sich die alten Lyriker bei gleichbleibender Silbenzahl manche Freiheit der Quantitäten erlauben, führt Horaz in Anlehnung an hellenistische und römische Praxis für jede Versart ein bestimmtes Schema streng durch. Neu ist auch die strenge Beobachtung von Zäsuren. Daß Horaz im Bau seiner äolischen Verse nicht einer metrischen Theorie, sondern traditioneller Praxis und dem eigenen musikalischen Sinn folgte, zeigt R. Heinze, Die lyrischen Versmaße des Horaz, 1918.

Von Alkaios hat Horaz öfter als von anderen Dichtern auch Motive übernommen wie das Staatsschiff (1, 14) oder die Klage der Neobule (3, 12; auch das ionische Metrum kommt von Alkaios). Verse des Alkaios läßt er gern zu Anfang eines Gedichtes anklingen, gleichsam als Motto (z. B. 1, 18; 1, 37); damit will Horaz sein Gedicht als Gegenstück eines berühmten griechischen hinstellen. Ähnlich gibt sich 1, 12, dessen Anfang der 2. olympischen Ode Pindars nachgebildet ist, dadurch als „pindarisch". Viele Oden haben, soweit wir sehen, kein bestimmtes griechisches Vorbild; sie sind freie Schöpfungen in einem übernommenen Stil. Von Sappho hat Horaz nur die Strophenform; er war Dichter genug, um zu fühlen, daß sie unnachahmlich sei. An Pindar hat er sich nur zögernd gewagt: carm. 1, 12 und 3, 4 gehören zu den jüngeren Gedichten der Sammlung. Erst in dem viel späteren 4. Buch hat ihn Horaz sich erobert und in den eigenen, nun voll entwickelten lyrischen Stil umgesetzt. Wettstreit mit Pindar in dessen eigener Form überläßt er Dilettanten wie Iullus (4, 2).

Das lesbische Lied wurde zur Leier gesungen; diese Vorstellung ist in den Oden des Horaz konsequent aufrechterhalten. Es ist eine stilistische Fiktion; Horaz dichtet für Rezitation und Lektüre. Nur das Säkularlied war für den Vortrag durch einen Chor von Knaben und Mädchen bestimmt; aber gerade Chorgesang war die lesbische Lyrik nicht.

Die Odensammlung enthält keineswegs nur Vollkommenes; wie in seinen früheren Gedichtbüchern hat Horaz auch hier mit Absicht manche Studie stehenlassen, z. B. die Paris-Ode (1, 15) – ein früher Versuch, mythologische Themen lyrisch zu behandeln, vielleicht als Folie zu so reifen Stücken wie seiner Version der Hypermestra- und Europasage (3, 11 und 27). Natürlich ist die Anordnung der Gedichte nicht chronologisch; es herrscht das Prinzip der thematischen und metrischen Abwechslung. Nur die Gruppe der „Römeroden" (3, 1–6) bildet in beider Hinsicht eine Einheit. Am Anfang des 1. Buches (1, 2–9) führt Horaz seine charakteristischen Strophen eine nach der andern vor; zugleich sind diese Gedichte durch die Anrede bedeutenden Persönlichkeiten gewidmet: Augustus, Vergil, Sestius (Konsul des Erscheinungsjahres), Agrippa usw. Die Sammlung ist umrahmt von Gedichten an Maecenas (1, 1 und 3, 30), die schon durch das nur hier (und erst wieder 4, 8) gewählte asklepiadeische Versmaß aufeinander bezogen sind, noch mehr aber durch ihren programmatischen Charakter: die Hoffnung, den neun lyrischen Dichtern des griechischen Kanons zugestellt zu werden, und das Bewußtsein ihrer Erfüllung.

Horaz hat in den Oden den Gipfel seiner dichterischen Kunst gesehen; als *Romanae fidicen lyrae* wird er unsterblich sein. Der moderne Leser findet dagegen zur Lyrik des Horaz am schwersten den Weg. Mit dem romantischen Begriff der Erlebnisdichtung darf man freilich nicht an sie herantreten. Aber auch an der Lyrik der Lesbier gemessen ist die des Horaz in hohem Maß stilisiert. In dem bekannten Dialoggedicht 3, 9 *(Donec gratus eram tibi)* ist das Liebespaar aller Individualität entkleidet, jedes Motiv ist auf seine allgemeinste Form reduziert, der durchgängige Parallelismus erinnert an die graziöse Förmlichkeit eines Rokokoballetts; aber in seiner gewollten Künstlichkeit hat das Gedicht doch intensives Leben. Liegt hier ein extremer Fall von Objektivierung vor, so verbirgt sich Horaz, wo er selbst spricht, gern hinter typischen Situationen und Reflexionen; doch tönt er traditionelle Motive oft persönlich, indem er ihnen eine leichte Wendung ins Philosophische gibt. Am unmittelbarsten ist er in Freundschaftsgedichten wie dem Geleitgebet für Vergil (1, 3) oder in manchen Maecenas-Oden (1, 20; 2, 17).

Mythologie hat nicht nur in den Sagengedichten, sondern auch in Oden mit zeitgeschichtlichem Anlaß einen Platz. Was die Götter, von denen so viel die Rede ist, für Horaz bedeuten, ist nicht leicht zu sagen. Daß er nicht wirklich glaubte, Hermes habe ihn nach homerischer Weise aus der Schlacht gerettet (2, 7), zeigt schon das rein literarische Motiv *relicta non bene parmula;* eine Vision bakchischen Treibens (2, 19) mit *credite posteri* einzuführen, ist noch kein Glaubensbekenntnis; und *Mercuri facunde nepos Atlantis* (1, 10) ist so wenig Ausdruck einer religiösen Haltung wie *O nata mecum consule Manlio* (3, 21: dazu E. Norden. Agnostos Theos, S. 143 ff.). Aber das Opfer für die Quelle Bandusia (3, 13), die doch erst im Lied des Horaz unsterblich wird, ist ein wirklicher Sakralakt, und der Dank an die Muse (4, 3 *Quem tu, Melpomene*) ist mehr (wieviel mehr?) als bloße Metapher; auch mit *dis pietas mea et musa cordi est* (1, 17, 13 f.) erklingt ein echter Ton inmitten der Schäferwelt. Der Skeptiker Horaz hatte sich einen Sinn für das Numen bewahrt; so waren ihm als Dichter die Götter nicht bloß ästhetische Fiktionen und als Menschen ihr Kult nicht bloße Form. Der schönste Beweis dafür ist das *carmen saeculare;* ihm präludieren die Römeroden. Der Dichter, *Musarum sacerdos,* dessen (in der antiken Wortbedeutung!) politische Sendung der Sinn von 3, 4 ist, spricht nun als Lehrer und Warner; und wie er an sich selbst die Wohltat des schlichten, echten Lebens erfahren hat, so sieht er in der Rückkehr zu solchem Leben – dem Friedenswerk des Augustus – auch das Heil für die Nation. Neben der warnenden Juno (3, 3) und dem beispielhaften Regulus (3, 5) darf auch die eigene Lebenswahl (3, 1, 47 f.) anderen vorbildlich sein.

Der Erfolg der Oden beim römischen Publikum entsprach durchaus nicht den Erwartungen ihres Dichters. Enttäuscht wendet sich Horaz von der „hohen" Dichtung ab und nimmt die philosophierenden *Sermones* wieder auf, die ja für ihn nicht eigentlich Dichtung sind. So entsteht, zwischen 23 und 20 v. Chr., das erste Buch der Episteln.

Das Einleitungsgedicht an Maecenas geht von jenem resignierten Entschluß aus; das letzte Gedicht vor dem Geleitwort begründet ihn. Die 20 Briefe haben alle Adressaten, geben sich also als Schreiben an bestimmte Personen; dennoch sind sie von Anfang an mit dem Gedanken an ein Publikum geschrieben. Die Schärfe der Satiren ist geschwunden, Lebensweisheit wird mit vollendeter Urbanität vorgetragen. Das alte Thema „Stadt und Land" lebt wieder auf in dem Brief an den Freund Aristius Fuscus (10) und in der (doch wohl fingierten) Antwort an seinen Gutsverwalter (13), der aus der ländlichen Eintönigkeit in die Stadt versetzt werden möchte, während Horaz das Leben in Rom mit den Jahren immer beschwerlicher und weniger kongenial findet. Das Gefühl des beginnenden Alters klingt auch aus dem Einleitungs- und Schlußgedicht; letzteres ist ein Geleitwort des Dichters an sein Buch, dem er im Bilde eines schönen Knaben den unvermeidlichen Abstieg bis zum senilen Winkellehrer voraussagt. Persönlich interessant ist der kurze Brief an Tibull (4), und erst recht der große an Maecenas (7). Horaz fühlte, sein Gönner wolle ihn zu sehr an sich binden, und erklärte ihm, in leichtem Ton, doch mit aller Bestimmtheit, er würde eher alles andere als seine Unabhängigkeit opfern; nur in voller persönlicher Freiheit könne er Freund sein. Maecenas hat den Dichter verstanden und ihm nichts nachgetragen; in seinem Testament bat er Augustus: *Horati Flacci ut mei esto memor.*

Mit dem zweiten Epistelbuch, dem sich der Brief an die Pisonen[1] *(Ars poetica)* anschließt, geht Horaz dazu über, sich reflektierend über das Dichten auszusprechen.

Schon der Brief an Florus (epist. 2, 2), worin Horaz noch einmal ausführlich seine Absage an die Odendichtung begründet, enthält ein Bekenntnis zu den ästhetischen Prinzipien, von denen der Brief an die Pisonen beherrscht ist; umgekehrt findet Horaz gerade dort die prägnanteste Formulierung seiner Absage: er ist nur mehr der Wetzstein, an dem andere ihr Eisen schärfen (ars 304 ff.). Die Anrede der Pisonen hat nur den Sinn einer Widmung; Horaz wendet sich an alle, die dichten wollen: dem ernsthaft

[1] Adressaten sind ein Piso und seine zwei jugendlichen Söhne, entweder L. Calpurnius Piso (cos. 15 v. Chr.) oder Horazens alter Kriegskamerad Cn. Piso (cos. 23 v. Chr.). Wenn, wie Porphyrio meint, L. Piso der Adressat ist, dann hätte Horaz die Ars in den letzten Lebensjahren geschrieben (die Söhne des L. Piso waren beim Tod des Horaz 18 bis 21 Jahre alt); aber die Worte, mit denen sich Augustus um 14 v. Chr. von Horaz einen Literaturbrief „bestellte", haben nur Sinn, wenn ihm sowohl der Brief an Florus wie der an die Pisonen vorlag.

Strebenden möchte er Irrwege ersparen, den hoffnungslosen Dilettanten abschrecken. Er gibt eine Einführung in die Dichtkunst, ein Seitenstück zu Ciceros *Orator*. Nur hat Horaz, anders als Cicero, die unsystematische Form des *sermo* gewählt. Schon dadurch unterscheidet er sich von seiner Quelle, der Poetik des Peripatetikers Neoptolemos (3. Jh. v. Chr.), von der wir uns aus Philodem und Porphyrio ein schwaches Bild machen können. Vor allem aber hat Horaz viel Eigenes zu sagen. Aus der persönlichen Erfahrung des Schaffenden dringt er auf unablässiges Studium der *exemplaria Graeca* (nicht zu sklavischer Nachahmung, sondern zur Bildung des eigenen Geschmacks und Urteils), auf geduldiges Feilen (*nonum prematur in annum*, 388), Wahrung der künstlerischen Einheit, Angemessenheit in Sprache, Motiven und Charakterzeichnung. In diesem Geist rühmt später Petron (sat. 118, 5) an Horaz die *curiosa felicitas*, die scheinbare Leichtigkeit der vollendeten Kunst, die in Wahrheit das Werk intensiver Bemühung ist. Was Horaz vor allem anderen verlangt und selbst erstrebt, ist das Maß, die Zurückhaltung, das spezifisch „Attische". Charakteristisch, daß er (K. Büchner, Lexis 1, 199 ff.) den elativischen Superlativ meidet. Er selbst bezeichnet seine Dichtung als *tenuis* (carm. 2, 16, 38; epist. 2, 1, 225). Von diesem Standpunkt übt Horaz auch Kritik an der älteren römischen Literatur, die noch (oder wieder?) ihre Bewunderer hatte, besonders am Drama. Das war die einzige Dichtungsart, bei der die klassische Vollendung nicht gelang: weder der Thyestes des L. VARIUS RUFUS, der beim Triumph Octavians 29 v. Chr. aufgeführt und fürstlich honoriert wurde und den Quintilian (10, 1, 98) den besten Tragödien der Griechen gleichgestellt, noch die Trabeata des Melissus (Bd. 1, 82) hat das Absterben des literarischen Dramas in Rom aufgehalten.[1]

Wenn Horaz vom Publikum unverstanden blieb, so hatte er einen Leser gefunden, den gerade *seine* Kunst anprechen mußte: Augustus. Sicher geschah es auf des Princeps ausdrücklichen Wunsch, daß ihm Horaz ein Exemplar seiner Oden sandte (vgl. epist. 1, 13, mit scherzhaft besorgten Anweisungen für den Überbringer, Vinnius Asina). Augustus wollte Horaz sogar zu seinem Privatsekretär machen, aber auch diese

---

[1] Die Herrschaft auf dem Theater fällt an den *Pantomimus*, in dem ein einzelner Schauspieler in einer Szenenfolge, bald männliche, bald weibliche Gestalten verkörpernd, eine Handlung „tanzt", die der von einem Chor gesungene Text erläutert. Vgl. O. Weinreich, Epigramm und Pantomimus, Sitzungsber. Heidelberg, 1948.

Bindung, so ehrenvoll sie war, schlug Horaz, ohne zu verletzen, aus. Bestimmend für sein Schaffen wurde jedoch der Auftrag, für die Säkularfeier des Jahres 17 v. Chr. ein Lied zu schreiben, das von einem Doppelchor römischer Knaben und Mädchen aus den vornehmsten Familien gesungen werden sollte. Wie die Säkularfeier selbst, an alte Tradition anknüpfend, doch spezifisch ein Dank an die Götter für die *Pax Augusta* und eine Bitte um ihren Bestand war, so ist das *Carmen saeculare* trotz Anlehnung an den Typus des Kultliedes (ein Vorklang ist carm. 1, 21) doch charakteristisch horazisch und augusteisch, von der sapphischen Strophe, die Horaz so vollkommen zu meistern gelernt hatte, bis zu einem über die Römeroden noch hinausgehenden Einswerden mit den Ideen des Augustus, in künstlerischer Vollendung und geistiger Bewußtheit das dichterische Gegenstück zur Ara Pacis. Der *spiritus Graiae tenuis Camenae* wird im Munde des römischen *uates* zur Stimme des Princeps selbst. Und die Inschrift, die der Nachwelt von dem Festakt Kunde geben sollte, hat auch den Dichter verewigt: *carmen composuit Q. Horatius Flaccus.*

Der Bann war gebrochen, Horaz hatte wieder zur Lyrik gefunden. Das 4. Buch der Oden (17–13 v. Chr.) zeigt ihn gereift, freilich auch gealtert und resigniert. Aber er blickt mit Stolz und Dankbarkeit auf ein Lebenswerk zurück, das der Größte seiner Zeit nicht zu leicht befunden hatte (3); das Mädchen, das jetzt sein Bestes tut, den sapphischen Rhythmus des Säkulargedichtes einzuhalten, wird noch als Matrone davon erzählen, daß sie bei dem feierlichen Akt zu den Auserwählten gehörte, *docilis modorum uatis Horati* (6). Große Ereignisse wie die Siege der kaiserlichen Stiefsöhne Drusus und Tiberius (15–14 v. Chr.) feiert Horaz, nun schon eine Art *poeta laureatus,* in den Epinikien 4 und 14, dem Pindarnächsten, dessen sein Stil fähig war; zu gleicher Zeit findet er Worte von ergreifender Schlichtheit für die Sehnsucht Italiens nach der Heimkehr des Augustus aus Spanien und Gallien. Aber für den Dichter selbst sind die besten

Jahre vorbei. Der schöne Ligurinus, der ihm im Traum immer wieder entschlüpft, wenn er ihn schon zu halten meint (1, 37 ff.), steht symbolhaft am Anfang des Buches; die Einladung an die junge Phyllis (11) baut darauf, daß der Geliebte ihr gerade untreu ist; in die Schadenfreude über die alternde Lyce, die ihn einst verschmähte (13), mischt sich wehmütige Erinnerung an die Jugendliebe Cinara – die einzige Frau in den Oden, hinter der man im Gegensatz zu den Figurinen Lyde, Glycera, Lalage und wie sie alle heißen, einen Menschen zu spüren glaubt –, die ihre Schönheit nicht überleben mußte. Das Frühlingslied *Diffugere niues* (7), dessen Anfang wohl bewußt an *Soluitur acris hiems* (carm. 1, 4) erinnert, ist von einem Mann geschrieben, der den Winter kommen fühlt und der weiß, daß das Menschenleben am dauernden Kreislauf der Natur nicht Teil hat.

In die Zeit der letzten Oden fällt auch der Literaturbrief an Augustus (epist. 2, 1). Der Princeps hatte Horaz persönlich aufgefordert, ihm eine Epistel in der Art des Florus- und Pisonenbriefes zu widmen. Horaz benützt diesen Anlaß zu einer Aussprache über die Rolle der Dichtung in Vergangenheit und Gegenwart Roms und damit zu einer Rechtfertigung des eigenen Strebens. Distanz wahrend, wie es der gegenseitigen Stellung zukommt, spricht Horaz doch, wo es um die Sache geht, mit der Unbefangenheit des Gleichwertigen und der Offenheit des Freundes. Beide sind sich einig über den Platz der Dichtung im neuen Rom, aber Horaz hat die Gabe, das ebenso zwanglos wie treffend in. Worte zu fassen. Mit einer leichten Geste der Selbstironie nimmt er seinen Abschied.

Schon damals hatte Horaz manchen persönlichen Verlust erlitten: Vergil und Tibull waren 19 v. Chr. gestorben, Varius folgte ihnen im Jahre 14; 8 v. Chr. starb Maecenas. Horaz überlebte ihn nur um wenige Monate; er starb am 27. November desselben Jahres und wurde neben ihm auf dem Esquilin begraben.

Die Wirkung des Horaz läßt sich mit der des Vergil nicht vergleichen. Gewiß ist auch er bald Schulautor geworden (Kommentar des Porphyrio, 3. Jh.; spätantike Scholien, fälschlich unter dem Namen des Helenius Acro aus der Zeit des Gellius); aber er hat nie so in die Breite gewirkt. Auch seine Nachahmung im christlichen Altertum und Mittelalter (Prudentius, † 405; Sedulius Scottus, 9. Jh.; Metellus von Tegernsee, 11. Jh.) beschränkt sich meist auf das rein Formale. Seit dem Humanismus viel zitiert (seine *curiosa felicitas* hat ihn zahllose Wendungen von origineller Prägnanz finden lassen) und durch seine *Ars poetica* ein Ahnherr der Literaturkritik, ist er doch nie populär gewesen. Eine Zeit vollends, die vom Dichter existenzielle Beunruhigung erwartet, kann dem Sänger der *aurea mediocritas,* der seine Aufgabe darin sah, zu nützen und zu unterhalten, nur schwer gerecht werden. Aber die Glätte der Form, der sordinierte Ton, die Tendenz zum *understatement,* die unverbindliche Geste täuschen leicht darüber hinweg, daß Horaz oft ernster ist als er scheinen will und persönlicher als er sich gibt. Das Chaos hat seine Generation so gut gekannt wie die unsere; um so dankbarer war sie dem Mann, der es gebannt hatte. Gebannt, nicht überwunden; auch dafür war Horaz nicht blind: die Römeroden enden mit einer düsteren Vision, und die Geschichte hat sie bewahrheitet. Der Versuch, den zerstörenden Kräften entgegenzuwirken, war darum nicht weniger sinnvoll; so hat Horaz, der als Republikaner begann und das Andenken Catos nie verleugnete, aus tiefer Überzeugung zu Augustus gefunden. In den Oden spiegelt sich der neugeschenkte Friede gleich vollkommen in seinen periphersten Erscheinungen wie in seinen zentralsten. Sie sind ein *monumentum aere perennius,* beständiger als selbst der Dichter ahnen konnte; sie haben das Ende jener Welt, in der der Pontifex und die Vestalin zum Kapitol stiegen, schon um fünfzehnhundert Jahre überdauert. Als Mensch aber hätte Horaz nicht mehr von sich behauptet als der sterbende Augustus (Suet. Aug. 99): *mimum uitae commode transegisse.* Auch er hat die Komödie des Lebens nicht schlecht gespielt.

Die zahlreichen Handschriften des Horaz, keine älter als das 9. Jahrhundert, leiten sich nach F. Klingner (krit. Ausgabe ²1950) von einer doppelten antiken Überlieferung her, deren Zweige im Mittelalter stark kontaminiert wurden. Ein besonderes Problem geben die Varianten auf, die J. Cruquius in seinen Ausgaben (zwischen 1565 und 1578) aus einer 1566 zerstörten Hs. des Klosters von Mont Blandin bei Gent mitteilte.

Literatur: Maßgebender Kommentar von A. Kießling – R. Heinze 3 Bde, m. Nachwort u. Nachträgen v. E. Burck, 1960–61; dazu H. Hommel, Gnomon 36 (1964) 160–70. – W. Y. Sellar, Roman Poets of the Augustan Age: 2. Horace and the Elegiac Poets, 1891. – U. von Wilamowitz-Moellendorff, Sappho und Simonides (1913) 305 ff. – J. F. D'Alton, Horace and his Age, 1917. – G. Pasquali, Orazio lirico, 1920. – L. P. Wilkinson, Horace and his lyric poetry, ²1951. – St. Commager, The Oges of Horace, 1962 (anregende, gemäßigt moderne Literaturkritik). – W. Wili, Horaz und die augusteische Kultur, 1948. – H. Hommel, Horaz, der Mensch und das Werk, 1950. – E. Fraenkel, Horace, 1957. – K. Büchner, Studien z. röm. Lit., Bd. 3: Horaz, 1962. – C. Becker, Das Spätwerk des Horaz, 1963. – C. O. Brink, Horace on the art of poetry, 1963.

3. Titus Livius

Livius zeigt sich viel weniger berührt vom spezifisch „augusteischen" Geist als etwa Horaz oder Vergil; aber sein Geschichtswerk, dessen historische Perspektive und künstlerische Form in der Welt Ciceros wurzeln, gehört dennoch wesentlich zur augusteischen Literatur. Nicht nur ist Augustus auch für Livius der zweite Romulus, nicht nur sieht auch er in der Rückkehr zum alten Römergeist die Rettung aus dem moralischen Verfall (ohne darum von einer Reform raschen Erfolg zu erwarten), nicht nur schwelgt er wie Vergil in archaisch angehauchter Schilderung religiösen und staatsrechtlichen Rituals: das Werk des letzten Annalisten großen Stils ist als ganzes ein Monument jener *Romanitas,* die an der Geschichte Roms ihr Leitbild findet. Hätte Livius von seinem Werk schon nicht sagen können: *in medio mihi Caesar erit,* so ist sein Bild des „alten" Rom im Gegensatz zum Rom der letzten hundert Jahre doch wesentlich das gleiche wie in

der „Römerschau" der Aeneis oder in den „Römeroden" des
Horaz. Mit pragmatischer Historie hat das so wenig zu tun
wie mit nationalistischer Geschichtsfälschung. Livius baut eine
„Ehrenhalle" in Worten, die der marmornen auf dem Forum
Augusti würdig zur Seite steht. Augustus hat die Bedeutung
des Unternehmens schon in den Anfängen erkannt und auch
dem „Pompeianer" der späteren Bücher seine Freundschaft
bewahrt.

In Patavium (Padua) 59 (oder 64? Syme, Tacitus, S. 137[1])
v. Chr. geboren und dort erzogen, rhetorisch gebildet und
philosophisch interessiert (er schrieb philosophisch-historische
Dialoge und Philosophisches im engeren Sinn: Sen. epist.
100, 9), zog Livius spätestens um 30 v. Chr. nach Rom und
widmete sich hier, in stiller Zurückgezogenheit, seinem Lebenswerk, einer Geschichte Roms von den Anfängen (daher der
Titel: *Ab urbe condita libri*) bis zum Tod des Drusus
(9 v. Chr.). Der noch unbekannte Autor machte auf sein
Werk zunächst durch Vorlesungen der ersten Bücher aufmerksam; ihre Veröffentlichung scheint in Gruppen von fünf erfolgt
zu sein, deren erste zwischen die Verleihung des Augustus-
Titels an Octavian (27 v. Chr.) und die zweite Schließung
des Ianustempels (25 v. Chr.) fallen muß. Die „Römische
Geschichte" machte ihren Verfasser schon zu Lebzeiten
berühmt; ein Mann aus Gades (Cadiz) reiste nach Rom nur
um Livius zu sehen (Plin. epist. 2, 3, 8). Im J. 17 n. Chr.
ist Livius, 75 Jahre alt, gestorben.

Von den 142 Büchern *Ab urbe condita* sind nur 1–10 und 21–45
erhalten, z. T. in Hss. des ausgehenden Altertums wie dem Codex
Puteanus (Paris, Bibl. nat. lat. 5730) für die 3. Dekade und der
Lorscher Hs. (Wien 15) für B. 41–45. Daneben besitzen wir Inhaltsangaben *(Periochae)* des ganzen Werkes; eine verkürzte Ausgabe
(Epitome), die schon im 2. Jahrhundert vorlag, ist von vielen
späteren Historikern benutzt worden, z. B. in dem *Breviarium*
des Eutropius (4. Jahrhundert) und in den *Historiae aduersus
paganos* des spanischen Presbyters Orosius (5. Jahrhundert).

Buch 1 erzählt die römische Königszeit, 2–5 die Geschichte
der Republik bis zum Galliereinfall, 6–10 reicht bis zum 3. Samniter-

krieg (293 v. Chr.); 21–30 umfassen den Krieg mit Hannibal, 31–45 die Ereignisse bis zum Triumph des L. Aemilius Paulus (167 v. Chr.).

Livius hat weder Primärquellen studiert noch Schauplätze der Ereignisse bereist; bei dem Umfang seines Gegenstandes wäre das auch kaum möglich gewesen. Seine Hauptquellen sind die jüngeren Annalisten, besonders Claudius Quadrigarius und Valerius Antias (Bd. 1, 97), für den Hannibalischen Krieg Coelius Antipater und daneben Polybios; letzterer war seine Hauptquelle für die römische Politik im griechischen Osten. In der 4. Dekade könnte auch der ältere Cato direkt benutzt sein; die späteren, nur durch die *Periochae* bekannten Bücher dürften viel dem Poseidonios verdanken; natürlich hat Livius auch die Geschichtsschreiber der sullanischen und nachsullanischen Zeit bis auf Asinius Pollio herangezogen (aus letzterem stammt wohl der als Fragment erhaltene Bericht vom Tode Ciceros). Gegen die Auswahl der Quellen läßt sich wenig einwenden; selbst Valerius Antias, für dessen Unzuverlässigkeit Livius nicht blind war, wird oft eine Lücke haben füllen müssen. Bedenklicher ist Livius' Methode: er schließt sich meist einer bestimmten Darstellung an, die er oft aus einer zweiten Quelle ergänzt und korrigiert. Dabei kommt es infolge chronologischer Verschiebungen und Diskrepanzen nicht selten zu Dubletten; auch sind dem Stubengelehrten öfters Mißverständnisse in politischen und militärischen Dingen unterlaufen. Römischer Patriotismus und eine gewisse Parteilichkeit für die *gens Liuia* haben zwar kaum je zu greifbarer Geschichtsfälschung geführt, aber doch zu Akzentverschiebungen und zur Unterdrückung mancher peinlichen Einzelheit, ob es sich um die Nation als Ganzes handelt oder um den Charakter eines ihrer Großen wie des älteren Scipio.

Im Geiste des späteren Stoizismus (Poseidonios) sieht Livius in der Geschichte einen sinnvollen Plan. Auch ihm ist der Aufstieg Roms ein Werk der Vorsehung. Die Götter der Staatsreligion hat er natürlich symbolisch genommen, aber von der göttlichen Natur der Weltordnung, für die jene Götter stehen, war er überzeugt. Zu dieser Weltordnung gehört für ihn auch das Sittengesetz. So sieht er *pietas* und *uirtus* als Mächte, die mit innerer Notwendigkeit den Aufstieg Roms bewirken, so wie später die Abkehr von ihnen an Roms Niedergang schuld ist. Im einzelnen zeigen sich dagegen Ansätze zu einer mehr rationalistischen Geschichtsauffassung, vor allem wo Livius unter dem Eindruck des Polybios steht; auch liebt er es, sein philosophisches Geschichtsbild psychologisch zu interpretieren: die geschichtsformenden Kräfte wirken in Geist und

Seele der Handelnden. Das Bestreben, Handlungen aus dem Inneren der handelnden Personen zu verstehen, ist überhaupt für Livius charakteristisch; noch mehr seine Einfühlung in das passive Erlebnis der Bedrängten, Belagerten, Besiegten. Dazu passen auch jene Episoden, in deren Mittelpunkt ein Frauenschicksal steht, wie das der Lucretia, Verginia, Sophonisbe.

Im Gefolge des Isokrates, dessen Theorie die hellenistische Geschichtsschreibung beherrscht und die zuletzt Cicero eindringlich formuliert hatte, wollte Livius als Historiker ein Kunstwerk schaffen, in Stil und Behandlung der Dichtung verwandt. Wenn er auch die Tendenzen der tragisch-pathetischen Geschichtsschreibung des Hellenismus dem Gebot historischer Treue unterordnet, die Neigung zur emotional und künstlerisch wirksamen, geschlossen um eine Peripetie komponierten Episode, zur indirekten Charakterisierung durch die eigene Rede oder durch die Beurteilung von seiten einer anderen Person, zur lebendig bewegten Massenszene, wo immer es der Gegenstand erlaubte oder gar nahelegte, ist unverkennbar. Während in den erzählenden Partien die Erzählungstechnik Caesars nachwirkt, folgen die ausgeführten Reden den sinnvoll angewandten Gesetzen der ciceronianischen Rhetorik.

Die Sprache des Livius steht in vieler Hinsicht der spätrepublikanischen näher als der augusteischen; nur in der Syntax wird der Übergang zum „Silberlatein" sehr fühlbar.[1] Archaismen finden sich im Gegensatz zu Sallust nur dort, wo bewußt der Eindruck des Altertümlichen erweckt werden soll, z.B. im Wortlaut feierlicher Gebete und Formeln. Daktylischer Rhythmus, der dem Hexameter nahekommt und manchmal tatsächlich hexametrisch wird, dürfte beabsichtigt sein als ein „poetisches" Element; dazu gehören auch die Anklänge an Ennius. Freilich ist es oft nicht mehr möglich, zwischen dem Stil des Livius und dem seiner römischen Quellen, die ja in derselben Tradition standen, sicher zu unterscheiden. Die erste Dekade mit ihrem stark sagenhaften Charakter, den der Historiker Livius selbst betont, ist darum auch sprachlich poetischer als der Rest.

Livius als Künstler verstehen, heißt ihm auch als Historiker gerecht werden. Die großen Linien seiner Darstellung bewähren sich; selbst für die alte Zeit werden sie durch die Archäologie bestätigt. Im einzelnen schwankt der Wert seines Zeugnisses je nach der Quelle; wichtig ist Livius vor allem dort, wo er dem

---

[1] Worauf sich Asinius Pollios Vorwurf der *Patauinitas* gründete (Quint. 1,5, 55), ist unbekannt; daß er auf die Sprache und nicht etwa auf die politische Haltung des Livius zielte, darf als sicher gelten.

nur trümmerhaft erhaltenen Polybios folgt. Seine Geschichtsbetrachtung ist nicht die unsere; aber wie der Römer auf der Höhe seiner Kultur die eigene Vergangenheit sah, das ist an sich schon ein bedeutendes Stück Geistesgeschichte.

Literatur: H. Taine, Essai sur Tite-Live, ⁸1910. – H. Bornecque, Tite-Live, 1933. – E. Burck, Die Erzählungskunst des T. Livius, 1934. – P. Zancan, Tito Livio: saggio storico, 1940. – M. Lenchantin de Gubernatis, Le storie di Livio come opera d'arte, 1942. – L. Catin, En lisant Tite-Live, 1944. – H. Hoch, Die Darstellung der politischen Sendung Roms bei Livius, 1951. – P. G. Walsh, Livy: his historical aims and methods, 1961.

Annalen schrieb auch Livius' Zeitgenosse FENESTELLA (nach Hieronymus 52 v. Chr.–19 n. Chr.). Er war vielen Späteren eine reiche Quelle für Sittengeschichte, Staats- und Sakralrecht, dadurch sind manche Einzelheiten aus dem verlorenen Werk auf uns gekommen.

Hatte Livius den Leser die Ausbreitung der römischen Macht über die zivilisierte Welt seiner Zeit erleben lassen, so gab der romanisierte Kelte POMPEIUS TROGUS, vermutlich ein Sohn jenes Cn. Pompeius, der 54 v. Chr. Caesars Dolmetscher war (Gall. 5, 36), in den 44 Büchern seiner *Historiae Philippicae* eine Universalgeschichte der alten Welt im Rahmen des Aufstiegs Makedoniens zur Großmacht und deren Zerfall in die Diadochenreiche; Rom und der Westen waren nur in einem Anhang behandelt. Neben der politischen Geschichte kamen Geographie und Ethnographie zu ihrem Recht. Nach griechischer Vorlage (wahrscheinlich einer Arbeit des Timagenes, der zum Haushalt des Asinius Pollio gehörte) in dem anspruchsvollen Stil des Theopomp geschrieben, stand dieses Werk auch durch seine romkritische Tendenz in scharfem Gegensatz zu dem des Livius. Erhalten ist es nur in dem meist sehr knappen Auszug eines M. IUNIANUS IUSTINUS, der dem 3. Jahrhundert angehören dürfte.

4. Die Elegie

Die Elegie der Augusteer hat als wesentlichen Inhalt die private Sphäre des *otium*. Mit der gleichnamigen Dichtung der Griechen, die wir seit dem 7. Jh. v. Chr. kennen, verbindet sie wenig mehr als die metrische Form, das „elegische" Distichon.

Elegeia nannte der Grieche jedes Gedicht in der „elegischen", aus Hexameter und Pentameter bestehenden Strophe. Elegische

Kurzformen sind Skolion und Epigramm; daneben kennen wir
Elegien von beträchtlicher Länge wie die politischen Manifeste des
Solon von Athen. Die Themen der Elegie sind höchst mannig-
faltig: Politik (Solon, Theognis), Aufruf zum Kampf (Kallinos,
Tyrtaios), Lebensweisheit, für die ein pessimistisch begründeter
Hedonismus charakteristisch ist (Elend und Kürze des Menschenlebens mahnen zum Lebensgenuß: Mimnermos). Seit dem 6. Jahrhundert wird die Elegie auch zu einer Form lyrischer Erzählung.
Der späte Epiker Antimachos (um 400) hat mit seiner *Lyde,* einem
Kranz heroischer Liebesgeschichten mit tragischem Ende, die er
sich selbst zum Trost über den frühen Tod seiner Geliebten schrieb,
der elegischen Liebeserzählung der Alexandriner das Vorbild geliefert. Kallimachos verwendet die elegische Form nicht nur in erotischen Epyllien wie der Geschichte von Akontios und Kydippe
(vgl. Ovid, epist. 20–21), sondern auch in seinen Ursprungssagen
(Aitia).

Die Römer haben den griechischen Elegikern nicht wenige
Themen entnommen: den Gegensatz von Tod und Liebe,
von Lebensleid und Lebensfreude, aber auch die mythologische
Liebeserzählung als Spiegelbild des eigenen Liebeserlebnisses.
Dennoch läßt sich die römische Elegie nicht einfach auf die
griechische zurückführen: ihrem zentralen Motiv nach ist sie
subjektive Liebeselegie, und der steht in der erhaltenen griechischen Literatur nichts Gleichartiges zur Seite. Dagegen spielt
das Liebeserlebnis eine große Rolle im hellenistischen Epigramm. Das läßt vermuten, daß sich die römische Elegie aus
dem erotischen Epigramm unter Aufnahme wesensverwandter
Elemente, z. B. aus Bukolik, Epyllion, objektiver Elegie, entwickelte. Bei Catull stehen objektive Elegien neben Epigrammen, die man dem Inhalt nach als Kurzelegien bezeichnen darf;
einmal, aus besonderem Anlaß (c. 68) hat er ein Gedicht
geschrieben, das den Typus der augusteischen Elegie schon
vorwegnimmt.

Im Gegensatz zu Jacoby, Wilamowitz, Norden, Rostagni, die die
römische Elegie aus dem hellenistischen Epigramm herleiten, postu-
lieren R. Reitzenstein und vor allem R. Heinze eine subjektive erotische Elegie der Alexandriner; doch findet sich von einer solchen
keine sichere Spur.

Lit.: Sellar (s. S. 51). – G. Luck, Die röm. Liebeselegie, 1961; ² (engl.) 1969.

Hatte Catull die Liebeselegie antizipiert, so gilt doch als ihr „Erfinder" CORNELIUS GALLUS (vgl. Ov. trist. 4, 10, 53 f.); er hat das Elegien*buch* geschaffen und damit den catullischen Sonderfall zu einer literarischen Gattung gemacht. In einem Forum Iulii (es gab deren mehrere) 69 v. Chr. geboren, schloß er sich früh Octavian an und nahm an dessen Seite am Krieg gegen Antonius teil. Octavian machte ihn 30 v. Chr. zum *praefectus* (Vizeregenten) von Ägypten; doch fiel er bald durch Überhebung und Indiskretion in Ungnade und beging im Jahre 26 Selbstmord. Neben Epyllien im Stil des Euphorion dichtete Gallus Elegien in 4 Büchern auf seine Geliebte Lycoris (die Sängerin Cytheris, Freigelassene eines Volumnius); doch wird daraus nur ein einziger Pentameter ausdrücklich zitiert.

Indirekt gewinnen wir von der Elegie des Gallus eine Vorstellung aus der Rede, die ihm Vergil, ecl. 10, 31 ff., in den Mund legt. Die Verse 46–49 geben höchstwahrscheinlich Verse des Gallus wieder; die ganze Rede ist in Motiven und Gedankenführung unvergilisch und berührt sich mit der elegischen Dichtung des Tibull, Properz und Ovid. Daß das mythologische Element nicht fehlte, darauf deutet Pathenios (Elegiker in der älteren alexandrinischen Art, seit 73 v. Chr. in Rom: Bd. 1, 147), wenn er dem Gallus als Material für seine Elegien eine Sammlung mythologischer „Liebesleiden" widmet. – Gallus nannte seine Elegienbücher wahrscheinlich *Amores* (vgl. Serv. ecl. 10, 1); der Titel ist für Ovid bezeugt und vielleicht auch für Tibull und Properz anzunehmen. – Unecht sind vier dem Gallus zugeschriebene Gedichte der lateinischen Anthologie (914–917 Riese: Renaissancefälschung) und ein Epigramm an Augustus (242 Riese), das den Tod Vergils (!) voraussetzt.

Unter dem Einfluß des Catull, dann vor allem des Gallus, dichtete der römische Ritter ALBIUS TIBULLUS.

Von seinem Leben wissen wir nur wenig, teils aus der kurzen (mittelalterlichen) Vita hinter dem Corpus Tibullianum, teils aus eigenen Gedichten (1, 3. 7) und aus Gedichten des Horaz (carm. 1, 33; epist. 1, 4) und Ovid (am. 3, 9; trist. 4, 10). Auch Tibull scheint durch die Landanweisungen Schaden erlitten zu haben (1, 1, 41 f.), doch finden wir ihn später im Besitz eines Landgutes bei Pedum (Hor. epist. 1, 4, 2), und wenn er von seiner *paupertas* spricht, so ist das im Sinn seiner Zeit zu verstehen. Er diente unter Messala im Aquitanerfeldzug (28–27 v. Chr.) und begleitete ihn auch auf eine Mission nach Asien, blieb aber krank auf Corcyra zurück (1, 3). Doch seine weiche Natur (er war schön von Gestalt und hielt auf die Pflege seines Körpers) fühlte sich nur im stillen Privatleben wohl; gleich Vergil liebte er es, sich aufs Land zurückzuziehen. Als Dichter ist er das bedeutendste Mitglied des literarischen Kreises um Messala, von dem das 3. Buch des Corpus Tibullianum („Messalas Hauspoetenbuch": Norden) eine Vorstellung gibt. Tibull starb 19 v. Chr., kurz nach Vergil; der vielseitige Literat DOMITIUS MARSUS (ein jüngerer Zeitgenosse des Horaz) hat ihm ein Epigramm gewidmet, Ovid, der ihn im Kreis des Messala kennengelernt hatte, eine Elegie.

Von den drei Büchern Elegien, die unter Tibulls Namen überliefert sind, stammen nur die beiden ersten ganz von des Dichters Hand (vgl. Ov. am. 3, 9, 31 f.). Aus dem 3. Buch sind sicher 19 und 20 echt – Frühwerke, in denen die Art des Catull nachklingt. – 3, 1–6 sind Elegien eines Lygdamus (Pseudonym?) an seine *coniunx* (Gattin oder Geliebte) Neaera. Der Verfasser, trotz seines technischen Könnens kaum Dichter zu nennen, bezeichnet sein Geburtsjahr mit demselben Vers wie Ovid das seine, trist. 4, 10, 6: *cum cecidit fato consul uterque pari*. Die Formulierung muß dem Ovid gehören, aber die damit implizierte Priorität der Tristien (9–12 n. Chr.) stellt ein Problem (jüngste Lösungsversuche: W. Kraus, Wiener Stud. 70, 1957, 197 ff.; O. Skutsch, Philologus 103, 1959, 152 ff.; B. Axelson, Eranos 58, 1960, 92 ff.; K. Büchner, Hermes 93, 1965, 65–112; 503–8; O. Skutsch, Philol. 113, 1969, 156 f.). – Ein nicht sicher datierbarer Panegyricus auf Messala (3, 7) ist dichterisch wertlos: der schmeichelnde Bettelbrief eines Klienten. – Es folgen zwei Zyklen (3, 8–12 und 13–18) über das gleiche Thema: die Liebe von Messalas Nichte Sulpicia zu einem Cerinthus, den manche mit Cornutus, dem Adressaten von Tib. 2, 2 und 3, gleichsetzen. Die zweite Gruppe, zweifellos Gedichte der Sulpicia selbst, sind in ihrer durch keine künstlerische Zucht gehemmten Unmittelbarkeit etwas Einmaliges in der römischen Literatur. Im ersten Zyklus ist dasselbe Erlebnis von einem bedeutenden Dichter gestaltet, in dem viele Forscher Tibull erkennen wollten; doch ist neuestens Abhängigkeit von Ovid festgestellt worden. – Sicher nicht von Tibull sind zwei unter seinem Namen überlieferte Priapea, die sich im Durchschnitt der Gattung halten.[1]

Die beiden tibullischen Elegienbücher (1: 10 Elegien, 2: 6 Elegien) waren schon für Ovid nach den Frauen, die darin herrschen,

---

[1] Wir besitzen noch eine Sammlung von 86 Priapeen, deren Mehrzahl augusteisch sein dürfte.

„Delia" und „Nemesis". Tibulls Delia hieß nach Apul. apol. 10 Plania. Obwohl keine *gens Plania* bekannt ist, war „Delia" vermutlich eine Dame der Gesellschaft; doch wird sie aus den Gedichten, in denen sie bald als verheiratete Frau, bald als Hetäre erscheint (erotische Motiv-Variation?), nicht recht lebendig. Noch weniger ist die Nemesis des 2. Buches, vom frühen Tod der Schwester (2, 6, 29) abgesehen, als Person faßbar; ob man sie der (isometrischen) Glycera in der Tibull-Ode des Horaz gleichsetzen darf, ist mehr als fraglich. Der Deckname Nemesis („Vergeltung") läßt diese Liebe als Reaktion des verzweifelten Dichters auf die Untreue Delias erscheinen. Weder Delia noch Nemesis beherrscht „ihr" Buch völlig: B. 1 enthält nicht nur drei Gedichte auf einen Knaben Marathus (4. 8. 9 – auch das braucht nichts weiter als literarische Mode zu sein, vgl. Hor. sat. 2, 3, 325; Ovid. am. 1, 1, 19 f.), sondern auch das schöne Geburtstagsgedicht für Messala (7), das gleichzeitig eine Huldigung zum Triumph anläßlich des gerade am Geburtstag (25. Sept. 27) errungenen Sieges über die Aquitaner wird; in 1 und 3 steht Delia nicht im Mittelpunkt, in 10 wird sie so wenig genannt wie Nemesis in 2, 1 und 2.

Als Elegiker ist dem Tibull das *otium* – schon Catull (51, 13 ff.) stellt es in enge Beziehung zum Liebesleben – eigentlicher Lebensinhalt. Den Krieg und die Unrast des Strebens nach Gewinn haben Dichter auch sonst verwünscht, aber hier wird der Gegensatz geradezu Weltanschauung: Frauendienst tritt an die Stelle des Dienstes am Staat, die *militia* des Liebenden kontrastiert mit der des Soldaten. Doch sind es nicht die erotischen Gedichte mit ihrer Topik[1], die Tibulls Kunst am reinsten zeigen, sondern jene, in denen sich schlichtes Leben, oft mit den bukolischen Farben der „Goldenen Zeit" gemalt, in ländlicher Stille entfaltet, bald auf dem Hintergrund einer bedrängten und ruhelosen Welt (1, 1 und 10), bald ohne solchen, wie in der gelösten Stimmung des Ambarvalienfestes (2, 1: vgl. Bd. 1, 26) oder der Geburtstagsfeier (2, 2). Anders als bei Vergil und Horaz, steht jedoch dieser Preis des Friedens in keiner Beziehung zur *Pax augusta:* der Name des Augustus wird nie erwähnt. Das ist kaum

---

[1] Auch die *paupertas* des Dichters wird dem reichen Rivalen (1,5 und öfters) gegenüber zum „Motiv".

Opposition, nur völliges Untertauchen in der eigenen Welt. Solche Ichbezogenheit spricht am stärksten aus 1, 3: Tibull, krank auf Corcyra zurückgeblieben, läßt seine Gedanken wehmütig zum Abschied von Delia zurück- und zur Ahnung seines Todes vorausgleiten; an Stelle der „Goldenen Zeit" beschwört er die Vision eines Elysiums der Liebenden. Das Gedicht ist auch durch seine weiche (im modernen Sinn „elegische") Stimmung und die fließenden, oft rein assoziativen, dabei doch künstlerisch kontrollierten Übergänge im Ablauf der Vorstellungen, Gedanken und Empfindungen für Tibull besonders bezeichnend.

Literatur: Harrauer, A bibliography of the Corpus Tibullianum. Hildesheim, 1971 (Bibliography to the Augustan Poetry 1). Ausgabe von Buch I m. gutem franz. Kommentar von I. André, 1965. – A. Cartault, Tibulle et les auteurs du Corpus Tibullianum, 1909. – M. Schuster, Tibullstudien, 1930. – L. Alfonsi, Albio Tibullo e gli autori del „Corpus Tibullianum", 1946.

Als Tibull sein Delia-Buch veröffentlichte, war SEX. PROPERTIUS vermutlich schon mit seiner *Cynthia* hervorgetreten. Auch er kommt von Gallus her; bei ihm wirkt vor allem das Pathos der Leidenschaft weiter.

Die antike Properzvita eines Antonius Volscus hat keinen Eigenwert; die wesentlichen Nachrichten stammen aus zwei properzischen Gedichten, der Selbstvorstellung (1, 22) und der fingierten Begegnung mit einem Wahrsager, der zu seiner Beglaubigung dem Properz zunächst dessen eigene Vergangenheit erzählt (4, 1, 119 ff.).

Properz ist Umbrer, in Asisium (Assisi) geboren, wo Propertii inschriftlich bezeugt sind. Als Kind verlor er im Perusinischen Krieg den Vater; auch der größte Teil des Familienvermögens wurde eingezogen. Immerhin konnte Properz in Rom studieren. Kaum der *toga praetexta* entwachsen, stürzt sich der junge Mann, der keine Neigung für eine öffentliche Laufbahn hatte, in das Leben der großstädtischen Gesellschaft. Er wird etwa 19 Jahre alt gewesen sein, als er der Kurtisane Hostia verfiel; das Verhältnis mit der kultivierten und raffinierten, leidenschaftlichen und jähzornigen Frau, reich an qualvollen Spannungen neben seltenen Augenblicken höchsten Glückes, hat mindestens fünf Jahre gedauert (3, 25, 3; doch vgl. 3, 16, 9). Um 23 v. Chr. scheint es zum endgültigen Bruch gekommen

zu sein. Bis zu dieser Zeit ist die Liebe zu Hostia („Cynthia",
nach dem Berg Kynthos auf Delos, der Geburtsstätte von
Artemis und Apollo) das beherrschende Thema der properzischen Dichtung; es sind freilich nicht so sehr Phasen als
Aspekte dieser Liebe.

Das erste Buch der Elegien, gesondert als *monobiblos* 29 oder
28 v. Chr. veröffentlicht, trägt mit Recht Cynthias Namen; sie
herrscht darin ganz anders als Delia oder Nemesis in den Elegien
des Tibull. Unerfülltes Verlangen, ein Besuch bei der Schlafenden
(von Goethe im „Besuch" umgebildet), Eifersucht (z. B. wenn sich
Cynthia in das mondäne Baiae begeben will), Warnung vor einem
Rivalen – das sind einige der Themen, die hier in gedrängter und
eigenwilliger, auch das Archaische und stilistisch Harte nicht ver-
schmähender Sprache, heiße Sinnlichkeit oft „gelehrt" in entlegenen
Mythen spiegelnd, mit wirksamer Rhetorik, hinter der doch echtes
Pathos steht, als seelische Vorgänge dramatisch behandelt werden.
Damit unterscheidet sich Properz von Tibull, der den Gefühls-
ablauf nur wenig konkretisiert, ebenso wie von Ovid, dem die
konkrete Situation zur Hauptsache wird. Die Abfolge der Gedichte
entspricht keinem vorstellbaren Ablauf der Liebesbeziehung; auch
für das Einzelgedicht, künstlerisch ganz auf sich gestellt, wird das
persönliche Erlebnis oft nur Ausgang gewesen sein, wenn nicht
überhaupt mit einem (freilich schwer bestimmbaren) Maß typisch
erotischer Motive zu rechnen ist. Neben den Cynthia-Gedichten
stehen einige an Freunde des Dichters, so vor allem an Tullus
(Neffe des L. Volcacius Tullus, cos. 33), dem das Buch gewidmet
ist, und das eindrucksvolle Gedicht 21, worin Properz die Konvention des Grabepigramms, daß der Tote den Wanderer anredet, in
den letzten Auftrag eines sterbenden Kriegers an einen Kameraden
umwandelt. Das Cynthia-Buch hatte sofort großen Erfolg; noch zur
Zeit Martials (14, 189) war es als Geschenk beliebt.

Der Dichter sucht nun Anschluß an den Kreis des Maecenas. Er
verehrte Vergil, wie Ovid seinerseits den etwas älteren Kunst-
genossen; Horaz hielt sich fern, er scheint die Art des Properz, die
ihm nicht zusagen konnte, wenigstens indirekt (epist. 2, 2, 87 ff.) zu
kritisieren und gedenkt in dem Literaturbrief an Augustus der Elegie
überhaupt nicht.[1]

Wenn Properz für sich auch das *otium* wählte, er ist doch von der
Umwelt viel stärker berührt als etwa Tibull. Schon in das Cynthia-

---

[1] Ob Horaz später zu einer reservierten Anerkennung des Properz gelangte,
wie Terzaghi meint (vgl. S. 12, Anm. 1), bleibt mir zweifelhaft.

Buch spielt das Leid des Perusinischen Krieges hinein (21 und 22).
Noch weicht er aus: als Maecenas, dem das 2. Buch der Elegien gewidmet ist, ihn zur Verherrlichung des Augustus auffordert, antwortet er mit den üblichen Entschuldigungen (1), stellt aber solche
Gedichte in Aussicht, wenn seine Kräfte gewachsen seien (10). Das
Buch enthält immerhin ein Gedicht, in dem ein Zeitereignis nur ganz
äußerlich mit dem Liebesmotiv verknüpft ist (31): Properz hat sich
auf dem Weg zur Geliebten verspätet, weil er den eben (28 v. Chr.)
vollendeten Tempel des Palatinischen Apollo bewunderte, den er
nun, gleichsam zu seiner Rechtfertigung, beschreibt. Das ist gewiß an
sich ein traditionelles Thema, überdies hatte Properz wie kein anderer Dichter seiner Zeit Sinn für die Kunst (das beweisen viele seiner
kleinen mythologischen Szenen in ihrer an den dritten pompeiani-
schen Stil erinnernden Bildhaftigkeit); aber selbst s o l c h e „Aktualität" würde man bei Tibull vergebens suchen. Cynthia spielt in
diesem und noch in dem folgenden Buch eine wesentliche Rolle
(2, 14 und 15 halten den Höhepunkt der Liebesbeziehung fest; daneben stehen mehr und mehr Klagen über die Untreue der Geliebten und Versuche des Dichters, sich ihrer Macht zu entziehen, bis zur
bitteren Absage, 3, 25). Im 3. Buch treten bereits andere Themen in
den Vordergrund: das Wesen der eigenen Dichtung (1–3. 9), Zeitereignisse wie der Zug des Augustus nach dem Orient (4) oder der
Sieg von Actium (11) – ersterer freilich als Kontrast zum Liebesleben
des Dichters daheim, letzterer wesentlich als Sieg über Kleopatra, mit
deren Macht über Antonius (neben Beispielen aus Mythos und Sage:
Medea und Omphale, Penthesilea und Semiramis) Properz seine
Hörigkeit (auch als Dichter) gleichsam entschuldigt –, ein Preis
Italiens (22), der Tod eines jungen Freundes (7) und der Tod des
Marcellus (18). Auch erotische Themen beziehen sich nicht immer
auf Cynthia, z. B. die scherzhaft sentimentale Verlustanzeige einer
Schreibtafel, die oft als Liebesbote gedient hatte (23); die Antiope-
Sage (15) wird trotz ihrer Moral für die auf ihre Zofe eifersüchtige
Cynthia im wesentlichen als Selbstzweck erzählt.
   Buch 2 ist nach dem Tod des Cornelius Gallus (26 v. Chr.) veröffentlicht; Buch 3 muß in die Jahre zwischen dem Tod des Marcellus (23 v. Chr.) und der – vom Dichter erst erhofften – Rückgabe
der 53 von den Parthern eroberten Feldzeichen (20 v. Chr.) fallen.
Versuche (seit Lachmann), das lange 2. Buch zu teilen, scheitern
schon daran, daß Nonius den Vers 3, 21, 14 als aus dem 3. Buch
zitiert; wenn daher Properz 2, 13, 25 f. sich mit dem Gedanken zufrieden gibt, bei seinem Tod der Persephone *tres libelli* bringen zu
können, so beweist das nicht mehr als seine Absicht und Hoffnung,
noch ein drittes Buch Elegien folgen zu lassen.

Das 4. Buch zeigt Properz gewandelt: er ist jetzt ein römischer Kallimachos, er singt römische *Aitia* wie später Ovid in den *Fasti*. Der alte Gott Vertumnus, dessen Statue im Vicus Tuscus stand, stellt sich selbst und sein Wirken vor (2); wir hören vom Tempel des Palatinischen Apollo als Dank für den Sieg von Actium (6), von der Ara Maxima des Herkules auf dem Rindermarkt, von der wegen eines Vorfalls in grauer Urzeit (Varro bei Macr. sat 1, 12, 27) die Frauen ausgeschlossen waren (9), von Iuppiter Feretrius und den *spolia opima* des Romulus, A. Cornelius Cossus und M. Claudius Marcellus (10); die Tarpeiageschichte (4) gibt Properz Gelegenheit, seine Kunst erotischer Psychologie an einem römischen Sagenstoff zu entfalten. Ganz ernst nimmt er sich in der neuen Rolle freilich nicht: gleich im Eingangsgedicht fällt dem Periegeten Roms der Astrologe Horos in den Arm und weissagt ihm, daß doch alles beim Alten bleiben wird. Die fünf restlichen Elegien des Buches haben tatsächlich nichts mit den patriotischen Themen zu tun, durch deren Wahl Properz auf seine Weise das alte Versprechen einlöste. Aber von der früheren Liebesdichtung sind sie doch ganz verschieden. Da ist die *lena* (5), eine echte Komödienfigur, die eine junge Freundin des Dichters in Liebesdingen berät; wenn sie ihr nahelegt, mehr auf Gold als auf schöne Worte zu geben, läßt Properz sie mit Selbstironie eigene Verse an Cynthia zitieren. In 8 schildert er, nicht ohne Humor aus der Distanz zur Vergangenheit, wie einmal Cynthia mit einem anderen nach Lanuvium fuhr, er selbst sich zwei Mädchen einlud; aber Cynthia kam unerwartet zurück, es gab eine stürmische Szene und danach Frieden nach ihrem Diktat. In dem ergreifenden 7. Gedicht erscheint die tote Cynthia dem einstigen Geliebten im Traum; die Bitterkeit ist einer milden Trauer gewichen, die das Geschehene verklärt. Die reifsten Gedichte sind wohl 3 und 11. Der Brief der Arethusa an ihren im Felde stehenden Gatten Lycotas – beides sind Decknamen – ist ein meisterhaftes Bild weiblichen Seelenlebens in Selbstdarstellung; von hier führt ein Weg zu Ovids Heroidenbriefen, aber Ovid hat die Beseeltheit des Properz weder erstrebt noch erreicht. Auch das letzte Gedicht (11), Abschieds- und Trostworte der verstorbenen Cornelia an ihren Gatten[1], – formal eine *consolatio* mit Elementen der *laudatio funebris* – wirkt vor allem als Selbstdarstellung einer vornehmen, liebenden Frau; das menschlich Ansprechende der Gestalt und der Ton verhaltener Trauer haben dieses Gedicht zur *regina elegiarum* werden lassen.

---

[1] Cornelia war eine Tochter von Augustus' zweiter Gemahlin Scribonia aus einer früheren Ehe; ihr Gatte war L. Aemilisu Paulus, cos. suffectus 34 v. Chr., Zensor 22 v. Chr.

Die jüngsten Zeitanspielungen in Buch 4 (Abreise des Augustus nach Gallien, 6, 77; Konsulat von Cornelias Bruder P. Cornelius Scipio, 11, 65) gehen auf das Jahr 16 v. Chr. Darüber hinaus ist von Properz nichts bekannt; als Ovid zu Beginn unserer Zeitrechnung seine *Remedia amoris* schrieb, war Properz nicht mehr am Leben.

Die Wirkung des Properz auf Zeit- und Nachwelt war gewaltig. Ovid hörte begeistert seine Rezitationen (*saepe suos solitus recitare Propertius ignes* trist. 4, 10, 45); sein Landsmann und Nachkomme Passenus Paulus schrieb Elegien in properzischer Art (Plin. epist. 6, 15, 1: 9, 22, 1 f.); Lucan und Martial bezeugen seine Beliebtheit; Properzverse stehen sogar auf den Wänden von Pompeji. Sein nachhaltiger Einfluß auf die Dichtersprache reicht bis ans Ende der Antike. Dem Mittelalter hatte er gleich Catull und Tibull nur wenig zu sagen; erst die Renaissance, beginnend mit Petrarca, hat ihn neu entdeckt. Bekannt ist die tiefe Wirkung, die er auf Goethe übte; „Der Besuch" (vgl. 1, 3: S. 61) und „Euphrosyne" (durch 4, 7 angeregt) zeugen davon. Die Heimatstadt hat Properz in einer Form geehrt, die weniger seiner *ars* gerecht wird als seinen *ignes*: ein Lichtspielhaus in Assisi heißt Teatro Properzio.

Literatur: Wichtig, trotz mancher Mängel, ist der Kommentar von M. Rothstein, 2 Bde, ²1920–1924. – Guter engl. Kommentar: Butler u. Barber, 1933. – Buch 1, 3, 4 m. engl. Komm. v. W. A. Camps, 1961, 1965, 1966. – Buch 1 u. 2, m. ausf. lat. Kommentar v. P. J. Enk, 1946, 1962. – Grundlegend F. Plessis, Etudes critiques sur Properce, 1884. – Feinsinnige künstlerische Interpretation vieler Gedichte bei E. Reitzenstein, Wirklichkeitsbild und Gefühlsentwicklung bei Properz, 1936; (Cornelia-Elegie) Rhein. Mus. 112, 1969, 126–45. – B. Otis, Propertius' Single Book: Harvard Stud. Class. Phil. 70, 1965, 1–44. – Neuere Gesamtdarstellungen: L. Alfonsi, L'elegia di Properzio, 1945. – A. la Penna, Properzio, 1951. – R. Helm, RE 23, 1 (1957), ⁷58–796. – H. Tränkle, Die Sprachkunst des Properz u. die Tradition der lat. Dichtersprache, 1960.

5. P. Ovidius Naso

Der jüngste der Elegiker, Ovid, steht an der Schwelle einer neuen Zeit. Nur wenige Jahre nach Properz geboren, gehört er doch einer anderen Generation an. Als Dichter stellt er sich bewußt in die Tradition, die von Gallus ihren Ausgang nahm (trist. 4, 10, 53 f.); aber er hat die Elegie nicht mit der Ausschließlichkeit seiner Vorgänger gepflegt. In seinem reichen und vielgestaltigen Schaffen, der Frucht eines mit größter Leichtigkeit produzierenden Talentes, hat er nicht nur neue

Töne und einen neuen Stil gefunden, es spricht aus ihm auch ein neues Lebensgefühl (ars 3, 121 f.). Ovid ist der erste „moderne" Dichter, sein Werk Prototyp der romanischen Literaturen, denen er, von den Franzosen des 12. Jahrhunderts an, in besonderem Maße Vorbild war.

Mehr und persönlicher als irgendein anderer Dichter der Zeit spricht Ovid in seiner Dichtung von sich selbst. Trist. 4, 10 ist eine psychologisch feine, an Einzelheiten reiche Selbstbiographie.

Ovid wurde im Jahr des Mutinensischen Krieges, am 20. März 43 v. Chr., in Sulmo im Gebiet der Päligner geboren. Sein Vater war damals schon Vierziger. Als Sohn einer wohlhabenden Familie des Ritterstandes war Ovid für die öffentliche Laufbahn bestimmt. Er besuchte die Rhetorenschule in Rom, wo Porcius Latro und vor allem Arellius Fuscus seine Lehrer waren (Sen. contr. 2, 10, 8. 12). Als Deklamator bevorzugte er die *suasoria*; von den *controuersiae* liebte er nur die *ethicae,* worin es auf das menschliche Element ankam, Argumentieren lag ihm nicht. Schon damals zog es ihn, nicht eben zur Freude des nüchtern praktischen Vaters, unwiderstehlich zur Dichtung: der Stoff, den er behandelte, wurde ihm unter den Händen zum Gedicht *(et quod temptabam dicere, uersus erat).* Wie damals üblich, erweiterte der junge Ovid seine Bildung durch Reisen und besonders durch einen längeren Aufenthalt in Athen. Schon mit 18 Jahren gab er öffentliche Rezitationen seiner Gedichte; die Corinna-Elegien, sagt er, waren bald auf den Lippen von ganz Rom. Messala zog den jungen Dichter in seinen Kreis; doch Ovid, der die Mittel besaß, unabhängig zu leben, brauchte sich in nichts gebunden zu fühlen. Die Ämterlaufbahn, für die er keine Neigung hatte, gab er bald auf und lebte ganz dem kultivierten Lebensgenuß und der geliebten Dichtung. Er heiratete jung, doch seine erste und zweite Ehe wurden bald getrennt; erst in seiner dritten Frau fand er die rechte Gefährtin. In glücklicher, harmonischer Ehe lebend, Vater einer Tochter, die ihm in jungen Jahren zwei Enkel *(sed non ex uno coniuge)* gab, inmitten eines kongenialen Freundeskreises, ein gefeierter Dichter – außer seiner Liebespoesie hatte er eine Tragödie *Medea* verfaßt, arbeitete an einem dichterischen Festkalender Roms *(Fasti)* und war eben daran, die „Metamorphosen" zu vollenden –, traf ihn 8 n. Chr. der große Schicksalsschlag seines Lebens: er wurde von Augustus an die fernste Reichsgrenze, in das rauhe, halb barbarische, von Grenzüberfällen bedrohte Tomis am Schwarzen Meer (jetzt Constanza in Rumänien) verbannt.[1] Der Grund der Ver-

---

[1] Richtiger: relegiert. Er durfte daher sein Vermögen behalten.

bannung ist aus Ovids Andeutungen nicht sicher zu erkennen; auf
die kürzeste Formel gebracht, waren es *carmen et error* (trist. 2, 207).
Das *carmen* war offenbar die *ars amatoria*, dieses allzu wissende,
allzu freimütige „Lehrbuch" der freien Liebe; schon bei seinem
Erscheinen (etwa 1 v. Chr.) hatte es das Mißfallen des Augustus erregt, der Dichter stand seither bei ihm gleichsam auf einer schwarzen
Liste. Der *error,* der unmittelbare Anlaß der Verbannung, bestand
vermutlich darin, daß Ovid als Mitwisser in einen Skandal verwickelt
war, der Augustus persönlich berührte, vielleicht in den Ehebruch
seiner Enkelin, der jüngeren Iulia, mit Iunius Silanus (Tac. ann. 3, 24).
Die Wirkung der Strafe auf den damals einundfünfzigjährigen Ovid
war furchtbar. Hatte er schon bisher in Leben und Dichtung an
Oscar Wilde erinnert, so traf ihn nun auch ein Wilde-Schicksal
(Wilkinson); er hat es so menschlich schwer und poetisch fruchtbar
getragen wie der Anglo-Ire. Ovid verließ Rom gegen Ende des
Jahres. Seine Frau wollte ihm in die Verbannung folgen, blieb aber
auf seine dringende Bitte in Rom zurück; sie bemühte sich bis zuletzt
erfolglos um seine Begnadigung. Sogar Ovids Werke wurden aus den
öffentlichen Bibliotheken entfernt. Nach langer, durch den Winter
erschwerter Reise langte Ovid im Frühjahr 9 n. Chr. in Tomis an. Es
dauerte Jahre, ehe sich der weiche und geistreiche, an Komfort und
anregende Geselligheit gewohnte Ovid in die fremde Umgebung ein-
zufügen begann. Aber er war dem Bruch in seinem Leben doch
besser gewachsen als er ahnte. Die Metamorphosen ließ er heraus-
geben, ohne daran die letzte Hand zu legen (vgl. trist. 3, 14; wenn
trist. 1, 7, 15 ff. nicht poetische Fiktion ist, so warf er, als ihn der
kaiserliche Befehl erreichte, sein Exemplar ins Feuer, doch waren
bereits Abschriften in den Händen von Freunden); für die Fortsetzung der *Fasti,* die zur Hälfte fertig waren, fehlte ihm in Tomis
das gelehrte antiquarische Material; aufhören zu dichten konnte er
aber nicht. Die Dichtung der Verbannungszeit (bes. 5 Bücher *Tristia,*
4 Bücher *Ex Ponto*) zeigt den allmählichen Wandel von Klagen,
Rechtfertigungsversuchen, Bitten an Frau und Freunde, für seine
Heimkehr zu wirken, von bitterer Gegenüberstellung des Einst und
Jetzt und grau in grau gemalten Bildern des Exils zu einem gewissen
Interesse an der neuen Umwelt: Ovid nimmt an der Verteidigung der
Stadt gegen Barbareneinfälle teil, er lernt die Sprache der einheimi-
schen Geten und dichtet sogar darin. Er hat auch wieder lächeln ge-
lernt; so spielt er (Pont. 4, 12 und 14) mit dem „undaktylischen"
Namen seines Freundes Tuticanus. (In den *Tristia* blieben die
Adressaten aus Vorsicht ungenannt.) Die Hoffnung auf Rückkehr hat
er nie begraben; sie lebte noch einmal auf, als nach Augustus' Tod
Germanicus, der Neffe des Kaisers Tiberius, selbst ein begabter

Dichter, mit einem *imperium maius* nach dem Osten ging (17 n. Chr.): ihm widmete Ovid die 6 Bücher der *Fasti*, die er aus Rom mitgebracht hatte und jetzt zu überarbeiten begann. Doch gehen die Spuren der Revision nicht über das erste Buch hinaus; der Dichter wird über der Arbeit gestorben sein. Tomis hat den Verbannten als seinen großen Mann geehrt.

Ovid begann mit Liebeselegien *(Amores)* in der Art seiner älteren Freunde Tibull und Properz. Auch die *Heroides (Heroidum Epistolae?* G. Luck, Philologus 106, 1962, 145 f.), Liebesbriefe mythologischer Frauengestalten an ihre abwesenden Männer oder Geliebten, *ignotum aliis opus* (ars 3, 346), waren aus Ansätzen in älterer Elegie entwickelt, wurden aber erst in dem Zyklus des Ovid zur besonderen Form. Dasselbe gilt von seiner „Liebeskunst": ein „Lehrgedicht", das im Metrum wie in Stil und Geist „elegisch" ist. Gegenstück zur „Liebeskunst" sind die „Mittel gegen Liebe" *(Remedia amoris).* Unvollständig erhalten ist ein Gedicht über Kosmetik *(De medicamine faciei).*

Den zwölften Heroidenbrief schreibt Medea. Die Gestalt der in Liebe und Rache leidenschaftlichen Frau hat Ovid, einen Meister der Psychologie, viel beschäftigt: schon in frühen Jahren hatte er nach griechischen und römischen Vorbildern eine (verlorene) Tragödie *Medea* gedichtet; in den Metamorphosen (7, 1 ff.) hat er ihre Geschichte noch einmal packend erzählt.

Die *Fasti* sind ein Elegienzyklus kallimacheischer Art. Die römischen Feste mit ihren Bräuchen und die Sagen, die sich daran knüpften, sollten für das ganze Jahr in kalendarischer Folge erzählt werden, doch hat Ovid nur die erste Hälfte des Werkes vollendet. Sachquelle wird in erster Linie der von M. Verrius Flaccus redigierte Iulianische Kalender gewesen sein, der (Suet. gramm. 17) in Praeneste öffentlich aufgestellt war (Fasti Praenestini, z. T. erhalten: Dessau, Inscriptiones Latinae selectae 8744 a).

Auch die *Metamorphosen* sind ein Zyklus von Erzählungen; gemeinsam ist ihnen allen, daß sie mit einer Verwand-

lung enden. Aber hier versucht Ovid, aus dem zyklischen
Gedicht ein Epos *(perpetuum carmen)* zu machen, indem er
die einzelnen Geschichten durch kunstvolle Übergänge in einen
(natürlich meist fiktiven) chronologischen Zusammenhang
bringt, der von der Weltentstehung bis zur Apotheose Caesars
reicht. Als Epos erklärt sich das umfangreiche Werk schon
dadurch, daß es ganz in Hexametern verfaßt ist.

Aus der Verbannung schrieb Ovid die *Tristia* und die
Briefe *Ex Ponto.* Die subjektive Elegie wird hier zur Form
rein persönlicher Mitteilung. Trotz mancher Meisterstücke ist
doch im ganzen ein Erlahmen der dichterischen Kraft und
Kunst zu merken. In Tomis schrieb Ovid auch die Elegie
Ibis, ein Schmähgedicht voll dunkler Verwünschungen gegen
einen Feind in Rom[1], und (wahrscheinlich) ein Fragment
gebliebenes Lehrgedicht über Fische und Fischfang *(Halieutica).*
Schon die früheste Dichtung Ovids ist in ungewöhnlich hohem
Maß rhetorisch und ein rhetorischer Dichter blieb er sein ganzes
Leben. Das ist mehr als die Nachwirkung der Schule, es ist ein
ästhetisches Prinzip; Rhetorik und Dichtung fließen für Ovid aus
derselben Quelle und befruchten sich gegenseitig (Pont. 2, 5, 57 ff.).
Aber es ist eine Rhetorik, die von psychologischem Sinn gelenkt
wird. Sind auch die 3 Bücher *Amores* (Auswahl aus einer älteren
Sammlung in 5 Büchern) zum großen Teil nur brillante Abwand-
lungen geläufiger Motive (am krassesten etwa 1, 9 *Militat omnis
amans* oder das Gedicht auf den Tod von Corinnas Sittich, 2, 6: von
Catull 3, auf den *passer* der Lesbia, trennt es eine Welt), so enthalten sie doch so menschlich empfundene Stücke wie den Sehn-
suchtsruf nach der Geliebten aus der ländlichen Heimat (2, 16), die
Totenklage um Tibull (3, 9), die fast properzisch suggestive Erzählung vom Mittagsbesuch Corinnas (1, 5) oder die schalkhafte Anklage der Aurora (1, 13), die auf die provenzalische *Alba* vorausweist. Größere Deutlichkeit im Erotischen als bei seinen Vorgängern
(am offensten 3, 7: peinliches Versagen und die Reaktion des Mädchens) entschädigt nicht immer für geringere Intensität des Erlebens.
Bezeichnenderweise fehlt hier völlig der Liebesschmerz. Ob hinter
Corinna eine bestimmte Frau steht, läßt sich schwer sagen; man hat

---

[1] Der Ibis, mit dem Ovid seinen Widersacher vergleicht, ist ein als schmutzig
bekannter Vogel Ägyptens. Doch hält A. la Penna (Kommentar, 1957) Ibis für
einen wirklichen Namen.

nicht mit Unrecht behauptet, die eigentliche Heroine der *Amores* sei die Elegeia.

Die *Heroides* (*Epistolae*; erhalten sind 15, wenn der außer der Reihe überlieferte Sappho-Brief mit dem durch den bloßen Titel nach 14 bezeugten identisch ist) erheben, wie schon der Arethusabrief des Properz (4, 3) und auf andere Weise die suggestiven Fragen des Dichters an Cynthias Sklaven Lygdamus (3, 6), die rhetorische Übung *(Progymnasma)* der „Ethopoiie" zur Kunst: man schreibt in einem fremden oder fingierten Charakter. Diese Übung, die viel psychologische Einfühlung verlangt, muß dem Talent Ovids sehr entgegengekommen sein. An sich gibt es den poetischen Liebesbrief schon im Hellenismus. In diesen „Briefen, die ihn nicht erreichten" bewährt sich Ovid als Kenner und einfühlender Interpret der weiblichen Psyche; die Vermenschlichung des Mythos geht noch über Euripides und Apollonios Rhodios hinaus. Künstlerisch ist es besonders reizvoll, wie in dieser einseitigen Korrespondenz beide Partner gegenwärtig sind; als aber ein Freund namens Sabinus zu sechs Heroidenbriefen Antwortelegien schrieb, womit er sie im Grunde ihrer *raison d'être* beraubte, fand Ovid, ein schlechter Kritiker seines eigenen Werkes, daran Gefallen und konnte es sich nicht versagen, selbst drei Briefpaare hinzuzudichten.[1]

Die *Ars amatoria* (so, nicht *Ars amandi*, lautet der Titel in den Hss.) in drei Büchern ist trotz der elegischen Form ein parodisches Lehrgedicht. Liebeslehren hat das klassische Altertum so gut gekannt wie der Orient; das Motiv taucht auch bei Tibull (z. B. 1, 4) und Properz (4, 5) auf. Aber Ovid hat doch wieder etwas Eigenes geschaffen. Motive der Liebeselegie, subjektive wie mythologische, verbinden sich mit einer Fülle feiner, bald zynischer, bald verstehender Beobachtungen; erst ganz am Ende wird die Liebeskunst zur Liebestechnik. Aus Ovids intimer Kenntnis der Halbwelt, für die allein er zu schreiben behauptet, folgt jedoch nur wenig für sein Privatleben.

Von allen Werken Ovids haben die 15 Bücher *Metamorphoses* die größte und dauerndste Wirkung geübt. Viele Generationen haben aus ihnen die Mythen und Sagen der Antike gelernt;[2] wie kein anderes Buch der alten Dichtung haben sie Literatur und bildende Kunst bis in die Neuzeit angeregt. Doch auch im Schaffen des Dichters nehmen sie einen besonderen Platz ein, als Grenzfall elegischer

[1] Ovids Autorschaft dieser Doppelbriefe sowie des Briefes der Sappho ist oft, doch gewiß zu Unrecht, bezweifelt worden.
[2] Ein frühes Zeugnis dafür sind die Prosaerzählungen, *Narrationes fabularum Ouidianarum,* teils anonym überliefert, teils dem Statius-Kommentator Lactantius Placidus (6. Jahrhundert) oder gar dem Kirchenvater Lactantius (4. Jahrhundert) zugeschrieben.

und heroischer Poesie; ihre Eigenart wird am Gegensatz der *Fasti*, in
denen z. T. dieselben Geschichten erzählt sind (z. B. die Proserpina-
Sage, fast. 4, 417 ff. und met. 5, 341 ff.), besonders deutlich. Daß
Ovid selbst die Metamorphosen als sein Hauptwerk ansah, zeigen
die stolzen, an Horaz carm. 3, 30 erinnernden Schlußverse (15,
871 ff.). Verwandlung von Menschen in andere Gestalten ist ein
„Menschheitsgedanke". In der Antike hat man besonders viel von
Verwandlungen in Vögel erzählt; solche Geschichten hatte Ovids
älterer Freund AEMILIUS MACER in seiner *Ornithogonia* zusammen-
getragen. Im Hellenismus mit seinem Interesse an der Astrologie
wurden Sternsagen (*katasterismoi*: Versetzung von Menschen unter
die Sterne) beliebt. Nikander von Kolophon (3. oder 2. Jahrhundert
v. Chr.) hatte *Heteroiumena* („Verwandlungen") in Hexametern,
Parthenios Metamorphosen im elegischen Maß gedichtet; Nikander
hatte seine Geschichten auch schon ineinander verflochten. Doch erst
Ovid faßte den Gedanken (der einem Griechen monströs erschienen
wäre), alle ihm erreichbaren (z. T. gewiß einem mythologischen
Handbuch entnommenen) Verwandlungsgeschichten nicht nur kunstvoll zu verbinden (Quintilian 4, 1, 77 nennt das allerdings *frigida
affectatio*), sondern sie auch in einen zeitlichen Rahmen zu spannen,
in dem sich als große Perioden das Zeitalter der Götter, das der
Heroen und das der großen Männer der Geschichte (und der
Pseudogeschichte) abheben. Im einzelnen ist Ovid natürlich aller
Literatur verpflichtet, die einen seiner vielen Stoffe vor ihm behandelt
hat: Epos und Tragödie, Epyllion und Prosaerzählung, Pythagoreer-
lehre (als 'philosophische Begründung' des Verwandlungsprinzips)
und antiquarische Forschung. Wie überlegen er mit dem Übernommenen schaltet, zeigt u. a. seine Erzählung von Philemon und Baucis
(8, 618 ff.): eine phrygische Lokalsage, die noch zur Zeit des Apostels
Paulus lebendig war (Apg. 14, 11–12), wird in enger und doch die
Motive oft umbildender Anlehnung an die *Hekale* des Kallimachos
idyllisch stilisiert und (organische *contaminatio!*) um einen stilver-
wandten Zug der Molorchosgeschichte aus den *Aitia* bereichert. –
Bei aller Rhetorik (die der antike Leser nicht wie wir als künstlich
empfand) wächst Ovid in den Metamorphosen zum großen Erzähler
von oft bezwingender Wirkung heran; das Grandiose (Flut, Phae-
thon) gelingt ihm ebenso wie das Idyllische (Philemon und Baucis)
oder das Komische (Midas). Erzählungen wie die von Niobe oder
Medea haben dramatischen Atem; viele der Reden, die er seine Personen so gerne halten läßt, zeichnen sich durch psychologische Subti-
lität oder tragisches Pathos aus (Niobes *post tot quoque funera
uinco*, 6, 285). Daß Liebe in allen ihren Formen (Narcissus, Pygma-
lion) ein Hauptthema ist, entspricht der Erwartung. Besondere Kunst

entfaltet Ovid in der Beschreibung des Verwandlungsprozesses (Callisto, Daphne, Actaeon, oder die Nymphe Cyane, 5, 425 ff., die wörtlich in Tränen zerfließt). In erster Linie kommt es Ovid aber auf die Darstellung des Menschlichen an; auch seine Götter sind (anders als bei Homer oder auch bei Vergil) rein als Menschen gezeichnet. Zum Gegenstand hatte Ovid einzig und allein die Beziehung des Künstlers, den die Gestaltung reizt. Die Seelenwanderungslehre, die er den Phytagoras in Buch 15 vortragen läßt, bedeutete ihm so wenig wie die alten Geschichten von Göttern, die schon auf halbem Weg zur Metonymie sind. In solcher Umgebung überzeugt die Apotheose Caesars nicht einmal als *face-saving*.

Tristia (9–12 n. Chr.) und *Ex Ponto* (etwa 12–16 n. Chr.) lassen sich in Kürze behandeln. Von *Tristia* 2 abgesehen, das eine zusammenhängende poetische Apologie ist, nimmt hier Ovid die Form des in sich geschlossenen Einzelgedichtes wieder auf. Manche Stücke, z. B. der erschütternde Abschied von Rom (trist 1, 3), den Goethe so intensiv nacherlebte, die Impressionen des skythischen Winters und Frühlings (3, 10 und 12) oder die Selbstbiographie (4, 10) haben noch Anschluß an die große elegische Tradition; aber die Mehrzahl der fast hundert Gedichte ermüdet durch den larmoyanten Ton und bedrückt durch die (freilich nicht unberechnende)[1] Selbsterniedrigung im Unglück. Biographisch und kulturgeschichtlich sind nicht wenige dieser Elegien von Interesse.

Verloren sind Gedichte auf Augustus und Tiberius, darunter eines in getischer Sprache. Der erhaltene *Ibis* (Vorbild war das gleichnamige Gedicht des Kallimachos gegen Appollonios von Rhodos) gehört zum Typus der *Dirae* (Bd. 1, 147; 2, 18); er berührt sich inhaltlich mit den Fluchttafeln. Die Mystifizierung wirkt befremdlich, da Ovid offenbar ganz konkreten Grund zur Beschwerde hatte.

Umstritten ist die Echtheit der *Halieutica* (s. B. Axelson, Eranos 43, 1945, 23–35; G. Luck, Gnomon 36, 1964, 170; krit. Text m. gutem Kommentar von J. A. Richmond, 1962). Jedenfalls galten sie schon dem älteren Plinius als ovidisch. Sie sind ein Lehrgedicht im technischen Sinn wie das Jagdgedicht *(Cynegetica)* des GRATTIUS, das Ovid (Pont. 4, 16, 34) erwähnt und von dem über 500 Verse erhalten sind. Ovids *Halieutica* dürften nicht weiter gediehen sein als die erhaltenen 130 Verse.

Über die dichterischen Vorzüge und Schwächen Ovids waren sich schon die Zeitgenossen klar. Der ältere Seneca, der ihn

---

[1] W. Marg, Atti del Convegno Ovidiano 2, 345 ff., erweist Ovids Absicht, Augustus damit vor der ganzen Nachwelt ins Unrecht zu setzen.

oft deklamieren hörte, sagt, daß er seine eigenen Fehler kannte,
aber in sie verliebt war (*non ignorauit uitia sua, sed amauit:*
contr. 2, 2 ex.); ein kleines Mal, sagte Ovid manchmal, erhöhe
die Schönheit des Gesichtes. Seneca erzählt auch die Anekdote,
wie Freunde Ovids verlangten, er solle drei seiner Verse tilgen;
e r bat sich drei aus, die sie ihm nicht nehmen dürften; jeder
schrieb die Verse um die es ihm ging, auf ein Täfelchen und
es stellte sich heraus, daß es die gleichen waren. Ähnlich wie
Seneca urteilt auch Quintilian: Ovid war *nimium amator
ingenii sui* (10, 1, 88); von der *Medea* sagt er (98), sie zeige,
wozu der Dichter fähig gewesen wäre, hätte er sein Talent
gemeistert statt ihm nachzugeben. Strenger ist Seneca der
Philosoph (nat. quaest. 3, 27, 13): Ovid, der von Natur
begabteste aller Dichter *(ingeniosissimus),* habe in den Metamorphosen *tantum impetum ingenii et materiae ad pueriles
ineptias* herabgezogen. Diesen Urteilen muß man im wesentlichen zustimmen. Neben unglaublicher Glätte der Sprache
und des Versbaus, raffiniertem Geschick in der Überwindung
technischer Schwierigkeiten und erstaunlicher Kunst, Über-
nommenem eine originelle Wendung zu geben, steht eine
gewisse Lässigkeit in der Arbeit und eine bei längerem Lesen
recht fühlbare Monotonie in Gedanken, Motiven und Effekten
(*nescit quod bene cessit relinquere,* sagt schon Seneca Rhetor,
contr. 2, 10; 9, 28, 17). Ovid erschöpft die Möglichkeiten
seiner Themen – Liebesleben, Verwandlungen, Klage des Verbannten – allzu gründlich; weniger wäre oft mehr gewesen.
Seine Vorliebe für pointierte Formulierung hat ihm zahllose
uersus memoriales eingegeben, hat ihn aber auch nicht selten
zu argen Geschmacklosigkeiten verführt (z. B. *semiuirumque
bouem semibouemque uirum* als Beschreibung des Minotaurus,
ars 2, 24). Nicht weniger zwiespältig ist die Substanz seiner
Dichtung: kultivierte Humanität, psychologische Einsicht, Liebe
zur Natur, warmes Empfinden für Frau und Freunde – doch
weder Seelengröße noch geistiger Ernst. Das zeigt sich auch
in Ovids Stellung zur Religion. Er war weder gläubig noch

ungläubig. Fast voltairisch klingt sein *expedit esse deos* (ars 1, 637); aber seine Götter, in offenbachscher Art aller Größe entkleidet, sind doch auch wieder nicht satirisch gezeichnet. Daß dieser Dichter ein Liebling des Mittelalters war, fast so sehr wie Vergil, muß zunächst befremden. Es war gewiß vor allem die technische Virtuosität, die ihn als Vorbild empfahl; er ließ sich, Begabung vorausgesetzt, am ehesten nachahmen. Die Ovidianer des 12. Jahrhunderts zeigen denn auch eine erstaunliche formale Vollkommenheit. Selbst an den Laszivitäten Ovids hat man sich nicht gestoßen. Auch unter den *auctoritates,* dem Klassikerzitat als Strophenschluß in der Lyrik jener Zeit, steht Ovid hoch im Rang. In der Literatur seit der Renaissance gibt es eine „ovidische" Richtung neben der „vergilischen": Boccacio und Ariost neben Tasso und Camoens.

Literatur: Zusammenfassend W. Kraus, Ovidius, RE 18 (1942) 1910–86 – Letzte Gesamtdarstellungen: H. Fraenkel, Ovid: a poet between two worlds 1945. – L. P. Wilkinson, Ovid recalled, 1955. – M. de Cola, Callimaco e Ovidio, 1937. – Ovidiana, publiés par N. I. Herescu, 1958. – Atti del Convegno Internaz. Ovidiano, Rom 1959, 2 Bde. – F. Stoessl, Ovid Dichter und Mensch, 1959. – S. D'Elia, Ovidio, 1959. – Zu einzelnen Werken und Gruppen: R. Heinze, Ovids elegische Erzählung, 1919. – P. Tremoli, Influssi retorici e ispirazione poetica negli 'Amores' di Ovidio, 1955. – Amores, Lat. u. dt., m. Nachwort, v. W. Marg u. R. Harder, ²1962. – G. Lafaye, Les Métamorphoses d'Ovide et leurs modèles grecs, 1904. – L. Castiglioni, Studi intorno alle Metamorfosi d'Ovidio, 1907. – W. Ludwig, Struktur u. Einheit der Metamorphosen Ovids, 1965. – B. Otis, Ovid as Epic Poet, 1966. – E. J. Bernbeck, Beobachtungen zur Darstellungsart in Ovids Metamorphosen. 1967. – F. Bömer, P. Ovidius Naso, Die Fasten, 1957–1958 (mit reichhaltigem Kommentar). – Briefe aus der Verbannung, lat. u. dt. übertragen von W. Willige, eingel. u. erläutert v. G. Luck, 1963. – Fortleben: E. K. Rand, Ovid and his influence, 1926. – F. Munari, Ovid im Mittelalter, 1960.

Auch im Umkreis und in der Nachfolge der großen Dichter sind Elegien geschrieben worden. Auf catal. 9, die pseudovergilischen Maecenas-Elegien und die nicht tibullischen Stücke im 3. Buch des Tibull-Corpus wurde schon hingewiesen; auch die *Copa* würde hierher gehören, falls sie nicht von Vergil stammt. Unter Ovids Namen geht fälschlich eine *Consolatio ad Liuiam* (anläßlich des Todes des Prinzen Drusus) und die Elegie *Nux* (Der Nußbaum). Die elegische Form wurde bis ins späte Altertum gepflegt, besonders als elegischer Brief, von Christen nicht weniger als von Nichtchristen (zur geistlichen Umdeutung von Motiven eines Heroidenbriefes vgl. Venantius Fortunatus im 6. Jahrhundert vgl. W. Schmid in „Studien z. Textgeschichte und Textkritik", 1959, 253 ff.; s. auch Schmids Artikel „Elegie" in RAC 4 (1959) 1054 ff.). Stofflich erlebte die klassische Liebeselegie eine kurze Nachblüte durch den Etrusker MAXIMIANUS im 6. Jahrhundert. Seine 6 Elegien sind das Werk eines ältlichen Lebemannes, der melancholisch auf die Freuden seiner Jugend zurückblickt. Ein mißglücktes Liebesabenteuer des Alternden anläßlich einer Gesandtschaft nach Konstantinopel (5) variiert das Thema von Ovid am. 3, 7. Aber Maximian war Christ, er liebt mit schlechtem Gewissen.

IV. Das nachaugusteische Jahrhundert

Die Literatur der Zeit zwischen dem Tod des Augustus (14 n. Chr.) und dem Regierungsantritt Hadrians (117) steht im Schatten einer größeren, schon als klassisch empfundenen Vergangenheit – gleichgültig, ob man den Vorbildern folgt, ihre Möglichkeiten ausschöpft und variiert, wie es die meisten tun, oder sich dagegen auflehnt wie Seneca oder Lucan. Die beiden Antriebe, denen die römische Literatur ihr Leben verdankt, schöpferische Nachahmung der Griechen und das Aussprechen der eigenen Art in den so geschaffenen Formen, sind fast zum Stillstand gekommen; daran hat die Erschöpfung der literarischen Genera und das Lebensgefühl einer Spätkultur nicht weniger Anteil als der politische Umschwung, der sich immer fühlbarer auswirkt. Das wenige Neue liegt am Rande: die Fabel, die der „niederen" Sphäre angehört, der Roman – Unterhaltungsliteratur – und die Vollendung der Kleinkunst des Epigramms. Die Griechen, die Horaz bei Tag und Nacht zu lesen empfahl, verlieren an Bedeutung; daß man in so weitem Umfang griechische Dichtung studierte wie der junge Statius in der väterlichen Schule zu Neapel (silu. 5, 3, 146 ff.), wird zur Ausnahme.

Die literarische Produktion wächst in die Breite; das technische Können auch der Durchschnittsliteraten ist beträchtlich, aber selbst Werke von Bedeutung haben keine geistig-politische Funktion mehr. Die Vermischung der Stile und Genera schreitet fort, die Macht der Rhetorik wird immer stärker, die lebendige Beziehung des Schöpfers zum Werk immer loser. Kaiser wie Nero und Domitian nahmen an der Literatur ein reges Interesse; aber Dichteragone *sub auspiciis principis* sind für die Dichtung nicht immer ein Segen. Anderseits ist unsere ästhetische Kritik dem Schaffen jener Zeit nur selten gerecht geworden. Sie hat trotz allem nicht nur eine Anzahl bemerkenswerter Individualitäten hervorgebracht, sondern auch manches Werk, das zu dem Eindrucksvollsten der römischen Literatur gehört. Die Geschichtsschreibung der Römer erreicht erst jetzt, in Tacitus, ihren einsamen Höhepunkt.

Die Redekunst, die unter Augustus ihren Platz noch mühsam behauptet hatte, geht dem unausweichlichen Verfall entgegen. Unter den Rednern stellt Quintilian nur einen, den Domitius Afer aus Nemausus (Nîmes), den Alten an die Seite (10, 1, 118; 12, 11, 3); als Menschen zeichnet ihn Tacitus (ann. 4, 52. 66) unsympathisch. In Südgallien, woher er stammte, wächst eine rhetorische Tradition heran, die im 3. Jahrhundert führend wird. Dem geistigen Leben in Massilia (Marseille) stellt Tacitus, dessen Schwiegervater Agricola dort studiert hatte, ein ehrendes Zeugnis aus (Agr. 4), das *mutatis mutandis* noch heute von so mancher französischen Provinzstadt gelten könnte. Doch wird die Kunst der Rede bald zur bloßen Rhetorik, teils als Panegyricus, teils als Deklamation, die auch außerhalb der Schule ein breites Publikum begeistert.

In einer solchen Zeit geboren zu sein, war die Tragik des größten Lehrers der römischen Beredsamkeit, des M. Fabius Quintilianus aus Calagurris in Spanien (etwa 35 bis 95). In Rom erzogen, dann Lehrer in seiner Vaterstadt, brachte ihn Galba, als er Kaiser wurde (68), in die Haupstadt zurück. Vespasian machte ihn zum ersten staatlich besoldeten Professor der Rhetorik; Domitian übertrug ihm die Erziehung seiner Großneffen und ehrte ihn durch die Verleihung der Konsulswürde. In seinem Hauptwerk, den 12 Büchern der *Institutio oratoria*, entwirft er auf Grund ausgebreiteter Kenntnis der Theorie und eines reifen persönlichen Urteils über die Dichtung und Prosa der Griechen und Römer, vor allem aber aus der Erfahrung der eigenen Redner- und Schulpraxis heraus einen Lehrgang der rednerischen Ausbildung im Rahmen eines umfassenden Erziehungs- und Bildungsprogramms. Gegen die Auswüchse der Rhetorik wie gegen Senecas aphoristischen

Modestil weist er unermüdlich auf Cicero als das große
Vorbild hin; an ihm hat er auch den eigenen Stil geschult,
wenngleich sich darin die neue Zeit nicht ganz verleugnet. Für
den Niedergang seiner Kunst war er nicht blind; das zeigt
seine der *Institutio* vorausgehende Studie *De causis corruptae
eloquentiae.* Er scheint der Abkehr von den klassischen Vorbildern die Hauptschuld gegeben zu haben; die tieferen Ursachen, die in den politischen und kulturellen Zuständen lagen,
konnte oder wollte er nicht sehen. Tacitus hat, Quintilian
kritisierend, gerade aus solchen Erwägungen heraus in seinem
Dialogus de oratoribus der römischen Beredsamkeit das Grab-
lied gesungen.

Zur römischen Erziehung: A. Gwynn, Roman education from Cicero to
Quintilian, 1926 (Neudr. 1964). – H.-I. Marrou, Histoire de l'éducation dans
l'antiquité 1948, Teil 3. – G. G. Bianca, La pedagogia di Quintiliano, 1963.

Die Geschichtsschreibung teilte zunächst das Schicksal der Rede:
Parteinahme für die Republik, Kritik des Princeps oder seiner
Günstlinge konnte dem Autor gefährlich werden. A. CREMUTIUS
CORDUS, der noch unter Augustus die Anfänge des Prizipats behandelt hatte, wurde im Jahre 25 als Bewunderer des Brutus und
Cassius angeklagt; er starb durch freiwilligen Hungertod. Anlaß
des verspäteten Einschreitens waren Ausfälle des Cordus gegen
den mächtigen Seian gewesen. Seine *Annalen* traf das Verbrennungs-
urteil; sie wurden aber heimlich weiter verbreitet, und seine Tochter
Marcia gab sie später – im purgierter Form – neu heraus. – Dagegen
scheinen die Germanenkriege des AUFIDIUS BASSUS und seine Kaiser-
geschichte (bis auf die ersten Jahre Neros?) keinen Anstoß erregt
zu haben; letztere wurde in den 21 Büchern *A fine Aufidii Bassi*
des älteren Plinius (S. 78) fortgesetzt. – Erhalten sind nur zwei
Werke von „Monarchisten" aus der Zeit des Tiberius. C. VELLEIUS
PATERCULUS, wahrscheinlich aus Capua, verfaßte für den Konsul
des Jahres 30, M. Vinicius, einen bis zu diesem Jahr reichenden
Abriß der römischen Geschichte in 2 Büchern. Der Titel ist mit
dem Anfang des Werkes verlorengegangen. Unselbständig für die
ältere Zeit, hat Velleius Wert als zeitgenössischer Historiker des
frühen Prinzipats – der einzige, der auf uns gekommen ist –, nicht
zuletzt für die Geschichte Germaniens um die Zeitwende (Varus: 2,
117 ff.; vgl. Tac. ann. 1, 61). Sein rhetorischer Stil, der doch über
die Hast der Komposition nicht täuscht, überbietet sich in hyper-
bolischem Ausdruck, wo die Rede auf Tiberius kommt; hier beginnt

für den Westen jene Ergebenheitsform, die die eigene Niedrigkeit
(mediocritas nostra) vor dem Thron annimmt. Aber die Bewunderung des einstigen Offiziers für seinen Kriegsherrn ist echt und die
Erzählung des Selbsterlebten anschaulich und wirksam. – Weit
tiefer stehen die historischen Exempla *(Factorum et dictorum memo-
rabilium libri nouem)* eines VALERIUS MAXIMUS; sie sind bald
nach dem Sturz des Seian (31) veröffentlicht und Tiberius gewidmet.
Eine rhetorischen Zwecken dienende Stoffsammlung, in Sachgruppen
(de religione, de institutis antiquis, de fortitudine...) und innerhalb dieser nach dem aus Nepos, Varro und Plutarch bekannten
Schema in *Romana* und *extera* gegliedert, voll aufdringlicher Schmeichelei (der ein deklamatorischer Stil entspricht), hat diese Kompilation – nebst beschränktem Quellenwert – nur als Zeitsymptom
Interesse. Der Wortschatz beider Autoren ist noch im wesentlichen
klassisch.

Ein sicheres Refugium bot die *Fachwissenschaft.* Unter Tiberius
und noch unter Claudius war Q. REMMIUS PALAEMON aus Vicenza
als Grammatiker bedeutend (Suet. Gramm. 23). Niederen Standes,
Autodidakt, von anstößigem Lebenswandel, streitsüchtig und maßlos eitel, schrieb er (angeblich als erster) eine umfassende *Ars
grammatica* nach griechischem Muster, die bis ins späte Altertum
viel benutzt wurde. – Etwa zu Beginn der Regierung Neros schrieb
Q. ASCONIUS PEDIANUS gegen die *obtrectatores* Vergils und verfaßte
vorbildliche historische Erklärungen zu Reden Ciceros (Bd. 1, 123).
Um die Jahrhundertmitte scheint die Tätigkeit des in der Einleitung
(Bd. 1, 19) gewürdigten M. VALERIUS PROBUS zu beginnen. – Dem
geographischen Interesse, das durch Agrippas Reichskarte geweckt
worden war, kam die *Chorographia* (in 3 Büchern) des Spaniers
POMPONIUS MELA entgegen. Er schrieb wahrscheinlich unter Claudius.
Ohne eigene Forschung, doch aus guten Quellen schöpfend, behandelt der rhetorisch gebildete Autor seinen Gegenstand knapp und
anregend im Modestil der Zeit. – Unter Claudius schrieb auch
L. IUNIUS MODERATUS COLUMELLA aus Gades ein umfangreiches
Werk in 12 Büchern über den Landbau; vorangegangen war eine
kürzere Darstellung, aus der nur ein Buch *De arboribus* erhalten
ist. Von Liebe zur Natur und Begeisterung für seinen Gegenstand
erfüllt, hat Columella, der einen sorgfältigen Prosastil (und im
10. Buch, über Gartenbau – s. S. 27, Anm. 1 – auch gute und
gefällige Hexameter) schreibt, nicht nur seiner Disziplin die für
Jahrhunderte kanonische Form gegeben, sondern auch manches
Interessante aus Leben und Wirtschaft seiner Zeit auf die Nachwelt
gebracht. – In die zweite Hälfte des Jahrhunderts fällt die praktische und literarische Tätigkeit des Offiziers und Ingenieurs SEX.

IULIUS FRONTINUS, der zweimal Konsul und im Jahre 97 *curator aquarum* war. Als solcher verfaßte er, zunächst zur eigenen Belehrung, einen *Commentarius* über die Wasserleitungen Roms *(De aquis urbis Romae)*, den er später auf Wunsch Traians herausgab. Es ist das beste technische Werk in lateinischer Sprache. Den Interessen des Offiziers verdanken wir 3 Bücher Kriegslisten *(Strategemata;* ein viertes Buch ist wahrscheinlich nicht von ihm). Auch über Feldmeßkunst hat er geschrieben; Auszüge dieses Werkes wurden in das spätantike (6. Jahrhundert) Corpus der römischen *Agrimensores* oder *Gromatici* (nach dem Visierinstrument, mit einem etruskisch-griechischen Lehnwort *groma* oder *gruma* genannt) aufgenommen. – Neben der Speziallliteratur geht die enzyklopädische weiter. Aus der umfangreichen Enzyklopädie des A. CORNELIUS CELSUS (unter Tiberius), der nicht die *Artes* Varros, sondern das praktische Universalwissen Catos fortsetzt (er handelte u. a. über Landwirtschaft, Kriegskunst, Beredsamkeit, Recht und Philosophie), sind nur die 8 Bücher *De medicina* erhalten: das Werk eines wohlunterrichteten Laien, der klar, verständig und in reiner, gut stilisierter Sprache zu referieren weiß.

Ein begrenztes, doch immer noch weites Gebiet umfaßt die *Naturalis Historia* des älteren Plinius (C. PLINIUS SECUNDUS) aus Comum, der nach erfolgreicher Militär- und Zivilkarriere (50/51 mit Pomponius Secundus in Niedergermanien, wahrscheinlich 70 im Generalstab des Titus vor Jerusalem, dann Prokurator von Syrien) als Flottenkommandant von Misenum beim Vesuvausbruch des Jahres 79 ums Leben kam (vgl. den Brief seines Neffen, Plin. epist. 6, 16). Ein Mann von unvorstellbarer Arbeitskraft (a. a. O. 3, 5), fand Plinius neben seinen Ämtern die Zeit zu einer ausgebreiteten, freilich meist kompilatorischen Schriftstellerei. Neben einem Werk über Kavallerietaktik *(De iaculatione equestri)* und einer grammatischen Schrift *(Dubii sermonis libri VIII)* verfaßte er eine Übersicht über die Germanenkriege Roms in 20 Büchern und eine Zeitgeschichte *(A fine Aufidii Bassi,* s. S. 76). Erhalten sind nur die 37 Bücher seiner Naturkunde (77 dem Prinzen Titus überreicht), worin er Kosmologie, Geographie, Anthropologie, Zoologie und Botanik (auch in Anwendung auf die Medizin) und Mineralogie behandelt. In seinem Weltbild, einem vagen Stoizismus, mischt sich kritikloser Autoritätsglaube mit Skepsis, Wissenschaft mit Superstition; aber trotz aller methodischen Mängel, faktischen Irrtümer und stilistischen Manierismen ist diese gigantische Kompilation, die im Mittelalter und noch in der frühen Neuzeit viel studiert wurde, eine unschätzbare Fundgrube der Altertumskunde.

Quellenanalyse, Überlieferung und Textkritik bieten schwierige, vielfach noch ungelöste Probleme. Gute Übersicht: RE 21, 1 (1951), 271–439 (K. Ziegler, W. Kroll, R. Hanslik u. a.); dazu Hansliks Forschungsbericht, Anz. f. d. Altertumswissenschaft 8 (1955), 193 ff.

In der *Dichtung* sind das Originellste die *Fabulae Aesopiae*, die PHAEDRUS, ein Freigelassener des Augustus, unter Tiberius, Caligula und Claudius in fünf Büchern veröffentlichte. Die Fabel war in Rom wie überall zu Hause; auch Dichter wie Ennius, Lucilius und Horaz hatten sich ihrer bedient. Aber ein Buch von Fabeln war in Rom etwas Neues. Neben „äsopischen" Fabeln im engeren Sinn hat Phaedrus viel Anekdotisches (meist aus griechischen Quellen); auch Stücke eigener Erfindung fehlen nicht. Der Proletarier, der er trotz rhetorischer Bildung immer blieb, sah in der moralisierenden Fabel eine Form, den Mächtigen seiner Zeit verblümt die Wahrheit zu sagen. Dennoch ist es ihm, wie er in den Prologen und Epilogen andeutet, nicht wohl bekommen; vor allem scheint sich Seian (3, prol. 41) betroffen gefühlt zu haben. Sprache und Stil des Phaedrus, wo er nicht moralisiert, sind einfach und natürlich, mit einer Neigung zum kräftig Derben; daneben steht, wie zu erwarten, gelegentliche Parodie des *genus sublime.* Als Vers wählte er mit kluger Absicht den schon etwas antiquierten volkstümlichen Senar. Die erhoffte Anerkennung blieb dem Lebenden versagt; Seneca scheint ihn mit Absicht zu ignorieren. Der erste, der ihn erwähnt, ist Martial (3, 20, 5); sein Ruhm beginnt erst in der Spätantike. Damals entstanden auch Prosabearbeitungen, von denen der sogenannte ROMULUS (5. Jahrhundert) am bekanntesten ist; aus ihnen lassen sich Lücken der originalen Sammlung dem Material, wenn nicht der Form nach füllen. Von hier führt der Weg über die Fabeldichter des Mittelalters zur literarischen Fabel der Moderne (Lafontaine, Lessing).

Die epischen Dichter sind im allgemeinen konservativer, sie versuchen nur den überkommenen Formen neue Möglichkeiten abzugewinnen. GERMANICUS, der Neffe und Adoptivsohn des Tiberius, versuchte sich an einer freieren Übersetzung des Aratos als die des Cicero war; sie zeugt von formalem Können und einer gewis-

sen dichterischen Begabung. – Neuland eroberte ein uns persönlich
unbekannter M. MANILIUS – er wird in der Frühzeit des Tiberius
gedichtet haben – mit seinen 5 Büchern *Astronomica,* worin er im
Geist eines an Poseidonios orientierten Stoizismus das Lehrgebäude
der Astrologie so dichterisch zu vermitteln wußte wie Lukrez die
Lehre des Epikur. Die Gestaltungskraft, die sich an dem denkbar
sprödesten Stoff bewährt, ist nicht nur in den mythologischen und
philosophischen Exkursen, sondern auch in den technischen Partien
erstaunlich groß. Die Formulierung des poseidonischen Gedankens
von der göttlichen Natur im Menschen (2, 115 f.) hat Goethe, ein
Bewunderer des Manilius, in berühmten Versen („Wär' nicht das
Auge sonnenhaft...") nachgebildet. Dem Dichter-Philologen A. E.
Housman verdanken wir die beste erklärende Ausgabe des schwierigen Gedichtes (5 Bde., 1903–30, ²1937).

Das heroische Epos hatte Vergil zu einer Höhe geführt, die schon
den Zeitgenossen unerreichbar schien; die Nachgeborenen sahen
in der Aeneis (wie Richard Strauss von Wagner sagte) einen Berg,
den man bestenfalls umgehen konnte. Das versuchte als erster der
Neffe des Philosophen Seneca, M. ANNAEUS LUCANUS. Gegenstand
seines unvollendeten Epos *Pharsalia* (10 Bücher; auf 12 angelegt?)
ist der Bürgerkrieg zwischen Pompeius und Caesar. Zu seinem
Helden wählte er Pompeius; das war nicht nur historisch, sondern
auch künstlerisch ein Fehlgriff. Caesar erhält denn auch einen
zweiten Gegenspieler in dem ‚idealen Republikaner' Cato. Hatte
Vergil die römische Gegenwart im Spiegel einer mythischen Vergangenheit gezeigt, so griff Lucan auf das ältere römische Epos
zurück, das Zeitgeschichte unmittelbar zu behandeln pflegte; während aber Ennius und seine Nachfolger mit den übrigen homerischen
Konventionen auch das handelnde Eingreifen der Götter übernahmen, gab Lucan dieses traditionelle Element des Epos auf. Das
mag mit stoischer Theologie zu tun haben, war aber gewiß auch
künstlerisch zu rechtfertigen; dennoch hat sich die Kritik dagegen
erklärt, und es ist bei diesem Versuch geblieben. Das Epos des
Lucan will vor allem durch Beschreibungen und kunstvoll gebaute
Reden (Cicero, 7, 68 ff.), aber auch durch prägnante Sentenzen
wirken (1, 128 *Victrix causa deis placuit, sed uicta Catoni* ist
in unseren Zitatenschatz eingegangen). Das rhetorische Pathos geht
oft an die Grenze des Erträglichen, aber es wirkt doch echt. Man
darf nicht vergessen, daß der Dichter bei seinem Tod im Jahre 65
– er war in die Pisonische Verschwörung verwickelt – erst im
25. Lebensjahr stand. Die ästhetische Kritik – schon bei Petron
118 ff. – hat der Verbreitung des Gedichtes (vgl. Martial 14, 194)
so wenig geschadet wie sein republikanisches Ethos; manche Epiker

des späteren 1. Jahrhunderts stehen unter seinem Einfluß. Als Schul-
text wurde die *Pharsalia* in der späteren Antike und im Mittelalter
häufig kommentiert. – Vor dem Vesuvausbruch des Jahres 79,
vielleicht noch in spätaugusteischer Zeit, entstand ein *Carmen de
bello Actiaco,* von dem etwa 70 Verse auf einem herkulanensischen
Papyrus (Neapel, Pap. Herc. 817) erhalten sind. Der Dichter scheint
der Konvention gefolgt zu haben, mit der Lucan brach: die Parze
Atropos wird als unsichtbarer Zeuge der Selbstmordpläne Kleopatras
eingeführt (v. 56). – Ein anderer Weg, an der Aeneis vorbeizukom-
men, führte zur epischen Behandlung griechischer Sagenstoffe, wie
schon bei den Epikern des ovidischen Dichterkatalogs (Pont. 4, 16).
Erhalten sind erst Epen der Flavierzeit: die *Argonautica* (8 Bücher)
eines C. VALERIUS FLACCUS (das Proömium, das auf die Eroberung
Jerusalems anspielt, muß um 70 gedichtet sein) und die *Thebais*
und *Achilleis* des Statius. Die – unvollendeten (oder unvollständig
erhaltenen?) – *Argonautica* sind dem gleichnamigen Epos des
Alexandriners Apollonios von Rhodos nachgedichtet, aber mit großer
Freiheit in der Behandlung des Stoffes; gegen die Gelehrsamkeit
des Apollonios tritt das Psychologische stärker hervor: der Dichter
hat bei Vergil und Ovid gelernt. – Bedeutender in Werk und Wirkung ist P. PAPINIUS STATIUS aus Neapel. Sein Vater, der eine
Schule hatte, führte ihn früh in das Studium der Dichter ein; er
selbst zeigte schon in der Jugend ungewöhnliche dichterische Begabung und gewann Siege in Dichterwettkämpfen. In Rom rezitierte
er mit Erfolg aus seiner *Thebais,* unterlag aber in Domitians
kapitolinischem Agon (94?). Mit einer römischen Witwe namens
Claudia lebte er in kinderloser, doch glücklicher Ehe. Später zog er
sich nach Neapel zurück; er starb wohl noch vor Domitian, wahrscheinlich im Jahre 96. Ruhm und Nachwirkung des Statius
ruhen auf seinem Epos *Thebais* in 12 Büchern. Sein wesentlicher
Gegenstand ist der Zug der Sieben gegen Theben. Doch erzählen
die ersten drei Bücher ausführlich den Anlaß des Zuges, das letzte
den Bittgang der argivischen Frauen nach Athen und dessen Wirkung. Auch zwischen Auftakt und Ausklang ist die Komposition
bewußt ‚offen‘ (vgl. die Hypsipyle-Opheltes-Episode, 4, 646–7, 144).
Doch wirkt der Fluch des Ödipus über seine Söhne als einigendes
Motiv. Abkehr vom klassischen Geist zeigt sich (wie auch im Drama
Senecas) in des Dichters Vorliebe einersetis für das Schauerliche,
andererseits für das Rührende. Dagegen ist die Darstellung im
einzelnen trotz der überladenen und oft gesuchten Sprache und
einem Überreichtum an Gleichnissen nicht selten eindringlich und
von plastischer Wirkung. Schlichter wirkt, was von der unvollendeten
Achilleis zustande kam. Freilich bricht sie schon mitten im 2. Buch,

beim Auszug Achills nach Troja ab. Am breitesten ausgeführt ist
der Aufenthalt des als Mädchen verkleideten Achilles auf Skyros und
seine Vergewaltigung der Deidamia. Aber schon diese frühen Episoden sind überschattet von dem durch die Götter beschlossenen
großen Krieg, in dem sich das grausame Heldentum des Achilles
bewähren soll. Aus den letzten Lebensjahren des Statius stammen
die 5 Bücher *Siluae* (nach Lucans Vorbild). Es sind gesammelte
Gelegenheitsgedichte (meist daktylisch, doch auch in lyrischen
Maßen); die meisten sind auf Bestellung geschrieben, für Personen
des Hofes, zu denen Statius in einem gewissen Abhängigkeitsver-
hältnis stand, aber auch für andere vornehme Freunde: Beschreibung
ihrer Villen, Bäder und Kunstschätze, Gratulationen und poetische
Nachrufe (auch auf *pueri delicati*). Das ist alles höchst gekonnt,
aber für uns doch wenig mehr als ein Beitrag zur Kulturgeschichte
der Flavierzeit. Nur selten spricht der Dichter persönlich, am
unmittelbarsten ergreifend im *Somnus* (silu. 5, 4), der Bitte des
Kranken an den Schlafgott, doch nicht an seinem Lager vorbeizu-
gehen (vgl. P. Friedländer, Antike 8, 1932, 215). Während die *Siluae*
im Mittelalter so gut wie vergessen waren, wurden die beiden
Epen eifrig gelesen. Zur *Thebais* gibt es zahlreiche Scholien; die
älteren wurden im 6. Jahrhundert von einem gewissen Lactantius
Placidus gesammelt und erweitert. Noch bei Dante steht Statius
fast ebenbürtig neben Vergil. – In den späteren Jahren Domitians
hat auch SILIUS ITALICUS die 17 Bücher seiner *Punica* verfaßt. Von
dem Autor gibt der jüngere Plinius (epist. 3, 7) ein lebendiges Bild.
Neros letzter Konsul (68), dann verdienter Prokonsul von Asien
(daß er sich einmal unter Nero zum Ankläger hergegeben hatte,
war längst vergessen), lebte er als geachteter Konsular, ohne Einfluß, aber auch ohne Feinde, auf seinen schönen Gütern in vornehmer Muße dem Kult einer besonnten Vergangenheit. Er hatte
Ciceros Tusculanum erworben; sein Gut bei Neapel umschloß
Vergils Grab, das er wie ein Heiligtum verehrte. Dort starb er
(wahrscheinlich 101) an einem schmerzhaften Auswuchs; er trug
sein Leiden gefaßt und bewahrte sich bis zum letzten Tag die
Heiterkeit des Gemütes. Patriotismus, inniges Versenken in die
„große Zeit" und Befruchtung durch Geist und Kunst Vergils
werden ihm den Gedanken zu seinem Epos eingegeben haben, an
dem er seit etwa 80 arbeitete. Es ist, fast möchte man sagen, betont
konservativ: das Epos *comme il faut*. Die Geschichte des Hannibalischen Krieges (im wesentlichen nach Livius, doch mit manchem
Stück erlesener antiquarischer Gelehrsamkeit gewürzt) erscheint ihm
als die Auflehnung eines Giganten gegen die Ordnung des römischen
Jupiter. Die *Punica* präsentieren sich als ein alle homerisch-vergi-

lischen Paraphernalien paradierender Festzug. Sprache und Versbau sind streng bis zur Eintönigkeit. Wenn Silius die *Annales* des Ennius kannte, was nicht ausgeschlossen ist, dann mag er sich für die homerisierende Behandlung seines Gegenstandes auf den Ahnherrn des römischen Epos berufen haben. Aber Ennius war Dichter.[1]

Literatur zum nachklass. Epos: Die RE-Artikel Lucanus (F. Marx), 1 (1894) 2226–2236; Valerius Flaccus (A. Kurfess), 8 A 1 (1955), 9–15; Statius (R. Helm), Halbbd. 36, 2 (1949) 984–1000; Silius (Klotz), 2. Reihe 5 (1927) 79–91. An Ansätzen zu einer literarischen Würdigung fehlt es nicht, doch nur im Fall Lucans beginnt eine Synthese sich abzuzeichnen, vgl. den Literaturbericht von W. Rutz, Lustrum 9, 1964, 262–302; 10, 1965, 249 f., und G. Vögler, Philol. 112, 1968, 222 ff. – E. Fraenkel, Lucan als Mittler des antiken Pathos: Vortr. d. Bibl. Warburg 4 (1924–1925) 229–257; P. O. Morford, The Poet Lucan: studies in rhetorical epic, 1967. – F. Mehmel, Valerius Flaccus, 1934. – W. Schetter, Untersuchungen zur epischen Kunst des Statius, 1960; Statius' Silvae erkl. v. F. Vollmer, 1898; H. Cancik, Untersuchungen z. lyr. Kunst des P. Papinius Statius, 1965. – M. v. Albrecht, Silius Italicus: Freiheit u. Gebundenheit röm. Epik, 1964.

Die sieben Eklogen des T. CALPURNIUS SICULUS aus dem Anfang der Regierung Neros und die etwa gleichzeitigen anonymen Gedichte (*Laus Pisonis* und zwei Bucolica in der Einsiedler Hs. 266) zeigen, daß die Bukolik bereits ihren dichterischen Sinn zu verlieren beginnt. In der Nachfolge Vergils gelingt dem Calpurnius immerhin noch manches hübsche Naturbild. Mehrere Gedichte preisen, wie auch andere Literatur der Zeit, den jungen Nero, auf den man große Hoffnungen setzte; in dieser Hofkunst sind die Hirten nur Masken. – Auf die Gedichte des Calpurnius folgen in den Hss. vier Eklogen eines NEMESIANUS aus Karthago; M. Haupt (Opuscula 1, 385–406) hat ihn auf Grund seiner Verstechnik einleuchtend ins 3. Jahrhundert gesetzt und mit dem gleichnamigen Verfasser eines Jagdgedichtes (*Cynegetica*) identifiziert. Die dritte Ekloge mit ihren bakchischen Szenen, die an Sarkophagen der Zeit eine Parallele haben, zählt zu den schönsten Gedichten des späteren Altertums.

Als Lyriker, doch in gemessenem Abstand von Horaz, nennt Quintilian (10, 1, 96) einen CAESIUS BASSUS: er soll (Schol. Pers. 6, 1) beim Vesuvausbruch des Jahres 79 den Tod gefunden haben. Persius, der mit ihm befreundet war, hat ihm seine 6. Satire gewidmet (s. u.). Bassus schrieb auch über Metrik; er lehrte, wohl nach Varro, die Ableitung aller Metren aus Hexameter und Trimeter. Das Werk ist – unvollständig – erhalten (Keil, Grammatici Latini 6, 255 ff.).

---

[1] Der Italicus, den ein (erst durch Konjektur rein hergestelltes) Akrostich als Verfasser einer *Ilias Latina* (in nur 1070 Versen!) nennt, ist eher Baebius Italicus (identisch mit dem Grammatiker Baebius, Freund des Germanicus?) als unser Silius.

Umstritten ist der Wert der sechs Satiren des jung verstorbenen A. PERSIUS FLACCUS (34–62): der großen Bewunderung des Altertums und Mittelalters ist in neuerer Zeit eine
merkliche „Abwertung" gefolgt. Aus etruskischer Ritterfamilie
in Volaterrae, nach dem frühen Tod des Vaters von der Mutter
erzogen, in Rom Schüler des Remmius Palaemon, dann Jünger
und unzertrennlicher Freund des Stoikers Annaeus Cornutus
(vgl. die schönen Verse sat. 5, 21 ff.), der ihn bei der stoischen
Opposition gegen Nero (Paetus Thrasea, Seneca) eingeführt
haben wird, ein vorbildlicher Sohn und Bruder, sanft und von
jungfräulicher Zurückhaltung *(uerecundiae uirginalis)*, langsam
und schwerfällig in der Produktion – so zeichnet ihn die
antike Vita. Daß man sich nach den Satiren ein ganz anderes
Bild von dem Dichter machen würde, liegt an der Gattung
und an Persius' engem Anschluß an seine Vorbilder (Lucilius,
Horaz). Von der Literaturkritik der 1. Satire abgesehen sind
die Gegenstände der stoischen Diatribe entnommen, belebt
durch Elemente des Mimus. Im Ausdruck sucht Persius einerseits das Umgangssprachliche, anderseits treibt er die Zeit-
tendenz zur prägnanten Formulierung auf die Spitze. Aber
zwischen Strecken von manirierter Dunkelheit, die später Kommentare nötig machte (der sogenannte Cornutus-Kommentar
enthält wertvolle Reste antiker Erklärung des 2. und 3. Jahrhunderts), stehen Partien, die das große Talent des geistig
überwachen, menschlich unreifen Dichters erkennen lassen.

W. Kugler, Des Persius Wille zu sprachlicher Gestaltung in seiner Wirkung
auf Ausdruck und Komposotion, 1940. – E. Paratore, La poetica di Persio,
1964. – C. S. Dessen, Iunctura callidus acri: A study of Persins' Satires, 1968.

Aus der Zeit Domitians will die Satire einer SULPICIA stammen,
worin über dessen Ausweisung der Philosophen geklagt und ihm sein
baldiger Tod prophezeit wird. Natürlich ist das ein *uaticinium ex
euentu;* während man aber früher (so noch K. Mras, Anz. f. d.
Altertumswiss. 6, 1953, 86 f.) die aus Martial als erotische Dichterin
bekannte Sulpicia, Gattin des Calenus, für die tatsächliche Verfasse-
rin hielt, sehen jetzt die meisten Forscher in dem Gedicht ein dieser
Sulpicia in den Mund gelegtes Werk der Spätzeit (O. Weinreich,
Gnomon 31, 1959, 247 f., denkt an den von Rutilius Namatianus
erwähnten Satiriker Lucillus im 4. Jahrhundert).

Die Literatur der Claudierzeit wird von zwei großen Namen überstrahlt: Seneca und Petron.

L. ANNAEUS SENECA, ein Sohn des Rhetors (S. 11), wandte sich früh der Philosophie, besonders der kynisch-stoischen, zu. Seine öffentliche Laufbahn, die unter Caligula begonnen hatte, erfuhr einen Rückschlag, als ihn Claudius auf Betreiben Messalinas im Jahre 41 nach Corsica verbannte; doch Claudius' letzte Gamahlin Agrippina erwirkte ihm im Jahre 49 die Rückkehr und machte ihn zum Erzieher ihres Sohnes Nero. Seneca hatte zunächst auf den jungen Princeps großen Einfluß; er war 56 consul suffectus und spielte jahrelang die Rolle einer „grauen Eminenz". Damals (55–56) widmete er Nero die 3 Bücher *De clementia,* von denen zwei erhalten sind. Später entfremdeten sich die beiden, und Seneca zog sich enttäuscht vom Hof zurück. Wegen angeblicher Teilnahme an der Pisonischen Verschwörung wurde er 65 von Nero zum Selbstmord gezwungen; er vollzog den Auftrag in einer Weise, die etwas gar zu sehr nach „Philosophentod" aussah (Tac. ann. 15, 62).

Als philosophischer Essayist wie als Dichter hat Seneca auf Zeitgenossen und Nachwelt stärkste Wirkung ausgeübt. Da sich viele seiner Werke nicht sicher datieren lassen, bleibt seine Entwicklung als Philosoph dunkel; vielleicht ist zunächst das kynische Element, später der humanisierte Stoizismus des Poseidonios stärker hervorgetreten; auch die Enttäuschung über Nero hat ihre Spuren gelassen. Mehr denn je war damals in Rom die Stoa eine Lebensform. In diesem Sinn will Seneca wirken, als Mahner und Wegweiser zur sittlichen Erbauung und Einkehr. Bewußt schreibt er den Stil der Zeit – knappe, pointierte Kola im Gegensatz zur ciceronischen Periode – und überspitzt ihn sogar, was ihm den Tadel der Klassizisten und später der Archaisten eintrug. Gleich Ovid hat er an der eigenen Manier zuviel Gefallen gefunden – mit demselben Resultat: die Wirkung verbraucht sich und seine glücklichen

Formulierungen, deren er nicht wenige hat, gehen in der Masse der Pointen unter.

Senecas Prosaschriftstellerei gehört fast ausschließlich der praktischen Moralphilosophie an. Die 12 *Dialogi* (nicht platonische oder aristotelische Dialoge, sondern Diatriben mit stark dialogischem Einschlag in der Art des Bion) handeln u. a. *De uita beata, De tranquillitate animi, De breuitate uitae, De ira, De otio;* drei Stücke sind Trostschriften (an Marcia, die Tochter des Cremutius Cordus; an Polybius, einen einflußreichen Hofbeamten des Claudius; an seine Mutter Helvia – die beiden letzteren stammen aus der Verbannungszeit). Ähnlichen Charakters sind die 7 Bücher *De beneficiis* und der „Fürstenspiegel" *De clementia*. Selbst die 7 Bücher der *Naturales quaestiones,* seinem jüngeren Freund Lucilius, damals Prokurator von Sizilien, gewidmet, geben moralischen Betrachtungen weiten Raum. Vollends ist Seneca Lehrer und Seelenführer in den gleichfalls an Lucilius gerichteten *Epistulae morales.* Hier wie überall ist neben dem Bedürfnis der lehrhaften Mitteilung die Einstellung auf den Adressaten bald mehr, bald weniger bestimmend.

Ohne ganz den Zusammenhang mit den alten Wertbegriffen des Römertums zu verlieren, entwickelt Seneca eine auf das Individuum gestellte, nach innen gewandte Sittlichkeit; dem entspricht, daß er wie wenige vor ihm seelische Zustände exakt beschrieben hat (z. B. die Langeweile, dial. 9, 2). „Modern" ist auch seine Humanität, etwa das Eintreten für die menschliche Achtung des Sklaven (als Folie diene die allgemeine Empörung, die im Jahre 61 die traditionsgemäße Hinrichtung der gesamten Sklavenschaft des von einem seiner Sklaven ermordeten Pedanius Secundus auslöste: Tac. ann. 14, 42 ff.); Seneca ist bereits in jenem Sinn „human", den Nietzsche, im ganzen mit Recht, der Antike absprach. Das Christentum hat denn auch in ihm einen Geistesverwandten, wohl gar einen heimlichen Christen gesehen und unter seinem Namen einen Briefwechsel mit dem Apostel Paulus erfunden, der schon dem Hieronymus vorlag.

Moralische Wirkung ist auch das Hauptanliegen von Senecas *Tragödien.* Von den überlieferten neuen Stücken gilt der *Hercules Oetaeus* vielen als unecht (vgl. W.-H. Friedrich, Hermes 82, 1954, 51 ff.). Dieses wie auch die zweifellos echten Stücke *(Hercules furens, Troades, Phoenissae, Medea, Phaedra, Oedipus, Agamemnon, Thyestes)* haben stoffliche Parallelen in der attischen Tragödie. Doch dürfte Seneca nicht wenig von der nachklassischen Tragödie der Griechen beeinflußt sein, sowohl in der Stoffbehandlung wie in der Metrik der Chorlieder; auch die augusteische Tragödie (Ovids

Medea) hat nachgewirkt, dagegen kaum die Tragödie der Republik. Bezeichnend für Senecas tragischen Stil ist ein höchst gesteigertes Pathos, wozu sich freilich Ansätze schon bei Euripides finden. Dagegen treten Handlungsführung und Charakterzeichnung zurück. Seneca erstrebt nicht die aristotelische Katharsis, sondern eine Art moralischer Schockwirkung. Von der Kunst des Sophokles trennt ihn eine Welt; aber für dessen Begriff vom sittlich Schönen ist er nicht ohne Verständnis gewesen. Daß auf manche seiner als Tyrannen gezeichneten Könige das Bild des späteren Nero abgefärbt habe, ist öfters behauptet worden, läßt sich aber nicht nachweisen. Diese Tragödien mit ihrer alles beherrschenden Rhetorik waren gewiß in erster Linie, wenn nicht ausschließlich, für die Rezitation bestimmt wie die seines Zeitgenossen POMPONIUS SECUNDUS und die des CURIATIUS MATERNUS unter Vespasian (Tac. dial. 2–3). Dennoch ist Seneca, und nicht die Tragödie der Griechen, Vorbild für das klassische Drama der Franzosen und Italiener gewesen; auch auf das Elisabethanische Drama, zumal auf Shakespeare, hat Seneca stark gewirkt. Wir müssen auch diese uns wenig gemäße Kunst, wie es neuerdings mehrfach geschehen ist, in ihrer Eigenart zu begreifen suchen.

Unter Senecas Namen ist in einer der beiden Rezensionen seiner Tragödien die Prätexta *Octauia* überliefert, die das tragische Schicksal von Neros erster Gemahlin zum Gegenstand hat (vgl. Racines *Britannicus).* Die Unechtheit des Werkes, in dem Seneca selbst auftritt und Neros Tod prophezeit wird, darf als erwiesen gelten (s. R. Helm, Sitzungsberichte Berlin 1934, 283 ff.; B. Axelson, Die Echtheitsfrage der Octavia Praetexta, Lund 1956–57; C. J. Herrington, Class. Quart. 1961, 18 ff.). Uns bietet die *Octavia* das einzige, freilich für die Gattung kaum repräsentative Beispiel einer Praetexta.

Das originellste Werk Senecas ist sein *Ludus de morte Claudii,* in der Haupthandschrift (St. Gallen 569, 10.–11. Jahrhundert) als *Diui Claudii Apotheosis per saturam* bezeichnet und höchstwahrscheinlich mit der von Cassius Dio (60, 35) erwähnten *Apocolocyntosis* identisch. Der griechische Titel bedeutet „Verkürbissung" (Weinreich übersetzt sinngemäß „Veräppelung"). Es ist in der Tat die Parodie einer Apotheose, von der unerbaulichen Todesszene des offiziell bereits vergöttlichten Kaisers und seinem angeblichen letzten Wort *(uae me, puto, concacaui me)* bis zu seinem höhnischen Empfang und ruhmlosen Schicksal in einer Offenbachschen Unterwelt. Seneca, der dem ihm verhaßten Herrscher die offizielle Leichenrede hatte schreiben müssen, hält hier eine postume Abrechnung. Politische Satire ist das gewiß, aber kein politisches Pamphlet; das fast geniale Gelegenheitswerk war für den Kreis um den jungen Nero bestimmt, wo man die Verhöhnung des gefallenen Opfers goutierte. Darum wird die Satire auch von dem Preis des goldenen Zeitalters unterbrochen, das mit dem neuen Regime gekommen sein soll. Das war bei aller Schmeichelei durchaus ehrlich gemeint; Seneca stimmte damit in einen Chor ein, zu dem selbst das Proömium des Lucan gehört. Die *Apocolocyntosis* ist nicht nur der Form nach (Mischung von Prosa und Vers), sondern auch in Stil und Motiven eine *Satura Menippea* – die einzige, die vollständig erhalten blieb.

Literatur: Zur Einführung: P. Grimal, Sénèque, sa vie, son œuvre avec un exposé de sa philosophie, 1948. – U. Knoche, Der Philosoph Seneca, 1933. – K. Reinhardt, Poseidonios, 1921. – C. Marchesi, Seneca, ³1944. – K. Münscher, Senecas Werke: Untersuchungen z. Abfassungszeit u. Echtheit, 1922. – Über F. Giancottis Arbeiten zur Chronologie von Senecas Leben und Werk. s. L'année philologique, 1953 ff. – M. Pohlenz, Philosophie u. Erlebnis in Senecas Dialogen: Nachrichten d. Akad. d. Wissensch., Göttingen, 1941, 55–118. – R. Rabbow, Seelenführung, 1954. –I. Hadot, Seneca u. die griech.-röm. Tradition der Seelenleitung, 1969. – F. Egermann, Seneca als Dichterphilosoph: Neue Jahrbücher 3 (1940) 18 ff. – Tragoediae ed. F. Leo, 1878–1879, mit wichtigen Prolegomena. – L. Herrmann, Le théatre de Sénèque, 1924. – O. Regenbogen, Schmerz u. Tod in den Tragödien Senecas. Vortr. d. Bibl. Warburg, 1927–1928, 167 ff. – W.-H. Friedrich, Senecas dramt. Technik, 1933. – O. Zwierlein, Die Rezitationsdramen Senecas, 1966. – C. W. Mendell, Our Seneca, 1941. – O. Weinreich, Senecas Apocolocyntosis, 1923 (grundlegende motiv- und literaturgeschichtliche Interpretation).

Kein größerer Gegensatz zu Seneca ist denkbar als PETRONIUS ARBITER, der Verfasser eines *Satiricon* in mindestens 16 Büchern. Man darf in ihm wohl nach wie vor jenen C. (oder T.?) Petronius erkennen, von dessen Leben und Charakter Tacitus ein so eindrucksvolles Bild gibt und dessen (gleichfalls von Nero befohlenen) Tod im Jahre 66 er in beabsichtigtem Kontrast zum Tod des Seneca schildert (ann. 16, 18–19). Kein anderer als der *elegantiae arbiter* an Neros Hof hat besseren Anspruch auf die Autorschrift des einzigartigen,

noch in seinen Trümmern so überaus lebendigen Werkes. Ein
Mann von vollendeter Bildung und ein ebenso kultivierter
wie raffinierter Genießer, hatte er sich doch als Konsul und
als Prokonsul von Bithynien vollauf bewährt; aber nachdem
er sich und der Welt seine Fähigkeit bewiesen hatte, nahm
er sein Genießerleben wieder auf. Am Hof gab er in Dingen
des Geschmacks den Ton an und hatte Neros Vertrauen in
allen Intimitäten. Sein Rivale Tigellinus brachte ihn schließlich
zu Fall. Petron nahm den Tod leicht und spielte mit ihm,
wie er stets mit dem Leben gespielt hatte. Noch im Sterben
ließ er Nero versiegelt ein Register der allerhöchsten Schandtaten *(flagitia principis)* zugehen, zerbrach aber dann seinen
Siegelring, damit niemand unter seinem gefälschten Namen
zu Schaden käme.

Das Satiricon des Petron läßt sich als Literaturwerk schwer
klassifizieren. Inhaltlich ist es bis in einzelne Situationen eine Parodie
der Odyssee, aber zugleich eine Parodie jener erotischen Romane
(uns freilich, von Fragmenten abgesehen, erst seit der Zweiten
Sophistik bekannt), in denen Liebende unerwartet getrennt und
nach ihrer Bewährung in mancherlei Abenteuern endlich wieder
vereint werden. Aber Petrons Liebende sind ein junger Mann und
ein schöner Knabe, Encolpius und Giton, und ihre öftere Trennung
ist die Rache des obszönen Gottes Priapus, den Encolpius, der
Held und Erzähler der Geschichte, beleidigt hatte. Wie Poseidon
den Odysseus über alle Meere jagt, so hetzt Priapus den Encolpius
von einem blamablen Liebesabenteuer ins nächste. Man wird oft
an den „Ulysses" des James Joyce erinnert, mit dem das Satiricon
auch die Meisterschaft in der Schilderung aller Seiten des Lebens
ohne Unterschied – aus vertrauter Kenntnis und doch zugleich mit
kühlster Überlegenheit – gemein hat, ebenso wie die Kunst, die
Sprache über den denkbar weitesten Bereich der Sprecher und
Gegenstände hin zu nuancieren. Ein Landsmann des Iren (J. F. Killeen,
University Review, Dublin, 1, 7 [1955] 34–47) zeigt, daß Joyce
das Werk des Petron gekannt und in der Anlage wie in manchen
Einzelheiten nachgebildet hat. Diatribe, freilich ohne ihr Moralisieren, und Mimus haben manches beigesteuert; „mimenhaft" ist vor
allem das längste zusammenhängende Stück, das Gastmahl des
Parvenüs Trimalchio und seiner Freunde in einer Provinzstadt Süd-
italiens (Cumae?) mit seiner nur leicht stilisierten halb griechischen

Vulgärsprache und seinen unschätzbaren Einblicken in die Welt
dieser mächtig aufstrebenden Unterschicht. Eine „milesische"Novelle
ist die Geschichte von der Witwe von Ephesos (111 f.); auch sonst
finden sich Berührungen mit den Fragmenten der Milesischen
Geschichten Sisennas (Bd. 1, 97). Auf höherer Ebene bewegen sich
Auseinandersetzungen über Jugendbildung (damals ein viel disku-
tiertes Thema) und die Kritik des Dichters Eumolpus an der
„Neuen Epik" Lucans. Die Mischung von Prosa und Vers, die
freilich allerorts zum Stil volkstümlicher Erzählung gehört, stempelt
den Roman formal als Menippea; gegenständliche Beziehung könnte
zu der autobiographischen *satura* „Sesculixes" (etwa „Super-Odys-
seus") des Varro bestehen. Die römische Neigung zur „offenen Form"
feiert hier Triumphe.

Das *Satiricon* war schon im frühen Mittelalter nur mehr in
Auszügen bekannt. Alle Hss. gehen auf dasselbe lückenhafte Original zurück. Die *Cena Trimalchionis* ist einzig durch eine Hs. aus
dem Jahre 1423 (aus Trau in Dalmatien, jetzt Paris, Bibl. nat. 7989)
erhalten.

Literatur über Petron, vor allem sprachliche, ist reich. Wichtig auch für das
Sachverständnis sind die erklärenden Ausgaben der Cena von L. Friedländer,
²1906, A. Maiuri, 1945, und E. V. Marmorale, ²1948. – Ein „Petronproblem"
ist geschaffen worden durch den Versuch Paolis, Biscardis und anderer, zuletzt
auch Marmorales (La questione Petroniana, 1948), das Werk auf die Wende
vom 2. zum 3. Jahrhundert oder erst ins 3. Jahrhundert zu datieren; die meisten
Forscher halten aber an der Abfassung unter Nero (etwa 60–65; 64–65 Rose,
Class. Quart. 1962, 166–168) und an der Autorschaft des aus Tacitus bekannten
Petronius fest. Nicht viel glücklicher ist der Versuch, diesen Petronius als
Autor der *Apocolocyntosis* zu erweisen: G. Bagnani, Arbiter of Elegance:
a study of the life and works of C. Petronius, 1954 – ein im übrigen anregendes
und wertvolles Buch. Über neuere Literatur unterrichtet R. Muth in Anz. f. d.
Altertumswissenschaft 9 (1956) 1 ff. Dazu neuestens J. P. Sullivan, The 'Satyricon'
of Petronius, 1968; P. G. Walsh, The Roman Novel: The 'Satyricon' of Petronius
and the Metamorphoses' of Apuleius. 1970; K. F. C. Rose – J. P. Sullivan, The
date and authorship of the Satyricon, 1971; Ausgabe m. ausführl. Einleitung u.
span. Übersetzung von M. C. Diaz y Diaz, 1968–69.

Ein Roman, wenngleich anderer Art, oder doch dem Roman
sehr nahe, ist die Alexandergeschichte (*Historiae Alexandri Magni*
in 10 Büchern) des Q. CURTIUS RUFUS, der wahrscheinlich unter
Claudius schrieb.[1] Er folgt im wesentlichen (vielleicht über eine
Zwischenquelle) der romanhaften Alexandergeschichte des Kleitar-
chos. Sein Stil ist dem des Seneca ähnlich. Als Unterhaltungslektüre,
die das Werk sein wollte, hat es seinen Zweck erfüllt. Zusammen
mit dem spätantiken Alexanderroman des IULIUS VALERIUS (5. Jahr-

[1] Man hat auch ihn in die Spätzeit versetzen wollen; so zuletzt F. Altheim,
Literatur u. Gesellschaft im ausgehenden Altertum, 1 (1948), Kap. 6.

hundert) ist es Quelle für ein Meisterwerk der mittellateinischen Literatur, die *Alexandreis* des Walter von Châtillon im 12. Jahrhundert, geworden.

Die Sittengeschichte der *Flavierzeit,* besonders der Ära Domitians, entfaltet sich vor uns in den Epigrammen des Zeitgenossen Martial und eine Generation später in der Beschwörung der jüngsten Vergangenheit durch die Satire Juvenals.

M. VALERIUS MARTIALIS stammt aus Bilbilis (Bambola) im tarraconensischen Spanien. Seine Mannesjahre (etwa 64–98) verbrachte er in Rom. Einen Beruf zu ergreifen, lag ihm nicht; er zog es vor, sich als Literat und *hanger-on* der Großen durchzuschlagen. Das ist ihm offenbar auch einigermaßen gelungen: er besaß später ein Stadthaus und ein kleines Landgut und hatte genug Vermögen, um Ritter zu werden. Von jedem der drei Flavier erhielt er das *ius trium liberorum,* den Erlaß der Kinderlosensteuer. Auch sonst gehörte er zu jenen, die sich gerne bedanken. Der Preis dafür war eine freilich mit höchster formaler Kunst betriebene literarische Prostitution. Den Tyrannen Domitian hat er unermüdlich als den idealen Herrscher gepriesen; es spricht immerhin für den Gefeierten, daß er nicht viel darauf gab. Als unter Nerva ein neuer Wind zu wehen begann, versuchte Martial eine Frontwendung (vgl. das Epigramm Schol. Iuv. 4, 38 *Flauia gens, quantum tibi tertius abstulit heres / Paene fuit tanti non habuisse duos,* etwa: „Wieviel hat, Flavierhaus, der dritte dir genommen! / Fast wünschte man, die ersten wären nie gekommen"). Doch scheint er damit kein Glück gehabt zu haben, denn er ging um diese Zeit nach Bilbilis zurück, nicht ohne leisen Zweifel, wie man ihn aufnehmen werde (vgl. 10, 93). Dort wird er zwischen 102 und 104 gestorben sein.

Martial hat eine einzige Kunstform gepflegt: das Epigramm. Gewiß hatte er Vorgänger; er selbst nennt u. a. Catull und Domitius Marsus (S. 58), dessen *Cicuta* („Schierlingstrank") ihm vielleicht für die besondere Pflege des Spottepigramms Vorbild war. Aber es lag doch wesentlich im Geist der Zeit, daß ein Dichter wie Martial, dessen Stärke in der Beobachtung der Umwelt und in der Begabung für die Pointe lag, sich ausschließlich einer Kleinkunst widmete, die in gewissem Sinn ein Gegenstück zum Aphorismus Senecas ist. Die mehr als 1500 Epigramme wurden von Martial in Bücher gesammelt und diese einzeln oder in Gruppen, meist mit einem Vorwort in Vers oder Prosa, herausgegeben. Der *Epigrammatum liber („Liber Spectaculorum"),* der in den Hss. den übrigen Büchern ungezählt vorangeht, hat Zirkusspiele des Kaisers Titus zum Gegenstand. Die *Xenia* und *Apophoreta* (Buch 13

und 14 der postumen Gesamtausgabe) sind Begleitverse für Satur-
naliengeschenke; da man sich gern Bücher gab, sind sie wertvoll
für unsere Kenntnis des antiken Buchwesens. Buch 1 bis 12 sind
vermischten Inhalts: Literatur, Gesellschaft, Persönliches. Auffallend
ist Martials Schweigen über Tacitus und Statius; letzteren sah
er wohl als Rivalen bei seinen Gönnern an. Die Gesellschaft der
Zeit zeichnet er mit scharfem Blick, aber sittlicher Indifferenz;
er spottet, oft verletzend, doch ohne Entrüstung. Die obszönen
Stücke (und deren sind nicht wenige) ermüden durch die geistlose
Abwandlung weniger Themen; nur zu oft begegnen wir der alternden Halbweltdame und dem Kinäden. In den persönlichen Gedichten
nehmen unwürdige Schmeicheleien und berechnende Klage über
seine „Armut" viel Raum ein; aber wir lesen auch so Reizvolles
wie seine „Rechtfertigung" vor dem ersten Quintilian (2, 90), die
in den Wunsch ausklingt: „Satt soll mir sein der Sklave, die
Frau nicht allzu belesen, / Schlummer spendend die Nacht, frei
von Prozessen der Tag." – In der Metrik sind die catullischen
Elfsilbler und Hinkjamben noch häufig, aber das elegische Distichon
herrscht vor als *das* epigrammatische Versmaß. Die Variation der
Metren innerhalb eines Buches ist ebenso kunstvoll wie die der
Themen; Zyklen von Motivabwandlung sind oft über ein ganzes
Buch verteilt. Technisch – und das schließt die gedankliche Formulierung ein – hat Martial das Epigramm zur höchsten Vollendung
geführt und oft an Geist und Schärfe selbst die Griechen übertroffen. So ist er für alle Folgezeit zum Klassiker seiner Gattung
geworden.

Erst in der Zeit Trajans hat D. IUNIUS IUUENALIS aus
Aquinum im Volskerland zu dichten begonnen. Er stand damals
schon in mittleren Jahren; vorher war er Rhetor gewesen, und
nur als solchen kennt ihn Martial (7, 91). Nach eigener Angabe
(13, 17; 15, 27) ist er spätestens im Jahre 67 geboren und
war 127 noch am Leben. Die antiken Viten enthalten wenig,
das nicht aus den Satiren herausgelesen ist, und auch da
fragt man oft, mit welchem Recht. Eine Verbannung, angeblich nach Ägypten, behaupten nicht nur die Viten, sondern
auch die Scholien; aber die Einzelheiten sind so widerspruchsvoll und z. T. unwahrscheinlich, daß die Tatsache selbst zweifelhaft wird.

Die 16 Satiren Iuvenals liegen uns in 5 Büchern vor, die der
Autor in dieser Ordnung veröffentlicht hat. In ihnen verbindet

sich wirksames rhetorisches Pathos mit einer Drastik, die über Horaz auf Lucilius zurückweist; aber es fehlt die seignorale Nonchalance des einen wie die kultivierte Humanität des andern. Mit einer gewissen Nachlässigkeit der Sprache und Härte des' Versbaus paart sich eine bis zur (beabsichtigten oder unbeabsichtigten?) Auflösung der Form getriebene Lockerung der Komposition. Iuvenal kommt es auf die Sache an. Aufgabe der Kunst ist für ihn die Darstellung des Aktuellen, der ungeschminkten Wirklichkeit (die er freilich grotesk stilisiert). Darum gibt er der Satire den Vorzug vor allen „idealisierenden" Dichtungsformen. Als *castigator morum,* worauf er die Funktion des Satirikers beschränkt, hält er Gericht über die Laster der Zeit, genauer: über die Laster der höheren Gesellschaft Roms (bei ihm daheim wäre derlei natürlich undenkbar). Maßstab der Kritik ist nicht eine philosophische Ethik, sondern die konventionelle konservative Moral des Provinzlers. Aber seine Entrüstung *(indignatio)* ist doch echt, nur sollten wir uns hüten, das Sittenbild, das er entwirft, selbst für die römische Oberschicht als bezeichnend hinzunehmen. Nach seinem eigenen Prinzip muß er den tatsächlichen Einzelfall schildern; aber im Interesse der Wirkung, der literarischen wie der moralischen, muß er ihn verallgemeinern. Darum gehören seine Opfer – fast durchwegs wirkliche Personen – einer vergangenen Epoche an; so wirken sie als zeitlose Schreckgespenster menschlicher Verkommenheit. Das uralte Thema von den schlechten Frauen (schon Semonides im 7. Jahrhundert v. Chr. und Jesus Sirach haben es behandelt) wird in der 6. Satire zu einer unvergeßlichen Parade von Römerinnen: Haustyrann, Blaustrumpf, Frömmlerin, Giftmischerin – um nur einige zu nennen; die 4. Satire malt das Zerrbild eines domitianischen Kriegsrats (nach dem *Bellum Germanicum* des Statius?) in dem Kronrat über das Schicksal einer Riesenbutte, die ein Fischer an den Hof brachte, und der Untertan aller Zeiten spricht aus der Versicherung des Fischers, das Opfer habe sich selbst zu der Ehre gedrängt, die kaiserliche Tafel zu zieren: *ipse capi uoluit* (4, 69). Der Alpdruck des Großstadtlebens, das Treiben der Dichterlinge, homosexuelle Prostitution, Klientenelend, das traurige Los der geistigen Berufe, die Hilflosigkeit des Zivilisten gegenüber der Garde – alles wird uns in scharf beobachteten Kleinporträts vorgestellt. Im Alter hat die plastische Schilderungskraft Iuvenals sehr nachgelassen, und es ist wenig mehr geblieben als das Schema deklamatorischer Invektive (bes. sat. 10). Sentenziös ist Iuvenal jedoch immer gewesen; kaum ein anderes Werk von ähnlich geringem Umfang (rund 4000 Verse) hat so viele *uersus memoriales* geliefert. Das Mittelalter schätzte gerade den lehrhaften Moralisten;

ein spätantiker Kommentar mit z. T. zeitgeschichtlicher Überlieferung erleichterte sein Verständnis.

Die an Problemen reiche Textüberlieferung wird noch durch die
Frage um das Vorliegen authentischer Doppelfassungen (vor allem
bei den 34 Versen der 6. Satire in einer einzigen Oxforder Hs.)
und Interpolationen kompliziert; Stellungnahme dazu bedingt nicht
wenig das Bild, das man sich von Iuvenal als Dichter macht.

<small>Wichtig hierfür sind die kritischen Ausgaben von A. E. Housman, ²1931,
und U. Knoche, 1950, daneben G. Jachmann, NGG phil.-hist. Kl. 1943, 14 ff.
Gute erklärende Ausgaben von L. Friedländer, 1895, und (gekürzt) von J. D. Duff,
1898; ²(Einleitung v. M. Coffey) 1971. – Gesamtwürdigung: E. V. Marmorale, Gio-
venale, 1938. – G. Highet, Juvenal the Satirist, 1954 (dazu U. Knoche, Gnomon
29, 1957, 54 ff.).</small>

Daß Iuvenal die Zeit Domitians so nackt hat schildern
können, zeigt, daß mit Nerva und Trajan der Druck des
Despotismus gewichen war. Der jüngere Plinius (C. PLINIUS
CAECILIUS SECUNDUS) sagt das in ebenso überschwenglichen
wie ehrlichen Worten in seinem *Panegyricus,* der Dankrede
an Trajan für die Konsulswürde im Jahre 101. Er ist in
Comum geboren, wo die Plinii daheim waren; er studierte
unter Quintilian; beim Vesuvausbruch des Jahres 79 war er
18 Jahre alt. Der ältere Plinius, der bei jener Katastrophe
den Tod fand, hatte den Neffen testamentarisch adoptiert.
Über die öffentliche Laufbahn des jüngeren Plinius belehren
uns mehrere Inschriften (am wichtigsten: CIL 5, 5262); den
Höhepunkt seiner Karriere bildet die Statthalterschaft von
Bithynien (111/2 oder 112/3). Vielleicht noch vor der Rückkehr,
oder doch bald danach, ist Plinius gestorben.

Die 9 Bücher Briefe, auf denen sein Ruhm als Autor beruht,
sind Literaturbriefe, insofern als die meisten, wenngleich an Freunde
geschrieben, wohl von Anfang an für spätere Veröffentlichung
bestimmt waren; das beweist nicht nur ihre sorgfältige Form, sondern auch die Beschränkung auf je einen Gegenstand. Daß sie
verselbständigte rhetorische Exkurse seien, wie einst H. Peter meinte,
trifft gewiß nicht zu; aber in manchem, z. B. in den eingehenden
Beschreibungen von Villen, ist die Technik der Ekphrasis unverkennbar. Bei der Herausgabe (eher in Gruppen als in Einzel-
büchern) wird Plinius noch weiter gefeilt haben; vielleicht sind
erst da manche epigrammatisch pointierte Kurzbriefe hinzugekom-
men. Die Anordnung ist nicht chronologisch, sie folgt dem Prinzip

der *uariatio*. Inhaltlich geben die Briefe ein meisterhaftes Gesellschaftsbild der trajanischen Zeit, wie es die *Siluae* des Statius und die Epigramme Martials für die Flavierzeit tun. Plinius zeigt sich darin als vornehmer, gütiger, freisinniger Mann, wenn auch nicht frei von Eitelkeit; wir lernen ihn kennen als Anwalt und Beamten, als Villenbesitzer und Literaten, als Wohltäter seiner Vaterstadt, der er eine reich dotierte Bibliothek stiftete, als Freund unter Standesgenossen, mögen es so verschiedene Naturen sein wie Silius Italicus und Tacitus. Aber nach soviel liebenswürdigem Geplauder tut es wohl, in der Amtskorrespondenz mit Trajan (die erst zwischen 480 und 500 in die Gesamtausgabe kam) nach den Anfragen des ängstlich subalternen Statthalters die lapidaren Antworten des Kaisers zu lesen. Hier spricht ein Soldat von mäßiger Schulbildung, dessen Interesse für Literatur nicht über eine Geste wie die Gründung der Bibliotheca Ulpia hinausging; doch wir spüren überall den klaren Geist und festen Willen und hören die Sprache der Autorität, die im Untergebenen den Menschen achtet.

Großen dokumentarischen Wert haben die beiden Briefe an Tacitus über den Vesuvausbruch (6, 16. 20) und die Korrespondenz mit Trajan über die Behandlung der Christen (10, 96. 97). – Die Überlieferungsverhältnisse (älteste Hs.: ein Fragment, M 462, der Pierpont Morgan Library, Ende des 5. Jahrhundert) sind noch nicht völlig geklärt, vgl. S. E. Stout, Scribe and critic at work in Pliny's letters, 1954; ders., Class. Phil. 53, 171–4; R. A. B. Mynors in der Oxforder Ausgabe, 1963.

Literatur: Zusammenfassend M. Schuster, RE 21, 1 (1951) 439–56, z. T. zu berichtigen nach dem wichtigen Forschungsbericht von R. Hanslik, Anz. f. d. Altertumswissenschaft 8, 1955, 1–18; 17, 1964, 1–16. – A. M. Guillemin, Pline et la vie littéraire de son temps, 1929. – A. N. Sherwin-White, The Letters of Pliny: a historical and social commentary, 1966.

Wenn wir in Plinius' Freund P. CORNELIUS TACITUS Roms größten Historiker sehen, so berechtigt zu diesem Urteil die Persönlichkeit des Schriftstellers nicht weniger als die besondere geschichtliche Situation, aus der heraus er schreibt. Wohl entnimmt er den älteren Historikern des Prinzipats – wir kennen sie aus ihrem Nachwirken bei Plutarch, Sueton und Cassius Dio – nicht nur Material, sondern auch Interpretationen und sogar Formulierungen; aber er prüft und wählt, er greift auf die Primärquellen (Senatsakten, *acta diurna*, Feldherrn- und Statthalterberichte) zurück, er gewinnt aus dem Erlebnis der eigenen Zeit ein persönliches (darum notwendig subjektives) Geschichtsbild und stellt es uns mit den zur höchsten Kunst gesteigerten Stilmitteln der pathetischen Geschichtsschreibung eindringlich vor Augen.

Leben und Werk formen bei Tacitus eine ähnlich enge – leider nicht ebenso deutlich erkennbare – Einheit wie bei Cicero. Sohn eines höheren Beamten (sein Vater ist wahrscheinlich der von Plin. nat. 7, 76 erwähnte Prokurator von Belgien), doch kaum ein Abkömmling der alten *gens Cornelia* – einer seiner Vorfahren wird das Bürgerrecht einem Cornelier verdankt haben –, studierte Tacitus Rhetorik und zeichnete sich bald als Redner und Anwalt aus. Seine öffentliche Laufbahn begann unter Vespasian (hist. 1, 1); während seiner Prätur (88) nahm er als *quindecemuir sacris faciundis* (ein hohes, lebenslängliches Priesteramt) an den Säkularspielen Domitians teil. Als sein Schwiegervater Agricola starb (93), war er auf einer vier Jahre währenden amtlichen Mission von Rom abwesend. Die lähmende Wirkung, die das despotische Regime des Domitian auf Geist und Charakter begabter Naturen übte, hat auch er an sich erfahren (Agr. 45); erst nach dessen Tod begann er zu schreiben. In das befreite Aufatmen mischt sich jedoch Bitterkeit darüber, die besten Jahre seines Lebens in erzwungenem Schweigen vergeudet zu haben, und die dunkle Befürchtung, Spuren des Erlebten seien zum dauernden Schaden der menschlichen Substanz zurückgeblieben (Agr. 3). Unter Nerva war Tacitus Konsul (97), unter Trajan Prokonsul von Asien (inschriftlich bezeugt: Sitzungsberichte Wien, phil.-hist. Kl. 132, 18). Sein Leben wird noch in die Regierung Hadrians hineingereicht haben, aber das Todesjahr ist unbekannt.

An dem Redner Tacitus rühmt Plinius (epist. 2, 11, 17) das Großartig-Feierliche *(semnón);* berühmt war der Nachruf, den er als Konsul dem Verginius Rufus, dem Sieger über den Usurpator Vindex, hielt. Rednerische Erfahrung, gepaart mit tiefer Einsicht in die Bedingungen des Berufs, spricht aus seinem Rednerdialog.

Noch auf der Höhe seines Ruhmes als Redner wandte sich Tacitus der Geschichte zu. Im Jahre 98 veröffentlichte er die Biographie seines Schwiegervaters *(De uita et moribus Iulii Agricolae)* und bald darauf, noch im selben Jahr, seine *Germania.* Der Rednerberuf ließ ihn immer unbefriedigter. Den *Dialogus de oratoribus* dürfen wir wohl als endgültige Absage betrachten; dazu paßt es, daß die Einleitung der *Historiae,* an denen Tacitus seit 106/7 arbeitete, unverkennbar Themen des *Dialogus* aufnimmt. Der Zeitgeschichte (vom Beginn des Jahres 69 bis zum Tod Domitians) folgten die *Annales (Ab excessu diui Augusti),* eine Geschichte des julisch-claudischen Hauses. Zu der (hist. 1, 1) angekündigten Geschichte Nervas und Trajans ist Tacitus nicht mehr gekommen.

Über die Abfassungszeit der beiden Hauptwerke läßt sich nichts Genaues ermitteln. Siehe J. Beaujeu, Rev. Etud. Lat. 38 (1960) 200–235, gegen K. Meister, Eranos 46 (1948) 94 ff. – Die Buchzahl von Historien und Annalen zusammen gibt Hieronymus in Zach. 3, 14 als 30; wahrscheinlich fielen davon 14 auf die Historien und 16 auf die Annalen. Erhalten haben sich Hist. 1–4 und der Anfang von 5, von den Annalen (mit Lücken) 1–6 und 11–16. – Haupthandschriften sind die beiden Medicei (Laurent. 68, 1 und 2); ersterer (ann. 1–6) stammt aus - Corvey (9. Jahrhundert), letzterer (ann. 11–16, denen als B. 17–21 die Historien folgen) wurde in Monte Cassino im 11. Jahrhundert aus einer Handschrift in *sciptura continua* abgeschrieben, die aus Deutschland gekommen sein dürfte. Der Text der kleinen Schriften beruht auf einem Hersfelder Kodex des 9. Jahrhunderts, den wir (außer einer Lage, die 1902 in Iesi bei Ancona auftrauchte) nur aus Abschriften der Humanisten kennen. Diese drei Zeugen gehen vermutlich auf eine spätantike Gesamtausgabe in Fulda zurück, wo Tacitus im 9. Jahrhundert gelesen wurde (R. Hanslik, Anz. d. Österr. Akad. d. Wiss. 104, 1967, 155–62).

Der *Agricola* ist eine zur biographisch-historischen Monographie erweiterte Gedächtnisschrift (darum als *professio pietatis* entschuldigt, c. 3 ex.); aber das im engeren Sinn Geschichtliche nimmt darin einen breiten Raum ein und die (freilich dem Biographen besonders wichtige) britannische Statthalterschaft des Agricola ist auch der Form nach – von der geographisch-ethnographischen Einleitung bis zu den großen Reden der Führer vor der Entschei-

dungsschlacht (c. 30–34) – ein *bellum* in der Art des Sallust. – Im
Agricola hatte Tacitus das Bild eines Römers von altem Schlag
auf dem Hintergrund einer geistig und sittlich verfallenden Zeit
entworfen; in der *Germania (De origine et situ* oder *De origine,
situ moribus ac populis Germanorum)* bemüht er sich um das
Verständnis einer fremden Volksart, bei der er – wenigstens rudi-
mentär – alles wiederfindet, was dem alten Rom Kraft und Größe
gab: *religio, uirtus, simplicitas* und vor allem *libertas,* und die
eben darum einem Rom, das seine alte Art verleugnet, zum gefährlichen Gegner werden kann. Die Gefahr ist um so größer bei
der Ausdehnung dieses Volkes, dessen Stämme (in der zweiten
Hälfte des Werkes einzeln beschrieben) sich bis in die nebelhafte
Welt des äußersten Nordens und Ostens verlieren. Darum die
interpretatio Romana germanischer Götter und Institutionen, darum
die ständige Gegenüberstellung der zeitgenössischen Umwelt mit
der römischen Vergangenheit und der germanischen Gegenwart.
Gewiß liegt darin ein Stück romantischer Idealisierung des „Primitiven" wie in der philosophischen Ethnographie, besonders der der
Stoa; aber Tacitus ist nicht kritiklos, er sieht die Laster der Barbaren, Trunk und Spiel, ebenso klar wie den tiefliegenden Unterschied, daß der Römer von Haus aus Bauer, der Germane nichts
als Krieger ist. Trotz ihrer Verwandtschaft mit den völkerkund-
lichen Exkursen bei Poseidonios, Caesar, Livius und anderen war
die *Germania* gewiß von Anfang an als selbständiges Werk gedacht.
Daß Tacitus die Topik und Motivik der antiken Ethnographie
übernimmt (schon Herodot hat ganz ähnlich Griechen und Perser
konfrontiert), schließt nicht aus, daß sein Tatsachenmaterial – es
stammt größtenteils aus guten Quellen (den Germanenkriegen des
älteren Plinius?) – im ganzen zuverlässig ist.

Der *Dialogus de oratoribus,* früher (und manchmal noch heute)
wegen seines fast ciceronianischen Stils, der doch mit der Gattung
gegeben war, dem Tacitus abgesprochen, bezeichnet einen Wendepunkt in seinem Schaffen. Die Widmung an Fabius Iustus, cos.
suff. 102, datiert die Schrift nicht notwendig auf dessen Konsulat;
doch darf man sie mit großer Wahrscheinlichkeit in die ersten
Jahre des neuen Jahrhunderts setzen. Iustus hat Tacitus um seine
Ansicht über die Gründe des Niedergangs der Redekunst gefragt;
dieser zieht es vor, ein Gespräch wiederzugeben, bei dem er als
ganz junger Mann (um 74) zugegen war – eine ähnliche literarische
Fiktion wie in Ciceros *De oratore.* Ort des Gesprächs ist das Haus
des Redners und Tragödiendichters Curiatius Maternus (S. 87),
Gesprächspartner sind außer Maternus die Lehrer des Tacitus,

M. Aper und Iulius Secundus, sowie der damals berühmte Redner Vipstanus Messala. Das Gespräch, dessen Unterhaltungscharakter trotz langer Reden einigermaßen gewahrt bleibt (so gibt die Ankunft Messalas der Diskussion eine neue Wendung), verknüpft geschickt mehrere verwandte Themen: Dichtkunst und Redekunst, alte und neue Zeit, Rhetorik und Erziehung, freie Rede und staatliche Ordnung. Das waren damals, wie auch Quintilian (S. 75 f.) beweist, viel erörterte Fragen. Das Résumé des Maternus geht dahin, daß die echte Beredsamkeit mit der Republik sterben mußte, daß aber die Befriedung, die der Prinzipat brachte, nur um diesen Preis erkauft werden konnte. Maternus selbst hat daraus die Konsequenz gezogen: der einstige Redner ist Dichter geworden. Spricht aus ihm Tacitus? Die Parallele Nero-Vespasian und Domitian-Trajan lag nahe genug, um die Zeitstimmung der Jahrhundertwende in die Siebzigerjahre zurückprojizieren. Maternus schreibt Tragödien, Tacitus wendet sich der Geschichtsschreibung hohen Stils zu. Aber die Dichtung des Maternus ist trotz dem Freimut seines *Cato* und *Thyestes* eine Form der Zeitflucht. Und wenn er die Segnungen des Prinzipats an dem Chaos der ausgehenden Republik mißt, so steht doch dahinter das Bild des römischen Staates in seiner großen Zeit. Nerva und Trajan haben das scheinbar Unmögliche, die Harmonie von Prinzipat und Freiheit, verwirklicht (Agr. 3); aber ein weiser, gerechter und maßvoller Herrscher ist ein seltener Glücksfall. Und *uirtus,* verantwortliches Handeln des Bürgers im Staat, ist nur in der Freiheit möglich.

Mit solchen Erwägungen stehen wir bereits an der Schwelle der großen Geschichtswerke, der *Annalen* und *Historien.* In umgekehrter Reihenfolge entstanden, bilden sie doch eine Einheit: die Annalen werden bis zu dem Punkt geführt haben, wo die Historien beginnen. Trotz der von Jahr zu Jahr fortlaufenden Chronologie ist Tacitus auch hier wie im *Agricola* und in der *Germania* in erster Linie Interpret und gestaltender Künstler. Die pathetische Geschichtsschreibung, die mit der Darstellung großer Charaktere und gewaltiger Ereignisse eine der tragischen verwandte ästhetische Wirkung erstrebt, hat eine lange Geschichte: schon Polybios polemisiert dagegen, Cicero charakterisiert sie (mit Beschränkung auf die Monographie, epist. 5, 12), Quintilian (10, 1, 31) hat ihr Wesen auf die kürzeste Formel gebracht; die Annalisten der Republik

wie der Kaiserzeit haben sie gepflegt. Das war für Tacitus
die gegebene Form; nicht ohne Absicht läßt er seine Annalen
mit einem Hexameter beginnen: *urbem Romam a principio
reges habuere.* Aber die Kunst ist ihm nicht Selbstzweck, sie
dient der geschichtlichen Interpretation. Damit führt er die
Geschichtschreibung des Sallust weiter, nicht nur in manchen
Eigenheiten des Stils und in der psychologischen Charakterisierung, sondern auch in der aus sittlichem Ernst erwachsenen
Ironie. Schon im Proömium des *Agricola* klingen sallustische
Töne und Motive an, und wenn als Wurzel von Augustus'
Handeln (ann. 1, 10) die *cupido dominandi* genannt wird,
so greift diese Prägung auf eine Formel Sallusts zurück. Aber
der Gegenstand des Tacitus ist größer: es geht ihm um die
Beurteilung des Prinzipats als Staatsform – nicht vom Standpunkt politischer Theorie, sondern als geschichtliche Erscheinung. Es ist ein grundsätzliches Nein, das die Erkenntnis des
Unvermeidlichen nur noch bitterer macht. Aber dieses Nein
wird nicht ausgesprochen; der Leser soll es der Darstellung
entnehmen. Tacitus drängt ihn dazu mit allen Mitteln indirek-
ter Beeinflussung: Auswahl des Tatsachenmaterials, Gruppie-
rung und Kontrastierung, vor allem aber durch jene Kunst
der Andeutung *in malam partem,* deren unerreichter Meister
er ist. Von *ira* und *studium,* persönlicher Schmeichelei und
Gehässigkeit, ist Tacitus gewiß frei; dazu hatte er, so sagt
er selbst, keinen Grund. Unvoreingenommen im Sinn historischer Objektivität konnte und wollte er nicht sein, und
man darf ihm daraus keinen Vorwurf machen. Er schreibt
als Stadtrömer und Senator; selbst wenn sein Blick über
diese Grenzen hinausgegangen wäre, für die Reichspolitik eines
Tiberius (oder auch eines Domitian) fehlten der antiken
Geschichtsschreibung die Kategorien. Ein Vorbehalt aber
bleibt trotz allem: gibt die Gesamtauffassung eines geschichtlichen Phänomens, sei sie noch so ehrlich, noch so begründet,
das Recht, im Einzelfall das Motiv einer konkreten Handlung
zu verdächtigen?

Wie Tacitus als Geschichtsdenker über Sallust hinausgeht, so entwickelt er auch dessen Stil – Kürze, Inkonzinnität, Feierlichkeit, Ironie – von Werk zu Werk forschreitend zur äußersten Konsequenz.[1]

Neuere Literatur zum umstrittenen Tacitus-Bild, auf der obige Darstellung z. T. fußt, bespricht Büchner, Lat. Lit. 159–70; dazu F. Klingner, Tacitus über Augustus und Tiberius, 1954, und das monumentale Werk von R. Syme, Tacitus, 2 Bde, 1958; Ten Studies in Tacitus, 1970. – Zur Germania bes. E. Norden, Die germ. Urgeschichte in Tacitus' Germania, 1920; Alt-Germanien, 1934; zur weiteren Diskussion vgl. H. Fuchs, Museum Helveticum 4 (1947), 151 f.

V. Nova et Vetera

1. Archaismus und Zweite Sophistik

Mit Kaiser Hadrian (117–138) beginnt eine neue Zeit – die Blüte einer auf breiten Wohlstand gegründeten, beide Reichshälften umfassenden und einigenden Zivilisation; einer seiner Nachfolger, Caracalla, gab 212 allen Freien des Imperiums das römische Bürgerrecht. Die literarische Bildung erfaßte noch weitere Kreise als im 1. Jahrhundert, und wenn ihren Schöpfungen die Größe fehlt, so lag das gewiß nicht an mangelndem Eifer und gutem Willen. Man suchte bewußt über Epigonen und Modernisten hinweg an die Literatur der Republik und der frühen Augusteer anzuknüpfen. Das geschah wohl kaum ohne griechischen Einfluß, der sich jetzt wieder stärker geltend macht.

Der Same des Attizismus war aufgegangen in der „Zweiten Sophistik" (mit der Sophistik des 5. Jahrhunderts v. Chr. hat sie außer dem Namen nur die Betonung der Rhetorik gemein), im Werk von Männern wie dem Wanderphilosophen Dion von Prusa, der vor Trajan seine „Königsreden" hielt, oder dem vielseitigen Lukian. Hatte Plutarch (45–125) in seinen Parallelbiographien je einem Griechen einen Römer gegenübergestellt und mit ihm ver-

---

[1] Gegen E. Löfstedt, der (Syntactica 2, 1933, 276–90) in den letzten Büchern der Annalen (13–16) eine gewisse Entspannung zu erkennen glaubte, s. jetzt F. R. D. Goodyear, Journ. Rom. Stud. 58, 1968, 22–31.

glichen, so schreiben Appianus aus Alexandria, ein römischer Ritter
unter Hadrian, und gegen Ende des Jahrhunderts der Senator
Cassius Dio Cocceianus, ein Verwandter Dions von Prusa, römische
Geschichte in griechischer Sprache. Selbst Männer des lateinischen
Westens schreiben Griechisch, z. B. Dions Schüler, der Rhetor Favorinus aus Arelate (Arles) und A. Claudius Aelianus aus Praeneste
unter Septimius Severus; beider Sprachen bedienen sich Sueton,
Fronto, Marcus Aurelius, Apuleius und der Christ Tertullian. Freilich ist es mehr ein Nebeneinander als eine Durchdringung; gerade
um diese Zeit bereitet sich die Reichsteilung vor.

Der Archaismus, die Rückwendung auf das Vorklassische,
lag ganz allgemein im Zeitgeist; am greifbarsten ist er, schon
unter Hadrian, in der bildenden Kunst. In der Literatur wird
er es erst unter den Antoninen (138–192).

In die Literatur dieser Zeit führt gut ein E. K. Rand, Cambridge Ancient
History 12 (1939) 571–610; in die spätrömische Literatur im allgemeinen, Rand,
The Building of Eternal Rome (1943) 146 ff.

Hadrians Privatsekretär *(ab epistolis)* C. SUETONIUS TRAN-
QUILLUS teilte die vielseitigen Interessen seines kaiserlichen
Herrn. Ein typischer Zivilist aus dem Ritterstand, war er
unter Trajan Sachwalter, dann Prinzenerzieher und Bibliothe-
kar gewesen. Von seinem umfangreichen Werk, Quelle für
vieles, das verloren ist, sind erhalten: Reste der *Viri illustres*
(De grammaticis et rhetoribus und einzelne Viten aus *De
poetis* und *De historicis)* und die 12 Kaiserbiographien von
Caesar bis Domitian *(De uita Caesarum),* die dem Prätorianer-
präfekten C. Septicius Clarus (119–121) gewidmet sind. Sueton
gibt dem Privatleben der Kaiser (einschließlich Hofklatsch)
weiten Raum. Sein Interesse an der Person ist typisch römisch,
wie wir es auch aus der *laudatio funebris* und dem Enkomion
kennen; historische Kritik lag ihm ebenso fern wie manches
andere, das wir gerne wissen möchten. Die Form seiner Biographie ist wesentlich durch ihren Gegenstand bestimmt; sie
ist für die Folgezeit maßgebend geblieben. Noch Einhard wurde
durch ihn angeregt, manches Persönliche über Karl den Großen
zu berichten, um das wir sonst gekommen wären.

Literatur: W. Steidle, Sueton u. die antike Biographie, ²1963.

Der Rhetorenschule diente die Livius-Epitome des L. ANNAEUS (oder Annius) FLORUS, vielleicht derselbe, der über *Vergilius orator an poeta* schrieb, und der mit Hadrian Versbriefchen wechselte; begrenzten Quellenwert haben die Schulbücher des GRANIUS LICINIANUS und L. AMPELIUS *(Liber memorialis),* wahrscheinlich aus der Antoninenzeit.

Der Ahnherr der *elocutio nouella* ist M. CORNELIUS FRONTO aus Cirta in Afrika. Schon unter Hadrian war er ein angesehener Redner; Antoninus Pius bestellte ihn zum Erzieher der Thronfolger, des M. Aurelius und des L. Verus; in Anerkennung seines Wirkens wurde ihm 143 das Konsulat verliehen. Wir kennen Fronto am besten aus seiner Korrespondenz mit M. Aurelius. Da zeigt er sich als großer, schwärmerisch geliebter Erzieher, aber auch als feiner Kenner der alten Literatur und kluger Stilbildner. Er empfiehlt nicht die Jagd auf alte Wörter um jeden Preis, sondern die Suche nach dem *mot juste,* das er freilich in der Frühzeit des Lateins eher zu finden hofft als später. Dennoch verehrt er Cicero nicht weniger als vor ihm Quintilian; treu in Ciceros Geist gibt er auch der sinnvollen Neubildung ihr Recht. Seinen eigenen Stil beherrscht jene barocke Rhetorik, die man seither besonders in Afrika pflegte; eine *Africitas* im Sinne regionaler oder gar rassischer Differenzierung des Lateins hat es jedoch nie gegeben.

Was wir von Fronto besitzen, stammt aus einem Bobbienser Palimpsest, dessen Reste sich auf Ambrosiana und Vaticana verteilen. Eine abschließende Ausgabe, deren Vorbereitung das Lebenswerk Edmund Haulers war, erhoffen wir von dessen Schüler R. Hanslik.

Zu Frontos Freunden gehörte der Rhetor Favorinus, der griechisch schreibende Historiker Appianus aus Alexandria und der hochgebildete, als Lehrer und Redner, Staatsmann und Philantrop berühmte Herodes Atticus (125/26 Archon in Athen), der die Kultur seiner Zeit vielleicht am besten verkörpert.

Unter Frontos bestimmendem Einfluß steht A. GELLIUS, ein Mann von universalen Interessen, ein Freund kultivierter und

gelehrter Unterhaltung. Deren Frucht, in zwangloser Gesprächs-
form vorgetragen, umfaßt 20 Bücher; in Erinnerung an sein
philosophisches Studienjahr in Athen gab er ihnen den Titel
Noctes Atticae. Gellius schreibt eine unaufdringlich kunstlose,
nur leicht archaisch getönte Gelehrtensprache; seine Nachrichten über die republikanische Literatur (Bd. 1 gibt manche Probe
davon) und vor allem seine umfangreichen Zitate daraus
machen ihn dem Literarhistoriker unentbehrlich. Er ist weder
tief noch originell, aber ein Gebildeter, dem seine Bildung
Lebenselement ist; so setzt er auch (13, 17) die Humanität als
eruditio institutioque in bonas artis von der Allerweltsmensch-
lichkeit ab.

Antiquarischen Inhalts ist das aus guten Quellen (Atticus, Varro)
geschöpfte und – im Zeitstil – gut geschriebene Werk *De die
natali* des Censorinus (238 n. Chr.). – Die zünftige *Grammatik*
hat damals höchst Achtbares geleistet. Genannt seien Q. Terentius
Scaurus, Verfasser eines orthographischen Werks und eines Kom-
mentars zur *Ars poetica* des Horaz; die Vergilerklärer Velius
Longus und Aemilius Asper; Gellius' Lehrer C. Sulpicius Apollinaris aus Karthago, der neben technischen Schriften metrische
Inhaltsangaben zu den Büchern der Aeneis und den Stücken des
Terenz verfaßte; Helenius Acro, der Terenz und Horaz kommentierte. Gegen Ende des 2. Jahrhunderts schrieb Terentianus Maurus
(d. h. aus Mauretanien) eine Metrik in Versen. Er bekennt sich
zur Derivationstheorie (erklärt z. B. den Adonius als Hexameter-
klausel: *primus ab oris);* die Darstellung bedient sich des jeweils
beschriebenen Versmaßes.

Auch die *Dichtung* neigt sich der Vorklassik zu und bildet
sie nach moderner griechischer Technik weiter; besonders Laevius
(Bd 1, 104) wird wieder modern. Konventionell klassizistisch
ist dagegen das offizielle Festgedicht zur Säkularfeier des Jahres 204,
wovon größere Reste inschriftlich erhalten sind. Die *poetae nouelli*
bevorzugen Kleinformen; auch der Ton ist auf das Niedliche
gestimmt, in den *Ruralia* des Septimus Serenus wie in den *Falisca*
des aus Gellius bekannten Annianus. Gelegentlich wagte man sich
auch an umfangreichere Stoffe: so brachte ein gewisser Alfius
Avitus die ganze römische Geschichte in iambische Dimeter. In
das 2. oder 3. Jahrhundert gehört Vespas *Iudicium coci et pistoris*
(Wettstreit von Koch und Bäcker vor Vulcanus), ein Glied in der
Ahnenreihe der im Mittelalter beliebten Streitgedichte. Ein dichte-

rischer Dilettant war Kaiser HADRIAN; die Verse des Sterbenden
(*Animula uagala blandula . . .*), eingänglich in ihrer leichten Wehmut,
schlagen selbst angesichts des Todes den Ton der *poesis nouella*
an.

In die Antoninenzeit fällt das Auftreten des (L.?) APULEIUS
aus Madaura in Afrika. Sein Vater war ein hoher Beamter;
der Sohn studierte erst in Karthago, dann in Athen und bildete
sich weiter durch Reisen. Eine Zeitlang war er Anwalt in
Rom, dann wurde er Wanderredner („Sophist") in seiner
Heimat. Auszüge aus seinen rednerischen Schaustücken sind
die *Florida* („Blütenlese"), im üppigsten „afrikanischen" Stil.
Schlichter im Ton ist seine Apologie *(De magia)* vor dem
Prokonsul von Afrika Claudius Maximus; er war nämlich
wegen seiner Heirat mit einer reichen Witwe von deren Verwandten verklagt worden, er habe die Frau durch Zauber-
künste behext. Die Verteidigungsrede und der Freispruch, der
von vornherein feststand, waren gute Propaganda. – Philosophische Interessen zeigt seine Schrift *De deo Socratis.* (*De
Platone et eius dogmate* und *De mundo,* aus dem Griechischen
übersetzt, sind von zweifelhafter Echtheit.) Apuleius nannte sich
gern *philosophus Platonicus;* er ist ein früher (im Westen der
älteste) Zeuge des pythagoreisierenden Neuplatonismus. – In
die Weltliteratur eingegangen sind seine *Metamorphosen,*
bekannter unter dem Titel „Der Goldene Esel".

Dieser Roman in 11 Büchern, nach einem griechischen Vorbild
des Lukios von Patrai, das wir aus der speudo-lukianischen Satire
„Lukios oder der Esel" kennen (vgl. A. Lesky, Hermes 76, 1941,
43 ff.), schildert die Erlebnisse eines jungen Mannes, Lucius, der
durch den ahnungslosen Gebrauch eines Zaubermittels in einen
Esel verwandelt wird und nach wechselreichen Schicksalen durch
das Fressen von Rosen bei einer Isisprozession die menschliche
Gestalt wiedererhält; er endet als Isismyste. Die Abenteuer, deren
Zeuge er als Esel wird, sind großenteils „milesische" Geschichten.
Die längste Einlage, die Geschichte von *Amor und Psyche* (4, 28–6,
24), die ein altes Weib einem von Räubern entführten Mädchen
zum Trost erzählt, ist ein richtiges Märchen, das einzige ausgeführte
Märchen, das aus der Antike bekannt ist; der Märchenton des

Anfangs („Es waren einmal in einer Stadt ein König und eine Königin ...") geht leider nur allzubald in den rhetorischen Stil des Afrikaners über. Man hat in dem Märchen oft einen mystischen Sinn gesucht und es auf die Isisweihe des Lucius gedeutet, mit dem sich Apuleius, selbst in manche Mysterien eingeweiht (apol. 55), im letzten Buch deutlich identifiziert; die Form der Icherzählung verführte sogar dazu, den ganzen Roman als allegorische Autobiographie anzusehen.

Literatur: P. Junghanns, Die Erzählungstechnik von A.' Metamorphosen und ihre Vorlagen, 1932. – H. Riefstahl, Der Roman des Apuleius, 1938. – P. Scazzoso, Le metamorfosi di Apuleio, 1951. – P. G. Walsh s. oben S. 90. – Zur Einführung in die Probleme um „Amor und Psyche" in Religionswissenschaft und Märchenforschung: O. Weinreich in L. Friedländer, Sittengeschichte Roms, 101921, Bd. 4, 89 ff. u. der Sammelband „Amor und Psyche" (Wege der Forschung, 126, 1968). – M. Bernhard, Der Stil des Apuleius v. Madaura, 1927.

Mit Hadrian setzt die große Zeit der römischen *Jurisprudenz* ein. Im Auftrag des Kaisers edierte SALVIUS IULIANUS das prätorische Edikt, das nun als *edictum perpetuum* Reichsgesetz wurde; unter den Antoninen (um 161) schrieb GAIUS das klassische Lehrbuch des römischen Rechts, die 4 Bücher *Institutiones;* PAPINIANUS unter Septimius Severus, ULPIAN und PAULUS unter Caracalla und Alexander Severus setzen die Tradition fort. Ihre Sprache ist vom Modestil frei und folgt den klassischen Vorbildern. Umfangreiche Auszüge aus ihren Werken sind in die *Digesten* (Pandekten) eingegangen, die mit den Institutionen Iustinians und dem *codex Iustinianus* 533/34 zum *Corpus Iuris* vereinigt wurden.

Noch eines Werkes muß hier gedacht werden, der griechisch geschriebenen „Selbstbetrachtungen" *(Ei heautón)* de Philosophenkaisers MARCUS AURELIUS. Sie sind nicht nur das gehaltvollste Buch, das ein Römer seit Tacitus verfaßt hat, sondern auch ein Markstein auf dem Weg geistiger Selbstdarstellung von Cicero und Seneca zu den „Bekenntnissen" Augustins. Um den Weg zu ermessen, den Kaiser Marcus gegangen ist, muß man neben dieses philosophische Tagebuch die Briefe des jungen Prinzen an Fronto halten.

2. Der Eintritt der Christen in die römische Literatur

Seit dem Ende des zweiten Jahrhunderts gibt es eine lateinische Literatur des Christentums. Im Westen verbreitete sich das Evangelium zunächst hauptsächlich in der griechisch-sprechenden Unterschicht der großen Städte. Aber im Lauf des 2. Jahrhunderts setzte sich als Kirchensprache des Westens das Lateinische durch. Am frühesten scheint dies in Afrika der Fall gewesen zu sein; hier entstanden nicht nur die ältesten lateinischen Übersetzungen der Bibel und anderer frühchristlicher Schriften (Apostellehre, Hirt des Hermas), sondern auch – mit Tertullian und Cyprian von Karthago – die erste christliche Originalliteratur in lateinischer Sprache; auch Tertullians Zeitgenosse Minucius Felix, der in Rom schrieb, war vermutlich Afrikaner.

Die Christen standen zur antiken Literatur ähnlich wie einst die Römer zur griechischen. Wie die Lehre des Stifters so war auch die der Jünger zunächst mündlich; erst allmählich wurden ihre Aussageformen literarisch.[1] Die unvermeidliche Auseinandersetzung mit Geist und Kultur des Hellenismus hat aber bald dazu geführt, sich seiner Literaturformen zu bedienen und sie in christlichem Geist umzubilden. Diatribe und Protreptikos werden zur Apologetik, Brief und Rede zu Sendschreiben und Predigt, die philosophische Lehrschrift zum theologischen Traktat; wie die Heiden ihre Klassiker so kommentieren die Christen die Bibel und der Gegensatz von alexandrinischer Philologie und pergamenisch-stoischer Allegorese (Bd. 1, 98) hat sein christliches Seitenstück in der wörtlichen und allegorischen Bibelauslegung; antike Biographie und Aretalogie vereinen sich zum Genos der christlichen Heiligenlegende. Das alles vollzieht sich primär in der griechischen Kirche. Die Lateiner gehen zunächst eigene Wege: TERTULLIANS

---

[1] Nur die kanonische Apostelgeschichte ist ein bewußt komponiertes Werk im Stil der antiken Geschichtsschreibung (die späteren apokryphen Apostelakten gehören formal in das Gebiet des Romans).

Apologeticum (197) ist eine fingierte Gerichtsrede, und auch
die meisten seiner übrigen Werke zeigen ihn als Advokaten;
die Schriften und Briefe des Bischofs CYPRIAN von Karthago
(† 258) erwachsen aus den praktischen Aufgaben seines
Bischofsamtes. Dem großen Programm einer an der antiken
Paideia orientierten christlichen Bildung, das sich im Werk
des Clemens von Alexandria († vor 215), Origenes († 254)
und Eusebios von Caesarea († nach 337) abzeichnet und das
sich nach der Reaktion des primitiven Mönchstums und seines
Patrons Athanasios († 373) in den großen Kappadokiern und
Antiochenern – Basileios, Gregor von Nazianz und Gregor
von Nyssa, Iohannes Chrysostomos – als asketisch getönter
christlicher Humanismus kristallisiert, hat der Westen auf
lange Zeit nichts Ähnliches zur Seite zu stellen.

Das *christliche Latein* entwickelt sich über das Kirchenlatein im
engeren Sinn hinaus als „Sondersprache", als Idiom einer – besonders
in der Verfolgungszeit eng geschlossenen – Gemeinde innerhalb
der antiken Gesellschaft. Wesentlich dafür ist die bewußte Hinwendung zur gesprochenen Volkssprache und der bestimmende Einfluß des hellenistischen Bibelgriechisch mit seinem semitischen Hintergrund; als ganzes ist es aber durch seinen „geistigen Ort" bedingt.
Die großen Kirchenschriftsteller – fast alle gleich den griechischen
Vätern rhetorisch gebildet – gestalten es zu einer neuen Kunst-
sprache. Den Grund dazu hatte Tertullian gelegt, aber der eigenwillige Stil dieses schwierigsten lateinischen Autors (Norden) empfahl
ihn so wenig wie sein späterer Abfall zum Montanismus. In Cyprian
verbinden sich für uns zum erstenmal die charakteristischen Züge
des Kirchenlateins mit Elementen der Rhetorik zu einer leicht
förmlichen Schreibart, die man als Kurialstil bezeichnet hat; er
ist zur offiziellen Sprache der Bischöfe und Päpste und seit Konstantin auch der christlichen Herrscher geworden. Daneben wird
ganz bewußt die rhetorische Kunstprosa gepflegt, besonders in
Afrika, wo sie in manchen Festpredigten Augustins wahre Triumphe
feiert. Schon MINUCIUS FELIX hatte mit seinem *Octavius* (doch
wohl *nach* Tertullians *Apologeticum* geschrieben) den ciceronianischen Dialog zu neuem Leben erweckt; dasselbe tut Augustinus
in den philosophischen Dialogen der Jahre 386–7. Ciceronianer
sind sie mehr oder minder alle, nicht nur der „christliche Cicero"
LACTANTIUS (um 300; Hauptwerk: 7 Bücher *Diuinarum institutio-
num);* Hieronymus hat freilich einmal einen Traum gehabt, worin

er wegen seines Ciceronianismus vom höchsten Richter zur Rede gestellt und gezüchtigt wurde (epist. 22, 30). Die christliche Cicero-Nachahmung beschränkt sich nicht auf die Form: im *Octavius* des Minucius Felix stammt vieles aus Ciceros *De natura deorum;* AMBROSIUS († 397) hat in *De officiis ministrorum* ein bewußtes Gegenstück zu Ciceros *De officiis* geschaffen; die Gedanken des *Hortensius,* der Augustinus den ersten Anstoß zu seiner Bekehrung gab, wirken mächtig bis auf Boethius nach.

In der Krisenzeit der „Soldatenkaiser" – vom Sturz der Severi (235) bis zur Kaiserwahl Diocletians (284) – sind christliche Autoren fast die einzigen, die eine gewisse Tradition der lateinischen Literatur aufrechterhalten; das wird besonders deutlich an dem Gegensatz eines Werkes wie der *Collectanea* des C. IULIUS SOLINUS, einer geistlosen Kompilation, die auch als Quelle nur dort von Wert ist, wo der Autor nicht die Naturgeschichte des Plinius exzerpiert.

Literatur: Außer den Handbüchern der Patrologie (Altaner, Bardenhewer, v. Harnack, Quasten) U. Moricca, Storia della letteratura latina cristiana, 3 Bde, 1925–1933. – P. de Labriolle, Histoire de la littérature latine chrétienne, 2 Bde, ³1947. – A. Amatucci, Storia della letteratura latina cristiana, ²1955. – H. Hagendahl, Latin Fathers and the Classics, 1958. – W. Krause, Die Stellung d. frühchristl. Autoren zur heidn. Literatur, 1958. – E. K. Rand, Founders of the Middle Ages, 1928. – W. Jäger Early Christianity and Greek Paideia, 1961 (dt. v. W. Eltester, 1963). – O. Gigon, Die antike Kultur u. das Christentum, 1966. – Zur Eigenart des christlichen Lateins: Ch. Mohrmann, Etudes sur le latin des chrétiens, 3 Bde, 1958–65.

3. Die Nachblüte der lateinischen Literatur seit dem 4. Jahrhundert

Die absolute Monarchie Diocletians und seiner Nachfolger, die seit Konstantin einen geschichtlich folgenreichen Bund mit der Kirche eingegangen war, gab dem geistigen Leben frischen Antrieb; aber die literarische Situation ist eine völlig neue.

Zur Einführung in die politische und geistige Lage: E. Demougeot, De l'unité à la division de l'Empire Romain, 1951. – P. de Labriolle, La réaction païenne: étude sur la polémique antichrétienne du 1er au 6e siècle, 1934. – P. Courcelle, Les lettres grecques en occident de Macrobe à Cassiodore, 1948; Histoire littéraire des grandes invasions germaniques, ³1964.

Schon im 3. Jahrhundert hattten sich Osten und Westen zunehmend entfremdet. Diocletian und Konstantin versuchten, lateinische Bildung nach dem Osten zu verpflanzen; Diocletian

berief z. B. Lactantius – damals noch Heide – aus Afrika an
seinen Hof in Nikomedia. Doch der Trennungsprozeß ging
weiter; die Reichsteilung von 395 setzte ihm das Siegel auf.
Das Römische Reich ist nicht mehr zweisprachig, es besteht
aus einer griechischen und einer lateinischen Hälfte; im Westen
beschränkt sich die Kenntnis des Griechischen auf immer
engere Kreise.

Das hat eine Flut von Übersetzungen zur Folge. Um von Nutzliteratur wie den griechischen Ärzten abzusehen: im 4. Jahrhundert
übersetzt CHALCIDIUS Platons Timaios nebst einem neuplatonischen
Kommentar; C. MARIUS VICTORINUS, der später Christ wurde,
übersetzt Werke des Platon, Aristoteles und Porphyrios. Vor allem
übersetzt man kirchliche Literatur: Kommentare, Homilien, Heiligen-
leben, seit dem 5. Jahrhundert auch Konzilsakten. EUAGRIUS' Übersetzung von Athanasios' *Vita s. Antonii* (um 370) wurde bestimmend
für die Form der lateinischen Hagiographie; AMBROSIUS schließt
sich in vielen Werken ganz eng an Basileios an; RUFINUS von
Aquileia († 411) und HIERONYMUS († 420) übersetzen u. a. Origenes
und Eusebios. Am bedeutendsten ist die Bearbeitung der lateinischen
Bibel, die Hieronymus im Auftrag des Papstes Damasus († 384)
vornahm („Vulgata"); als Revision des Psalters und der Evangelien
auf Grund griechischer Texte begonnen, schreitet sie in den proto-
kanonischen Büchern des Alten Testaments zu einer direkten Übersetzung aus dem Hebräischen vor.

In der Dichtung beginnen Christen und Heiden sich einander
zu nähern. Einerseits werden christliche Stoffe in klassischen Formen
behandelt (z. B. die Evangelienharmonie in Hexametern des IUVEN-
CUS, der Vergilcento der PROBA, die Gedichte des PRUDENTIUS,
das *Carmen paschale* des SEDULIUS), andererseits bedienen sich
Christen wie Ausonius oder Sidonius Apollinaris in profanen
Gedichten der antiken Mythologie als einer poetischen Konvention.
Die im engeren Sinn kirchliche Dichtung geht jedoch andere Wege:
sie schafft im Vierzeiler iambischer Dimeter die volkstümlich ein-
gängliche Strophe der ambrosianischen Hymnen, in denen Iktus
und Wortakzent nicht selten zusammenfallen. Außerliturgisch begegnet auch der unprosodische silbenzählende Vers, der der Struktur
des gesprochenen Spätlateins entsprach, wie in Augustins Kampf-
lied gegen die Donatisten (*Psalmus contra partem Donati*). Ein
merkwürdiger Zwitter ist der Hexameter des COMMODIANUS (*Instruc-
tiones, Carmen apologeticum*), der höchstwahrscheinlich im 5. Jahrhundert dichtete. Dagegen halten Kunstdichtung und Kunstprosa

bis ans Ende eine Tradition aufrecht, mit der die lebendige Sprache längst gebrochen hatte. Die Schule gab diese Tradition an das Mittelalter weiter; ihre praktische Pflege reicht bis in die Neuzeit.

Vorerst kam es jedoch zu einem harten Kampf zwischen dem Alten und dem Neuen. Er war freilich entschieden bevor er begonnen hatte: die Traditionalisten versuchten eine Position zu halten, den Christen ging es um den Sinn des Lebens. Im Osten fand die heidnische Reaktion an Kaiser Iulian, dem letzten Regenten aus dem Hause Konstantins, einen begeisterten Vorkämpfer. Im Westen war ihre Seele der Senat, der allein in einer durch hundert Jahre Militärregiment materiell und geistig verarmten Gesellschaft als Stand intakt geblieben war; die Verlegung der Residenzen nach Mailand (Trier, Ravenna) und Nikomedia (seit 330 Konstantinopel) gab dem Senat in Rom als Körperschaft ein neues Ansehen, lenkte aber auch die Gedanken immer mehr auf die vergangene Größe der politisch bedeutungslos gewordenen Stadt. Von dem christlichen Rom, das gerade damals in Papst Damasus einen auch geistig bedeutenden Vertreter hatte, nahm man nicht Notiz.

Bezeichnend für diese Haltung sind die 7 Bücher *Saturnalia* des MACROBIUS THEODOSIUS (nach 431)[1]: in deutlicher Nachahmung des Rahmens von Ciceros „Staat" (dessen Schlußstück, das *Somnium Scipionis*, Macrobius kommentierte) unterhalten sich hier am Saturnalienfest führende Senatoren (Vettius Agorius Praetextatus, der Historiker Nicomachus Flavianus, der Redner Q. Aurelius Symmachus) und der Grammatiker Servius über antiquarische Themen, vor allem aber über Vergil. Macrobius idealisiert diesen Kreis der „letzten Römer" ebenso wie Cicero den des Scipio. – SYMMACHUS hatte in einer berühmt gewordenen Rede im Jahre 384 Kaiser Valentinian II gebeten, den einst von Constantinus, dann aufs neue von Gratian aus dem Senat enfernten Altar der Victoria wieder aufstellen zu lassen, aber ein Schreiben des Bischofs Ambrosius bewog den Kaiser zur Ablehnung. Bezeichnend ist, daß beide Gegner die personifizierte Roma redend einführen, Symmachus als

---

[1] A. Cameron (Journ. Rom. Stud. *56*, 1966, 25–38) identifiziert den Autor einleuchtend als Macrobius (Ambrosius) Theodosius, *praefectus praetorio* 430, und nimmt als fiktives Datum der *Saturnalia* 384, kurz vor Praetextatus' Tod, als Anlaß der Abfassung die postume Rehabilitierung des älteren Nicomachus (431) an.

Verkörperung der Tradition, Ambrosius als Symbol des christlich
gewordenen Imperiums. Es war ein „test case", der starken Eindruck
machte: noch um 400, als Stilicho das Bild (nicht den Altar) der
Siegesgöttin in den Senat zurückbrachte, nimmt Prudentius in dem
Gedicht *Contra Symmachum* die ambrosianische Romidee auf: dem
großen Neuen muß das überholte Alte weichen. Ambrosius und
Prudentius waren hohe Verwaltungsbeamte gewesen; in beiden lebt
der alte Römergeist weiter, aber er hat die Taufe empfangen.

Einem Mann der Reaktion verdanken wir das letzte große
Geschichtswerk der Römer. AMMIANUS MARCELLINUS aus Antiochia, Offizier unter Constantius und Iulian, zog sich später
nach Rom zurück und schrieb dort eine Fortsetzung der
Historien des Tacitus *(Rerum gestarum libri)*, von Nerva bis
Valens (96–378); Bücher 18–31, die die Zeitgeschichte behandeln, sind erhalten. Stilistische Nachahmung des Tacitus ist
handgreiflich, aber die griechische Muttersprache des Ammianus klingt häufig durch. An Gedankentiefe und psychologischer
Einsicht kann er sich mit seinem Vorbild nicht messen, ist
ihm aber durch Weite des Blicks und Objektivität des Urteils
– trotz seiner Bewunderung für Iulian – überlegen.

Die christliche Geschichtsschreibung hat in dem Aquitanier SUL-
PICIUS SEVERUS (2 Bücher *Chronica,* 403 vollendet) einen auch als
Stilisten bedeutenden Vertreter; dem Mittelalter war er freilich vor
allem als Autor der Martinslegende (*Vita s. Martini,* 2 *Dialogi,*
3 Briefe) bekannt. – Der spanische Presbyter PAULUS OROSIUS in
den 7 Büchern *Historiae aduersus paganos* (bis 417) schöpft sein
Material flüchtig aus abgeleiteten Quellen (z. B. der Livius-Epitome,
s. S. 52), ohne doch, selbst als Apologet, in die Tiefe zu gehen –
Eine einzigartige Geschichtsquelle aus später Zeit ist das *Commemo-
ratorium* über den heiligen Severin, den Apostel von Noricum
Ripense († 482), das sein einstiger Begleiter EUGIPPIUS im Jahre 511
verfaßte. Der hagiographische Rahmen umschließt ein höchst eindrucksvolles Bild römischen Lebens in den letzten Jahrzehnten der
gefährdeten Donauprovinz.

Vorzügliche Ausgabe der Severinvita mit Einleitung, Übersetzung u. Kommentar von R. Noll, 1963.

Die meiste Geschichtsschreibung des 4. Jahrhunderts ist unbedeutend. Die *Caesares* des AURELIUS VICTOR (360), bis auf Constantius
reichend, sind immerhin nach guten Quellen gearbeitet; auch die
anonyme Schrift *De uiris illustribus urbis Romae* („Pseudo-Victor")

enhält manches Wertvolle; inhaltlich und stilistisch geringer zu werten ist die in derselben Hs. überlieferte *Origo gentis Romanae;* die sogenannte *Historia Augusta* (Kaiserbiographien von Hadrian bis Diocletian, 117–285, mit Lücken), wohl in theodosianischer Zeit, sicher nach 360/61 (vgl. E. Hohl, Wr. Studien 71, 1958, 132–152), vielleicht erst nach 369 (W. Schmid, Historia Augusta Colloquium, Bonn 1963, 123–33) auf sechs fingierte Namen angeblich unter Konstantin schreibende Autoren gefälscht, fließt selbst als Quelle trüb; das *Breuiarium ab urbe condita* (10 Bücher) des EUTROPIUS (unter Valens) ist unselbständig, aber klug und gut geschrieben. Geschichtlich am wertvollsten ist das historische Handbuch der Stadt Rom, der sog. *Chronograph* von 354. – Am Rand der geschichtlichen Literatur steht die *Epitoma rei militaris* (4 Bücher) des FLAVIUS VEGETIUS RENATUS (nicht vor Ende des 4. Jahrhunderts), Auszüge aus älteren Historikern und Taktikern, womit der Autor dem Verfall des römischen Kriegswesens zu steuern hofft. Er wird auch der Verfasser einer Tierheilkunde *(Mulomedicina)* sein, die sich als gut gearbeitete Fachschrift erweist.

Die offizielle Rhetorik des 3. und 4. Jahrhunderts kennen wir aus den gallischen *Panegyrikern;* es fehlt darin nicht an kulturgeschichtlich Interessantem (Eumenius, 297, über den Wiederaufbau der Schulen von Autun; die Neujahrsrede 362 des Konsuls Mamertinus vor Iulian in Konstantinopel)*:* – Die *Briefliteratur* wächst mächtig an. Der Korrespondenz des Symmachus im 4. Jahrhundert und des Sidonius Apollinaris im 5. Jahrhundert, bei denen das Beschlossensein in der eigenen Gesellschaftsschicht noch seltsamer berührt als beim jüngeren Plinius, stehen die christlichen Briefsammlungen (Cyprian, Hieronymus, Ambrosius, Augustinus, Papst Leo I) gegenüber; sie sind in ihrer geistes- und kulturgeschichtlichen Bedeutung noch lange nicht ausgeschöpft. – Der *Roman* ist in der Zeit Konstantins durch L. SEPTIMIUS' lateinische Bearbeitung des „Trojanischen Krieges" des angeblichen Kreters *Dictys* vertreten; ihr folgte im 5. Jahrhundert die des (pseudoepigraphen) Phrygers *Dares.* Diese vielgelesenen Machwerke sind die Quellen der mittelalterlichen Trojalegende. Einen christlichen Roman, die *Recognitiones* des PS.-CLEMENS, übersetzt Rufinus ins Lateinische; leicht christlich überarbeitet ist die *Historia Apollonii regis Tyri* (vgl. Shakespeares „Pericles, Prince of Tyre"), in der vorliegenden Form aus dem 6. Jahrhundert; da künden sich bereits die mittelalterlichen Romanzen an.

Namhafte Vertreter der Grammatik sind AELIUS DONATUS (um die Mitte des 4. Jahrhunderts), der außer zwei Grammatiken, der

Ars minor für Anfänger und der *Ars maior* für Fortgeschrittene, grundlegende Kommentare zu Terenz und Vergil schrieb (s. a. O.), ferner Charisius, Diomedes, der Vergilkommentator Servius und der Afrikaner PRISCIANUS (um 500 im Konstantinopel). Vornehmlich aus diesen Werken hat das Mittelalter sein Latein gelernt; „Donat" wurde gleichbedeutend mit „Grammatik".

Kompendien der *artes liberales* beginnen die Form anzunehmen, in der sie das Mittelalter kannte. Augustinus trug sich kurz vor seiner Taufe (387) mit dem Plan einer systematischen Darstellung der *Disciplinae* wie hundert Jahre später Boethius, doch haben beide ihr Vorhaben nur teilweise ausgeführt. Ein vollständiges Kompendium sind die 9 Bücher *De nuptiis Mercurii et Philologiae* des Nordafrikaners MARTIANUS CAPELLA (um 400); die phantastische Einkleidung des nüchternen Stoffes läßt Mercurius (als Hermes Logios) die Philologie heiraten und ihr als Brautgabe sieben Mägde schenken – die sieben *artes,* die nun eine nach der andern ihren Text aufsagen. Die Mischung von Prosa und Vers macht das Werk der Form nach zur Menippea; die bald trocken technische, bald barock rhetorische Sprache ist jedoch von der der *satura* denkbar weit entfernt. Das hat dem Erfolg des Werkes nicht geschadet; seit der Mitte des 9. Jahrhunderts ist Martianus Capella einer der meistgelesenen und meistkommentierten Schulautoren.

Die Dichtung nimmt einen verheißungsvollen Aufschwung mit dem *Peruigilium Veneris* (gut kommentiert v. R. Schilling, 1944). Im volkstümlichen *uersus quadratus* mit eingänglichem Schaltvers *(Cras amet qui numquam amauit quique amauit cras amet)* flüssig geschrieben, schildert es ein Venusfest mit anziehenden (fast etwas zu duftigen) Naturbildern und Szenen spielerischen Nymphentreibens. Kein großes Gedicht, aber große, ihrer Wirkung sichere Kunst.

Der lange Streit um Zeit und Autor des Gedichtes darf als entschieden gelten: es ist um 307 in Nikomedia im Kreis der Romula, der Mutter des Kaisers Galerius, entstanden; der Verfasser dürfte Afrikaner sein, der wie Lactantius nach Nikomedia berufen war und dessen Sehnsucht nach der Heimat in den Schlußversen durchklingt: D. S. Robertson, Class. Review 52, (1938) 109–12; anders Schilling p. XXII ff.

Die Figurengedichte des OPTATIANUS PORFYRIUS (unter Konstantin) verdienen nur wegen ihrer Nachwirkung (Hrabanus Maurus, *De laudibus s.crucis,* 9. Jahrhundert) flüchtige Erwähnung. – Ein TIBERIANUS, der zwischen 326 und 335 hohe Ämter bekleidete,

ist wahrscheinlich der Verfasser mehrerer unter diesem Namen
überlieferter Gedichte, darunter eines schönen Naturgedichtes und
eines neuplatonischen Gebetshymnus, der auf die *Consolatio* des
Boethius (3, m. 9) vorausweist. – Der vornehme Rufius Festus
Avienus dichtete um die Mitte des 4. Jahrhunderts noch einmal
die *Phaenomena* des Aratos nach; von seinen geographischen Gedichten ist die unvollständig erhaltene *Ora maritima* (Küstenbeschrei-
bung des Mittelmeeres) kulturgeschichtlich wertvoll, weil sie sehr
alte, ins 6. Jahrhundert v. Chr. hinaufreichende griechische Quellen
verwendet. – Ein Avianus verfaßte 42 *äsopische Fabeln* in Distichen;
sie sind fast alle den griechischen Fabeln des Babrios (um 200 n. Chr.)
entlehnt. Von der volkstümlichen Art des Phaedrus hebt sich Avian
bewußt ab. Der Theodosius, dem die Fabeln gewidmet sind, ist
vielleicht Macrobius Theodosius. (S. 111). – In den Kreis des Symmachus gehört die Sammlung von 71 Epigrammen des Naucellius
und seiner Freunde; auch zwei längere Stücke sind darunter, ein
Heroidenbrief (Penelope) und die „Sulpicia“-Satire (S. 84). Die Sammlung, 1493 in Bobbio entdeckt, ist in einer Humanistenabschrift
kürzlich neu ans Licht gekommen (hrsg. von F. Munari 1955;
vgl. O. Weinreich, Gnomon 31, 1959, 239 ff.; .W Schmid, Gnomon 32,
1960, 340 ff.). – Ein christliches Seitenstück sind die *Epigramme,*
meist in Hexametern, selten in Distichen, des Papstes Damasus,
großenteils Grabinschriften für Apostel, Märtyrer, Päpste. – Um 400
sind die hundert Rätselgedichte des Symphosius entstanden (gut
kommentiert von R. T. Ohl, The Enigmas of Symphosius, 1928);
sie wirken bei Aldhelm von Malmesbury (7. Jahrhundert) und
anderen Angelsachsen (z. B. Bonifatius) nach.

Ein größeres Talent war D. Magnus Ausonius, Professor
der Rhetorik in Burdigala (Bordeaux), dann Erzieher des
Prinzen Gratian, unter dessen Regierung er 379 Konsul war;
nach Gratians Tod (383) zog er sich in die Heimat zurück,
wo er 395 starb. Seine Gedichte geben ein gutes Zeitbild und
zeichnen das Porträt eines gebildeten Weltchristen. Vom Ernst
des Christentums war er nicht erfaßt. Daß sein Schüler und
Freund Paulinus, ein nicht unbegabter Dichter und Redner
(† 431 als Bischof von Nola) der Welt entsagte, blieb ihm
unverständlich; der (großenteils poetische) Briefwechsel der
beiden läßt eine stille Tragödie ahnen.

In seinem bekanntesten Gedicht, der *Mosella* (gut erkl. v. K. Hosius,
1894), schildert Ausonius eine Hunsrück- und Moselreise von Bin-

gen bis Trier; hier verbindet sich im formalen Rahmen eines
Hymnus auf die Flußgottheit ein *Iter* mit einer rhetorischen Fluß-
beschreibung. Mit sichtlicher Liebe zeichnet Ausonius das Leben
an den Ufern und führt wirksam einen Ruderwettkampf vor.
– Kataloggedichte wie der *Ordo nobilium urbium* (mit einem
Ehrenplatz für Bordeaux) oder die *Commemoratio professorum
Burdigalensium* haben ein gewisses sachliches Interesse. – Der
Bissula-Zyklus (auf eine junge Suebin, die ihm Gratian aus der
Beute des Alemannenfeldzugs 368–9 geschenkt hatte) zieht aus dem
konventionellen Gegensatz von Primitivität und Zivilisation hübsche
Wirkungen, aber es sind – trotz Felix Dahn – doch nur *nugae*.
– Ein technisches Kunststück ist der *Cento nuptialis:* er besteht –
einschließlich einer überdeutlichen Schilderung der Brautnacht – ganz
aus vergilischen Versen und Halbversen. – Etwa um dieselbe Zeit
beschrieb die Römerin PROBA in einem solchen vergilischen Vers-
mosaik die Heilige Geschichte.

Ein echter Dichter ist CLAUDIUS CLAUDIANUS aus Alexandria
(† nach 404). In der griechischen Tradition aufgewachsen (er
hat eine griechische Gigantomachie gedichtet), ging er, schon
ein reifer Mann, an den Hof des Kaisers Honorius. In zeit-
geschichtlichen Epen (z. B. *De bello Gotico,* 402) und an
Iuvenal geschulten Invektiven gegen Minister des Ostreichs
(*in Rufinum,* 396; *in Eutropium* 399), deren Verwurzelung
in der Literaturpraxis des Ostens freilich nicht übersehen werden darf, ist er Herold der Politik des Reichsverwesers Stilicho,
des Vandalen, der im Geist römischer Tradition bis zu seinem
tragischen Ende für die Einigung des geteilten Reiches wirkte.
Ein mythologisches Epos *De raptu Proserpinae* (3 Bücher),
in dem sich (wie bei Vergil) die Gegenwart des Dichters
andeutend spiegelt, blieb unvollendet. Daß Claudian dem
Namen nach Christ war, steht trotz Augustinus (ciu. 5, 26
a Christi nomine alienus) fest; das (bestellte) Gedicht *De Salua-
tore* ist echt. Vom griechischen Hofepos kennen wir eben
noch genug, um zu sehen, wie hoch Claudian darüber steht.
Wie er die Satire Iuvenals eigenartig erneuert, so ist er als
Epiker frei waltender Erbe des Vergil und Ovid, Lucan und
Statius. Sprache und Verstechnik sind erstaunlich rein und
klassisch; die isolierten Szenen, in die er (ähnlich wie die

spätantike Kunst) die Handlung zerlegt, vermitteln gerade in ihrer Bildhaftigkeit den geistigen Gehalt höchst eindringlich. Die Mythologie ist ihm trotz deutlicher Beziehung auf das Zeitgeschehen ebenso dichterisch lebendig geblieben wie seine personifizierte Roma.

Grundlegende Ausgabe von Th. Birt (1892) mit wichtiger Einleitung. – P. Fargues, Claudien, études sur sa poésie et son temps, 1933. – W. Schmid, Claudianus: Reallexikon f. Antike u. Christentum 3, 1957, 152–67: eine vortreffliche, knapp orientierende Studie. – A. Cameron, Claudian, poet and propagadist at the court of Honorius, 1970.

Im Jahr 404/405 gab der Spanier AURELIUS PRUDENTIUS CLEMENS, damals im 57. Lebensjahr, eine Sammlung seiner Gedichte heraus. Von den lyrischen Stücken in verschiedenen Metren und Strophen, auch horazischen (*Kathemerinon,* eine Art „Tagzeitenbuch"; *Peristephanon,* Hymnen zum Preis von Märtyrern), sind manche in die Liturgie eingegangen. Unter den Lehrgedichten in Hexametern wurde für die Folgezeit am bedeutendsten die *Psychomachia,* der Kampf der personifizierten Tugenden und Laster um den Menschen. Das Gedicht bewegt sich auf mehreren Ebenen, es webt realistische Monomachien der amazonenhaften Frauengestalten, biblische Exempel und allegorisch-lehrhafte Ausdeutung ineinander. Bald nach ihrer Entstehung in gut antikem Stil illustriert, wirkte die Psychomachie literarisch wie ikonographisch in den Tugend- und Lasterallegorien des Mittelalters fort. Ein Dichter voll Kraft und Pathos, nimmt Prudentius etwas vom Geist und Temperament des spanischen Barock voraus.

Studien: C. Gnilka, Studien zur Psychomachie des Prudentius, 1963. – R. Herzog Die allegorische Dichtkunst des Prudentius, 1966.

Ganz anderen Geist atmet das poetische *Iter,* in dem der Gallier RUTILIUS CLAUDIUS NAMATIANUS, *magister officiorum* und Stadtpräfekt von Rom, eine Reise beschreibt, die er im Jahre 417 unternahm, um daheim nach seinen von den Goten verwüsteten Gütern zu sehen: *De reditu suo* (2 Bücher) in Distichen, unvollständig erhalten. Meisterhafte Beherrschung der Form verbindet sich mit großer Anschaulichkeit und einem regen Temperament. Dem Namen nach Christ, ist Rutilius

doch ganz dem alten Rom zugewandt, an dessen Sendung er
auch nach der Einnahme und Plünderung durch Alarich (410)
nicht irre wird; sein Abschiedshymnus an die *regina mundi*
(1, 47–164) ist ein ergreifendes Glaubensbekenntnis. Seine
Abneigung gegen das Mönchstum, das jüngst aus dem Osten
ins westliche Mittelmeer gedrungen war und an das er selbst
einen vornehmen jungen Freund „verloren" hatte, wurde
damals von vielen Christen geteilt; aber die Kritik des Rutilius
ist besonders bitter (1, 439–452. 515–526) und richtet sich
nicht nur gegen das Extrem der Lebensform, sondern gegen
den Geist, aus dem sie erwächst.

Der Fall Roms im Jahre 410 gab AURELIUS AUGUSTINUS
(354–430) den Anstoß zur Abfassung seines einflußreichsten
Werkes, der 22 Bücher *De ciuitate Dei*. Als Sohn des Heiden
Patricius und der Christin Monnica in Tagaste christlich erzogen, wurde er während seiner Studien in Madaura und Karthago dem Glauben entfremdet; nach einer bewegten geistigen
Entwicklung (Manichäer, Skeptiker, Neuplatoniker) erschloß
ihm in Mailand, wohin er als Lehrer der Rhetorik berufen
worden war, Ambrosius den Geist des Christentums und
gab ihm 387 die Taufe. Nach einer Zeit philosophisch-
religiöser Beschaulichkeit in Cassiciacum kehrte er in die
Heimat zurück; 395 wurde er Bischof von Hippo. In seinen
Confessiones (13 Bücher, um 400), einem Bekenntnis vor und
für Gott in Form eines leidenschaftlichen Gebetes, hat er
seinen Weg zur Annahme der christlichen Offenbarung im
Rückblick auch für seine Zeitgenossen interpretierend geschildert.

Dem einzigen originalen Denker unter den Römern, als
den sich schon der Katechumene in seinen Dialogen und
Soliloquia erweist, wird der häufige Vorwurf, die Übel der
Zeit seien durch die Abkehr von den alten Göttern und den
Sieg des Christentums verschuldet, Anlaß einer zum Wesen
vordringenden Auseinandersetzung mit allem, wofür Rom
gestanden hatte; die Apologetik vertieft sich zum christlichen

Geschichtsbild. Rom ist ihm kein Symbol wie dem Symmachus oder Claudian, Ambrosius oder Prudentius, sondern einzig eine geschichtliche Größe, die er kritisch analysiert. Geschichtsbestimmende Mächte sind ihm die beiden feindlichen Reiche, das irdische und das Gottesreich. Sie wachsen in der Zeit in unauflöslicher Verflechtung; erst am Ende der Zeiten wird der Sieg des Gottesreiches entschieden.

Werk und Persönlichkeit Augustins zu würdigen. fiele aus dem Rahmen dieses Bandes, Verwiesen sei auf E. Gilson, Introduction à l'étude de saint Augustin, 1929; H.-I. Marrou, Saint-Augustin et la fin de la culture antique, ⁴1958; J. J. O'Meara, The Young Augustine, 1954.

Das 5. Jahrhundert sah die Auflösung des Weströmischen Reiches als eines politischen Gebildes. Die Westgoten herrschten seit 415 in Südgallien (bis sie 507 nach Spanien weiterzogen), die Vandalen, die beim Tod Augustins vor Hippo standen, setzten sich in Afrika fest; am Ende des Jahrhunderts (493) begründete Theoderich die sechzigjährige Herrschaft der Ostgoten in Italien. In dem allgemeinen Niedergang der Kultur sind es wieder die senatorischen Großgrundbesitzer, die durch ihre Sorge um das geistige Erbe ein völliges Abreißen der literarischen Tradition verhindern.

Zu ihnen gehört der hochgebildete, auch des Griechischen noch vollkommen mächtige Gallier C. SOLLIUS APOLLINARIS SIDONIUS; er hat nicht nur durch rhetorische Lobgedichte und geschickte Diplomatie die Sache seiner Heimat erfolgreich bei mehreren Kaisern vertreten, sondern später als Bischof von Clermont (seit 470) auch trotz mancher Demütigung nicht fruchtlos zwischen den Galloromanen und ihren westgotischen Meistern vermittelt. Seine Gedichte sind allerdings nur streckenweise genießbar, die 9 Bücher seiner Briefe, in preziös rhetorischem Stil, entschädigen nicht einmal durch bedeutenden Inhalt, geben aber ein charakteristisches Gesellschaftsbild. Wenn Sidonius als Mensch nicht über seine Klasse hinaussah (selbst dem Bischof fehlte für die Gleichheit der Menschen vor Gott das rechte Verständnis), so ist er doch innerhalb seines Lebenskreises vornehm und sympathisch.

Sehr lesenswert ist C. E. Stevens, Sidonius Apollinaris and his age, 1933.

Eine Persönlichkeit ganz anderer Art war des Sidunius etwas älterer Zeitgenosse, der aus Britannien stammende Irenapostel PATRICIUS. Seine *Confessio,* ein Rechenschaftsbericht vor Gott und Welt über sein Leben und Wirken, in einer seltsamen Mischung

von Vulgärlatein, Predigtstil und Bibelsprache verfaßt, gibt sich nicht
als Literatur; aber der tiefe Ernst dieses menschlichen Dokuments
stellt es an die Seite der dem Autor wahrscheinlich unbekannten
Confessiones Augustins.

Krit. Ausgabe m. Kommentar von L. Bieler, Class. et Med. 11 (1950) 1–150, 12
(1951) 79–214; dazu ders., Vig. Christ. 6 (1952) 65–98; Chr. Mohrmann, The Latin
of St. Patrick, Dublin 1961.

Afrika beginnt erst gegen Ende des Jahrhunderts sich geistig
zu erholen. Unter König Gunthamund (484–96) verfaßte BLOSSIUS
AEMILIUS DRACONTIUS aus Karthago Gelegenheitsgedichte (darunter
die *Satisfactio,* Bitte des gefangenen Dichters um Begnadigung),
mythologische Kleinepen und ein Gedicht in 3 Büchern *De laudibus
Dei* (Buch 1, das von der Weltschöpfung handelt, hat dichterische
Qualität). Dem Dracontius gehört wahrscheinlich auch die (epische!)
Orestis tragoedia; aus demselben Kreis wird das Epyllion *Aegritudo
Perdiccae* stammen (Perdiccas, für seine Vernachlässigung der Venus
von Cupido mit sinnlicher Liebe zur eigenen Mutter bestraft, stirbt
an dem Konflikt von Leidenschaft und sittlichem Empfinden).
– Schon dem 6. Jahrhundert gehört LUXORIUS an, ein Nachfahre
der *poetae nouelli* der Antoninenzeit. Er ist der jüngste in einer Reihe
von Dichtern, deren Erzeugnisse – nebst älteren Stücken wie dem
Peruigilium Veneris – die lateinische *Anthologie* ausmachen (einst
24 Bücher, größtenteils im Codex Salmasianus, Paris Bibl. nat. lat.
10318, 7.–8. Jahrhundert, erhalten). Die Prosa-Vorrede von Buch 7
ist in Glossenlatein geschrieben wie später (mit anderem Vokabular)
die irischen *Hisperica Famina.* – Um 550 besang FLAVIUS CRESCONIUS
CORIPPUS in seiner *Iohannis* (8 Bücher) den maurischen Feldzug des
byzantinischen Generals Iohannes. Später erhielt er ein Hofamt
in Byzanz; im Alter schrieb er die 4 Bücher *In laudem Iustini.* In
dem älteren Werk ist Corippus ein anteilnehmender und anregend
erzählender Chronist; die traditionelle Mythologie spielt eine sehr
untergeordnete Rolle, ist aber noch nicht völlig zur Metonymie
geworden.

Dem Stammland Italien brachte die energische und maß-
volle Herrschaft des Ostgoten Theoderich (493–526) eine letzte
kurze Blüte materieller und geistiger Kultur. Die Zivilver-
waltung, die er unverändert übernahm, ließ er in den Händen
der römischen Oberschicht; auch an deren geistigen Bestrebungen nahm er regen Anteil. Aus ihr ging MAGNUS AURELIUS
CASSIODORUS hervor, cos. 514, der unter Theoderich und seinen
Nachfolgern Staatssekretär war, ehe er sich (um 540) auf

seine süditalischen Güter zurückzog und als Abt von Vivarium den unerfüllten Traum seines Lebens, eine christliche Universität, im kleinen zu verwirklichen suchte.

Von seinen zahlreichen Schriften sind die *Variae* (Sammlung offizieller Schreiben, 12 Bücher) für die politische, die *Institutiones diuinarum et humanarum litterarum* (2 Bücher) für die Bildungsgeschichte der Zeit unentbehrlich; sein Psalmenkommentar hat die Exegese befruchtet wie nur noch der augustinische. Noch mehr würde uns seine Gotengeschichte (*De origine actibusque Getarum*) interessieren; leider kennen wir sie nur in dem – stark vulgärlateinischen – Auszug eines Zeitgenossen, des romanisierten Goten IORDANES.

Neben Cassiodor sei ENNODIUS genannt († 521 als Bischof von Ticinum), in Vers und Prosa ein nicht unwürdiger Bewahrer der klassisch-christlichen Tradition. Sein Schützling ARATOR (erst im Staatsdienst, dann Subdiakon) schrieb ein allegorisierendes Epos *De actibus apostolorum* und las es 544 unter großem Beifall in Rom vor.

Literarisch am bedeutendsten war ANICIUS MANLIUS SEVERINUS BOETHIUS (cos. 510, dann *magister officiorum*). Im Vollbesitz griechisch-römischer Bildung, nationaler wie christlicher, war er durchdrungen von der fundamentalen Einheit platonnisch-aristotelischer und christlicher Weltanschauung – der erste Zeuge der *philosophia perennis*. Neben den Pflichten der hohen Ämter, zu denen ihn der König berief, fand Boethius Zeit zu umfangreicher gelehrter Schriftstellerei. Er bearbeitete mehrere Gegenstände des Quadriviums (Arithmetik, Musik). Er griff als orthodoxer Theologe in die dogmatischen Streitfragen der Zeit ein. Sein großer Plan, den ganzen Platon und Aristoteles zu übersetzen und zu kommentieren und deren wesentliche Übereinstimmung zu beweisen, blieb jedoch in den Anfängen stecken (Übersetzung und Erklärung des aristotelischen *Organon* und der *Isagoge* des Porphyrios): 523 wurde Boethius, noch nicht 45 Jahre alt, hochverräterischer Beziehungen zu Byzanz verdächtigt, vom eingeschüchterten Senat schuldig befunden und im folgenden Jahr hingerichtet. Im „Trost der Philosophie", zwischen Verurteilung und Hinrichtung entstanden, hat Boethius seinem Weltbild eine geistig und künstlerisch reife Gestalt gegeben.

Die 5 Bücher *De Philosophiae consolatione* sind, wie das Werk des Martianus Capella, der Form nach eine Satura Menippea. Inhaltlich sind sie ein als Trostschrift an sich selbst (vgl. Cicero) gestalteter Protreptikos in der Art von Ciceros *Hortensius* und dessen aristotelischem Vorbild; aber wie sich Augustinus in den *Soliloquia* in Frage und Selbstantwort mit der Ratio unterhält, so ist die *Consolatio* ein Dialog zwischen dem die Hinrichtung erwartenden Boethius und der personifizierten Philosophie. Nachdem zunächst der „kranke" Geist des Boethius durch die „schwächeren Heilmittel" kynischer und stoischer Diatribe die Grundlosigkeit seiner Klagen und die Wertlosigkeit der verlorenen irdischen Güter einsehen lernte, führen ihn die „kräftigeren Heilmittel" platonischer und aristotelischer Metaphysik und Theologie zur Erinnerung an seine unsterbliche, zur Vereinigung mit Gott bestimmte Natur, die sich schon in diesem Leben als innere Freiheit vom Zwang des Schicksals *(Fortuna, fatum)* zu erkennen gibt. An der Wende der vorbereitenden und der höheren Gedankengänge steht ein feierlicher Hymnus an den Weltschöpfer, wie ihn Platons Timaios und dessen neuplatonische Erklärer verstehen. Die übrigen Gedichte, in den verschiedensten Metren, führen Gedanken der Prosastücke aus, illustrieren sie aus Mythologie und Geschichte oder sind persönlich wie die ergreifende Elegie des Anfangs. Dichterisch sind sie ungleichwertig; die schwächsten sind geschickt versifizierte Erkenntnistheorie oder Morallehre, die besten (1, m. 1. m. 5; 3, m. 9) persönliches Bekenntnis in Klage oder Gebet; auch mythologische Erzählungen sind darunter (eindruchsvoll noch einmal Orpheus und Eurydike: 3, m. 12). Die Mythologie ist hier in die christliche Welt integriert; sie ist weder Allegorie noch Metonymie, sondern Parabel – ein Seitenstück zu den römischen Exempla, die sich nach Ciceros Vorbild durch das Werk ziehen. Boethius hält sich streng im selbstgewählten philosophischen Rahmen: von Christus, Gnade, Erlösung fällt kein Wort, erst näherem Zusehen werden Beziehungen zur augustinischen Theologie erkennbar. Kann sich Boethius als Denker auch nicht mit Augustinus messen, so hat er doch ein tiefes, brennendes Gefühl für die großen philosophischen Fragen: Wert und Unwert irdischer Güter, Sinn des Lebens, Unsterblichkeit, Vorsehung und Zufall, Willensfreiheit. Daß diese Fragen hier *in extremis* gestellt werden, gibt ihnen jene Dringlichkeit, die das Buch zu einem Werk der Weltliteratur werden ließ.

Editionen: G. Weinberger, mit Indices, Wien 1934 (Corpus Script. Ecclesiasticorum 67). – L. Bieler, Turnholt [1]1957, xxviii, 124 SS. (Corpus Christianorum,

Ser. Latina cxiv), besprochen von G. van Steenkiste, Augustinum 1959, Heft 2; 2. Ausgabe, 1980–, in Vorbereitung.

Literatur: H. Usener, Anecdoton Holderi: ein Beitrag zur Geschichte Roms in ostgotischer Zeit, 1877. – H. M. Barret. Boethius: some aspects of his time and work, 1940. – P. Courcelle, La Consolation de Philosophie dans la tradition litteraire: antecedants et posterite de Boece, 1967. – J. Gruber, Kommentar zu Boethius De consolatione philosophiae. 1979 (Texte u. Kommentare, 9). – F. Klingner, De Boethii Consolatione Philosophiae, 1921. – H. R. Patch, The tradition of Boethius: a study of his importance in mediaeval culture, 1935. – C. H. Coster, The Fall of Boethius: His Character (Annuaire de Philologie et d'Histoire orientales et slaves, xii (1952), 45–81 (Brüssel 1953). – H. Traenkle, Bemerkungen zur Philosophiae Consolatio de Boethius (Vigiliae Christianae xxvii, 1968, 273–86).

Bald nach Boethius' Tod hat die Wiedereroberung Italiens durch Byzanz und die verzweifelte Gegenwehr der Ostgoten Wohlstand und Bildung auf schwerste getroffen. Verlorengegangen ist das klassische Erbe dennoch nicht; Männer wie Cassiodorus im Süden der Halbinsel oder der Ire Columbanus im Norden haben es bewahrt; im spanischen Westgotenreich hat es bis ans Ende des 7. Jahrhunderts (Isidor von Sevilla, † 636, Iulian von Toledo, † 691) nachgewirkt. Auch die Dichtung des VENANTIUS FORTUNATUS (geb. um 530 bei Treviso, gest. bald nach 600 als Bischof von Poitiers) schlägt eine Brücke zum Mittelalter. Als die karolingischen Schulen das römische Erbe antraten, wurde Boethius, der „letzte Römer", den Großen der älteren Zeit als letzter Klassiker zugesellt.

Register